历 史 哲 学

［德］黑格尔 著　　王造时 译

世纪出版集团　上海书店出版社

出 版 说 明

　　自中西文明发生碰撞以来，百余年的中国现代文化建设即无可避免地担负起双重使命。梳理和探究西方文明的根源及脉络，已成为我们理解并提升自身要义的借镜，整理和传承中国文明的传统，更是我们实现并弘扬自身价值的根本。此二者的交汇，乃是塑造现代中国之精神品格的必由进路。世纪出版集团倾力编辑世纪人文系列丛书之宗旨亦在于此。

　　世纪人文系列丛书包涵"世纪文库"、"世纪前沿"、"袖珍经典"、"大学经典"及"开放人文"五个界面，各成系列，相得益彰。

　　"厘清西方思想脉络，更新中国学术传统"，为"世纪文库"之编辑指针。文库分为中西两大书系。中学书系由清末民初开始，全面整理中国近现代以来的学术著作，以期为今人反思现代中国的社会和精神处境铺建思考的进阶；西学书系旨在从西方文明的整体进程出发，系统译介自古希腊罗马以降的经典文献，借此展现西方思想传统的生发流变过程，从而为我们返回现代中国之核心问题奠定坚实的文本基础。与之呼应，"世纪前沿"着重关注二战以来全球范围内学术思想的重要论题与最新进展，展示各学科领域的新近成果和当代文化思潮演化的各种向度。"袖珍经典"则以相对简约的形式，收录名家大师们在体裁和风格上独具特色的经典作品，阐幽发微，意趣兼得。

遵循现代人文教育和公民教育的理念，秉承"通达民情，化育人心"的中国传统教育精神，"大学经典"依据中西文明传统的知识谱系及其价值内涵，将人类历史上具有人文内涵的经典作品编辑成为大学教育的基础读本，应时代所需，顺时势所趋，为塑造现代中国人的人文素养、公民意识和国家精神倾力尽心。"开放人文"旨在提供全景式的人文阅读平台，从文学、历史、艺术、科学等多个面向调动读者的阅读愉悦，寓学于乐，寓乐于心，为广大读者陶冶心性，培植情操。

"大学之道，在明明德，在新民，在止于至善"（《大学》）。温古知今，止于至善，是人类得以理解生命价值的人文情怀，亦是文明得以传承和发展的精神契机。欲实现中华民族的伟大复兴，必先培育中华民族的文化精神；由此，我们深知现代中国出版人的职责所在，以我之不懈努力，做一代又一代中国人的文化脊梁。

上海世纪出版集团

世纪人文系列丛书编辑委员会

2005 年 1 月

历史哲学

目录

研究历史的各种方法：原始的、反省的和哲学的/1

Ⅰ．原始的历史：

希罗多德斯、修昔的底斯、色诺芬、凯撒、基察第泥。

Ⅱ．反省的历史：

（1）普遍的历史——李维、带奥多刺斯.西科勒斯、约翰.米勒；

（2）实验的历史；

（3）批判的历史——现代的日尔曼方法；

（4）生活和思想各专门部分的历史——艺术的、法律的和宗
　　　教的。

Ⅲ．哲学的历史：

理性是宇宙的无限的材料和无限的形成力。

亚拿萨哥拉斯所谓"理性"主宰世界的学说。

世界的使命或者最后的原因。

历史是精神的发展，或者它的理想的实现。

（1）精神本性的各种抽象的特征——精神是物质的对照——自己
　　　包含的生存；它的主要特征就是"自由"——体会"人类精
　　　神"不可分离的"自由"所经历的前后各个时期：东方世界
　　　只知道一个是自由的；希腊人和罗马人知道少数是自由的；
　　　日尔曼各民族受了基督教的影响，知道全体是自由的。世界
　　　的最后的原因便是由"精神"认识它自己的自由。

（2）这种意识所由发展的手段——人类的活动，本来为各种欲望

1

和热情所鼓动，但是也有各种高等的原则隐伏在里边，结果就是"国家"。　在国家之内，各项普遍的原则，同主观的和特殊的原则相谐和，而各个人的热情促成了法律和政治秩序的种种约束。"伟大人物"是那些政治组织的首创者，这种"和谐"就在那些政治组织中实现。　判断"伟大人物"应取的标准。　英雄和仆役。　"理性"的狡狯。　宗教和道德的要求是绝对的。　各种理想，在怎样的情形下才能够实现。　真正的"理想"，就是"理性"的理想，常倾向于实现它自己。

(3)　"历史"各个过程所应当达到的目标——就是"客观的意志"和"主观的意志"在"国家"内的结合。　"国家的观念"——它的抽象的基础属于"法律哲学"的范围。　谬见的辟除——说明人类在纯属自然的状态里是不自由的。　大家长制原则并不是政府唯一合法的基础。　只是一种过渡的基础。　一个合法的政府并不必需要全国各分子的同意。哪种宪法最好的问题。一个国家的宪法不是细心抉择的结果，而是民族的精神产物。政府各阶段——"原始的君主政体"、"贵族政体"、"民主政体"和"立宪君主政体"。　各种政治的特性。宗教、艺术、哲学三者和国家的连系。　世界历史的路线。　自然发展和精神发展的对比。　历史显出"自由"意识的各阶段形态。　"黄金时代"的寓言。　希勒格的理论。　东方学术的研究为这种谬见所促进。"历史"的各种根本条件——法律的组织和政治的组织间的密切关系以及历史的文学的发生。　印度和中国在这方面的差异。　有史以前的时期——各民族和语言的生长。　"自由的观念"辩证的本性。经验上的驳议。　"理性"和"理智"。　民族精神在诗歌、哲学等等方面显出的区别的忽略。　"历史"的初视的形态——人事的变迁靡恒——轮回之说——不死之鸟。　"精神"的特征是活动——各民族乃是由它们的事业所造成，以英格兰的例子为证——各民族的自然加于历史发展的影响不应该估量得太高，也不应该太低。
温带是"历史"的真正舞台。　世界划分为旧和新——澳大利亚洲
在物质方面没有成熟——南亚美利加洲在物质上和心理上都显得
低劣。　现代的移民和中古时代类同的例子。　南美和北美——
天主教和耶稣新教。　清教徒殖民和实业状况加在美国性格上的
影响——宗教派别的繁多。　团结一致的政治组织的必要，在北
美洲并没有感到。　美国和各邻国的关系与美国和欧洲各国的关
系不同。——美洲，无论它是"过去"的回声或者"未来"的领
域，对于"历史哲学"都少干系。旧世界；它自古代传下来的限
制。　地中海，世界历史的中心地点。各种特殊的地理特征：
（1）高原——蒙古，阿剌伯沙漠等地；　（2）平原流域——中
国、印度、巴比伦、埃及；多数伟大的王国曾经在这些地方发生
过；（3）海岸地——海的影响。依照地理的特征划分旧世界为三
部如次：

Ⅰ．阿非利加洲

（1）阿非利加本部；

（2）欧属阿非利加——北方的海岸地；

（3）尼罗河的平原流域，和亚细亚洲相连。

阿非利加人的性格的典型。　巫术和呪物拜物教。对死者的崇
拜——轻视人道——暴虐和食人主义。　奴隶制度。　阿非利加人的
政治情形。　作战时的如痴如狂。　阿非利加人性格上所表演的纯属
自然的状态，是一种绝对不公平的状态——阿非利加还没有进入"历
史"的门，今后不再讨论。

Ⅱ．亚细亚洲

西比利亚不属于"历史"的范围，不再提起。

（1）亚细亚中部高原；

（2）中国、印度的平原流域、底格里斯和幼发拉底斯流域等等

地方;

（3）近亚细亚——叙利亚、小亚细亚等地是上述这些地理特征的混合。

Ⅲ．欧罗巴洲

地理的形态不及阿非利加和亚细亚的显著。

（1）南欧——希腊、意大利、法兰西东南部等等；

（2）中欧——法兰西、日尔曼和英格兰；

（3）欧洲东北各国——波兰、俄罗斯、各斯拉夫王国。

"历史"的路线可以"光明"的路线为其象征。 从东方开始——"自由"意识的逐渐展开。 各东方帝国。 鞑靼征骑的侵略——中国、印度等不含诗意的帝国——"光明"的波斯帝国——过渡到希腊。 希腊是美的自由的王国——历史的青年时代，而罗马却是历史的成年时代。 人格的各种要求取得了正式的承认。——罗马加在个人的和民族的精神上的压迫。 基督教和日尔曼世界——穆罕默德教。 教会——它的腐败——"理性"的理想在世俗的生活里实现了——"精神"的解放。

第一部　东方世界／103

东方世界的原则，在"道德"方面是"实体的"、"规定的"。——政府只是具有强迫人民的特权的机关。 "历史"开始于中国和蒙古人——神权专制政治的领域——印度。 波斯——这个帝国的象征就是"光明"。 叙利亚和犹太。 埃及——过渡到希腊。

第一篇　中国／110

中华帝国所根据的原则的实体性。 中国传说和记载的古老——各种经籍。 人口——完备的政治组织。 伏羲氏——相传是中国印度是狂想和感觉的境地,同中国正相反。 印度表现"精神"在梦寐的状态中——比拟于女性美的形态。 印度泛神主义——是想象方面的而不是思想方面的——有限生存的神化。 印度对于世界历史的外延的关系——梵文。 印度是征服者的宠地:亚历山大——英国人的胜利——地形上的区分。政治生活——各阶层。

中性婆罗摩;婆罗门;瑜伽。 宗教的自杀。 婆罗门是天生的现世神祇。 婆罗门应守的戒律。 波罗门的尊严和特权。 英国人征募土著军队时所遭遇到的困难。 地产方面的权利不易确定——印人逃避英人所课的地税。 印度神话学。 中性婆罗摩是思想的纯粹的统一,也可以称为不复杂的生存方面的上帝——类似佛教。 显身——毘湿奴、湿婆和摩诃提婆——印度教的感官的方面。 印度人性格不道德的原因。 艺术和学术——知识文化和学术造就的过高估价。 《四吠陀经》，两大史诗《罗摩衍那》和《摩诃婆罗达》——梵文圣诗《富阑那》和《玛奴法典》。 印度国家。 正当地说来，印度人之中没有历史的存在。 想象和事实的混淆。 错误的纪年和世纪考——科尔布鲁克的研究。 婆罗门向威尔福特大佐行使的诈欺——超日王和诃利陀沙。 欧罗巴人所发现的印度——并不是从一种高等政治状态堕落下来的。 印度人性格的大概。

目录

狄帕斯和狮身女首怪。 埃及到希腊的历史的过渡，是以波斯帝国的覆灭为媒介的——各大帝国的衰亡——主张长久而反对短暂的偏见。 波斯帝国和它的属地特性的大概。

希腊神祇是客观上的美丽的个体。泰坦神族的推翻——它的哲学意义。新神族对于自然界各种权力的关系。自"感官的东西"进步到"精神的东西"——希腊的神明并不是抽象观念。希腊神话学中偶然的元素——地方神祇。 各种"神秘"的合理估计。 希腊神话学中的人神同形说并不是亵渎，适得其反——基督教的上帝概念，正因为它更趋于人神同形，所以更为适当。 希腊和基督教双方神祇显然的区别。 命运和神谕。

民主政体适合于希腊人当时的发展程度。 七贤是实际政治家。

梭伦——雅典的民主政体。孟德斯鸠对于民主政体的按语。希腊人把"法律"看作是惯常的道德。 一种民主政体要得到健全的发展，必须有"固有的客观的道德"。 希腊人的爱国情调——并不是对于抽象的原则的一种热诚。 诡辩家介绍了主观的反省，就促成了民族生活的衰微。 当希腊盛世，一般作为立法家和政治家的伟人获得人民的信心——希腊的民主政体和神谕相连。 奴隶制度是希腊政体的另一特色——民主政体用于小邦——常用了范围不大的个别城市——法兰西的民主政体不成为富于生气和具体的统一，而只是一个"纸世界"。和波斯人的战争。这番斗争的概观。希腊人的胜利和它不朽的价值——雅典和斯巴达。雅典。混血的人口——梭伦的宪法——庇士特拉妥斯民主原则的进展——伯里克理斯。 雅典城中个人性格得以自由发展，结果便造成了一种高贵的智慧的和艺术的发展。伯里克理斯的葬事演说。 斯巴达。 它的发展初期和雅典历史的初期大不相同。多利亚人的侵入——希洛人的平定。 来喀古士的宪法。 斯巴达文化的缺点——希腊精神的立足点。 伯罗奔尼撒斯战争。希腊各国的孤立。 雅典的霸权——雅典和斯巴达的斗争。斯巴达的暴政——底比斯一时的霸权——底比斯性格上的特征是主观性。希腊世界腐败的原因。 诡辩派。 苏格拉底是道德的发明人——成立了一个外于现实世界的理想世界。 苏格拉底的死和希腊世界腐败的关系。 亚理斯多芬——雅典的衰亡和斯巴达的衰亡互相对照。马其顿帝国，特尔斐的亚普罗神所受的亵渎，使希腊统一的最后支持消灭——菲力普成立了一个真正有权威的王权政体。亚历山大所承继的各种利益。 他的教育——远征东方——早夭——他的帝国的广大和重要。亚历山大里亚是科学和艺术的中心——东方文化和西方文化的结合点。

智慧的活力仍然相当地在雅典保持着——希腊各国和外国的关系——阿奇安联盟——亚奇斯和克利奥米泥，以及亚拉图和非罗皮门诸人挽救希腊的企图。和罗马人的接触。

拿破仑的观察"政治为命运"。 罗马世界乃是压服的"命运"，目的在毁灭各国和各人中间的一切具体的生活，驱使灵魂托庇于基督教所提供的超感官的世界。抽象的人格——罗马所规定的个人的法律权利——罗马政治世界的普通形态研究罗马史的有历史家、语言学家和法理学家——罗马的位置——意大利的首都问题曾经拿破仑在他的《回忆录》中加以讨论。意大利没有天然的统一。 罗马历史的分期。

罗马的始建 纶缪拉斯——国家的人为的基础。 贵族阶级和平民阶级——关于他们的各种债务和法律。 罗马人在家庭关系方面的粗暴。 婚姻和妻子的地位。 罗马公民严格从属于国家和它的习惯之下。 平淡无奇的生活是罗马世界的特色——伊特剌斯坎人艺术的平淡性质。实体法的发展，我们应当归功于罗马人。 罗马人的神话概念必须和希腊人的神话概念分别清楚。罗马宗教以神秘为特色——各种宗教仪式的数目和琐屑——圣礼。

罗马宗教的私图性质。 各种不含诗意的效用主义的神明恰巧和希腊人自由、美丽的概念两相对照。 "土星节"（也称作"黄金时代"）——采用希腊的神祇——冷淡地用在罗马诗歌之中。罗马人的公共竞技——人民通常只居于旁观的地位——公共表演的残酷不仁。 罗马宗教以迷信和私图为主要的特征。 宗教被用来为达到贵族阶级的目的——全国并没有团结一致的融和的生气，像希腊城市国家中的一样——每一"族"严格保持着它的特点。

罗马历史的第一时期——国王。 国王为贵族阶级所驱逐——执政官——贵族阶级和平民的斗争。 农法。 内争的兴奋引入外战。——罗马军队和希腊军队的比较。罗马统治的逐渐扩张。

迦太基的权力——汉尼拔。 马其顿的征服——安泰奥卡斯——迦太基和科林斯的颠覆——西庇阿一家人。 战争的兴奋告终，罗马人并没有艺术或智慧的积蓄足资排遣。 被征服各省的处置——罗马城中奢侈淫佚的加其。 阿达拉的遗产——革拉占兄弟。 朱估他——密司立对底——萨拉——美立阿斯和辛拿——奴隶战争。伟大的个人现今出现在罗马政治生活的舞台上，如同希腊衰亡时期一样——庞培和凯撒——后者的胜利。 保全共和政体的不可能——西塞禄和伽图的短见。 凯撒的性格和成就——空想者的幻觉促成了他的暗杀。 奥古斯都的崛起。 革命经过再度的重演以后，就被人们许可了——拿破仑和波旁王室。

统治者和臣民的地位——统治者是军队所拥戴的绝对专制君主，而臣民是由纯粹法律的关系所结合，毫无具体的与和睦的利害关切。 皇帝个人的性格对于帝国并不重要。 私有权利的承认是这种绝对专制政治的结果——政体分化是它构成的各原子。 公共的和政治的事业已经失却兴趣，人们回到无聊的感官享受或者是哲学化的漠不关心——斯多噶派、伊壁鸠鲁派和怀疑派哲学的盛极一时。

凯撒创始了现代世界的"现实的"方面：现代世界的精神的和内在的生存在奥古斯都之下展开——罗马帝国的横暴专制开了基督教的门路。 希腊、罗马和基督教各阶段的自我意识。 罗马的专制政体，给了"世界"纪律训练——训练的涵义。 道德的内省是犹太世界的特色——圣诗和各预言家——《圣经》叙述亚当与夏娃堕落尘凡一段文字中"知识"和"罪恶"的联系。犹太人既然失却了国家和一切世间的善，于是犹太精神不得不只在上帝里求安慰——上帝在基督教中被认为是纯粹的"精神"。 三位一体。上帝显身于基督的充分意义——这和喇嘛概念以及其他相同概念划然有别。 奇迹——"教会"的形成——基督自己的教训。 这种教训关于世俗的利益和关系争辩的形态——这种革命的言辞只有在福音中可以看到。 教会的源起——教义由各使徒加以发展——早期基督教对于罗马帝国的关系。基督教理论和当时哲学的连系——"西方"创始的抽象的上帝观念与"东方"特有的各种具体的和想象的概念的结合——亚历山大里亚——淮罗。 亚历山大里亚人企图使异教成为合理化；淮罗和基督教作家企图使《旧约》叙述部分成为精神化。 尼西教议会解决了教义——教会的内在的和外在的形态——宗教组织的发生。 宗教的王国和精神的王国的区别。 人类尊严的认识：基督教的结果——奴隶制度和基督教不合——道德的废除——神谕不再受人重视。 世俗的生存吸收基督教原则只是时间问题——"宗教"和"世界"不一定互相反对——"合理的自由"是宗教的东西和世俗的东西的谐和——这种谐和乃是日尔曼民族的使命。

基督教的进程——罗马帝国的分裂。 罗马权力在西部的没落——东帝国和西帝国的对照。 基督教在拜占庭帝国内的抽象的绍述并没有制止犯罪的能力。 君士坦丁堡城中激烈流血的宗教斗

第四部　日尔曼世界/319

则上，而分裂为诸多私有的权利和义务。 暴戾的热情在日尔曼世界初期没有受到宗教的节制——从世俗的纵恣过渡到宗教的热诚和遁世。

全神贯注于一个观念，是穆罕默德教的特色——是日尔曼世界特有的那种四分五裂的特殊性的两极的和补充的对方。 穆罕默德教和他种信仰的比较、阿剌伯人的信仰和军力的原始和进展。穆罕默德教徒的宗教狂热——宗教和恐怖是穆罕默德教的原则，可以比拟罗伯斯庇尔的自由和恐怖——穆罕默德教徒政治组织的不稳固。他们的艺术和科学发生的迅速。阿剌伯人的革命——欧罗巴人和萨拉森人的斗争——歌德的《迪凡》。

法兰克帝国的宪法——封建制度——"宫廷长官"的崛起。 佩彭。查理曼——他的帝国幅员的广阔——组织的完备。 司法行政——教会的事务——帝国会议。 查理曼缔造的政治组织不稳固的原因。

操纵着中古时代命运的无限虚伪所促成的种种反动。 （一）各特殊民族对于法兰克帝国普遍的主权的反动。 （二）个人对于法律的权威的反动。 （三）精神的元素对于现状的反动。 十字军是中古时代的最高峰。

第一种反动——法兰西人和日尔曼人的分离——意大利和勃艮第王国。诺曼人侵入英格兰、法兰西和日尔曼。 马札儿人和萨拉森人的侵略——查理曼成立的军事组织的无效率。 第二种反动——领略法律秩序利益的能力还没有养成——强有力的个人所给予的保护——"领主"和"从臣"帝皇的尊严只是一个空名——国家分裂为若干小邦。 羽格·卡柏特皇帝——他的权力的性质——法兰西分裂为若干公爵区和侯爵区——英格兰为诺曼第公爵威廉

14

起的——新观念世界的开放——印刷术。 取道好望角到印度的路线以及美洲的发现。

重 印 说 明

　　《历史哲学》是著名德国古典哲学家黑格尔（G.W.F. Hegel）的重要著作之一。此书的内容原为黑格尔在柏林大学的多次演讲，后经他的学生爱德华德·干斯（Edward Gans）整理出版，题名为 *Philosophie der Weltgeschichte*。1857 年英国人约翰·西布利（J.Sibree）将《历史哲学》译成英文出版。在三、四十年代，我国翻译界就将该书的内容部分或全部译介给中国读者。1956 年，北京三联书店出版由王造时先生根据 J. Sibree 的英译本转译的《历史哲学》中文译本，迄今未曾再版，一般研究者现在要利用这个译本很不容易。鉴于此书是研究西方哲学尤其是历史哲学的重要参考资料，本社特征得王造时先生的遗孀郑毓秀女士的同意，予以改版重印。

　　在本书改版重印过程中，我们仔细阅读了全书，并对照 Colonial 出版社（伦敦·纽约）1900 年出版的 J.Sibree 译本修订版，对以下问题作了处理：

　　一、原三联版以当时改良的繁体字排印，文中简繁体夹杂，现在统一改排成简体。原书后有五个附录，均为译名对照表，改印简体后有部分字与所属笔画不符，加之原书的排列与词条的笔画亦有出入，因此，此次重印按照简体笔画顺序进行了调整。原书正文的某些地名、人名汉语用字与附录中不尽一致，我们在重印中予以了统一。

　　二、数字用法。为了照顾原译著行文的统一协调性，本着尊重原译著的原则，一律不作改动。

　　三、三联版对于书名均以双引号表示，此次重印一律改作书名号。原书中标点凡有不妥之处，均作了调整。

　　四、对三联版中排误的文字，尽可能地作了纠正。例如，第 318 页的"《创世纪》"系"《创世记》"之误；第 387 页"如像基督受难的

1

上述的等"一句和紧接一行的"在烙印等时期内"一句均无法读通，通过核对 1900 年英文修订版原文，并结合上下文的语义，应为"如像基督受难的烙印等"和"在上述的时期内"，等等。凡此都在参阅上下文、核对英文版，确有依据的前提下作了订正。

五、原书中的遣词用字保留了近代以来的使用习惯，我们在重印中对个别情况作了调整。例如，"阿喇伯"改为"阿拉伯"，"移殖"改为"移植"，"统制"改为"统治"，"销磨"改为"消磨"，等等。

六、在王造时先生的译本中，依德、英文原著保留了一些以古希腊文和古希伯来文书写的词句，在我们的重印中，以 1900 年英文修订版逐一进行了核对，凡有出入者，均以该英文修订版为准。

上海书店出版社

一九九九年六月

英译者序言

　　德国人每认黑格尔的《历史哲学》讲义为研究黑格尔哲学系统的入门要籍，它的格式既不像一般玄学论文的谨严，而占据书中篇幅很多的例证解释，对于研究玄学不深的读者也是很熟悉的。这书具有一个大的价值，就是从一个截然新颖的观点，来论列"历史"上各种主要事实。我们只要想到黑格尔的著作对于德国各种政治运动，已有一种明显的影响，就可以承认他的宇宙理论，尤其是同政治直接有关的那部分理论，对于最主张"实际"的人士也是值得注意的。

　　有一位作者，因为他曾经对于玄学的抽象研究下过极久的功夫，确立了他的权威资格。他已经先我们说过，这书是"他生平所读这类著作中最愉快的一部"。[1]

　　假如同多数德国作家的风格比较，这书的行文风格也可以说是牛气勃勃，鞭辟入里的。所以穿上英国衣服的《历史哲学》假如在这方面有缺陷，那决不是原著的罪过。

　　译者意旨是要把原著变成真正的英国文式，来与大众相见，虽然因此转弯抹角，以致损失原著的优点，亦非所计。不过有几个字的用法，不得不同通常的意义很有出入。其中一字是屡见不鲜的，这就是德文Geist一字，它在黑格尔术语中，是包括"智力"和"意志"二者而言，后者的意义更较前者来得明显。事实上，它包含着人类整个心灵的和道德的存在，我们只要略一思索，就可以明白，在我们的玄学辞汇中，最好把它译为较近于神学的"精神"这个字。实则这种译法所招致的反对，只在于这个字的非人的、抽象的用法；这一种反对只须引证了经典中最好的用法就可以消释的；这就是《圣经》"官定本"中间对于

---

　　[1]　鲁维斯:《哲学的传记史》，一八四一年版，第四卷。

1

希伯来文 ㎜ 和希腊文 πνεῦμα 的译法。我们只要举出一个无可争辩的例子，就足以证实这点了：“他们（指埃及人）的马匹是血肉而非精神。”（《以赛亚书》第三十一章第三节）这里应当提到的就是，这个字在英国玄学文献中所以不大使用，正是神学见外于哲学的结果，这一种见外，常被欧陆各家各派的作者，异口同声指为英国思辨心灵的失着，——这一种见外对于英国思辨同德国思辨畛域之分，实与有泰半责任，而且由于其他的原因，又恐使英国读者对于本书有不洽之感。

德人对于 Sittlichkeit 和 Moralität 二者间的区别，又是翻译上的一重困难。前者意指“习俗的道德”，后者意指“心”或“良心”的道德。在不致引起疑惑的地方，二者都被译成了“道德”（Morality），否则概视行文语气，而予以比较严格的迻译。还有 Moment 一字的难于译出，也为德国哲学的读者所共见。在摩列尔所编极为名贵的约翰逊翻译的谭尼门的《哲学史略述》一书中曾有如下的解释：“这个字是黑格尔自力学借来用的（参阅黑格尔的《逻辑学》，一八四一年版本，第三卷第一〇四页）。他用以表示各种互相依赖的争衡力，它们的矛盾形成一个等式。所以他有这样的公式，Esse（有）=Nothing（无）。这里‘有’和‘无’便是‘动量’，一同产生了变化，就是生存。所以‘动量’在矛盾的势力中形成的一致行动，与力学中的情形相同，无论在对照和不同，重量和距离，以及均衡的情形中，都是相同。”但是在本书有几部分内，译者并未恪遵这条定义，他认为把这个字译做“相续的形态”或“有机的形态”，实系忠于原著。又在“十字军”这章中，有一个字不能简单地译为英文。其间称“本质的有”的确定的、积极的和现世的寓形为 ein Dieses、das Dieses 等等，就字义译来，便是“一这个”（a This），“这这个”（the This）；为了避免这种使人头痛的结构，所以就用了一种曲笔，译者相信这种曲笔不但正确，而且达意。但是为了不欺读者起见，译者所增加的释辞，都附有括弧号（ ）。再如普通名词的哲学应用，通常都用大写字母标出，便如 Spirit、Freedom、State、Nature 等等（中译者按：这在中文里只能加上双引号来表示，例如“精神"、"自由"、"国家"、"自然"等等）。

这一个简短的序言，受篇幅的限制，使译者无从解释黑格尔方法的较广的各种应用；而且因为有下列各种极易到手的作品，给了我们许多的便利，所以这番解释工作，完全不必要了。这类作品有上述谭尼门的译作，以及夏理泼的《从康德到黑格尔推理哲学的历史发展》、布勒其的《心的哲学史》和鲁维斯的《哲学的传记史》，此外，尚有专事研究黑格尔哲学的论文。在这类论文中不妨提起一位法国教授维那所作的《黑格尔哲学入门》，这是对于这个系统大纲的明白、恳切的阐述；再有已故阿利尔学院研究员山达尔所作卓越的黑格尔《公理哲学概述》，这篇论文被选入《一八五五年牛津论文集》中，是和本书的题目直接有关的。

话虽如此，这里如果把这部历史哲学所依据的观点指出，并且解释它的提纲挈领的观念，对于读者或许是有裨益的。这种解释大体已见于本书译文的脚注中，但是就其思想路线陌生的性质来说，这里复述一番当属无妨。

一切有希望的思想家们从"历史"中所认识的那种文明化进程，其目的和范围便是取得"合理的自由"。但是"自由"这个字是假定有着一种事先的束缚的，于是问题便自然而然地发生了："束缚于什么？"——一位肤浅的发问者得到了一个答复，说是束缚于统治机关的物质的权力，也许就心满意足了。在上世纪，甚至本世纪初，许多研究政治的人对于这一个答复都表示满意；这是现代一位权威思想家的大功绩之一，他居然把这种由言论产生的偏见（这已变成一种由哲学理论产生的偏见）所僭拟的地位取消了；他又恢复了那个简单的真理，就是人间一切稳固的组织、一切宗教的和政治的结社，都建筑在远非"一人"或"众人"所能控制的若干原则之上。而且古今中外，无论何人都是在这些原则或它们的某一形态里生长和活动的。惟一的问题是：那些原则是从哪里推演出来的？那些维系社会的、宗教的和政治的根本信仰或迷信是从哪里发生的？它们并不是"教士权术"或"君王权术"

所创造的，相反地，教士权力和君王权力都是从它们而来的。它们又不是社会公约的产物，相反地，社会却是从它们而来的；它们也不是人类意志薄弱的空想，鼓励人求赦于"自然"的权力，以推进他的有限的、尘世的欲念。这样看时，世界上通行的若干宗教体系的现象似乎都可以解释明白了。然而有不止一种东方信条的虚无主义，印度信徒的自杀的努力，以求归于一种纯粹否定的"神明"，却是不能适合于这样粗陋的公式的；同时以一种"神圣的权利"交托于一个妇人、小孩的那种政治的迷信也是完全没有解释到的。所以照上述的看法，只有把这些现象认为是"幻想"、"空想"、"做梦"，是人们无聊的想象的产物——只有把它们和有些人认为充满在未成熟的人类历史中的种种荒谬事情相提并论。再不然，就把它们认为是人类智慧生活和道德生活所由发生的那种"本质的智力"的原始的教训。在黑格尔看来，它们乃是无限的"理性"的客观的显示——乃是上帝的第一番启示，上帝既然"使万族一系的人类生息于地球之上，又先期决定了各种时代和人世的范围，使人类一旦思慕到他而且发现他"，—— $τοῦ\ γὰρ\ καὶ\ γένος\ ἐσμέν$。黑格尔在这部讲义中辨说的种种，正就是这些 $καιροὶ\ προτεταγμένοι$，这些在世界历史中的一定的和有机的时代。

无论人们对于那些基本原则的渊源和重要性，抱有怎样的见解，也无论人们称它们为什么——天然的、原始的或是客观的智力——这似乎不难证明，那未臻完善的人类在某种意义上乃是束缚于它自己的信仰，它自己的"理性"，或者说是本质的存在，至于普通认为社会生存达到完善的境地，便是从那种束缚下拯救出来。在黑格尔的哲学体系中，这种自相矛盾的状况被认为是一切生存界内表现的那种对峙的一种形态，那就是"主观的东西"同"客观的东西"之间的对峙，而构成了宇宙生命的那些自然和智慧的过程，便是要取消那种对峙，而使之归合为一种绝对的生存。不管这个理论引用到自然和智力的其他各部门时是怎样地骇人听闻，但是用它来解释文明的途径，似乎不是不合理的公式，而它的实在内容不外乎如次：在开化程度较次的国家里，各种政治的和道德的限制被看作是客观方面所安排的；社会的机构，像自然事物的世界一样，被看作是人类所不得不接受的东西；而且个人又须顺从各种规定，至于它们是否合法或者正当，他可不能判断，虽然它们常常把他当作牛马那样驱使奔走，甚至还要他牺牲生命。相反地，在高度文明的国家里，虽然一样要做自我牺牲，但这是因为个人认为正当和必需的各种法律、制度的缘故。这一种关系的转变，无须使用什么非常的名词，无须放纵什么夸大的思想，可以称为"客观的"和"主观的"智力的和谐或者调和。人类从那种原始的束缚状态到这种"合理的自由"状态所经过的诸多连续的阶段形相，便是这部讲义的主题。

各个人的心灵的和道德的状况，以及他们的社会的和宗教的状况（"理性"的各种主观的和客观的显示），在发展的每一阶段上表现着一种严格的相互适应。"制作的东西就像制作的人"这句老话，对于宗教的和政治的偶像，以及宗教的和政治的观念都是一样真实的。人类对于使他超出禽兽之上的那部分心灵的和道德的生活，假如不知道宝贵，那末，兽性生活便会变成宗教崇拜的对象，兽性肉欲便会变成宗教仪式的精神。假如无所动作、无所事事，就算是止矣尽矣，那末，归于"虚无"便会变成信徒的目的。相反地，假如积极的和活泼的道德被认为是人类真有价值的东西——假如主观的精神知道伸张自己的自由，用以对抗外来的种种不合理的和不义的诛求，并且用以对抗内生的纵恣任性、激情肉欲，这就要有一个有生命的、活动的、公平的和圣洁的"神"的寄托者来做它的崇拜的惟一可能的对象。同时，各种政治的原则也会受到同等的影响。假如单纯的"自然"占着优势，那末，一切法律的关系，除了基于自然的区别者外，都会被否认了，各种权利将和"阶层"坚固地结合在一起了。相反地，假如"精神"已经取得了"自由"，"精神"便会要求有一部法律和一个政体，在那里边应明白反映出"自然"从属于"理性"，以及"精神"力能抗拒各种感官的引诱。

在智力和意志的最低级和最高级间，还有中间的若干级，在它们的周围集合着同它们相谐和的许多派生的观念、许多制度、艺术和科学。

这些集合物每一种都在历史上得名为一个明显的民族。假如那个明显的原则，由于它的时运已失，而心灵扩张不已，结果丧失了活力的时候，那末，民族生活即归于消沉，于是我们便看到一种过渡，达到较高的一级，在这一级内，主观的智力和意志的比较抽象和比较有限的阶段——客观的"理性"也以同等不完善的阶段与之相适应——就转变进入比较具体和比较活泼的阶段——这一个阶段使人类能力发展得更为自由、更为充分，而"公理"的认识也更为允当。

如前所述，这种论点的目的便是"精神"的自己认识、"精神"的完全发展，这"精神"的正式本性便是"自由"——这种"自由"有着两个意义，一个就是从外在的控制下得到解放——也就是说，它所服从的法律是得到它自己的明白认准的，——一个就是从情欲内在的束缚得到解放。

上述各节，绝不敢说是对于黑格尔的"历史哲学"，做到了一番完全的或者是有系统的分析，只不过是指出了它的主导概念，同时在可能范围内，又想藉此除去人们对于它的反感，就是因为它把事实化为神秘的奇论，并且从先天方面解释事实。在引用一个理论的时候，有些事实或者不免遭到歪曲，有些不免张大逾分，再有些则完全被忽略了。虽然对于"过去"最审慎、最有限地加以分析，诸如此类的缺陷和谬误还是势所难免的。如果对于"历史"作一综合的观察，那末，易犯的错误也必比例地增加了。至于这部著作里面用以解释文明进程各种原则，是否根据历史事实的一种正确的推断，是否足以解释这些事实的各种主要形态，那是另外一个问题。

末了，译者敢说"绪论"是本书最沉闷而且最艰涩的部分，所以他以为初读时只要随便看一遍，等到再读时，把它当做本书中阐发得更为详尽的各种原则的概述。

一八五七年十一月二十五日

约翰·西布利识于斯特劳德的上方农庄

干斯博士为原书第一版所作的序言

当一部"历史哲学"新著行世的时候，第一个自然发生的问题便是，为什么在所谓"实践哲学"的各部门中，独独这门最后予以研究，最少予以适当的讨论。因为迟至十八世纪之初，才有韦科出来，认为"历史"是各项基本的法则的体现，并且是"理性"的产物，而推倒那种把"历史"看作是一串偶然的事故，或者含糊假定"历史"是上帝的作品的见解，他的这一种新理论不但没有违反人类道德的自由，而且安排了这种自由赖以发展的必要条件。

这个事实，可以用一二简短的观察来说明。"存在"和"思想"的法则，"自然"的经济，人类心灵的现象，甚至法律和政治的有机体，再有种种形式的"艺术"，以及被认为是上帝显身的其他各种方式，就算不在它们的主观的观点上，无疑地也在它们的客观的地位上，向来被看做是稳定而不变的存在。至于历史的各种运动则不然。各帝国的此起彼落，各个人的朝荣夕衰，罪恶的战胜美德，历史上已不泛显例，最大的"罪孽"反而最有益于人类，以及人生祸福的变迁无定，凡此种种，都使人相信"历史"是建筑在捉摸不定的流水之上的，是建筑在喷涌无常的火山之巅的，以致意图从那里边去发现各种规律、观念、神圣的东西和永恒的东西的任何尝试，都可以被义正辞严地斥责为故意卖弄、或者先天的胡吹、或者空虚的想象。人们在一方面毫不迟疑地从"自然"的事物中赞颂上帝，同时却又以为从人类的努力和成就中认出上帝仿佛是亵渎了神圣。假如我们在这些努力和成就中，假定有一个为原主人翁所未曾想到的原则操纵其间，大家就认为过分重视了任性的不连贯的结果——仅一时的情调就可以改变的结果。简略地说来，人们对于"自由意志"和人类精神的产物，不愿因为它们只包含着一个稳定和一贯的元素——就是从不断变迁之中，进展到一个更丰富、更圆满发达的性格——就宣告它们为永恒的，这必须先在"思想"方面有了一种重要的进展，划分着"必然"和"自由"的鸿沟被填平了以后，方才能在这个最不稳定、所以是最难控御的元素中表明出一双操纵的手来——方才能在"世界历史"中不只是空言、而且还指明一个"世界政府"出来，同时"精神"也将被认为像"自然"一样地没有被上帝所弃去。在这一层能够做到以前，必先经历许多世纪；人类精神的作品必先达到高度完善的境地，方才能够达到那个观点，从而对它的事业做一番综合的观察。只有现在，基督教世界已把它内在的本质寄托在那些文明和自由的国家里了，方才算是时机成熟，不但可以有一部以哲学为根据的历史，并且可以有"历史哲学"出现。

这里还有一点必须提到，这一点或者能使反对哲学的人们也觉得心服的，至少也能使他们相信，在"历史"的唯心的解释下，各种原有的事实是不致有所改变，也不致受到任何歪曲。这里所说的一点，便是指这些属于"哲学"范围内的大事而言，并不是每一个无足轻重的场合，并不是每一个现象（这些与其说是属于"世界精神"的范围，毋宁说是属于个人生活的范围的现象），都要加以"解释"，都要被一个枯槁的公式夺去生命和实质。假如当真对于无足轻重的事项，都要较量锱铢，穷诘究竟，对于为彼为此、均无不可的事项，都要视为必然、寻出解释，这实在是最不合于智力，也就是最可笑的。这种把高贵的哲学方法当作机械来运用，是亵渎了哲学，同时，因此也就没有与一般专事探讨哲学的经验界的琐琐屑屑的人们调和的可能。哲学所得据为己有的，并不在于阐明一切事故的必然性——相反地，哲学对于这些事故，竟可以略加叙述不事深求——而在于揭开黑幕，提示事实的真相，庶几使人知道每一个相当重要的民族集团，每一个相当重要的历史场合，都有一个观念作它的基础，而且过去历史上昭示我们的一切过渡和展开，都可以从它们先前的种种事变中见其端倪。所以一部历史哲学的真正价值，就在于把那寻常的叙述因素，同那尊严的思辨因素，形成这种艺术的结合。

再者，晚近百年间出现的关于历史哲学的作品，在它们论列的观点上既有差异，在各作者民族的性格上又不相同，而且常常只是历史哲学单纯的象征，而不是确实的结构。因为我们开宗明义就必须把哲学和神意说分别清楚，后者把一切事变完全直接归于上帝，而前者则揭示出现实世界中的上帝的显像。还有一层，意大利人和法兰西人所作的历史哲学显然都和一个普遍的思想系统很少联系，殊不能构成它的有机的成分。他们的见解，虽然常正确、动人，可并不能显现它们自己的内在的必要性。最后，晚近介绍到历史哲学里的种种，大多带有神秘荒唐的性质，不外是一个偷偷的暗示，一个没有发达的基本观念。这类贡献的功绩在许多地方虽然不容否认，但是还没有对这门学术登堂入室。我们当然不想否认在日尔曼人之中莱布尼兹、莱辛、魏古林、伊塞林、康德、斐希特、谢林、席勒尔、洪保德、革勒斯、斯蒂芬斯、罗生克兰兹等人所作的探讨，所发的议论，就其关于一般历史的基础以及各种事变和它们明白表现的精神间的联系来说，都是深湛而富有智力，并且具有永久的价值。在法兰西作家中，谁也不能否认波绪亚在宗教学和成因学方面巧妙的大才，把世界历史看作是展开在世界前面的一幅大地图；谁也不能否认孟德斯鸠具有非常的才干，他的敏于辨察，可使各种事变更即刻地变为思想；谁也不能否认巴朗支和米细勒都具有先知的直觉，能够透过事况的表层，而觉察它们渊源所自的各种潜伏力量。话虽如此，假如要说到确实结构的历史哲学，那末，这类作家只有四人，便是韦科、赫得尔、希勒格，和我们现在介绍他的作品给读者们的这位"哲学家"。

说到韦科的生平和著作事业，我们就要回到一个时期，在那个时期内较老的各派哲学正在被笛卡儿派的哲学所代替；但是笛卡儿派在那时还没有进展到各种基本观念——"存在"和"思想"——的探讨以上，它的羽毛尚未丰满，还不能进到具体的历史世界之中，也没有准备去把握历史世界。韦科在他所著的《新科学》中试行指出"历史"的各种原则时，不得不依赖古人的指导，和采取古典的 $\varphi\iota\lambda o\sigma o\varphi\acute{\eta}\mu\alpha\tau\alpha$；在他的探讨里面，他所注意的不是现代的史料，而是古昔的记载：在他看来，封建制度和它的历史，与其说是不同于希腊罗马的专门事物，毋宁说是希腊罗马发展的补充。虽然在那本书的末尾，他称基督教即便对于人欲的影响上，也优于世界上一切宗教，然而他绝没有把这段意思表白清楚。因为他没有考虑到"宗教改革"及其影响，所以"中古时代"同"现代"的分界和区别也没有表明出来。除此以外，他又从事讨论人类智力的各种雏形，如"语言"、"诗歌"、"荷马"；他以一位法学家的地位，进入"罗马法"的内层来探索它们；同时凡此种种——思想的主潮、纷纭的事变、观念的扩张以及原则的追究——更因为他爱好作字源学的搜寻，和提出文学上的解释，以致愈见错综复杂，而且这类解释常常阻扰历史演进的最重要过程的表述。因为这个原故，许多读者都被那可厌的外表所挡住，不能领略其中所包含的深湛的真理；这些真理由于外表不够分明，以致赤金就和黄沙同被捐弃了。

赫得尔具有韦科所没有的各种优点。他本人是一个诗人，他以一种诗的精神去研究历史；再则，他并不任意涉猎及于历史的各种基础和门户——如"诗歌"、"艺术"、"语言"和"法律"等，来困恼读者：他直接从气候和地理开始；三则，历史的整个园地都展开在他的面前：他那开明的新教和世界观的素养，使他得以洞察一切的民族和见解，并使他能够超越纯属传统的观念，而不受任何限制。而且有些时候，他随手拈来，都能恰巧得到那个"适当的字"；他的思辨所依据的那个成因学的原则，并没有制止他举出现实世界的错综万态，而当他比较各种历史的时期的时候，各该时期和人生各阶段类同的情形，他也一一都能够看得到。但是他那些"贡献于人类历史哲学的观念"，犯了名实相背的矛盾，就是不但一切玄学的范畴都被置之不论，并且积极地仇视玄学。所以"历史哲学"在赫得尔手里，便脱离了正当的基础，而是常常很动人的、同时又常常有弊病的一种高度智慧的推理——一种"心"和"理智"的"辩神论"，而不是"理性"的"辩神论"。这样脱离了它的自然的根本，其必然的结果便是造成一种热诚，这种热诚时常阻碍了思想的潮流，同时又徒然使读者惊叹，而不能发人深思，有所表见。因为神学家，蔼然可亲的宣教师，如醉如痴地歌颂上帝所制作的人，常常把他的主观的特点渗入"历史"的客观性里面。

在希勒格的"历史哲学"里，只要我们高兴，便可以寻出一个基本的观念，一个可以称为是哲学的观念。这个观念就是说，人类天生是自由的。有两条途径横在人的面前，他可以任选其一，——一条是向上的路，另一条是降入地狱的路。假如他对于那传自上帝的原始的意志，始终保持着忠贞不变，他的自由将是幸福的神灵所享的自由。至于把天堂的境地看做是一种幸福的无所事事的境界，那就要被指斥为极端错误的见解。但是人类假如不幸选择了第二条途径，从那时候起便有一个神圣的意志和一个自然的意志在他里面。对于个人的生命以及全族的生命，那重大的问题便是要把较低的尘世的和自然的意志，转变为较高的和神圣的意志。所以这部历史哲学实在是以那种奇怪的慨叹开始的，它慨叹为什么要有历史，为什么人类并不逗留在幸福的神灵所处的无所谓历史的境界里。照这种见解说来，历史乃是人类的变节——人类的纯粹和神圣的存在的蒙蔽，它不但不具有在它本身里面发现上帝的一种可能性，而是把上帝的否定方面反映在它本身里面了。人类最后会不会完全地、整个地回归于上帝，在这里只是一种盼望和希冀，而且因为人类又被耶稣新教蒙蔽了前途，所以，至少在希勒格看来，这种盼望能否实现还是疑问。当论列各民族特有的原则和历史的发展、而每逢那个基本的观念隐没不彰的时候，就显出了一种智慧上的平庸、陈腐，企图以流利雅致的辞藻来粉饰思想上屡见不鲜的浅薄。因为作者有意要求得自己的心灵的安息，要保障他自己，要维持天主教的立场而不顾现代世界的需求，所以他的著作便带着一种牵强附会、成见颇深的气味，于是剥夺了各种事实的实在的性格，而使它们同预定的结果发生联系。

我们现在要讨论的黑格尔的《历史哲学》讲义，除了在内容上有种种优点外，自始就比较先出各书占着一个大便宜。第一而且最重要的，这部讲义所包含的一个思想体系，就是最细微的地方的结构也适合逻辑：这书简直可以说是表达出来了历史的道理，正像"自然"、"灵魂"、"法律"、"艺术"等等也各有道理一样。因此在这部书里根本不会有寻常的片段思想、寻常的推理、智力的和非智力的直觉；相反地，这里有的是对于那些（构成"历史"的）人类造诣，由逻辑的哲学所作的一种研究。各种范畴在黑格尔体系其他各部门中早经表明过。惟一留待解决的，就是这些范畴能否在那显然难以控制的人类任性妄为中同样证实它们自己。但是要使这种探讨可以保证其正确性，或者竟可说是为了保证其忠实起见，各种事变本身不曾由"思想"加以变化，不曾有任何歪曲或任何更改。各种事实都保持着本来面目——像它们在古今传说中出现的面目一样："观念"是阐明它们的，而不是歪曲它们的；而且一方面，历史哲学所包含的既不过是理解那些外在现象的内伏意义，同时哲学的艺术便是要看出"观念"的神经系统位在这些现象的记录的那一部分，而把它们表彰出来，就像在自然界里，一草一木，一兽一禽，并不能从各种普遍的原则里演绎出来，所以上述这种哲学艺术还须鉴别，知道在哪里它应该升到思辨的最高度，或者在哪里它不妨像前面说起过的，安于纯属肤浅的事物；它必须知道什么是可以表明的，什么只是附在这种表明的写照和特征上的；而且它既然自知它的尊严和权力，就不肯把它的劳力浪费于无足轻重的情形里。

事实上本书主要优点之一，就是它虽然非常富于思辨的活力，但是还适当地注意于"经验的事物"和"现象的事物"；它既排除了主观的"推理"，但又不勉强把一切历史纪录装在一个公式的模型里；既在逻辑的发展上和历史叙述显然散漫而无秩序的路线上把握着和表现着那个"观念"，但又不让这种步骤侵犯历史的叙述。因此，那所谓先天的方法——这在事实上就是不用历史的事实而"著作"历史——是和本书所表现的方法完全不同的。本书著者无意以神祇自居去创造历史，而只是一个凡人从事探讨那已经创造出来的"历史"、那孕有理性而且富于观念的"历史"。

本书因为是演讲性质，所以更占着一种便宜。假使当初目的在把它编印成书的话，就得斟酌字句，章回划然，而这种便宜也就占不到了。

唯其为讲义，所以它必须设想怎样直接了解它的"意义"。它必须设法激起年青听众的兴趣，并且使它所提示的种种同听众已经知道的种种发生联系。而且在哲学所能染指的一切研究资料中，"历史"是年青人士最先熟悉的，所以"历史哲学"似乎也应该同人们已经知道的种种相结合，不可教授这门学科的本身及其所包含的各种观念（例如教授审美学那样），而应专从听者所已经知道的资料中，表明出"观念"的动作。假如这层功夫用了部分是建设的和部分只是特征的方法做到了，那末就可以占着这种便宜，给予学生一本津津有味的书，——这书是和平常人的智力很接近的，至少也相去不远。因此，这些讲义是黑格尔哲学最便捷的入门书——我说这话是不怕发生矛盾的：这些讲义实在比"公理哲学"（或者称为"法律学"）更加适当，因为"公理哲学"是假定学生对于这门学问事先已经有了一些观念的。演讲方式既然有利，未必不有其弊，这在本书也是如此。因为一开始就须展开各种原则，包罗整个题目，并在一定范围内作出结论，所以书中前后部分势必有些不相匀称。中古时代事实的丰富，以及现代概念的繁多，不免令人不满于开始时对于东方部分的过分注意。

　　跟着，我们就自然要讲到此次把这部讲义编订成书所取的各种原则了：第一是关于内容，第二是关于形式。在讲堂上演讲时，教师努力想使他的学识修养富于个人的气味：因为是口头讲授，所以他的智慧的资料里有着一种生命的呼吸，这是寻常的一本书中所不能有的。每一章讲词里，总有许多穿插比喻，夸大重复，并且加入了若干同本文不很密切关连的东西，然而假如没有这些穿插加入，任何口头的演讲都会变成索然寡味。黑格尔无疑是具有这种辩才的，虽然有些人蔽于成见，认为他枯燥，但是我们仅从他的稿本（没有包括一切实在演讲过的东西在内）的行文措词中，以及每次旧话重提时的文字变化中，都可以证明他确有辩才。他的征引解释，有时同本题长短不称；开场一段（不过因为是开场关系）所占的篇幅之多，可以说假如把所有的叙述描写和记载一概列入以后，将使本书外表大受影响。当黑格尔第一次演讲历史哲学的时

13

候，他把三分之一的时间，用在"绪论"和"中国"一章上面，——这部分工作真是冗长、烦琐，煞费苦心。虽然他在后来几次演讲中，对于中国不再那样仔细，但是编者仍然不得不酌加删缩，免得"中国"一节所占地位侵犯和损害其他各节的论列。这一节是最需要加以编订的，其他所有各节就不像这样的了。编者把这部讲义编订成书的时候，不得不把口头的讲述改变为斐然成诵的文字。编者是从学生们的笔记和著者的原稿取材的，时期先后不齐，他须从事缩短工作，删除原讲的芜杂，使叙述的文字和著者思辨所得的观察和谐一致，并且相当地注意到，使先前的演讲不致喧宾夺主，使后来的演讲不致屈居一隅，又使先前的演讲不像原来那样孤立、缺少联络。在另一方面，他又不敢忘记这本书是讲义的性质。演讲者当初讲授时，那种不问结论如何、只知专心致志于目前的题目的情形，那种随随便便、想到说到的气概，不能不一一予以保存。即使时常有些重复的地方，只要并不怎样阻断思路，或者烦扰读者，也不可以完全删除。

关于这番编订工作，编者虽然负有改造的责任，而且还不免有放纵的地方，但是对于黑格尔的思想观念实在没有丝毫加以改窜，没有渗入编者的任何观念，——这里贡献给读者们的，乃是这位大哲学家真正的、没有一点改窜的著作。如果编者采取了另外一个办法，那末，他所编订的书，不是无人所能卒读，便是过于渗入了自己的思想观念。

讲到本书的风格，编者的确不得不从头重写一遍。但是关于"绪论"前面的一部分，他却有黑格尔一八三〇年的写稿足资应用，这份写稿虽然并非为了刊印而写，但显然是要拿来代替先前各次的"绪论"的。编者相信——虽然他所有的友人并不同意——只要黑格尔有真正的遗物存留在那里，他应该避免插入他自己的见解，避免作任何的修正。他努力保全黑格尔风格的谨严紧密，而不愿加入任何不同风格的辞句，虽然因此或许有碍于行文的统一，亦所不顾。他认为读者一定很愿意——至少是在书中某些部分里——遇到著者的坚强有力、时或盘根错节的风格。他要使读者能在著者时或缺少伸缩、但是永远安全而有力的领导手腕之下，享受到思想上层出不穷、山重水复的乐趣。从那些片段的写稿终止的地方，编者才真正开始工作，使全书获得一个完整的形式。但是做这番工作的时候，不断注意到原稿和笔记中所显示出的特殊的语气、名词：编者很乐于采用虽然为自己所不顶喜欢，但是能够显见作者特色的文字，宁可废弃那些自然而然到他笔端下的文字。只在绝对必要的地方，他才愿意有所补足，有所补充。总而言之，他在可能范围内，极不愿稍稍改变原文的特质，给予读者以他自己的著作，而非原作者的著作。因为这个原故，编者对于本书的措词，便不能像对于自己的作品那样负责。他必须提供的一种材料和思想，都不是他自己的，而且在可能范围内，他又要力图避免游离太远，有背原来演讲所用的那类辞句。只有在这些命定的、预定的条件（它们自是一种自由的风格的障碍）之下，编者才能负责。

黑格尔的原稿是编者所采用的第一种资料。这些原稿时常仅仅包含着由"一横"符号所连接的单字和名词，原意分明是为了要在讲授时帮助记忆。其次就是较长的句子，有时会有一页或者一页以上是完全写出来了的。这类完全的原稿里，有许多触目的语句，许多有力的字眼，听讲者的笔记都是由此而得到纠正和补充的，同时原作者常常三复旧话，不厌复述，他那贯彻的毅力实在令人惊服。黑格尔在这些地方，显然是一个最勤勉细心的教师，永远企图使那些一纵即逝的印象可以加深，并用"观念"的坚强的铰钉，来固定那些容易忘怀的意思。讲到我的资料的第二部分，就是那些笔记；我手头所有的，是关于本题目一八二二——二三年、一八二四——二五年、一八二六——二七年、一八二八——二九年、一八三〇——三一年，[1] 这五次全部的演讲，出于枢密院顾问叔尔子博士、格雷斯海姆上尉、贺陀教授、维尔德博士、海曼博士和这位哲学家的儿子查理·黑格尔诸人的笔录。直到一八三〇——

---

[1] 黑格尔于一八一八年到柏林大学任教授，这些演讲是在该校所讲授的。"他在那里讲授十三年，形成了一个学派，其重要人物有干斯、罗生克兰、米细勒、维尔德、马海列克和贺陀"。(鲁维斯：《哲学的传记史》)——英译者

三一年那个学期,黑格尔方才用更多的功夫,来讲述中古时代和现代,而本书中关于这两个时期的两节文字, 大部分便是取自这最后一次的演讲的。我从我的许多可敬的同事和友人们中（要是能够得到他们的许可,我很乐意举出他们的姓名）, 获得种种的帮助,受赐实深。如果没有这些帮助,那末,各种原则历史的解释,还不能像现在这样的完备。

由于这部《历史哲学》的出版,以及《审美学》在数月内即可出版,再有《百科全书》不久也将以新的形式和风格行世,黑格尔著作的校订出版工作可以说是就告完竣了。这对于我们的"朋友"和"师长"实在是一个名垂千古的纪念碑;对于编订诸人则为一种敬爱的纪念,他们的追悼不在于女人家似的啼哭,而在于一种鼓励做新的活动的感奋。从另一方面说来,那种尊敬师友的微忱,并不要求任何报酬,因为只要能够恪尽职责,就已经感到心满意足了。至于那些"虽生犹死"的人们虽然可以责备我们能力的薄弱,但是以我们热诚的充沛,我们希望可告无罪。黑格尔的"四个世界时期"至少已经出世了。

一八三七年六月八日

爱德华德·干斯序于柏林

查理·黑格尔博士为原书
第二版所作的序言

黑格尔《历史哲学》讲义再度发行所取的形式的变更，使我们有略加解释的必要，藉此说明本书第二版对于原来资料以及对于本书第一版的关系。

那位深可悼惜的干斯博士，就是《历史哲学》的编者，把这些讲义改编成书，显示出了卓越的才智。他在编订时大部分采用黑格尔最后几次的演讲，因为这几次的演讲是最通俗的、最适合他的目标的。

干斯博士居然能把这些讲义，编订得与一八三〇——三一年冬天的演讲并无大异，假使黑格尔的历次演讲更能前后一贯些，假使这些演讲并不近于互相补正的性质，那末，干斯博士这种成绩可以说是尽善尽美的了。因为无论黑格尔用"思想"凝结宇宙间万有现象的力量是如何的伟大，他终不能在一个学期的功夫里，把"历史"上浩如烟海的资料完全把握到，用一贯的形式表达清楚。在一八二二——二三年冬季第一次的演讲里，他主要地从事于展开那个哲学的"观念"，表示这个"观念"何以成为"历史"的真实的核心，以及各"世界历史民族"的灵魂。当讲到中国和印度的时候，他自己说过，他只想藉此表明哲学何以应该理解一个民族的性格，而且这番理解工作在静止的东方各国较易做到，不比具有一部真正的历史和性格的历史发展的那些民族来得难于理解。因为他素来对于希腊人抱有一种年青的热诚，所以讨论也最详细。略为考虑罗马世界以后，他最后就企图把中古时代同现代凝结在寥寥几次的演讲中。由于时间所迫，在基督教世界中"思想"不再潜匿于万千现象里，而已崭然露其头角，出现在"历史"上，所以我们的哲学家尽可缩短时间，略为讨论。事实上，只要把那个迫切的"观念"指点出来就够了。相反地，在后来几次演讲里，中国和印度以及一般的"东方"

世界就比较迅速地结束，而用较多的时间和注意力去讲日尔曼世界。"哲学的"和"抽象的"占据的篇幅逐渐地减少，历史的材料却渐渐扩充，全书也日渐大众化。

从这里很容易看出，这门学科的各次演讲怎样地互相补充，这全部题材怎样必须把那哲学的元素——它在先前诸次讲授中占着优势，而且一定要被作为本书的基础——同后来诸次讲授中所特具的历史的发展合在一起，然后才能得到要领。

假使黑格尔采用了多数教授们所取的办法，把讲堂中应用的纯属附录和补充性质的笔记，合并到原稿上面去，那末，他最后几次的讲授大概也是最成熟的演讲了。可是相反地，他却把每次讲授一概都看做是一个新的思想活动，每次仅表现他当时心头活跃着的哲学热力的深度。所以在事实上，一八二二——二三年以及一八二四——二五年两次最早的讲授，比较后来几次，显示出了廓大得多的观念和表现的力量，与丰富得多的新颖思想和适当想象。因为跟新生的思想同来的第一次灵感，经过一再的复述，自然要丧失它那栩栩如生的新鲜感。

综上所述，本书新版时牵涉着的工作是显然可见了。许多很有价值的思想须从最初几次讲授中恢复过来，原来的语气须贯彻到本书全部里去。所以第一版刊印本就被用作底本，而以对于原文最大可能的重视，来从事填入、补足、代换和变更的工作（全看情形的需要而定）。既然这一切的更改完全是以黑格尔的原稿为惟一的导引，所以完全不容编者个人的见解插入。因为这讲义第一版——除"绪论"的一部分以外——仅根据听讲者的笔记，现在的第二版便努力用黑格尔自己的稿本作为始终贯彻的基础，至于那些笔记仅被用于校刊与排列方面。编者竭力想使全部作品保持语气上的统一，而他所采取的方法便是到处让原作者本人说话。因此，不但那些新加入的地方完全系采自原稿，而且甚至在大体上还保存第一版文字中凡听讲者笔录时丧失的特殊表情也都恢复了过来。

有些人常以形式的结构格局来定思想有力与否，并且以好辩的热忱绝对主张要采用这种哲学方法，而反对使用其他各种哲学方法。我们为了提醒这些人起见，不妨说明黑格尔很少遵照他自己所定的章节，他每次讲授时，常有所改窜——例如关于佛教和喇嘛教的讨论，时而置于印度之前，时而置于印度之后，时或将基督教世界和日尔曼各民族放得更相近些，时或列入拜占庭帝国，以及诸如此类的情形。新版对于这方面是没有多所更改的。

当黑格尔著作的出版机构惠然委托我重订先父的《历史哲学》时，那个机构又列举了第一版的赞助人兼干斯博士的代表人（干斯博士已经逝世）计有三位：叔尔子博士、韩宁教授和贺陀教授，要我把这第二版的稿本交给这三位审阅。在这次审阅中，我不但得到这几位极有价值的人士和畏友们翕然同意于我所做的修改，并且还承蒙他们添了许多新的修正，我只好在这里公开声明，略表谢忱。

末了，我不禁要申谢那个众所共仰的机构。那种奖饰学问、重视友谊和公而忘私的热忱是值得赞颂的，它之所以创立和所以结合至今，都是为了提倡学术的原故，我对于它的感戴，更因此次承蒙它容许我参加编订先父著作，而达到无可复加的程度了。

一八四〇年五月十六日

查理·黑格尔序于柏林

绪　　论

这次演讲的题目叫做"哲学的世界历史"。那就是说，并不是从世界历史作出一些普遍的观察，再从世界历史的内容举例来阐明这一些观察，而是世界历史的本身。[1] 为了对于本讲的性质从开始就能有一种明白的观念起见，我们必须先行检查关于研究历史的其他各种方法。观察历史的方法，大概可以分为三种：

（一）原始的历史。

（二）反省的历史。

（三）哲学的历史。

（一）关于第一种历史，只要举出一两位著名的历史家，便可以给人一个确定的典型。例如希罗多德斯、修昔的底斯和其他同样的历史家们。他们的叙述大部分是他们亲眼所看见的行动、事变和情况，而且他们跟这些行动、事变和情况的精神，有着休戚与共的关系。他们简单地把他们周围的种种演变，移到了精神观念的领域里去，这样外在的现象

---

[1]　我无从举出任何著述来作本课程的介绍，但是这里不妨说起的，就是在拙著《法律哲学纲要》第三四一节至第三六〇节，我已经对于这一种世界历史应该包罗的各节，立下了一个定义，并且对于世界历史自然应分的各主要因素或者时期，开列了一个纲要，可以作为诸位的参考。

1

便演成了内在的观念。诗人以同样的方式，运用他感觉中的资料造成他的观念。当然，这些原始的历史家也利用别人的报告和叙述，因为一个人决不能耳闻目见一切的事情。不过他们只把这些资料当作是一种组合的元素，这和诗人受赐于已经成立的语言文字的遗产，又是同样的情形。历史著作家把飘忽的片段联系在一起，然后把它们宝藏在泥摩息尼神庙之中，使它们不朽。各种稗史、民歌、传说都不能列在这种原始的历史里面。这些稗史、民歌、传说所表现的历史的意识还在朦胧的状态，所以它们属于观念朦胧的民族。这里我们要研究的民族，是已经知道他们是什么，和他们在做什么的民族。当真看见的和可以当真看见的现实，是有坚实的基础的，而产生这些稗史和诗歌的那个飘忽模糊的成分，它是没有坚实的基础的，等到各民族的个性发达成熟，这些稗史和诗歌在历史上的权威就不能存在了。

　　这样的原始历史家把他们熟知的各种行动、事变和情况，改变为一种观念的作品。所以这种历史的内容不能有十分广大的范围。这一点，我们可以拿希罗多德斯、修昔的底斯、基察第泥为代表。凡是在他们的环境里出现的和活动的，就是他们主要的资料。那位历史作家所受的种种影响，也就是形成他作品骨干的那些事变所受的影响。作家的精神和他记述的那些动作的精神，是一般无二的。在他所描绘的一幕一幕的剧情中，他本人曾经亲自参加作一名演员，至少也是一个休戚相关的看客。他所绘画的只是短促的时期，人物和事变个别的形态，单独的、无反省的各种特点。他的愿望无非是要把他亲自观察各种事变的所得，留下一个最清楚的影像或者栩栩如生的描绘，给后世的人。他既然生活在他的题材的精神中间，不能超出这种精神，所以他毫无反省的必要。假如他像凯撒那样拥有统帅或者政治家的高位，那末，他编著历史，就会把他自己的目的，作为历史的目的来处理。假如我们说一位这样的历史家没有反省，在他的著作里边人物和民族自己自动出现，那末，那些演说，如像修昔的底斯所写出的那些演说，我们也可以断言，它们决不是可靠的记录。但是演说是人类社会中的行为，而且是具有非常重大影响

2

的行为。不错，人家时常说："那只是废话罢了。"藉此表示演说的无谓。这里所指的演说也许只是"废话"，废话本来是无所谓的。但是民族向民族所作的演说，以及对于民族和君主所作的演说，是历史不可缺少的基本成分。譬如：那位最有修养、最纯正、最高尚的政治家伯里克理斯的演说，就算是修昔的底斯所完成，终究和演说者的性格相差无几。在这一类的演说中，这种人宣布了他们的民族所奉行的格言。也就是形成他们自己的人格的格言。他们不但发表了他们的政治关系的见解，以及关于他们的道德的和精神的本性的见解，并且发表了他们的目的和行为的各种原则。历史家放在他们嘴里的种种说辞，并不是虚悬假设的自觉，而是演说者自身的修养。

这些我们必须同他们多多接触，必须多费时光加以钻研，使我们好像与他们的民族共同生活，并对他们的精神深切了解的历史家，他们的著作不但可使我们多闻博识，并且可以给予我们深刻和纯真的乐趣，这样的历史家的数目并没有如我们想象的那样多。其中如历史之父，就是历史的创始人希罗多德斯和修昔的底斯，上面已经讲到了。色诺芬的《万人退却》同样地也是原始的著作。凯撒的《战记》是一位伟大精神的简单杰作。在古代，历史家必然是伟大的军人和政治家。在中古时代，假如将处于政界中枢的主教们置而不论，历史家差不多尽是修道院中的僧侣，他们可以说是头脑单纯的编年史家，他们绝不参加积极的公共生活，相反地，古代的历史家却是积极参加公共生活的。到了现代，这些关系又完全改变了。现代的文化在本质上是有理解力的，能够把一切的事变立刻变为历史的表现。就我们如今讨论的这类历史来说，我们尽有各种生动、简单和明白的叙述——尤其是关于行军作战方面——是与凯撒的《战记》相提并论。至于它们叙述到战略机谋和作战环境时，其材料的丰富和本末的精详，甚至超过了凯撒的《战记》。还有法国人的《回忆录》也属于这一类。《回忆录》虽然记述琐屑的事情，但是作者都具有丰富精神的头脑。书中常常含有大量的遗闻轶事，极其肤浅狭隘，无足重轻。但是常常也有十足道地的历史杰作，例如《红衣主教累斯的回忆录》，它涉猎所及的历史范围便广大得多了。德国绝少这类的名家。腓特烈大帝著有《今世通史》是一个卓越的例外。《回忆录》一类的作者本应有很高的身份。有了这样的身份，才能够高瞻远瞩，看见一切。至于地位卑微的人，对于偌大的世界，只能够管窥蠡测，自然无从看到一切了。

（二）第二种历史可称为反省的历史。这种历史的范围是不限于它所叙述的那个时期，相反地，它的精神是超越现时代的。在这第二类历史之中，可以分出各种显然不同的门类。

1. 研究历史的人大都目的在对于一个民族，或者一个国家，或者整个世界的全部历史——简单的说来，就是对于我们所谓普遍的历史，考查它的梗概。在这里，最主要的一点，就是历史资料的整理。进行工作的人用了他自己的精神来从事这种整理工作，他这一种精神和材料内容的精神不同。因此，那位作家在叙述各种行动和事变的意义和动机时，他所依据的若干原则，以及决定他的叙事方式的若干原则，是特别重要的。这种反省的治史方法，及其连带的聪明的表现，在我们德国人中间，真是种类万殊。每一位历史家都是别出心裁，有他自己的特别的方法。一般来说，英国人和法国人知道，必须怎样写历史，他们比较上多半站在普遍的或者民族文化的立场。我们德国人就不是如此，每位作家竭力要发明一种纯属个人的观点。我们不去编著历史，老是劳神苦思，要发见历史应该怎样地编法。这第一类的"反省的历史"，假如仅仅以叙述一国的全部历史为目的，那末，就和前述的"原始的历史"最为相近。这类编纂（其中包括李维和带奥多剌斯.西科勒斯的著作，以及约翰·米勒的《瑞士历史》）假如做得很好，都有极大的价值。这一类历史家中最为杰出、可与第一类史家相比拟的，就是他们记述事变的生动，使读者仿佛亲历其境。但是一个属于不同的文化的历史家，他个人所特有的语调，常常不能随机应变，以适合他所记述的各个时代。这位作家的精神，不是他所记述的那些时代的精神。因为这个原故，李维书中让古罗马君王、执政和统帅们演说，好像是李维时代的聪明的辩护

4

律师在演说，而与古代罗马的正统传说（例如《麦泥尼阿·阿古利巴的寓言》）形成显著的对比。同样地，李维又给我们以历次战役的叙述，仿佛他当真在场旁观。可是这些叙述的形形色色可以适用于任何时期的战役，而这些叙述的明白肯定却又同它们的不连贯和不一致相对照。这些毛病，就是在叙述主要的事实时，也免不了。这样的一位历史编纂家和一位原始历史家的不同，我们如果要知道，最好是把保存到现在的波里比阿斯各时期的记载，拿来和李维利用了这些记载加以扩充和删节的行文风格相互比较一下。约翰·米勒努力要对他所叙述的各时代，作忠实的绘画，以致他的历史，具有一种僵硬、呆板和迂腐的色彩。我们宁愿读老楚弟的述作，那里面的一切都比矫揉造作的古风要朴实得多而且自然得多。

一部历史如果要想涉历久长的时期，或者包罗整个的世界，那末，著史的人必须真正地放弃对于事实的个别描写，他必须用抽象的观念来缩短他的叙述。这不但要删除多数事变和行为，而且还要由"思想"来概括一切，藉收言简意赅的效果。一场血战、一次大捷、一番围攻，不再像先前那样的渲染铺叙，连篇累牍，而只是轻轻一笔，提过了事。例如李维叙述罗马人同服尔细人的多次战争时，他时或简短地说道："这一年同服尔细人作战。"

2. 第二类的"反省的历史"可以称为实验的历史。当我们研究"过去"的时代，研究遥远的世界，这时候一种"现在"便涌现在我们心头——这是精神自己活动后产生的，作为它自己劳苦的报酬。历史上的事变各各不同，但是普遍的、内在的东西和事变的联系只有一个。这使发生的史迹不属于"过去"而属于"现在"。所以实验的反省，它们的本质虽然是非常抽象的，但是它们属于"现在"是确确实实的。它们使"过去"的叙述赋有"现在"的生气。这些反省是不是真有兴趣、真有生气，当然全看著史的人自己的精神如何。这里必须特别注意那种道德的反省——人们常从历史中希望求得的道德的教训，因为历史家治史常常要给人以道德的教训。不消说得，贤良方正的实例足以提高人类的心灵，又可以做儿童的道德教材，来灌输善良的品质。但是各民族和国家的命运，它们的利益、情况和纠纷复杂，却又当别论了。人们惯以历史上经验的教训，特别介绍给各君主、各政治家、各民族国家。但是经验和历史所昭示我们的，却是各民族和各政府没有从历史方面学到什么，也没有依据历史上演绎出来的法则行事。每个时代都有它特殊的环境，都具有一种个别的情况，使它的举动行事，不得不全由自己来考虑、自己来决定。当重大事变纷乘交迫的时候，一般的笼统的法则，毫无裨益。回忆过去的同样情形，也是徒劳无功。一个灰色的回忆不能抗衡"现在"的生动和自由。从这一点看起来，法国大革命期间，人们时常称道希腊罗马的前例，真是浅薄无聊极了。希腊和罗马时代的风气，比较我们时代的风气，相差很大。约翰·米勒在他的《普通史》和他的《瑞士史》中，曾经抱有上述那种道德的旨趣。他拟具了若干政治信条，作为各君主、各政府和各民族的教训（他编成了一部垂训和自省专集，——他常在他的信札里，说起他在一星期中所编箴言的确实数目），但是他不能够把他这部分的写作，算做他最好的成就。只有对于历史局面彻底的、开通的、广泛的眼光和对于观念深刻的意识（例如孟德斯鸠的《法意》），才能够给予这一类的反省以真理和兴趣。因此，"反省的历史"一再出现，前后相继。任何著史的人都可以利用各种资料，各人都自信有能力去整理这些资料，而且每个人大概都把他自己的精神，算是那时代的精神。读者们读厌了这类反省的历史，每每喜欢回读不具任何特殊观点的一类记述。这类记述，当然有它们的价值，但是它们大多数只提供历史资料。我们德意志人是以这类记述为满足的。法国人就不是如此，他们显出卓越的天才，使往昔的时代重新复活，使过去和现状发生联系。

3. 第三类的"反省的历史"是批评的历史。它有在这里申述的必要，因为它正是德国如今通行的治史方法。它并不是我们这里所提出的历史的本身，而是一种历史的历史。它是对于各种历史记述的一种批判，和对于它们的真实性、可靠性的一种检查。它在事实上和旨趣上的特质，在于著史的人的锐利的眼光，他能从史料的字里行间寻出一些记载里没有的东西来。法国人在这类历史著作中，曾经贡献了许多深湛和精辟的东西。但是他们没有努力把这一种纯属批评的方法算做一种真正的历史。他们以批评的论文的形式，适当地写出了他们的各种判断。在我们德国人当中，所谓"高等的批判"，不但统治着语言学的领域，而且占领了我们的历史的著作。人们曾经假借了"高等批判"之名，就荒诞的想象之所及，来推行一切反历史的妄想谬说。这样，我们又添了另一种方法，使过去成为一种活跃的现实，就是以主观的幻想来代替历史的纪录，幻想愈是大胆，根基愈是薄弱，愈是与确定的史实背道而驰，然而他们却认为愈是有价值。

4. 末一类的"反省的历史"，开宗明义，就显出它是一种局部的东西。它自然是分划的，但是因为它的观点是普遍的（如像艺术的历史、法律的历史、宗教的历史），它形成了达到哲学的世界历史的一种过渡。这一种的概念历史在我们现代里是比较发展的，而且受人注意。这些部门同一个民族的历史的全部结构，有着密切的关系；我们研究的主要问题，就是全部的联系是真真实实表现了出来呢，还是只找出了纯粹表面的关系呢？假如是纯粹表面的关系，这些重要的现象——艺术，法律，宗教等等，看起来便好像是完全偶然的民族的个别现象了。我们还要说明的，就是"反省的历史"进展到以普遍的观点为观点时，只要立场是正确的，它就构成——并不是纯属外表的线索，并不是浮而不实的结构——而是一个民族之历史中各种事变和动作的内部指导的灵魂。因为就像灵魂的指导者水星之神，"观念"真是各民族和世界的领袖，而"精神"，就是那位指导者的理性的和必要的意志，无论过去和现在都是世界历史各大事变的推动者。要认识在这方面的领导推动的"精神"，就是我们这番研究的目的。这就使我们讲到：

（三）第三种历史——哲学的历史。前述的两种历史是无须解释的，它们的观念是不言而喻的。但是这最后一种则并非如此，它在实际上似乎需要一番阐明或者辩护。我们所能订立的最普通的定义是，"历

7

史哲学"只不过是历史的思想的考察罢了。"思想"确是人类必不可少的一种东西，人类之所以异于禽兽者以此。所有在感觉、知识和认识方面，在我们的本能和意志方面，只要是属于人类的，都含有一种"思想"。但是只凭这层理由，就说历史必须和思想发生联系，还是不能令人满意。就历史来说，"思想"似乎隶属于已存的事物——实际的事物，并且以这种事实为它的基础和南针。同时哲学的范围却是若干自生的观念，和实际的存在是无关的。抱了这样的思想来治理历史，不免把历史当作是一种消极的材料，不许它保存本来的面目，逼迫它去适合一种思想，就如像一般人所说，以"先天论"来解释历史了。然而历史的职责，既然不外乎把现在和过去确实发生过的事变和行动收入它的记载之中，并且越是不离事实就越是真实。哲学事业的努力似乎和历史家的努力恰好相反。对于这一个矛盾，和因此而加在哲学思辨上的指摘，我们将加以解释，加以驳斥。至于通常所提到的治史的目的、兴趣和处理方式，以及历史同哲学的关系所发生的不可胜数的特殊误解，有的是陈腐的，有的是新起的，我们可不能一一予以纠正了。

哲学用以观察历史的惟一的"思想"便是理性这个简单的概念。"理性"是世界的主宰，世界历史因此是一种合理的过程。这一种信念和见识，在历史的领域中是一个假定，但是它在哲学中，便不是一个假定了。思考的认识在哲学中证明:"理性"——我们这里就用这个名词，无须查究宇宙对于上帝的关系，——就是实体，也就是无限的权力。它自己的无限的素质，做着它所创始的一切自然的和精神生活的基础，还有那无限的形式推动着这种"内容"。一方面，"理性"是宇宙的实体，就是说，由于"理性"和在"理性"之中，一切现实才能存在和生存。另一方面，"理性"是宇宙的无限的权力，就是说，"理性"并不是毫无能为，并不是仅仅产生一个理想、一种责任，虚悬于现实的范围以外、无人知道的地方；并不是仅仅产生一种在某些人类的头脑中的单独的和抽象的东西。"理性"是万物的无限的内容，是万物的精华和真相。它交给它自己的"活力"去制造的东西，便是它自己的素质；

它不像有限的行动那样，它并不需要求助于外来的素质，也不需要它活动的对象。它供给它自己的营养食物，它便是它自己的工作对象。它既然是它自己的生存的惟一基础和它自己的绝对的最后的目标，同时它又是实现这个目标的有力的权力，它把这个目标不但展开在"自然宇宙"的现象中，而且也展开在"精神宇宙"世界历史的现象中。这一种"观念"是真实的、永恒的、绝对地有力的东西。它已经把它自己启示于世界，而且除了它和它的光荣以外，再也没有别的东西启示于世界——这些便是前面所谓在哲学中已经证明的，而这里又看作是已经证明的假定。

诸位，你们中间那些对于哲学一点也还不知道的人，我不妨假定，你们来听这种世界历史的演讲，至少对于"理性"已经有了一种信仰，至少是有了认识"理性"的一种欲望、一种渴慕。事实上，每一位研究科学的人所应有的精神，总不外乎是要希望求得合理的真知灼见，而不是存心要堆积知识，显得渊博。假如我们没有"理性"的概念，没有"理性"的认识，那末，现在开始研究世界历史，我们至少应该坚决地、不可动摇地相信"理性"这样东西确实是有的，并且还应该同样地相信，那个智力和自觉意志的"世界"不是落花无主、随风漂泊的，而是必须在"自知的观念"之下表现它自己。不过我并不是一定要预先要求你们来这样地相信。我暂时所说的话，和我继续要说的话，就算是于我们这门科学的，都不得看作是假设或者前提，而应看作是对于全体的一种概观，看作是我们将要做的考察的结果，这一个结果恰巧是我所知道的，因为我已经认识全体了。从世界历史的观察，我们知道世界历史的进展是一种合理的过程，知道这一种历史已经形成了"世界精神"的合理的必然的路线——这个"世界精神"的本性永远是同一的，而且它在世界存在的各种现象中，显示了它这种单一和同一的本性。正像前面所说过的，这种本性必须表现它自己为历史的最终的结果。同时我们又不得不完全接受这种实际存在的历史。我们不得不从历史上、经验上去研究历史。我们必须审慎的一点，就是我们不要被职业历史家所左右，

9

他们（尤其是在德国，他们还拥有相当的权威）常常攻击哲学家，说他们把自己的发明、先天的虚构，放在历史当中，但是他们自己就犯上了这种毛病。例如，有一种极其流行的无稽之谈，说是有一个原始的太古民族，曾经由上帝直接教导，赋有完备的见识和聪明，精通一切自然的法则和精神的真谛，或者又说是有这种僧侣民族，或者又举一个更加具体的讹言，说是有一种《罗马叙事诗》，从这种叙事诗中罗马历史家得到他们的古代史等等。诸如此类的权威，我们只有让那些多才多艺的职业历史家们去享有，这样的历史家在我们国家里也不是不常有的。因此，我们可以宣布：忠实地采用一切历史的东西，是我们应当遵守的第一个条件。不过在"忠实地"和"采用"这些普通的名词之中，伏有含糊的意思。就是寻常的、平庸的历史著作家，他也相信，而且自称，他只抱着一种纯粹容受的态度，只致力于事实上所提供的史料——可是他的思想的运用不是被动的。他离不开他的范畴，而且从这些范畴来观察他心目中所见的各种现象。尤其是在居科学之名的一切场合里，"理性"尤其应该清醒着，反省必须活跃着。谁用合理的眼光来看世界，那世界也就现出合理的样子。两者的关系是交互的。但是反省、观点、判断、各种不同的方式，已经超过了仅仅史实轻重的问题，这个问题属于下一个范畴，并不属于现在讨论的范围。

关于那个散布很广的确信，说是理性向来统治着世界、现在仍然统治着世界，因此也就统治着世界历史，关于这种确信，我只想举出两个形态和观点；理由是因为他们同时给我们一个机会，使我们可以更详细地查考那个最困难的问题，又可以表明我们随后须作进一步讨论的一门题目。

（甲）——其一就是那段历史文字，说是希腊人亚拿萨哥拉斯首先提出这个理论，说"奴斯"（νοῦς）就是一般的"理智"，或者"理性"统治着世界。所谓理性不是自觉的"理性"的智力，也不是一种精神，我们必须把两者明白地区别开来。太阳系的运动依着不变的法则。这些法则便是"理性"，而包藏在所讨论的现象之中。但是太阳和依着

10

这些法则而绕太阳转动的各个行星，都没有意识到这些法则。

这样一种的思想，——说理性就在"自然"之中，说"自然"永远遵从普遍的法则，——并不使我们有什么惊异。我们久已经听惯了这类概念，并不觉得有什么特殊的地方。至于我提起那种历史的情况，是要表明在我们视为等闲的这类观念，据历史上的教训，它们并不是自古到今，无时无刻都存在于世界，相反地，这种思想却是在人类精神的历史上划了一个新时代。亚理斯多德说到前述思想的创始者亚拿萨哥拉斯，把他说成好像是一个众醉独醒的人。苏格拉底采用了他的这种理论，这种理论便成为哲学上支配的思想，——除掉伊壁鸠鲁一派以外，他们把一切事故都归之于偶然，柏拉图声称苏格拉底这样说："我听见很高兴，我希望我已经寻到了一位教师，他将昭示我以'自然'同'理性'的和谐一致，他将在每个特殊的现象中，指出它特殊的目的，在全体的现象中，指出普遍的目的。就算给我很多东西，我也不愿放弃这个希望。但是，当我热心地从事研究亚拿萨哥拉斯本人的著作时，我是何等地伤心失望呵！ 我发见他只称引了表面的原因，诸如空气、以太、水等等。"我们看见，苏格拉底对于亚拿萨哥拉斯的理论不满的地方，并不是那原理本身，而是那位创始人把这个原理适用于具体的"自然"时的缺点。"自然"并没有从那个原理中演绎出来：事实上，那个原理始终只是一种抽象的观念，因为"自然"没有被认识和被显示为那个原理的一种发展——为"理性"所产生和从"理性"而产生的一种组织。我一开头就要提请诸位注意这种重要的区别：就是一个概念、一个原则和那仅止于一种抽象地掌握的或者达到更进一步的决定和具体的发展的一个真理，彼此之间的区别。这一种区别影响哲学的全部结构，关于这一点，等到我们研究世界历史结束的地方，考察到最近时期的政治状况的时候，我们将要重新谈论到它。

我们其次便要注意到这个思想的出现——就是"理性"支配着"世界"的这个思想——同我们所熟知的一种应用的形式，就是宗教真理的形式有连带关系：这种宗教的形式，就是世界并不听凭于偶然的原因和表面的变故，而是有一种神意统治着世界。我在前边已经说过了，我并不要求诸位信仰我所宣布的原理。但是我不妨要求诸位在这种宗教的形式方面信仰这个原理，只要哲学科学的性质容许我们以权威加于各种假定的话。换句话说，假如因为我们所探讨的科学，本身主张要提供证据（固然不是那种基本原则的真理的证据，而是那种基本原则正确性的证据），那末，我便不该提出这种要求。至于说一种"神意"鉴临着一切世事这个真理，那是和上述的原理相吻合的，因为神圣的"神意"就是"智慧"，赋有一种"无限的权力"，实现它的"目的"，这目的便是世界的绝对的合理的最后目的。"理性"是那个以完全的自由自己决定自己的"思想"。但是在这种信仰和我们的原理之间有着一种差别——也可以说是矛盾——自己表现出来，恰好与亚拿萨哥拉斯的理论和苏格拉底对这理论的要求之间所表现的差别或者矛盾相同。因为那个信仰也同样是不确定的。这是所谓信仰于一种普通的"神意"，并不更进展到确定的应用，或者表现在它对全体——全部人类历史——的关系上面。解释历史，就是要描绘在世界舞台上出现的人类的热情、天才和活力。至于这一切所昭示的神意决定的办法，便构成了普通所谓"神意"的"计划"。可是这一个计划，据说却并不是我们所能够看得见的，假如想认识它，便算是僭越非分。亚拿萨哥拉斯对于理智怎样在现实之中启示它自身这一点，他的茫然无知是很坦白的。无论在他的意识里，或者在当时希腊的意识里，那种思想都没有继续进展。他还不能够把他的普通原理应用到具体的事物上去，不能够从前者把后者演绎出来。首先设法去明了"具体"和"普遍"的结合的人就是苏格拉底。亚拿萨哥拉斯对于这一种应用，没有抱有敌对的态度。相反地，对于那种神意鉴临的普通信仰却抱有敌对的态度。至少它反对将它的原理作大规模的应用，或者反对认识神意计划的可能性。因为在特殊事物之中，大家有时承认这种可能性。虔诚的人们每每承认个别的事变中具有并非偶然的性质，承认其中有上帝的目的，例如当一个人在穷困里得到了意外的帮助的时候。但是这类目的的例子是有限的，而且仅仅是某个人特殊的目的。但是在世界历史中，我们所从事研究的若干个人乃是若干民族，而若干整体乃是若干国家。所以我们对于上述信仰所依归的那种可以称为"小贩叫卖"的神意观，就不能引为满意了。还有那种纯属抽象的、未经界说的对于"神意"的信仰，假如它不能说明它行事的细节，我们也同样地不能满意。相反地，我们必须热心努力地去认识"神意"的各种途径、它所用的手段和它从而表现它自己的各种历史现象，而且我们必须表明它们同上述普通原则间的联系。但是，当我从一般论到认识"神圣的神意"的计划时，我已经隐隐地提醒现在的一个重大问题，这便是关于认识上帝的可能性的问题，或者可以说是——既然舆论已经不准其成为问题——关于认识上帝系不可能的主义。直接违反了《圣经》中为信徒们所规定的最高义务，——就是说，我们不但应该爱上帝，并且还应该认识上帝，——现行的教条无异否认了《圣经》中所说的话。《圣经》上说的是，引人入乎真理，认识万物，参透上帝的奥妙就是"精神"。如今上帝既然被置于我们的知识之外，跳出了我们人事的范围，我们便可以放任我们的幻想，肆意浪游。我们被解除了我们的义务，无须再把我们的知识归诸"神圣"和"真实"。在他方面，我们的知识所具有的虚妄和自大的特性，在这种僭伪的地位中便振振有词可说。而敬虔的谦逊，把对于上帝的认识当作不可能，就该知道它自己这种顽固和自负的办法，究竟于事何补，获益多少了。我们的命题——"理性"支配世界，而且"理性"向来支配着世界——和认识上帝的可能性的问题，这两者间的联系，我始终不愿意舍弃不论，主要因为我不愿错过机会，我正好提出人家对于哲学的责备，说它害怕谈到宗教真理，这责备中暗示哲学对于这类真理似有不怀好意的嫌疑。这种说法不但不确，而且在事实上，晚近哲学还不得不防卫宗教的领土，来对付若干神学系统的攻击。上帝已经在基督教宗教里启示了他自己，就是说，他已经使人类了解他是什么，所以他再也不是一种隐藏的或者秘密的存在。这样给了我们认识上帝的可能性，使我们负有认识上帝的义务。上帝不愿意有窄心肠的灵魂或者空虚的头脑做他的子女，他愿意有精神虽属贫乏、但对于他的认识却很丰富的人，而且这种人只对于上帝的这种认识给予一切的价值。那种以上帝的启示为原始的基础，并且从上帝的启示后而有的思维精神的发展，最后必然进展到一个阶段，就是摆在感觉和想象的精神前面的东西，也可以用思想来理解。终究有这一天，人们会理解活动的"理性"的丰富产物，这产物就是世界历史。曾经有过一个时候，赞赏上帝的智慧成了时髦的风气，赞赏那在禽兽、植物和单独事变中显露的上帝的智慧。但是，假如"神意"既然表现在那些事物与形式之中，它怎么不会表现在世界历史中呢？有人以为世界历史太重大了，不能和禽兽、植物等相提并论。但是"神圣的智慧"，就是"理性"，永属同一，没有大小之分。我们决不能想象上帝这样软弱，竟不能大规模地运用他的智慧。我们认识上的追求目的，在实现下面这个确信就是永恒智慧的目的，在现实的、活动的"精神"领域中确实地完成，就像他在纯粹"自然"的领域中确实地完成一般。我们处理这个题目的方式，在这一点上，是一种辩神论——就是上帝的辩护，——这是莱布尼兹曾经企图从玄学方面用了他的方法，就是用不确定的抽象的范畴，——因此，发现在世界上的罪恶可以明了，还有那思维的精神也得同罪恶存在的事实相调和。真的，这一种调和的见解在世界历史上尤其有迫切的需要，但是只有认识了肯定的存在，而使否定的成分附属和埋没在那里边，我们才能够获得这种调和的见解。一方面，世界最后的设计须加觉察；另一方面，就是事实上这种设计已经确凿实现于世界中，罪恶还是不能长久保持一种竞争的地位。但是要使人们有这一种确信，那末，仅仅叫人信仰于一个鉴临的"奴斯"，或者"神意"，那是不够的。假如那些使用"理性"这个名词的人——"理性"有统治世界的权力是已经认定的了，——不能够明白规定它的特点，也不能够表明它是怎样构成的，使我们得以决定一物是合理的或者不合理的，那末，"理性"这一名词实在和"神意"这一名词同样地不确定。我们首先需要的，便是关于"理性"这个名词之适当的定义，而在解释各种现象时，无论怎样地以严格遵守"理性"自夸，——假如没有这样一个定义，一切都是废话。我们根据这些观察，就可以进一步来谈谈本"绪论"中须加考虑的第二个观点。

（乙）——凡是对于"理性"的本身的使命所作的考察，假如把它同它对于世界的关系相提并论，那就等于询问，世界的最后的计划是什么？这个意思便是指这个计划是注定要实现的。我们应该考虑的计有两点：一、这个计划的含义——它的抽象的定义；二、这个计划的实现。

首先我们要注意，我们所研究的对象——世界历史——是属于"精神"的领域。"世界"这一名词包括物理的自然和心理的自然两方面。物理的自然也包含在世界历史中间，而且这样牵涉到的各种根本的自然的关系，也有注意的必要。不过"精神"和它的发展的过程却是实体的东西。我们的工作并不需要我们把"自然"自身作为一个合理的系统来观察——虽然在它自己的正当的领域内，它证明它自己是如此——我们只要探索它对于"精神"的关系。我们在世界历史的舞台上观察"精神"——"精神"在这个舞台上表现了它自身最具体的现实。话虽如此（或者也可以说是为了明了它具体的现实的形式所包罗的一般原则起见），我们必须就精神的本性，给它规定若干抽象的特质。不过，这里不能够作任何详细的解释，也不是适当的地方来从思辨方面说明"精神"的观念。因为如前面所述，凡是在"绪论"中所说的，必须是纯粹历史的东西，必须是假定为已经在其他的地方加以解释过和证明了的东西，或者要等到历史科学自身日后有所发展时才能够证明。

所以我们这里只能提到下列各点：

（1）"精神"本性上抽象的特质。

（2）"精神"用什么手段或者方法来实现它的"观念"。

（3）最后，我们必须考虑"精神"在有限存在中全部实现的形态——"国家"。

（1）要明了"精神"的本性，只须看一看和它直接对立的东西——"物质"。"物质"的"实体"是重力或者地心吸力，所以"精

15

神"的实体或者"本质"就是"自由"。我们说"精神"除有其他属性以外，也赋有"自由"，这话是任何人都欣然同意的。但是哲学的教训却说"精神"的一切属性都从"自由"而得成立，又说一切都是为着要取得"自由"的手段，又说一切都是在追求"自由"和产生"自由"。"自由"是"精神"的惟一的真理，乃是思辨的哲学的一种结论。"物质"因有趋向于中心点的趋势，所以有重力。"物质"在本质上是复合的，它的各个组成部分是互相排斥的。它追求它的"统一"，所以它总显得要毁灭自己，以趋向于它的反对物。假如它竟然能够获得了这一点，它也就不再是物质了，它将消灭。它努力追求着它的"理想性"，因为在"统一"之中，它总是理想的。"精神"正相反，它刚好在它自身内有它的中心点。它在它自身以外，没有什么统一性，它已经寻到了这个统一性；它存在它本身中间，依靠它本身存在。"物质"的实体是在它的自身之外，"精神"却是依靠自身的存在，这就是"自由"。因为我如果是依附他物而生存的，那我就同非我的外物相连，并且不能离开这个外物而独立生存。相反地，假如我是依靠自己而存在的，那我就是自由的。"精神"的这种依靠自己的存在，就是自我意识——意识到自己的存在。意识中有两件事必须分别清楚：第一，我知道；第二，我知道什么。在自我意识里，这两者混合为一，因为"精神"知道它自己。它是自己的本性的判断，同时它又是一种自己回到自己，自己实现自己，自己造成自己，在本身潜伏的东西的一种活动。依照这个抽象的定义，世界历史可以说是"精神"在继续作出它潜伏在自己本身"精神"的表现。如像一粒萌芽中已经含有树木的全部性质和果实的滋味色相，所以"精神"在最初迹象中已经含有"历史"的全体。东方人还不知道，"精神"——人之所以为人的本质——是自由的，因为他们不知道，所以他们不自由。他们只知道一个人是自由的。唯其如此，这一个人的自由只是放纵、粗野，热情的兽性冲动，或者是热情的一种柔和驯服，而这种柔和驯服自身只是自然界的一种偶然现象或者一种放纵恣肆。所以这一个人只是一个专制君主，不是一个自由人。"自由"的意识首先出现在希腊人中间，所以他们是自由的；但是他们，还有罗马人也是一样，只知道少数人是自由的，而不是人人是自由的。就是柏拉图和亚理斯多德也不知道这个。因为这个原故，希腊人蓄有奴隶，而他们的整个生活和他们光辉的自由的维持同奴隶制度是息息相关的：这个事实，一方面，使他们的自由只像昙花一现，另一方面，又使我们人类共有的本性或者人性泪没无余。各日尔曼民族在基督教的影响下，首先取得了这个意识，知道人类之为人类是自由的：知道"精神"的自由造成它最特殊的本性。这种意识首先出现于宗教，出现于"精神"最内在的区域里。但是要把这个原则也推行到现实世界的各种关系上，却是比较这个原则简单的培植要广大得多的问题。这一个问题的解决和应用，需要一种艰难的长时期的文化工作，例如基督教的推行并没有立即取消奴隶制度。同时，在各个国家里，自由更少盛行，各政府和宪法也没有采用一种合理的方式，或者承认自由是它们的基础。这个原则的应用于各种政治关系上，拿它来彻底铸造和贯彻社会机构，乃是一种造成历史本身长期的过程。这一个原则之为原则，和这一个原则的应用，那就是把它介绍实施于"精神"和"生命"的现实中，那里面所包含的区别，我已经提起诸位的注意了。这是我们的科学上根本重要的一点，而且必须从本质上把它牢牢把握在思想中。这种区别既然在基督教的自我意识（就是"自由"）的原则上吸引了注意；它又在"自由"的一般原则上，同样表现为一种主要的区别。世界历史无非是"自由"意识的进展，这一种进展是我们必须在它的必然性中加以认识的。

上面已经大略说过"自由"意识的各种不同的程度：第一，例如东方各国只知道一个人是自由的，希腊和罗马世界只知道一部分人是自由的，至于我们知道一切人们（人类之为人类）绝对是自由的——这种说法给予我们以世界历史之自然的划分，并且暗示了它的探讨的方式。然而这不过是偶然地、暂时地提到，还有其他几个观念，必须先行说明。

精神的世界的使命，以及——因为这个精神世界便是实体世界，物质世界是隶属于它的，或者，用思辨的文字来说，物质世界对于精神世

17

界没有何等真理——整个世界的最后的目的，我们都当做是"精神"方面对于它自己的自由的意识，而事实上，也就是当做那种自由的现实。但是一般所谓"自由"这个名词，本身还是一个不确定的、笼统含混的名词。并且它虽然代表最高无上的成就，它可以引起无限的误解、混淆、错误，并且造成一切想象得到的轨外行动——这种情况在我们现代，大家知道得最清楚和感觉得最深切。可是，话虽如此，我们现在只得就拿这个名词来用，不能再立定义了。同时我们又要注意到一个抽象的原则和它的具体的实现，这两者之间有着重要的无限差别。在我们目前的程序中，自由的主要本性，——其中包含绝对的必然性，——将显得渐渐意识到它自己（因为依照它的概念，它就是自我意识），并且因此实现它的存在。自由本身便是它自己追求的目的和"精神"的惟一的目的。这个最后目的便是世界历史。自古到今努力的目标，也就是茫茫大地上千秋万岁一切牺牲的祭坛，只有这一个目的不断在实现和完成它自己：在终古不断的各种事态的变化中，它是惟一不变化的事态和渗透这些事态真实有效的原则。这个最后的目的，便是上帝对于世界的目的。但是上帝是最完善的"存在"，所以他只能够支配他自己——他自己的"意志"。他的"意志"的"本性"——就是他"本性"的自身——假如我们把宗教的概念在思想中来了解，它便是我们所谓"自由"的"概念"。因此，我们接着要问的问题是：这个"自由"的原则，是用什么手段来实现呢？ 这是我们要考虑的第二点。

（2）"自由"发展为一个世界，它所用的手段的问题，使我们研究到历史本身的现象。自由虽然是一个内在的观念，它所用的手段却是外在的和现象的，它们在历史上直接呈现在我们的眼前。我们对历史最初的一瞥，便使我们深信人类的行动都发生于他们的需要、他们的热情、他们的兴趣、他们的个性和才能。当然，这类的需要、热情和兴趣，便是一切行动的惟一的源泉——在这种活动的场面上主要有力的因素。其中也许可以找到一些普遍的目的——如像仁心，或者高尚的爱国心，但是这些德性和这些普遍的东西，同"世界"和世界的创作之间就没有什么主要的关系了。在抱着这种目的的个人之中，和在他们的势力范围之内，我们或许看得到"理性的使命"是现实化了，但是他们在芸芸的人类中，只占一个细微的比数，他们的影响当然是极为有限。相反，个别兴趣和自私欲望的满足的目的却是一切行动的最有势力的泉源。它们的势力表现在它们全然不顾法律和道德加在它们上面的种种限制，而且它们这种自然的冲动，比起维护秩序和自制，法律和道德的人为的、讨厌的纪律训练，对于人们有一种更直接的影响。当我们看到人类热情的这种表演和它们暴行的种种后果，当我们看到那种不但同感情相连结、而且甚至于主要地同善良的企图和正直的目的相连结的"无理智"，当我们看到古今人类精神所创造的极其繁荣的各个帝国，它们所遭的祸害、罪恶和没落，我们便不禁悲从中来，痛恨这种腐败的常例，因为这种腐化既不是纯粹"自然"的动作，而是"人类意志"的动作——那末，我们的反省的结果，不免是一种道德的凄苦，——一种"良善的精神"的义愤（假如我们具有"良善的精神"的话）。不必用修辞学上的夸张，只须老实地总括起许多最高贵的民族和国家，以及最纯善的正人和圣贤所遭受的种种不幸，——这便构成了一幅最为可怖的图画，激起了最深切、最无望的愁怨情绪，而绝不能够找到任何安慰。只要一想起来，就得使我们忍受内心的苦刑，无可辩护，无可逃避，只能把一切经过设想为无可变易的命运。最后，我们便退出这些哀惨的反省所引起的不能忍受的厌恶，而逃回到我们个人生活比较悦意的环境里来——就是我们的私愿和兴趣所构成的"现在"。简略地说来，我们退到自私的境界，从那片平静的边岸上，安闲地远眺海上"纵横的破帆断樯"。但是就算我们把历史看作是各民族福利，各国家智慧和各个人德性横遭宰割的屠场——这个问题便自然而然地发生了——这些巨大的牺牲究竟为的是什么原则，究竟要达到什么最后的目的呢？从这一点起，我们的观察通常便回转到我们开始探讨的那一点上。从这一点出发，我们指出了那些现象（它们所构成的一幅图画，激起人们惨淡的情绪和深思的反省）就是那种场合，那种被我们认做是仅仅表示实现我们

19

所谓主要的使命的那种手段——绝对的目的，或者——换一种说法——世界历史的真正的结果。我们从开始就故意避免开辟"反省"的道路，把它当做是从历史的特性进入它们所寄托的普通原则的一种方法。本来，要真正地超脱那些愁怨的情绪，要解决那种悲愁所提出的神意鉴临之谜，并不是那些充满了情感的"反省"所关怀的事情。它们在本质上，原只要从那种否定结果的空无的崇高中间，找出一种凄凉的满足。现在让我们回到我们已经采取了的观点，好使我们从这个观点所达到的各段分析，来答复历史昭示的那种罪恶和愁惨的景象所引起的几个问题。

我们所要说明的第一点——这点虽然已经一再提到，但是应该复述时还必须复述的，——就是我们所谓原则，最后的目的、使命，或者"精神"的本性和概念，都只是普遍的、抽象的东西。"原则"——"公理"——"法律"——是一种内在的东西，唯其如此，无论它本身是怎样地真实，终久不能完全是现实的。目的、公理等等，只存在在我们的思想之中、我们的主观的计划之中，而不存在于现实之中。它们仅仅是为自己而存在的东西，是一种可能性，一种潜伏性，但是还没有从它的内在达到"生存"。为得要产生确实性起见，必须加上第二个因素，那就是实行、实现，这个因素的原则便是"意志"——最广义的人类的活动。有了这种活动，然后上述的"理想"以及一般抽象的特质才得实现，才得实行，至于它们本身却是无力的。那个使它们行动，给它们决定的存在的原动力，便是人类的需要、本能、兴趣和热情。我要把什么东西实行起来，成为事实，乃是我的热烈的愿望：我必须参加在里边，我愿意从它的实施而得到满足。假如我要为任何目的而活动，它无论如何必须是我的目的。我必须同时在这种参加中，贯彻我的目的，得到满足。虽然我为它活动的那个目的，有很多不是我所关心的方面。使自身满足于自己的活动和劳动，这是个人生存的无限的权利。假如人们要使他们自己对于一件事情关心起来，他们就必须把他们的生存灌输到这件事情里面去，而从它的完成得到满足。这里有一种错误必须避免：

我们要想非难一个人，指斥他的不合时，我们总说他是有"利害关系的"——这就是说他只追求他自己的利益。我们责备他只知追求个人的私利，而不顾比较普遍的目的。他竟然可以假公济私，甚至舍公图私。不过一个人营营以求促进一个目的，并不是仅仅对于一般的目的有利害关系，而是对于那个目的本身也有利害关系。这种区别在语言文字上恰当地表现了出来。所以除非各个关系分子能够在这件事中得到满足，否则什么事都无从发生，什么事也不能成功。他们是社会的特殊单位，他们都有特殊的需要、本能和利益，这些通常为他们所特有的。在这些需要当中，不仅仅有个人的欲望和意志的需要，而且有个人的识见和确信的需要，或者至少有意见的偏向的需要。这是假定各种反省、理智和理性的需要都已经觉醒了的话。在这种情形下，人们常常要求，假如他们要尽力于任何事情，这件事情必须适合他们的脾胃，同时在意见方面，不论它是善良、正当、有益、有利，他们要能够"参加"才好。这在我们现代是一桩特殊重要的事，因为现代人不像古人那样轻于信任他人和信赖权威，相反地，他们要从自己的理解、独立的确信和意见来献身于一种事业。

所以我们说，假如主角方面没有利害关系，什么事情都不能成功。假如把这种对利害关系的关心称为热情——这指全部个性忽略了其他一切已有的或者可能的关心和追求，而把它的整个意志倾注于一个对象，集中它的一切欲望和力量于这个对象，——我们简直可以断然声称，假如没有热情，世界上一切伟大的事业都不会成功。因此有两个因素就成为我们考察的对象：第一是那个"观念"，第二是人类的热情，这两者交织成为世界历史的经纬线。这两者具体的中和就是国家中的"道德自由"，我们已经把"自由的观念"当做是"精神"的本性和历史的绝对的最后目的。热情被人看做是不正当的、多少有些不道德的东西，人类不应该有热情。热情这个名词，原不是可以完全表示我的意思的适当字眼。我现在所想表示的热情这个名词，意思是指从私人的利益，特殊的目的，或者简直可以说是利己的企图而产生的人类活动，——是人类全神贯注，以求这类目的的实现，人类为了这类目的，居然肯牺牲其他本身也可以成为目的的东西，或者简直可以说其他一切的东西。这种特殊的内容和人类意志息息相通，决定了它全部的特性而和它不可分离。因此，这种内容就是意志之所以为意志。个人是一个特殊的存在，——不是一般的人类，正因为这样，所以人类是不存在的，存在的是一个个特殊的人。"性格"这个名词同样地表示出"意志"和"智力"的特性。但是"性格"本身包括一切的特点，它包括一个人在各种私人关系中的行事方式等等，而不限于在实际的、活动的状态下的特质。所以我要用"热情"这个名词来指出性格的特殊趣向，——这里认为意志的各种特性并不限于私利的追求，而是提供了为完成公众事业所应有的推动和作用的力量。热情最初是精力、意志和活动的主观的方面，所以也就是正式的方面——对象或者目的依然未定。在纯粹个人的确信、个人的见解、个人的良心中，同样也有一种正式性对实在性的关系。我的确信的宗旨是什么，我的热情对象是什么，要决定究竟两者间谁有真实的本性，永远是非常重要的一个问题。反过来说，假如它有了这种真实的本性，它将必然地成为存在，——成为现实。

一个目的的历史的现实所含有的第二个主要因素，既然这样解释过了，我们顺便再考察一下国家的制度，我们可以推断，假如人民的私利和国家的公益恰好是相互一致的时候，这个国家便是组织得法，内部健全。因为在这个时候人民的私利和国家的公益能够互相找到满足和实现——这是一个本身极重要的命题。但是在一个国家里，既须采行许多制度，创立许多政治的机构，再加上适当的政治的部署，——这必然要经过长时期的纷争，才能够明白发现什么是真正适当的，——并且还要牵涉到私利和热情的冲突，必须将这种私利和热情加以厌烦的训练，才可以得到那必须的和谐。在一个国家取得这种和谐的情形的时期，也就成为它的繁荣、它的道德、它的强盛和幸福的时期。但是世界历史开始的时候，并不抱有任何一种自觉的目的，不比那种以一定目的而组成特殊团体的人们。那种单纯的社会的本能包含着要求身家和财产安全的一种自觉的目的，等到社会已经成立之后，这个目的就越发明白。世界历史开始于它的普遍的目的——"精神的概念"获得满足。只是在本身上获得满足，那就是说，以"自然"的身份获得满足。这一种普遍的目的是一种内在的、最内在的、不自觉的冲动，而历史的全部事业（如我们已经说过的），就是要使这种冲动达到自觉的行为。因此，我们叫做主观方面的东西，如像需要、本能、热情、私利、以及意见和主观的概念，都表现为纯属自然的存在，——在一开始的时候，它们都不期而出现了。这一大堆的欲望、兴趣和活动，便是"世界精神"为完成它的目的——使这目的具有意识，并且实现这目的——所用的工具和手段。这个目的只是要发现它自己——完成它自己——并且把它自己看作是具体的现实。然而前面所述各个人和各民族的种种生活力的表现，一方面，固然是它们追求和满足它们自己的目的，同时又是一种更崇高、更广大的目的的手段和工具，关于这一种目的，各个人和各民族是无所知的，他们是无意识地或者不自觉地实现了它——这种说法却不免要成为问题，或者可以说是已经成为问题，已经在各种方式里被人否定，被人驳斥为纯属梦想和"哲学"。但是关于这一点，我一开始便宣布了我的见解，并且提出了我们的假定——这个在末尾将作为结论——以及我们的信仰，就是"理性"统治了世界，也同样统治了世界历史。对于这个在本身为本身的、普遍的、实体的东西——其他一切万有皆居于从属的地位，供它的驱策，做它的工具。这种"普遍的、在本身为本身存在的东西"一般地和那"个别的、主观的存在的东西"的"结合"——只有这个"结合"才是真理，这属于思辨的范围，将在逻辑学中用这种普遍的形式来研究。但是在"世界历史"本身的行程中——仍然还在未完成中——历史抽象的最后的目的还没有算做需要和兴趣的内容。需要和兴趣对于它们正在完成的目的尚无所知，普遍的原则还蕴蓄在它们个别目的之中，并且由它们来实现它自己。这个问题又引起了"自由"同"必需"的结合的方式，"精神"在本身为本身存在的行程会被当做是"必需的"，相反地，一切在人们自觉的意志中表演它自己——表现为人们的兴趣——的东西，则属于"自由"的领域。这些思想方式之玄学上的联系（就是在"概念"上的联系）既然属于逻辑学，这里就无须加以分析了。这里只须举出主要的几点。

哲学告诉我们，"观念"向前进展到一种无限的"对峙"。就是一方面"观念"在它的自由的、普遍的形式里——在这种形式里它依靠自己停留不动——和另一方面"观念"是抽象的、在它本身中的反省，这就是正式的"为自己而存在"。个性，就是"我"，就是正式的自由，这种自由只属于"精神"。那个普遍的"观念"是这样存在——一方面它是事物实体的充满，另一方面它是自由的、任性的、抽象的东西。这种在本身中的反省便是个人的自我意识——另外一种意识却反对普遍的"观念"的意识，因此存在于"绝对的有限性"之中。这种另外的意识就是有限性、特殊性代替了"普遍的、绝对的东西"，这是它的"有限存在"的方面，也就是它正式的现实的范围、对于上帝恭敬的范围。要明了这种"对峙"绝对的联系，乃是玄学上深沉的工作。这种"有限性"肇始了任何种类一切方式的特殊性、正式的意志力（这个我们已经提到了）支配它自己，想使它自己的个性活跃在它的一切作为上：就是虔敬上帝的人也渴望得救和快乐。对峙的这一极端，是为它自身而存在的，是——与"绝对的普遍的存在"相反——一种特殊的分立的存在，仅仅认得特殊性，而且只能支配特殊性。简略的说来，它仅仅在纯粹现象界中活动。这现象界便是特殊目的的领域，各个人代表他们的个性而活动，使这个性能充分地开展和客观地实现，藉以求得这些特殊目的的完成。这种"立场"又是快乐和悲哀的立场。这样的人是快乐的，假如他发现他自己的环境适合他的特殊性格、意志和幻想，因此便能在这种环境里自得其乐。"世界历史"不是快乐或者幸福的园地。快乐或者幸福的时期乃是历史上空白的一页，因为它们是和谐的时期，——这些时期中，对峙是静止的。对于本身的反省或者自省——就是上述的"自由"，——已经抽象地界说为绝对的"观念"在活动上的正式因素。这里好比一个三段论式，活动是它的中间名词，它的一端是普遍的东西，就是"观念"，它休息在"精神"的内部中；另一端，就是一般的"外在性"，就是客观的物质。活动是中心，普遍的、内在的东西从而过渡到"客观性"的领域。

让我举几个例子，使我所讲的话更明白清楚。

建筑一所房屋，是一个内心的目的和企图。我们在另外一方面要有铁、木、石各种建筑上需要的材料，来做手段或者工具。我们又用水、火、空气等元素来加工于这些材料：火来熔铁，空气来生火，水来运转车轮，藉此截断木材等等。结果，凡是曾经帮助建筑这所房屋的各种元素，譬如，房屋阻隔了风，暴雨和洪水也被防御了，这所房屋假如又是耐火的话，火灾也就被预防了。石和木是服从重力的——为重力压下去——高的墙壁因此才能够建筑成功。各种元素这样依照它们的本性而被利用着，共同致力于一种产物，又为这种产物所限制。人类的各种热情也是这样得到满足的，它们依照它们天然的趋向，来发展它们自己和它们的目的，并且造成了人类社会这个建筑物，这样却给"公理"和"秩序"造成了力量来对付它们自己。

上面指出的联系，同时也指出了这个事实：就是在历史里面，人类行动除掉产生它们目的在取得的那种结果——除掉他们直接知道欲望的那种结果之外，通常又产生一种附加的结果。他们满足了他们自己的利益，但是还有潜伏在这些行动中的某种东西，虽然它们没有呈现在他们的意识中，而且也并不包括在他们的企图中，却也一起完成了。我们姑且举出一个类似的例子：有这样一个人，为复仇心所驱使——也许由于一种正当的复仇心，那就是因为受了另外一个人的损害而发生的，——烧了另外一个人的房屋。这桩行动自身，立刻和若干并不直接有关的情形发生一种联系。就这桩行动自身来说，它只是在一根梁柱上，放了一把小火。和那桩简单的动作无关的若干事情便陆续发生了。被放火的那段梁柱连接着其他各段，这根梁柱本身连接着全部的木制构造，同时这所房屋连接着其他房屋。于是就发生了大火灾，这场大火灾不仅仅焚毁了他所要复仇的人家，而且使许多别人的财产都变成了灰烬，甚至还牺牲了许多别人的生命。这场灾变既然不是由于那桩行动，也不是由于犯事者的企图而发生的。但是这桩行动有不是那个人起初想到的那样广大深远的影响。犯事者的企图只不过要对一个人复仇而毁坏他的财产，但是，这就是一桩犯罪，并且必须受到刑罚。这种犯罪也许不在犯事者的自觉中，更不在他的意志中。然而他的行动本身就是这样，由于这桩行动造成了普遍的和实体的东西。我希望用这个例子，使你们考虑考虑，在一桩简单的行动中，可以牵连到若干东西，有出于行动者的意志和意识所包含的东西之外的。可是，我们从这个例子更可以想到，就是那桩行动的实体，因此又可以说是行动自身，要回到那行动者，——以毁灭的趋势向他反应。

这两个极端的结合——一个普通的观念赋形于直接的现实，以及一种特殊性提高成为普遍的真理——它们结合的情形，先是两个极端间本性上的截然不同，再加上一个极端对于另一个极端的漠不相关。各个分子所立的目的是有限的和特殊的，但是必须说明的，就是各分子本身都是有知识、有思想的人类。他们的目的的内容是同普通的、主要的关于公正、善良和义务等等的确定相互交织在一起的；因为单纯的欲望——粗暴的和野蛮的欲望——不属于"世界历史"的场合和范围。那些普通的确定（它们同时形成了支配各目的和各行动的一种标准）具有一种肯定的内容。因为像"为善良而善良"的这一种抽象观念，在活泼泼的现实中间，是没有驻足的余地的。假如我们有所行动，那我们不但要存心为善，并且必须知道，究竟这是不是善，或者那是不是善。然而什么是善，什么是不善，关于私人生活的通常行事，是由一国的法律和风俗来规定的。要知道这种事情，并没有什么大的困难。每一个人有他的地位，他知道什么是一种公正的、名誉的行为。至于通常的私人关系上，有人认为要抉择公理和善良是很困难的——以为这样地造作疑难显出一种崇高的道德——这可以说是由于邪恶的意志，企图避免本质上并无疑难的义务，或者，无论如何，可以说是由于一种懒于反省的心理习惯——一个薄弱的意志，并没有充分运用他的脑筋，——因此胡思妄想，将脑力消磨在道德的自诶中。

历史所要应付的那些综合的关系是大不相同的。在历史的领域内，发生了那些巨大的冲突，一方面为现行的、被承认的种种义务、法律和权利；另一方面则为反对已定制度的种种的可能性，这些可能性攻击现行制度，甚至要毁灭现行制度的基础和存在，可是它们的内容也许是善良的——在大体上是有裨益的——主要的和不可缺少的。它们在历史上实现它们自己：它们所包含的一个普通的原则，是和保持一个国家或者一个民族的那个普通原则有着不同的性质的。它们的普通原则在"创造的观念"的发展上，在"真理"向着自己本身的努力和追求上，是一个主要的因素。这样一个普通原则就在历史人物——"世界历史个人"们的目的中间。

本质上属于这类"世界历史人物"的有凯撒，特别当他有丧失他的地位的危险时候——这个时候也许不是丧失他的优越地位，但是至少是要丧失他和政府领袖们的平等地位，而且是保不住要屈服于那般瞬将成为他的敌人的时候。这般敌人——他们同时正在追求他们的私人目的——掌握着宪法的形式，并且奉着正义在表面上所授予的政权。凯撒为了保持他的地位，名誉和安全，正同他们抗争。由于他的政敌的权力包括着罗马帝国各省的主权在内，所以他的胜利同时就是征服了整个帝国，因此他便——不变更宪法的形式，成为"国家的独裁者"。那种使他达到目的的东西——这目的起初是属于消极的性质，就是取得罗马的独裁权——同时却是罗马历史、以及世界历史上一种必要的使命。由此可见，这个东西不仅仅是他个人的胜利，而是一种不自觉的本能，要来完成那时机已经成熟的事业。一切伟大的历史人物——这种人自己的特殊目的关联着"世界精神"意志所在的那些重大事件。他们可以称为英雄，因为他们不是从现行制度所认准的、沉静有常的事物进行中，取得他们的目的和他们的事业，而是取自一个泉源——它的内容是隐藏着的，还没有达到现实的存在，——取自那个内在的"精神"，这"精神"依然潜伏在地面之下，它冲击着外面的世界，仿佛冲击一个外壳，把它打成粉碎。因为他自己具有另外一个核心，而不是这一个外壳的核心。所以他们这种人在表面上像是从他们自身吸取了他们生命的冲动，而他们的行动产生了一种情况和世界的关系，这些在表面上好像仅仅是他们的事业，和他们的作品。

当这类人物追求着他们那些目的的时候，他们没有意识到他们正在展开的那个普遍的"观念"；相反地，他们是实践的政治的人物。不过，他们同时又是有思想的人物，他们见到什么是需要的东西和正合时宜的东西。这个正是他们的时代和他们的世界的"真理"。可以说是排行在次一瞬间即将轮到的物种、已经孕育在时间的母胎之中了。他们的职务是在知道这个普遍的东西，知道他们的世界在进展上将取得必然的、直接相承的步骤，把这个步骤作为他们的目的，把他们的力量放在这个步骤里边。这样说来，我们应当把世界历史人物—— 一个时代的英雄——认做是这个时代眼光犀利的人物。他们的行动、他们的言词都是这个时代最卓越的行动、言词。伟大的人们立定了志向来满足他们自己，而不是满足别人。假如他们从别人那里容纳了任何谨慎的计划和意见，这只能够在他们事业上形成有限的、矛盾的格局。因为他们本人才是最懂得事情的，别人从他们学到了许多，并且认可了，至少也是顺从了——他们的政策。因为历史上这一个向前进展的"精神"，是一切个人内在的灵魂，但是它是不自觉的"内在性"，而由那些伟大人物带到自觉。他们周围的大众因此就追随着这些灵魂领导者，因为他们感受着他们自己内在的"精神"不可抗的力量。假如我们进一步来观察这些世界历史个人的命运——这些人的职务是做"世界精神的代理人"——我们可以知道他们的命运并不是快乐的或者幸福的。他们并没有得到安逸的享受，他们的整个人生是辛劳和困苦，他们整个的本性只是他们的热情。当他们的目的达到以后，他们便凋谢零落，就像脱却果实的空壳一样。他们或则年纪轻轻的就死了，像亚历山大；或则被刺身死，像凯撒；或则流放而死，像拿破仑在圣赫伦娜岛上。这一种可怕的慰藉——（就是说历史的人物没有享受到什么快乐，所谓快乐只能在私生活中获得，而他们的私生活每每消磨在极不相同的外在情况之中）——这种慰藉，在那般需要它的人是可以从历史取得的。"嫉妒心"最渴望这种慰藉——它看见伟大和卓越就感到不快——所以努力要毁谤那伟大和卓越，要寻出它们的缺点。因此在我们现代，常常有人怪讨厌地表明帝王在位普遍都是不快乐的，因为这个原故，人们就容忍了帝王占据宝座。"自由的人"是不嫉妒的，他乐于承认一切伟大的和崇高的，并且欢迎它们的存在。

我们要从构成各个人的利益和感情的那些共同的因素，来观察这般历史人物。他们之所以为伟大的人物，正因为他们主持了和完成了某种伟大的东西。不仅仅是一个单纯的幻想、一种单纯的意向，而是对症下药适应了时代需要的东西。这种看法同时排斥了所谓"心理学的"看法，心理学的看法最适合嫉妒心的目的，它设法把一切行动归之于心，使一切行动都具有主观的形态，好像那般行事者的一举一动都是出于某种渺小的或者伟大的热情。某种病态的欲望——就因为他们有这种热情和欲望，所以他们是不道德的人。马其顿的亚历山大一半征服了希腊，然后又东征亚细亚，所以就说他有一种不健全的征服欲。有人说，他的行动出于一种功名心和征服欲，而他的功成名就，就算是功名心和征服欲支配他的动机的证明。哪一个学校教师对于亚历山大大帝——对于凯撒——没有表明过他们是为这样的热情所驱使，因此便是不道德的人呢？ ——从这种说法马上得到这样的结论：那位学校教师，他是优于亚历山大和凯撒的，因为他没有这种热情；没有这种热情的证明便是他没有征服亚细亚，没有击败波斯皇帝，或者俘虏印度诸侯，他只是过着太平的生活，让人家也能够过太平的生活。这些心理学家特别欢喜研究那些伟大的历史人物私人所有的特性。人类不能不饮食，他总有友朋亲故等的关系；他有时也会愤激、发怒。"仆从眼中无英雄"是一句有名的谚语，我会加上一句——歌德在十年后又重复地说过——"但是那不是因为英雄不是英雄，而是因为仆从只是仆从"。仆从给英雄脱去长靴，伺候英雄就寝，知道英雄爱喝香槟酒等等。历史的人物在历史的文学中，由这般懂得心理学的仆从伺候着，就显得平淡无奇了。他们被这些仆从拉下来，拉到和这些精通人情的仆从们的同一道德水准上——甚或还在那水准之下几度。荷马的诗中毁谤各国君王的忒赛提，可以算是古今的模范人物。他在荷马时代得到的笞击，——用一根坚实的棍棒打的，——不见得在任何时代都会受到的。但是他的嫉妒、他的顽固，却是永久刺在他肉里的针。还有那只不死的虫咬他，使他惨然想到他那些卓越的企图和辱骂，在世界上绝对没有什么结果。话虽如此，我们对于忒赛提一流的命运，也感到一种幸灾乐祸的快乐。

一个"世界历史个人"不会那样有节制地去愿望这样那样事情，他不会有许多顾虑。他毫无顾虑地专心致力于"一个目的"。他们可以不很重视其他伟大的、甚或神圣的利益。这种行为当然要招来道德上的非难。但是这样魁伟的身材，在他迈步前进的途中，不免要践踏许多无辜的花草，蹂躏好些东西。

热情的特殊利益，和一个普通原则的活泼发展，所以是不可分离的：因为"普遍的东西"是从那特殊的、决定的东西和它的否定所生的结果。特殊的东西同特殊的东西相互斗争，终于大家都有些损失。那个普通的观念并不卷入对峙和斗争当中，卷入是有危险的。它始终留在后方，在背景里，不受骚扰，也不受侵犯。它驱使热情去为它自己工作，热情从这种推动里发展了它的存在，因而热情受了损失，遭到祸殃——这可以叫做"理性的狡计"。这样被理性所播弄的东西乃是"现象"，它的一部分是毫无价值的，还有一部分是肯定的、真实的。特殊的事物比起普通的事物来，大多显得微乎其微，没有多大价值：各个人是供牺牲的、被抛弃的。"观念"自己不受生灭无常的惩罚，而由各个人的热情来受这种惩罚。

不过我们虽然可以容忍，认为这种个人，他们的目的和它的满足是这样地被牺牲了，他们的幸福是被委弃于偶然和无定之中；并且认为，这种个人是隶属于手段的范围之内，但是在人类个性中有一方面，我们可不能这样看它为隶属的，就算是它对最高的事物的关系也不能这样看：因为它绝不是什么隶属的因素，而是在那些个人中有先天的永久性和神圣性，我讲的便是道德、伦常、宗教虔敬。当我们前面讲到以个人为手段来实现理性的目的时，各个人"主观方面"——他们的利益、他们的需要和冲动的利益、他们的意见和识见的利益，虽然表现为他们生存的形式的方面，但是它们是有被满足的无限权利。当我们说到手段时，我们所发生的第一个观念，就是手段是在目的以外的东西，不是目的的一部分。然而纯粹属于自然界的东西——甚至最平常的无生命的东西——用做手段时，它们必须是能够适应它们的目的，它们必须具有同目的相共通的某种东西。无生命的东西尚且如此，至于人类在完全表面的意义之下，至少决不会是理性的"目的"的工具。在实现这"目的"的机会中，他们不但借此满足个人的欲望（依照内容是和那个"目的"不同的）——他们并且参预在那个理性的"目的"的本身之中。而且就是因为这个原故，他们是他们自己的目的。这不仅仅是形式上如此，像其他一般的生物都只是形式上如此的，——这类生物个别的生活在本质上是隶属于人类生活的，所以是正当地被利用为工具。人类可不是如此，就上述"目的"的真实内容来说，他们便是他们的生存的目的。他们具有不属于单纯的工具或者手段范畴内的那些东西，如像道德、伦常、宗教虔敬。这样说来，人类自身具有目的，就是因为他自身中具有"神圣"的东西，——那便是我们从开始就称做"理性"的东西。又从它的活动和自决的力量，称做"自由"。并且我们申说——这时对于这种陈述不能加以证明——就是宗教虔敬、道德等等在那个原则里也有它们的基础和泉源，因此在本质上超越了外界的必然性和偶然性。但是我们在这里必须提到的，就是这种个人在他们的自由限度之内，对于道德和宗教的败坏和衰微，是负有责任的。人类绝对的和崇高的使命，就在于他知道什么是善和什么是恶，他的使命便是他的鉴别善恶的能力。总而言之，人类对于道德要负责的，不但对恶负责，对善也要负责；不仅仅对于一个特殊事物负责，对于一切事物负责，而且对于附属于他的个人自由的善和恶也要负责。只有禽兽才是真正天真的。然而，如果要使——所谓"天真"意思是指完全不知道什么叫做罪恶——这个说法常常引起的一切误会得以扫除或者避免，那就需要广泛的解释，简直就和道德的自由的分析一样地广泛。

当我们考察到德行、道德和宗教虔敬在历史上遭受的命运时，我们切莫陷入《哀歌启应祷文》的陈调，说什么世界上善良、虔敬的人时常——或者多半——遭遇不好，而罪大恶极的人往往幸运亨通。亨通或者繁荣这个名词，使用的人既然很多，可是意义各不相同——可以解释为有钱、有势、有面子等等。但是当我们讲到某种在本身上和为本身构成一种存在的目的的东西，所谓这些人或者那些人亨通或者不幸，就不能算做世界合理秩序中的一种主要的因素。对于世界生存的伟大目的，就不应当要求个人的快乐，或者个人的幸福和幸福的环境，而更应该在世界目的之下要求它促成各种善良公正的目的的实现和获得保障。人们在道德上所以不满足（他们似乎以这种不满足为值得骄傲的），因为他们觉得现在的环境并不适宜于实现在他们心目中以为是公正的目的（尤其是现代关于宪法的种种理想）。他们把现实的环境和他们理想中的环境比较一下，大不满意。这里感到不满足，而要求满足的不是私利，不是感情，而是"理性"、"正义"、"自由"。凭藉了这种名义，这种要求便抬起头来，对于世界上实际情形，不但表示不满足，而且公然反抗了。要估计这一种热情和这种种见解的正确价值，我们就得考察他们所提出的那些要求，和他们所主张的固执的意见。从古以来，没有像我们现代这样提出了种种普通的原则和观念，也没有像我们现代这样坚决确定的。假如说，在从前的时代，历史似乎代表着一种热情的斗争，那末，在我们的时代——虽然热情的表现并不缺少——历史一部分便表现着那些具有原则的权威的观念，争斗极其剧烈；一部分便表现着在本质上是主观的各种热情和利益的斗争，但是这种斗争是假藉着那些高尚的名义的。这种假借了"理性的绝对的目的"的名义而实行的种种权利要求，因此就像宗教、道德、伦常一样通过，算做绝对的目的。正像前面所说，现在非常普通的不平之鸣，就是想象所虚悬的各种理想没有能够

32

实现——这些灿烂的梦想是被冷酷的现实所打破了。这些"理想"——它们在生命的旅程中，碰上冷酷的现实的礁石，就被砸破而沉没了——起初也许只是主观的，并且是属于那位自命为最高尚、最聪明的个人的特性的。这样的理想并不正当地属于这个地方。因为个人在他的孤独中为自己所理想出来的东西，不能作为普遍现实的法则，这正像世界的法则并非为个体而拟订一样。这种个体或者个人在事实上，竟可发见他们的利益是断然地被置之不顾了。我们用到"理想"这个名词，我们是指"理性"的理想、"善"的理想、"真"的理想。一般诗人如席勒尔，就曾经用动人的笔调、强烈的情绪和以为是全然无望的深深地哀怨的确信，来描绘这样的理想。可是我们并不如此，当我们说"普遍的理性"当真实现了它自己的时候，我们确是不问个人的经验如何，因为个人的经验尽有好好坏坏的程度上的不同，因为在这方面，偶然和机会，就是特殊性从"概念"获得力量，来使用它庞大的权力。所以它对于个别的现象有许多的非难。这种主观的非难是很容易的事情——因为它只着眼于个人和他的错处，而没有看到无微不至的"理性"；而且这种非难既然自命有极好的存心，为了全体的福利着想，装出了好心肠的样子，所以它就装模作样，盛气凌人。因此，要在各个人、各个国家和"神意"内寻出一个缺点或者错处是容易的，相反地，要认识它们的真正的内容和价值却不容易。因为在这种纯属消极的挑剔非难的时候，人们总是骄傲自大，对于事象也不深入，也没有把握到它的积极的方面。一般地说，老年人较为宽容，少年人终是处处不满足。老年人的宽容，并不是完全漠不关心，而是由于判断事理已经到了炉火纯青，就是对于次等的事物也能知足，因为老年人阅世既深，才能觉察事物的实在价值。哲学要我们养成这种识见——同那些理想恰好正是相反的——就是知道所谓"现实世界须如它应该的那样"，还有，所谓"真正的善"——"普遍的神圣的理性"，不是一个单纯的抽象观念，而是一个强有力的、能够实现它自己的原则。这种善，这种理性，在它的最具体的形式里，便是上帝。上帝统治着世界，而"世界历史"便是上帝的实际行政，便是上帝计划的见诸实行。哲学要理解的便是这个计划，因为只有从这计划所发生的一切事件，才具有真正的现实性。凡是不符合这计划的，都是消极的、毫无价值的存在。一个扑朔迷离的世界幻象，便在这个神圣的"观念"——它不是单纯的理想——的清澈光辉下，完完全全地消散了。哲学希图发现那实体的宗旨、那神圣观念的实在方面，并且要替那被人极端侮蔑的现实作辩护。因为"理性"便是要领悟上帝的神圣工作。但是讲到各种宗教的、伦常的和道德的目的，以及一般的社会状态的腐败没落，我们必须声明：它们在本质上是无限的、永恒的；然而它们所取的方式也许是有限制的一种，而且受机会和偶然的影响。它们容易消灭，容易腐败，就是这个原故。宗教和道德——在本身中普遍的本质——它们具有在个人灵魂内出现的特质，这种特质，依照它的概念出现，因此是真真实实地出现。就算它们并不在那灵魂内充分发展，而且并不适用于发展的关系上面。一种范围不广的人生的宗教虔敬和道德——例如一个牧羊人或者一个农民——就其全神集中和限制于一些绝对简单的人生关系来说，——是有无限价值的；就是对于知识渊博，和关系繁复的人生，也是有同样价值的。这种内心的集中点——这种主观自由的单纯领域，——意志、决断和行动的策源地，——良心的抽象范围——那个包含个人的责任和价值的地方，仍然始终没有受到侵扰。而且不是"世界历史"上的喧嚣声浪所能达到——不但不为那些纯属外界的和暂时的变化所侵扰，而且不为那些实现"自由的概念"时相连的绝对必然性引起来的变化所侵扰。但是这一种普通真理，可以说是一成不变的，就是世界上凡是具有高尚的和光荣的要求的人仍然有一种更高的存在超越了它。"世界精神"的要求高于一切特殊的要求之上。

　　上述种种，都是关于"世界精神"用来实现它的"概念"的手段，我们不必再多讲了。简单地，抽象地说来，这个实现的过程包括多数个人的活动，而"理性"则出现在他们当中，做他们在本身存在的实体的本质。但是"理性"最初还隐而不彰，为人们所不知的一种基础。可是当我们不但从各个人的活动方面观察它们，而且更加具体地连带着那种活动在宗教和道德上的内容来看它们——把它们认为是和"理性"密切联合、并且参预"理性"要求的生存方式，这时候，我们的研究就变得更复杂、更困难了。这时候，单纯的手段对于一个目的的关系是消失了，至于上述那种困难对于"精神"绝对目的的主要关系，已经简括地考虑过了。

（3）所以，应当分析的第三点是，——用这些手段来实现的目的是什么？也就是，这个目的在现实界中的形态是什么？我们已经讲过手段，但是要完成一个主观的、有限的目的的时候，我们又须考虑到一种材料的因素，不论这材料是已经存在，或者还须取得。因此问题便发生了："理性的最后目的"所由完成的材料是什么？最初的答复是——"个人"自身——人类的需要——一般的"主观性"。在人类知识和意志中和在物质中，"理性"便取得了积极的生存。我们已经考虑过主观的意志。那里它有一个目的，这目的便是一个现实的真理。换句话说，那里它是一种伟大的世界历史的热情。它既然是一个主观的意志，具备着有限的热情，它是依赖的，并且能够在这种依赖的范围内满足它的特殊的目的。不过主观的意志也有一种实体的生活，——一种现实性，——在现实中，它在本质的范围内活动，并且就把这种本质的事物做它的生存的目的。这个本质的事物便是主观的"意志"和合理的"意志"的结合，它是那个道德的"全体"，就是"国家"。国家是现实的一种形式，个人在它当中拥有并且享有他的自由。但是有一个条件，就是他必须承认、相信、并且情愿承受那种为"全体"所共同的东西。但是这一点不容误解为：好像个人的主观意志是从那个普遍的"意志"取得它的满足和享受的；好像这个普遍的"意志"是供它利用的一种手段；好像个人在他对于其他个人的关系上，这样限制了他的自由，使这种普遍的限制——一切个人的相互约束——可以给予每个人少许的自由。并不如此，我们宁肯说，法律、道德、政府是，并且只有它们是"自由"积极的现实和满足。有限制的"自由"只是放纵，它只同特殊的需要相关连。

主观的意志——热情——是推动人们行动的东西，促成实现的东西。"观念"是内在的东西，国家是存在的、现实的道德的生活。因为它是普遍的主要的"意志"同个人的意志的"统一"，这就是"道德"。生活于这种统一中的个人，有一种道德的生活，他具有一种价值，这价值只存在于这种实体性之中。索福克丽斯在他的名剧《安提峨尼》里说道："神圣的命令不是昨天有，也不是今天有。不是，它们是一种无限地生存，而且没有人知道它们是从哪里来的？"各种道德的法则不是偶然的，而在本质上是合理的。国家的惟一目的就是：凡是在人们的实践的活动上、和在他们的本性上是主要的东西，都应该适当承认。它应该有一种明显的生存，并且应该维持它的地位。为了"理性"的绝对利益，这个道德的"全体"应该存在，而一般开国的英雄们的功绩便在于此，——不论这些国家是怎样简陋。在世界历史上，只有形成了一个国家的那些民族，才能够引起我们的注意。要知道国家乃是"自由"的实现，也就是绝对的最后的目的的实现，而且它是为它自己而存在的。我们还要知道，人类具有的一切价值——一切精神的现实性，都是由国家而有的。因为它的精神的现实性就是：它自己的本质——它自己"合理的本质"——对着自觉的客观存在，这种本质为了它具有客观的直接的有限存在。只有这样，它才是自觉的；只有这样，它才参加了道德——和一种公正的道德的社会与政治生活，因为"真实"的东西是普遍的和主观的"意志"的"统一"；而"普遍的东西"要在"国家"里、在它的法律里、在它的普遍的和合理的许多部署里发现。"国家"是存在于"地球"上的"神圣的观念"。所以，在国家里面，历史的对象就比从前更有了确定的形式。并且，在国家里，"自由"获得了客观性，而且生活在这种客观性的享受之中。因为"法律"是"精神"的客观性，乃是精神真正的意志。只有服从法律，意志才自由。因为它所服从的是它自己——它是独立的，所以也是自由的。当国家或者祖国形成一种共同存在的时候，当人类主观的意志服从法律的时候，——"自由"和"必然"间的矛盾便消失了。那种"合理的"东西作为实体的东西，它是必然的。当我们承认它为法律，并且把它当做我们自己存在的实体来服从它，我们就是自由的。于是客观的意志和主观的意志互相调和，从而成为一个相同的纯粹的全体。国家的道德并非由个人自己的确信来支配的那种伦理的、反省的道德。后列的那种更是现时代的特色，那真正的古老的道德则是根据各人恪守义务这个原则的。一位雅典的市民履行政府规定他应做的事情，仿佛是出于本能或者天性。但是假如我对于我的活动的目的加以反省，我必然意识到我已经运用了我的意志。然而道德便是"义务"，便是实体的"权利"，所谓"第二天性"，这个命名是很恰当的，因为人类的第一天性便是他直接的、单纯的、动物的存在。

"国家观念"的详细发展，属于"法律哲学"的范围。但是在这里我们应当注意，在现代许多理论中间，关于"国家观念"，谬误百出，这种错误被认为是既定的真理，形成了牢不可破的偏见。我们只想举出其中特别同我们的历史的目的有关系的几种错误。

我们首先遇到的错误，是和我们的——国家是"自由"的实现——这个原则恰好相反。他们的看法是，人类天性上是自由的，但是在社会之中、国家之内，他被迫加入，无法抵抗，他不得不限制这种天然的自由。人类天性上是自由的这句话，在一种意义上是不错的。就是说，依照他的概念，也就是依照他的使命，他是自由的，那就是说，他只有在本身是自由的。一种物体的"天性"，正和它的"概念"意义相同。然而上述的意见含义，并不止此。当我们说人类"天性上是自由的"的时候，这话包括他的使命，而且还有他的生存的方式。这话是指他的纯属天然的和原始的状况而言。在这种意义里是假定了一种"天然状态"，在这状态中，全人类拥有他们的天然权利，得以无约束地行使和享有他们的自由。这个假定，的确并没有以历史事实的尊严自居。假如它有这种企图的话，这确实很难指出实际上真有、或者曾经发生过这类的状况。野蛮的生活状态固然不乏其例，但都是表现着粗鲁的热情和凶暴的行为。同时无论他们的状况是怎样地简陋，他们总有些所谓拘束自由的社会安排。所以那个假定，便是理论产生的许多朦胧模糊的影像之一。它是从理论出来的必需的观念，但是理论把它冒充为真实的存在，而没有充足的历史的佐证。

我们在实际的经验上发现的这样一种自然状态，恰巧符合了一种纯属天然状况的"概念"。"自由"如果当做原始的和天然的"观念"，并不存在。相反地，"自由"要靠知识和意志无穷的训练，才可以找出和获得。所以天然状态不外乎是无法的和凶暴的状态、没有驯服的天然冲动的状态、不人道的行为和情感的状态。社会和国家当然产生了限制，但是这种限制只是限制了纯属兽性的情感和原始的本能，就如像在一种比较更进步的阶段，便是限制了放纵和热情考虑的意图。这一种限制，乃是真正的——合理的和依照概念的自由的意识和意志所由实现的手段。法律和道德依照"自由的概念"是必不可少的；而且它们不论在本身，或者为自身，都是普遍的本质、对象和目的；它们是从感官性里分别出来的，和感官性相反对地发展它自己的思想的活动而被发现的，并且它们在另一方面又不得不引入于原始地感官的意志，而且和它相结合，但这必然是违反它的天然的倾向的。那种永久发生的对于"自由"的误解，不外乎是仅仅从这名词的形式的、主观的意义上来看它，而脱离了它的主要的对象和目的。因为这个原故，对于那附属于特殊的个人的冲动、欲望、热情，就加上了一种约束，——对于放纵和任意所加上的一种限制，便看做是加于"自由"的一种桎梏。相反地，我们应当把这样的限制看做是解放的必要条件。社会和国家正是"自由"所实现的情况。

其次，我们必须注意到第二个错误的见解，这是违犯了由道德的关系发展为法律的形式的那个原则。大家长制度情况，——或者就人类全体来说，或者就几个种族来说——是完全被看做是一种关系，在这种关系中，道德的和心灵的成分对于法律的成分获得满足，同时法律的公平又只有同道德和心灵的成分联系，才可以依照内容真正地实行。如家长制度的基础是家族关系，这种关系自觉地发展为道德的最初形式，继之而起的国家道德便是它的第二形式。家长制度是一种过渡的情况，在那里边家族已经进展到了一个种族或者民族的地位，所以其中的团结已经不再是一种爱和信赖的单纯结合，而已经成为一种服务的联系。我们首先要研究"家庭"的道德。"家庭"简直可以算做是一个个人，它的各分子，例如父母，是已经互相放弃了他们的个人人格（因此又放弃了他们相互间的法律地位，以及他们的特殊利益和欲望）；或者还没有取得这样一种独立的人格，——例如儿童——他们根本上还是处在前述那种纯系天然的状态之中。所以全家都生活在一种相互爱敬、相互信赖和相互信仰的统一里面。而在一种爱的关系中，一个人在对方的意识里，可以意识到他自己。他生活于另一个人的身上，换句话说，就是生活于自身之外。而在这种相互的自弃里，个人重新获得那实际已经属于对方的自身。在事实上，他是得到了那合而为一的、对方的和他自己的生存。凡是关于生活需要和对外关系的进一步的利益，以及家庭内部在子女方面的发展，构成了家庭内各个成员的一个共同目的。"家庭精神"——"家神"——形成了一个实体的存在，无异于国家内的"民族精神"。而无论在民族内、或在家族内，道德所寄托的那一种感情、一种意识和一种意志，都不是限于个人的人格和利益，而是包罗着全体一般的共同利益。但是在家庭方面，这种统一在本质上是一种感觉的、在天然方式范围内的统一。家庭关系中的孝悌，在国家是应该极度尊重的。国家所以能够得到那些已经是道德的个人（因为他们原来不是道德的）来做它的国民，都由于这种孝悌的赐予。这些个人在结成国家时，他们替国家带来全体合而为一的感觉作为国家坚实的基础。但是从家庭制度扩大为大家长制度时，便超过了血统关系的结合（这是那种基础的天然方面），团体各分子必然跳出了这种血统关系的范围，进入独立人格的地位。我们要想广泛地观察大家长制的关系，就须特别注意到"神权政治的形式"。凡是大家长制的部落，它的元首也就是它的祭司。假如"家庭"在它的普通关系上，还没有同社会和国家实行分离，那末，宗教和家庭的分离也没有发生。况且家族的孝悌自身就是一种感情的内在性，所以更不会同宗教分离了。

我们已经观察了"自由"的两方面，——客观的和主观的，所以，假如把"自由"解说为一个国家内各个人全都同意于国家的种种安排，这显然仅仅顾到了主观的因素。照这个原则推论起来，任何法律没有经过全体同意，就不能有效。为了要避免这桩难事，于是决定少数应该服从多数，因此，多数便占了上风。但是很久以前，卢梭就曾说过，在那种情形里，少数人的意志既然被蔑视，便没有自由了。波兰国会里规定：不论通过任何政治方案时，都须得到每一个议员的同意。就是因为这种的自由，波兰才招了亡国的灾祸。而且，这是一种危险的虚伪的偏见，以为只有人民才有理性和识见，才知道正义是什么东西，因为每个人民的党派都以人民代表自居，然而国家组织这个问题乃是一个高深的学术工作，而不是人民的工作。

假使尊重各个人意志这个原则，被公认为是政治自由的惟一基础——就是说，国家所作所为，须得国民全体同意，那末，可以说便没有什么宪法了。那时候，惟一必要的安排便是：第一，一个中枢机关，它自己是没有意志的，但是它将考虑国家的种种必需；第二，一种选举办法，把全国国民集合在一起，举行投票，计算各种动议所得的票数，根据票数作出最后决定。国家是一个抽象的东西，只在它的公民当中，它才有它的一般的现实性，但是国家是现实的，它的简单的一般的生存必须寄托在个人的意志和活动内。于是就感到有政府和国家行政的一般需要，所以便要从众人中挑选出和众人分开的一班人来主持纷繁的政务，成立决议，并且对于其他民众颁布命令，来推行各种政策。所以就算在一个民主国家里，假如人民决议宣战时，也必须有一个元帅来指挥军队。国家这个抽象的东西，必须有了宪法才能够有生命和现实性，但是这样便引起了治人者和被治者的区别。然而服从好像和自由是不相一致的，而那般统治者的号令措施似乎又同国家的基础——"自由"的概念——恰相反对的。可是有人以为——治人者和被治者的区分虽然绝对必要，因为非此则事务不能进行——而且这种区分只是一种强迫的限

40

制，在抽象的自由之外，甚至和抽象的自由相违背——但是宪法至少必须这样拟订：使人民的服从减到最少限度，统治者的独断行事减到最小数量。并且使一切人民必须服从的设施，无论关系如何重大，都应该由人民加以决定和决议（由多数或者全体人民），他们一边这样说，一边又在宪法中假定说，国家应该像一个现实，——一种个体的统一——拥有力量。因此，最先的决定便是统治者和被统治者间的区别。宪法在抽象方面很正确地被区分为君主政体、贵族政体和民主政体。但是这种区分却引起了一种说法，以为君主政体本身应当再分为专制政体和纯粹的君主政体；以为在那最重要的"观念"所划分的一切区别当中，只须重视那一般的性质，——这并不是说上述的特殊范畴应该照一个"形式"、"类"或者"种"，在它的具体的发展中，再加以充分发挥。但是必须特别说明的，就是上述的区别容许许多特殊的修正，——不但指那些等级本身范围内的修正——而且指那些混合了上述几个截然明白的等级而成的政体的修正，那些政体既然是混合而成，结果便是畸形的、不稳定的、不一致的。在这样的冲突中，关系的问题便是，哪种宪法是最好的宪法，换句话说，国家的权力应该依靠哪种安排、哪种组织或者机构，才能够最可靠地达到它的目的。这种目的可能有种种的看法。例如：既可以看做是人民生活的安闲的享受，也可以看做是普遍的幸福。这种种的目的可以从所谓"宪法理想"中看得见，而且这种"理想"又分门别类，有"君主教育的理想"（芬乃龙所提倡），或者统治阶级的——一般贵族阶级的理想（柏拉图所提倡）。他们所讨论的主要之点，乃是身处政治领袖地位的人们的状况，而在这些理想中，对于政治组织的具体情节，并没有加以考虑。这种对于最好宪法的研究，使研究的人时常把理论不但当做是一种主观的独到的确信，而且认为是一种最好的——或者比较上最好的——宪法，仿佛只要像这般理论上研究的结果，便可以付之实行；好像一个宪法的方式是可以自由选择的，只须反省便可以决定的。从前有波斯的贵族（当然不是波斯的人民），他们阴谋推翻伪斯麦狄斯和美斋部落，等他们大事告成后，因为当时王室已靡有子遗，他们于是讨论波斯应该采用何种政体，像这样的研讨便是属于上述那种笨拙的理论或者理想的。而希罗多德斯关于这番研讨的记载，又同那般贵官们一样地头脑简单。

在今天，一个国家民族的宪法不完全以自由的选择为依归。因为大家对于"自由"抱有根本的但是抽象地认识的概念，所以一般都拿共和政体看做——在理论上——是惟一公正的和真实的政体。甚至有许多在君主政体下官职很高的人们——不但不反对共和的理想——实际上还是共和政体的拥护者。不过他们知道，这一种宪法虽然是最良好的，并不能在一切环境下实现，而且他们知道，人类既然是人类，我们就不得不以较少的自由为满足，他们竟然把君主政体看做——在目前的情形和目前人民的道德状况下——是最有裨益的。又在这种见解里，某一种宪法的必要，虽然以人民的状况为依归，可是把人民仿佛看做是不主要的而且偶然的。这种看法，是以反省的理解对于一个概念和它相适应的现实性所定的区别为根据；抱着一种抽象的、因此也就是不真实的概念；并且没有把握到它的观念，或则——虽然在形式上不同，但是在内容上则相同，——并且没有具体地去观察一个民族和一个国家。我们在后面将表明，一个民族所采取的宪法是同它的宗教、艺术和哲学，或者，至少是同它的种种观念以及种种思想——它的一般文化，形成一个实体——一个精神。姑且不论其他外面的力量如像气候、邻国、以及它在世界的地位等种种影响。一个国家是一个个体的总合，不能只取出一个特殊的方面，虽然是极其重要方面，如像国家宪法方面，而把它单独地加以考虑和决定。这种宪法不但最密切地联系并依赖上述其他各种精神的力量，而且全部精神的个体的形式——包括这个个体所有的一切力量——仅仅是"全部的历史"和它的过程中预先决定了的一个因素，这一个事实使那种宪法得到了最高的承认，并且确定了它的绝对的必要。

一个国家第一次的产生是靠威力和本能。但是就算是服从和威力，对于一位统治者的畏惧已经是一种意志的联系。——这种情形就是在野蛮的国家中也是如此。最有势力的并不是各个人单独的意志，个人的野心是被放弃了，普遍的意志是最主要的东西。普遍的和特殊的结合便成为"观念"本身，"观念"表现出来便是国家，而且"观念"后来又在自身内经过继续的发展。那些真正独立的国家，它们在发展上的抽象而必然的过程如下：它们从王权开始，这个王权是家长制的或者军事武功的王权。在这个王权上面，特殊性和个别性必然伸张它们自己而成为贵族政体和民主政体。在最后的阶段上，这些特殊性又受制于一个单独的权力，这个单独的权力当然就是君主政体，那些特殊性在君主政体的范围以外，有一个独立的地位。所以有两种王国必须分别清楚，——第一王国和第二王国。这个过程是必然的过程，因为在这个过程中每一次肯定的宪法必然出现，这种宪法不是任意选择的，而是同民族精神刚好适合的。

一个宪法中主要的特色便是那合理的东西的自己发展，也就是一个民族政治状况在本身中的发展。那个"概念"的各要素的自由发展：使一个国家内的各种权力分别表现它们自己，——获得它们的适当的和特殊的完成，——同时在它们的自由中，它们又能够为着一个目的共同工作，结合一起——换句话说，形成一个有机的整体。所以"国家"便是合理的、客观地自觉的、为自己而存在的自由，因为合理的自由在一种客观的形式里实现了它自己，并且认识了它自己。原来它的客观性是这样组成的——它的各因素并不仅仅是理想的，而且是在一种特别的现实里表现的；它的各因素在分开的、个别的活动中间，它们绝对地并合于那种作用里，全体——心灵——个体的统一便是在那种作用里产生的，便是那种作用的结果。

"国家"便是在人类"意志"和它的"自由"的外在表现中的"精神观念"。历史形态上的变迁是和国家相连结而不可分解的，而那个"观念"的各因素也在"国家"内表现它们自己为各种不同的政治原则。各世界历史民族在极盛时期所采行的宪法，乃是它们特有的东西，所以并不是"一个普遍"的政治基础。各种相同宪法的种种差别，不仅仅属于扩展那个普遍的基础所用的一种特殊的方法，实际上这些差别却是起源于原则上的不同。所以如果用现代宪法的原则，来比较古代各世界历史民族的政治制度，我们一定是无从学得什么的。但是在科学和艺术方面恰巧相反，例如古代哲学当然就是现代哲学的基础，因此，前者不得不被后者所包罗，不得不形成后者的基础。在这方面，古与今的关系便等于一个相同的机构的继续发展，这个机构的基石、墙壁和屋脊都是故物。在艺术方面，希腊艺术原始的形式，给了我们最好的范型。但是关于宪法，情形就完全不同了。在这里，古与今主要的原则是不相同的。关于好政府（意思是说有智和有德的人应该居在上位）的种种抽象的界说和教训，古与今诚然并没有什么不同。但是要从希腊人、罗马人或者东方人那里取得现代政治的模范，那就真是荒谬绝伦的了。我们从东方可以得到的有关于大家长制度、父道政治、以及人民的忠诚的许多美丽的图画，而从希腊和罗马时代，则有关于人民自由的叙述。因为在后者之中，我们可以找到一个"自由的宪法"的概念，容许全体人民得以参加普遍事件和法律的种种讨论和决议。在我们现代，这个概念也为一般所接受，但是加了修正，因为我们的国家既然如此之大，而人民又如此之众，直接行动当然是不可能的，所以民众只有用选举代表的间接方法，来表示他们对于有关共同福利的事项的同意。换句话说，在一般立法事项上，应该由人民推派代表。所谓"代议政治的宪法"已经被我们看作是一种自由的宪法，而且这种观念已经成为根深蒂固的偏见。依照这种理论，人民和政府是分开了。但是在这个民众和政府的互相对峙之中潜伏着一种恶意，就是说，这种对峙是存心不良的诡计，好像民众是全体一样。更有一层，这种见解所根据的是个别性的原则——主观意志的绝对性——关于这一点，我们已经研究过了。它主要的一点就是说："自由"在它的"理想的"概念上并不以主观意志和任意放纵为原则，而是以普遍意志的承认为原则；而且说"自由"所由实现的过程，就是它的各因素的自由发展。主观意志只是一种形式的决定，里面完全不包含主观意志所欲望的东西。只有理性的意志才是那个普遍的原则，能够独立地决定它自己，舒展它自己，并且发展它的相续的各因素为有机的分子。像这样一种峨特式教堂建筑，古代人是一无所知的。

我们在前面提出了两个因素：第一，自由的观念是绝对的、最后的目的；第二，实现"自由"的手段，就是知识和意志的主观方面，以及"自由"的生动、运动和活动。我们于是认为"国家"是道德的"全体"和"自由"的"现实"，同时也就是这两个因素客观的统一。因为我们虽然这样分做两方面来考虑，但是必须说明的，就是这两方面是有着密切联系的，当我们把它们每一方面分开来检察时，在每一方面里仍然包含着它们的联系。我们一方面在"自由"的确定形式里——就是自觉、自欲，拿它自己做惟一目的的"自由"——认识了那个"观念"，同时还牵涉到那个纯粹的、简单的"理性的概念"，以及我们所谓个人——自我意识——实际存在于世界上的"精神"。假如在另一方面，我们考虑主观性，我们便发见主观的知识和意志就是"思想"。但是，在有思想的认识与意志的活动中，我便欲望普遍的对象——绝对的"理性"的实体。所以我们看出在客观方面——"概念"——和主观方面中间有一种在本身的结合。这种结合的客观存在就是国家，它所以是一个民族生活的其他具体方面的基础和中心，也就是"艺术"、"道德"、"宗教"、"科学"的基础和中心。"精神"的一切活动，目的只在意识到这种结合，就是意识到它的自由。在这种有意识的结合各形态中，宗教占着最高的地位。在宗教之中，世俗的"精神"意识到了"绝对的精神"，并且在这个在本身为本身而存在的存在的意识里，人类的意志放弃了他特殊的利益。专心致志地崇拜，在这一种专心致志的崇拜中，它不愿再顾虑到那有限的和特殊的东西。在牺牲祀神中，人类表示他放弃了他的财产、他的意志、他特殊的感情。心灵的宗教的集中出现，就是感情，可是它也进入反省之中，礼拜便是反省的一种表现。在精神里客观和主观的结合的第二个形态便是艺术，艺术比起宗教更加深入于现实性和感官性。在艺术最高贵的方面，它所表现的，不是"上帝的精神"，却是"上帝的形态"，至于它的次等的对象，便是一般神圣的和精神的事物。它的职务，要使"神圣的"事物化为历历可辨，使它活生生地出现在想象力和直觉前面。但是，"真的东西"不仅仅属于观念和感情，像在"宗教"方面一样；也不仅仅属于直觉，像在"艺术"方面一样；而且也属于思想的精神，这便是上述的结合的第三个形态——就是哲学。哲学是最高的、最自由的和最智慧的形态，我们当然不想在这儿考究这三个形态。我们所以要谈到它们，完全因为它们和这儿讨论的对象——国家据有同一的地位。

在国家内表现它自己，而且使自己被认识的普遍的原则——包括国家一切的那个形式，——就是构成一国文化的那个一般原则。但是取得普遍性的形式，并且存在于那个叫做国家的具体现实里的——那个确定的内容就是"民族精神"本身。现实的国家在它的一切特殊事务中——它的战争、制度等等中，都被这个"民族精神"所鼓舞。同时，人类对于他的这种精神和本质，对于他和这种精神的原始的统一，也必须获得一种自觉。因为我们曾经说过，道德是主观的或者个人的意志和普遍的意志的统一。关于这个精神，必须有一种明白的自觉，而这种知识的中心便是宗教。艺术和科学仅仅是这同一内容的不同的方面和形式。我们考虑宗教时，第一点要问的，就是我们是不是在分裂中或者在真正的统一中认识了"真"和"观念"。在分裂中："上帝"被抽象地表现为"最高的存在"、"天和地的主宰"、生活于一个世界之外的国度，远离了人类的现实；在统一中："上帝"，作为"普遍的"东西和"个别的"东西的"统一"。"个别的"东西在"神圣下凡"的观念中取得了积极的生存状态。一个民族对于它认为是"真"的东西所下的定义，便是"宗教"。一个定义包含一切属于一个对象的本质的东西。将对象的本质简括为它的单纯的特殊性，对于每种特殊性像是一面镜子——一切特殊东西的灵魂。所以，上帝的观念便构成了一个民族性格的普遍基础。

在这方面，宗教和政治的原则，保持着最密切的联系。只有承认"个性"在"神圣的存在"里有积极的和真实的生存，才有"自由"可言。这种联系可以进一步解释如次：——世俗的生存只是一时的——专事于各种特殊利益的，因此只是相对的，而且没有根据的生存。只有它的普遍的灵魂——它的原则绝对地获得根据，世俗的生存才获得根据，但是普遍的灵魂要获得根据，除非它被承认为是"神的本质"的特殊性和有限的存在。因此，国家是建筑在宗教上的。这话我们现在常常听见人说，大概的意思是指：个人既然崇奉上帝，就应当愈是愿意履行他们的职责，因为对于国王和国法的服从很容易地同对于神的敬畏相结合起来。当然，因为对于神的敬畏，重普遍而轻特殊，可能转而把特殊看作是敌对，成为疯狂的敌对，而对于国家，对于国家的组织和设施，发生破坏的作用。所以有人这样想，对于神的敬畏应该是清醒的，保持着相当的冷静的，——免得它像怒潮骇浪一般，推翻那种应该由它卫护和保持的事物。这一种可能性至少潜伏在它本身中间。

由于人类有了正确的确信，国家建筑在宗教上面，那末，人类摊定给宗教的地位，却是，假定国家先行存在，随后为了维持国家起见，就不得不把宗教纳入国家之中，印在人民的心上。人们应该受训练来皈依宗教，这话不错，但是并不是去皈依某种还没有存在的东西。因为当我们说，国家是建筑在宗教上面——国家的根是深深地埋植在宗教里的——我们主要地说，国家是从宗教产生的，而且现在和将来永远会如此产生的。换句话说，国家的各种原则必须被看做在本身和为本身是有价值的，而且只有当它们被认为是"神的本性"的各种决定的表现时，它们才能够有价值。因此，宗教的形式决定了国家的形式和宪法。后者确是从宗教产生的，所以在事实上，雅典或者罗马国家之所以成为雅典或者罗马，完全由于当时各该民族间通行的异教的特殊形式而后才有可能，就像一个天主教国家所有的精神和宪法跟一个耶稣教国家所有的精神和宪法是不同的。

假如那种鼓吹宗教的奔走呼号，是（好像它是常常如此的）一种哀苦求助的声音，表示宗教将有从国家内消灭的危险——那真是可怕极了——事实上比起这种呼号所悬想的还要险恶，这呼声表示相信宗教的传播，可以铲除人间的罪恶。然而宗教并不是这样就可以产生的东西，它的产生是自己产生（除此以外别无他道），它的含义是要深远得多。

我们今日所遇到的另一种和这相反的愚蠢，便是要脱离宗教的羁绊，来发明和实行各种政治宪法。天主教虽然和耶稣教同属于基督教，它并不把一种内在的正义和道德让给国家，——这种内在的正义和道德是在耶稣教的原则的内在性里的。至于天主教，它既不承认正义和道德为本身存在的和实体的，所以这样把宪法的政治道德从它的天然的联系上分开来，的确是必要的。但是这样被剥夺了内在性——被逐出了良心的圣地——宗教所居的寂静地方——政治的立法的各种原则和制度便缺少了一个真实的中心点，它们不得不滞留在抽象和无定之中。

总括以上所述关于"国家"的结果，我们要把在个人中间国家的生动性叫做"道德"。国家、它的法律、它的设备是各分子的权利；它的天然形态、它的平原和高山、风和水是他们的国家、他们的祖国、他们外界的财产；至于这个国家的历史、他们的事迹、他们的祖先所产生的一切，属于他们而且存留在他们的记忆中。一切都是他们的所有，就像他们是为国家所有一样，因为国家构成了他们的实体，他们的存在。

他们的想象是被上述理想所占据了，他们的意志就是这些法律和这个祖国的意志。这种成熟的全体就是一个民族的本质，一个民族的精神。各个人民都属于它，只要他的国家在发展之中，每个人民都是它的时代的骄子。没有人逗留在后面，更没有人超越在前面。这个精神的"存在"就是他的，他就是它的一个代表，在它中间他诞生，他生活着。对于雅典人民，雅典这个名词含有两重的意义：第一，它指若干政治制度的一种复合；第二，它指代表"民族精神"和统一的"女神"。

一个民族的这种精神乃是一种决定的精神，而且，如前所述，也依照它历史发展的阶段来决定。因此，这种精神便构成了一个民族意识的其他种种形式的基础和内容，这种种形式已经在前面提到了。因为"精神"在它的自己意识内，对于它自己必须成为一个对象，而客观性直接包含种种区别的发生，这些区别作成了客观精神各个显然不同的领域的总和。这好比"灵魂"之所以存在，乃是它的各个机体的复合，这些机体集中于一个简单的统一的形式上，便产生了"灵魂"。因此，"精神"是一个个性，在它的本质上表现为"上帝"，所以在宗教里才得到尊敬而为人所乐意接受。它在艺术里表现为图画和观察，而在哲学里则被看作是一个被认识和了解的思想。因为这几种不同的形式具有原来相同的实体、内容和对象，所以它们和"国家精神"是不可分离地统一起来。只有在和这个"宗教"统一起来的时候，这个政治形式才能够存在，正像这种哲学和这种艺术只有在这种国家里才可以存在一样。

这里顺次要说起的，就是在世界历史的行程中，一个特殊的民族精神应该当做只是一个个人。因为世界历史是"精神"在各种最高形态里的、神圣的、绝对的过程的表现——"精神"经过了这种发展阶段的行程，才取得它的真理和自觉。这些阶段的各种形态就是世界历史上各种的"民族精神"，就是它们的道德生活、它们的政府，它们的艺术、宗教和科学的特殊性。"世界精神"的无限冲动——它的不可抗拒的压力——就是要实现这些阶段，因为这样区分和实现就是它的"概念"。世界历史是专门从事于表现"精神"怎样逐渐地达到自觉和"真理"的欲望。它本身中的黎明来了，它开始发现要点，最后它达到了完全的意识。

所以，我们既然已明白了"精神"本性上各种抽象的特质，用来实现它的"观念"的手段，以及它在有限生存中完全实现它自己时所取的形态——就是"国家"。现在我们在这段绪论里所要讲的只剩着：

（丙）——世界历史的行程

历史所记载的一般抽象的变化，久已经在普遍的方式之下被了解为一种达到更完善、更完美的境界的进展。凡是在自然界里发生的变化，无论它们怎样地种类庞杂，永远只是表现一种周而复始的循环。在自然界里真是"太阳下面没有新的东西"，而它的种种现象的五光十色也不过徒然使人感觉无聊。只有在"精神"领域里的那些变化之中，才有新

49

的东西发生。精神世界的这种现象表明了，人类的使命和单纯的自然事物的使命是全然不同的，——在人类的使命中，我们无时不发现那同一的稳定特性，而一切变化都归于这个特性。这便是，一种真正的变化的能力，而且是一种达到更完善的能力——一种达到"尽善尽美性"的冲动。这个原则，它把变化本身归纳为一个法则。一些宗教——例如天主教——和一些国家却不欢迎，它们声称，它们应该得到一种固定的、至少也是稳定的地位。就算他们当中有人让步、承认了世俗的东西的——例如国家的——变迁，他们一部分地把宗教（算是真理的宗教）绝对地除外，一部分地把种种变化、革命，以及一切纯洁的理论和制度的废除，完全说成是出于偶然性或者疏忽所致，——而尤其说成是由于人类的放僻邪侈和情欲作祟。事实上，"尽善尽美性"这个原则差不多是和变化性同属不确定的名词。它没有目的，没有目标，而且也没有标准来测度那些变化。它应当努力达到的更好的、更完美的东西，全然是一种不肯定的东西。

发展的原则包含一个更广阔的原则，就是有一个内在的决定，一个在本身存在的、自己实现自己的假定作为一切发展的基础。这一个形式上的决定，根本上就是"精神"，它有世界历史做它的舞台、它的财产和它的实现的场合。"精神"在本性上不是给偶然事故任意摆布的，它却是万物的绝对的决定者。它全然不被偶然事故所动摇，而且它还利用它们、支配它们。不过，发展同时也是有机的自然事物的一种本性。这些自然事物的生存，自行表现为并不是绝对依赖的、受制于外界变迁的生存，而是根据了一个内部的不变的原则来扩张它自己的生存。这是一个简单的本体——当它有如一粒种子的时候，它的生存是很简单的——但是它后来又从自己发生了许多不同的部分，这些不同的部分又同其他事物发生关系，因此便生活于继续不断的变化过程当中。然而这一个过程的结果又和变化恰巧相反，而且还转变成为有机的原则和那原则寄托的形态的保持者。那个有机的个体便这样产生它自己，它使它自己确实地发展到它向来潜伏地所居的地位。"精神"也是如此，它只发展它在本身存在的东西。它使它自己确实地发展到它向来潜伏地所居的地位，这一种发展是用一种直接的、不遭反对的、不受阻挡的方式。在"概念"和它的实现之间，种子在本身决定的本性和对于它生存的适合——没有东西能够骚扰。然而关于精神方面，那就大不相同了。"精神"从它的使命到实现有意识和意志做媒介，这些意识和意志最初是埋没在它们直接的自然生活当中，它们首先的对象和目的便是它们自然的使命的实现，——但是这种使命既然受着"精神"的鼓动，所以也就拥有无限的吸引力、强大的力量和道德的丰富。所以精神是和它自己斗争着，它自己可以说便是它的最可怕的障碍，它不得不克服它自己。它在"自然"界里和平生长发展，在"精神"中却是一种反抗它自己的艰苦剧烈的斗争。"精神"真正欲望的便是要达到它自己的概念。但是它自己把那个概念遮蔽起来，而且傲然以与概念的隔绝为得意。

精神的发展，并不像有机生活的发展那样，表示那种单纯的生长的无害无争的宁静，却是一种严重的非己所愿的、反对自己的过程。它不但表示那只是自己发展的形式，而且还表示着要获得一个有确定内容的结果。这个目的，我们在一开始就决定了：便是"精神"，便是依照它的本质、依照"自由"的概念的精神。这是基本的对象，因此也就是发展的主要的原则，——就是这种发展从而取得意义和重要的东西（例如在罗马史中，罗马是对象——因此也就左右我们对于相关事实的考虑）。相反地，那个过程的种种现象都是从这个原则而来的，仅仅在对这个原则的关系上，才具有一种价值的意义。在世界历史上曾经有过许多重要的时期，在那些时期中，这种发展似乎是遭受到了中断，在那些时期中，我们简直可以说，前代文化的全部巨大的收获，似乎已经整个儿摧毁了。在那些时期以后，很不幸地，一切又须重新从头做起，要靠了在旧文明的废墟上搜得的残余，费去无限的精力和时间，历尽无限的折磨和痛苦，来徐图恢复多年以前曾经赢得过的那种文明的区域之一。同时我们也看到继续不断的发展：在若干特殊成分里的文化的各种结构和系统，它们种类很丰富，向各方面发展。那种纯属形式上的和不一定

51

的关于发展的一般见解，既然不能指出这一个发展形式要比那一个发展形式来得优越，又不能使先前各发展时代的那种没落的对象可以理解。所以就不得不把那些进步——或者，特别是里边那些退步——看作是外在的偶然，而且只能从不肯定的观点上，来判断它们的优越。但是发展之为发展既然是惟一有关的东西，所以这些优越也就是相对的，而不绝对的目的。

世界历史表现原则发展的阶程，那个原则的内容就是"自由"的意识。这些阶段进一步的肯定，依照它们的普遍的本质，属于逻辑，但是依照它们的具体形态，却属于"精神哲学"。这里只须说明如下：第一个阶段就是"精神"泪没于"自然"之中，这在前面已经提起过了；第二个阶段就是它进展到了它的自由意识。但是这种和"自然"的第一次分离是片面的、不完全的，因为它是从直接的自然的状态里分出来的，因此是和那状态相关的，而且是仍然和自然相牵连着的，在本质上是它的一个相连的因素；第三个阶段是从这个仍然是特殊的自由的形式提高到了纯粹的普遍性，提高到了精神性本质的自我意识和自我感觉。这三个阶段便是那个普通过程的基本原则，但是要讲到它们每一个怎样的自身内包含一种形成的过程——怎样构成了一种过渡的辩证法——这不得不留到后面再详述了。

这里我们仅仅必须表明，"精神"从无限的可能性开始，但是仅仅只是可能性，——它包含的绝对的内容是一种在本身的东西，是一种目的和目标，这一种目的和目标，只有它的结果——完满的现实里，它才能够达到。在生存中，从不完美的东西进展到比较完美的东西，便是"进步"。但是不完美的东西决不能被抽象地看做只是不完美的东西，而应该看做是牵连着或者包含着和它自己恰巧相反的东西——所谓完美的东西——作为一颗种子或者一种在本身中的冲动。所以可能性，至少在反省上，是指某种应当成为现实的东西。那个亚里斯多德的"动力"一字，就是"潜在力"，就是力量和权力。因此，那个包含着相反的东西的"不完美的东西"，乃是一个矛盾，这个矛盾当然存在着，但是它继续不断地被扬弃了，被解除了。这种冲动——精神生活本身中的冲动——要冲破那单纯的自然性、感官性，以及与它相外的东西的外壳，来达到意识的光明，也就是达到它自己。

一般的看法，认为"精神"历史的开始，必须依照它的概念来理解——有些人主张，在一种原始的"天然状态"中，自由和正义是在完美的方式中存在的，或者已经存在的。然而这种说法，不过是悬想在理论的反省的朦胧中，关于历史上存在的一种假定的反省。另外又有一种主张——并不声称出于思想的推断，而声称出于历史的事实，同时还声称出于更高级的证明——这种主张造成一种另外的、现在被某一方面尽量宣传的观念。在这种观念中，说到人类原始的乐园的情形，像这样的理想早就被神学家们发挥过了——例如说，上帝曾用希伯来语同亚当讲话，——如今它又拿来修饰一下，以适应其他的需要。他们依靠的高等权威就是《圣经》的叙述。但是《圣经》所叙述的原始状况，一部分只是大家知道的少数特征，然一部分或者是人类的一般——人类本性的一般——或者是把亚当假定为一个个人，因此，也就是一个人格，而在这一个人，或者仅仅这一对人类夫妇内，表现了当时所有的和已成的原始状况。《圣经》所记载的并没有教我们推想到，曾经有一个民族和那个民族的一种历史的状况，存在于那种原始的形态里。它更没有证实给我们，这个民族有一种充分发达的对于"上帝"和"自然"的知识。古语捏造得好："自然起初好像是上帝创造的一面明镜，清澈透亮，在人类未起云翳的眼前。"[1]"神的真理"也被想象是同样地明显。甚至还有人暗示（但是仍然保留着几分晦涩），人类在这种最初的状况里，已经拥有一种无限深远和早经扩大的、由上帝直接启示的宗教真理。这个理论认定，凡是一切宗教，它们的历史都创始于这种最初的知识，并且说，它们铸就了无限荒谬邪恶，以致亵渎了、隐蔽了最初的"真理"。虽然在"错误"所发明的一切神话里，那种创始和那些最初的真理、教

---

[1] 录自希勒格所著《历史哲学》，第一卷第四四页。

义的痕迹据说仍然历历可辨。对于古代各民族历史的研究，有一种重要的兴趣，就是要设法追溯他们的史事上达到一个时期，这时最初启示的种种断片比较最为纯粹，还没有经过亵渎和隐蔽。[1]

促成这些研究的那种兴趣，固然给了我们许多有价值的东西，但是这种研究却又直接证明对于自己不利，因为这种研究历史上假设的前提，似乎反而要等待着一种历史上的证明。对于神的认识的那种状态，和对于其他科学知识，例如天文学知识的状态（如以讹传讹地说是印度人具有的），以及那种主张，说在世界历史纪元的开场，一种这样的状态已经发生云云，——或者说，各民族的宗教是从这样一种状态得着一个传统的出发点，而后来才向腐败堕落中生长开展（如像那种粗制滥造的所谓"分出体系"），——这一切都只是假设，既没有历史的根据，就是我们拿历史的正确概念来对照这些假设独断的、主观的起源，也不能够得到这样一个历史的根据。

哲学的研究所能采取的一贯而有价值的惟一的方法，就是——要当"合理性"在世界的存在中开始表现它自己的时候（不是当它仅仅是一种在本身的可能性的时候）——当它在一种现有的事物状态里，实现它自己为意识、意志和行动的时候，做研究历史的出发点。"精神"的无

---

[1] 我们对于这种关切应该感谢，因为东方文学里的许多有价值的发现，以及古代亚细亚文化、神话学、宗教和历史方面，各种已发现的珍贵材料的重新研究，都是由这种关切而引起来的。在天主教各国内，崇文的风气极其盛行，那些政府当局也俯顺了思辨的研究的种种要求，并且感到了有同文哲科学相提携的必要。法国拉梅内法师曾经动人悦听地说明了名副其实的真正宗教的标准之一，就是，它必须是普遍的——就是所谓 catholic——而且在时间上是最古老的。因此，法国天主教的信徒们很热心地和勤劳地工作着，要使拉梅内法师那番议论，不致再像先前的老例那样，被看作仅仅是祭坛上的空话和权威者的陈言而已。释迦牟尼佛——一位"上帝人"——的宗教，因为传布之广，尤其为他们所注意，印度的"提摩提斯"以及中国对于"三位一体"的抽象观念，在题材方面供给了更明白的证据。一方面，法国学者如亚培·累睦札先生和圣·马丁先生担任了关于中国文学的最有价值的研究，目的要使这种研究成为对于蒙古利亚文，以及假如可能的话，对于西藏文研究的根据地；另一方面，厄克斯坦男爵又照他的方式（就是从德国采取了各种表面的物质的概念和拘泥的格律，学了希勒格的法子，但是比较希勒格来得恳切），在他的期刊《天主教》里，既然一般地推广了那种原始的"天主教主义"，又特别为那天主教会设法取得了政府的援助。经过了这番斡旋，连东方考察探险队也组织起来，已经出发去探寻那里的还没有出现的宝藏（预料关于深湛的神学上的问题，而且特别关于上古的佛教和渊源的问题，谅能因此而获得更多的发现），同时，目的又在用这种迂回间接的、但是有科学兴趣的方法，来促进"天主教主义"的利益。

机的存在，精神——"自由"的无机存在，对于善和恶的不知不觉（因此对于法律的不知不觉），或者，假如我们高兴这样称呼，精神的"优越"——这在本身上不成为历史的对象。自然的，同时也就是宗教的道德，便是家庭的孝悌。在这一种社会中，各分子对于相互间的道德行为，并不像独立的人格，并不像具有独立意志的个人，所以家庭便从"历史"发端所经过的那个发展过程中被排斥出来了。但是当这个精神的"统一"走出了感情和天性爱的圈子，开始达到人格的意识的时候，我们便看到一个暗淡无情的中心，在那里面"自然"和"精神"一概不是明白的、公开的；而对于这个中心，只有再经过一番工作——对于那个最后成为自觉的"意志"的一番极其冗长的教化——才能够使"自然"和"精神"成为明白的、公开的。只有自觉意识才是公开的东西，上帝（或者任何其他的东西）只能够为它而启示。在它的真理中——在它的在本身为本身的普遍性里——只有对于它已经变得明白了的意识，才能够启示。"自由"只是这样普遍的实体的对象——如像"公理"和"法律"——的理解和要求，以及适合它们的一种现实——"国家"——的产生。

各民族在达到它们这个使命以前，也许已经没有国家而经过一个长时期的生命，在这个时期内，它们也许已经在若干方面获有某些方面的文化。这个有史以前的时期——依照我们先前所说的话——是在我们的研究的目的之外。不论在这个时期以后是否跟着就有一种真正的历史，或者这些民族始终没有取得一种国家的组织。近二十余年以来，关于梵语以及欧罗巴语和梵语的联系的发现，真是历史上一个大发现，好像发现了一个新世界一样。特别是日耳曼和印度民族的联系，已经昭示出来一种看法，一种在这类材料中能够获得很大限度的确实性的看法。就是在今天，我们仍然知道还有若干民族没有形成一个社会，更谈不上形成一个国家，然而它们早就如此存在着了。再说到其他民族，它们文化的状态唤起了我们的特殊注意，但是它们的传说回溯到国家成立的历史以前，而在那个时代以前，它们曾经经历了许多的变迁。在方才所说的如此远隔的各民族，而它们的语言却有联系，在我们的面前就有了一个结果，所谓亚细亚是一个中心点，各民族都从那里散布出去，而那些原来关联的东西，却经过了如此不同的发展，都是无可争辩的事实，而不是从那个把许多严重的和琐碎的情景联合在一起，再行论断的大家爱用的方法里演绎出来的一种推理，这一类的推理在过去已经、而在将来还要用这许多冒充事实的故事来使历史丰富起来。但是那些显得如此广泛的大事变，是属于历史范围之外的，实际上是先于历史的。

在我们德国语言文字里，历史这一名词联合了客观的和主观的两方面，而且意思是指拉丁文所谓"发生的事情"本身，又指那"发生的事情的历史"。同时，这一名词固然包括发生的事情，也并没有不包括历史的叙述。我们对于这种双层意义的联合，必须看做是高出于偶然的外部事变之上的。我们必须假定历史的记载与历史的行动和事变同时出现。这样，使它们同时出现的基础，是一个内在的、共通的基础。对于家庭的纪念、家长制的传统等等的兴趣，是限于家庭和宗族部落以内的。家庭和部落的状态的平淡的事变经过，是不值得怎样记忆的。但是命运显明的事实和转变，也会鼓动泥摩息尼——"记忆女神"加以注意，——这好像爱情和宗教热可以使想象力把一个原先无形的冲动化为有形。但是国家却要首先提出一种内容，这种内容不但适合于历史的散文，而且在它自己的生存的进展中产生这类历史。一个生存渐见稳定、进展而成为国家的社会，不是要求政府方面发出纯属主观的命令来满足目前的需要，而是要求各种正式的诰谕和法律——范围广大而且普遍适用的规定。这样，便产生了与理智的、在本身中确定的——而在它们的结果上——持久的行为和事变有关的一种纪录和一种兴趣。对于这一切，泥摩息尼——"记忆女神"为了"国家"形式和结构的永久目的的利益，不得不赐给它们永存性。更深切的情绪，例如爱情以及宗教的直觉和它的各种形象，它们在本身上是现在的、满足的。但是一个政体表面的生存，那种赋形于它的合理的法律和风俗的生存，却是一个"不完全的现在"，除非认识它的过去，不能有彻底的了解。

　　各民族在有史以前经历的那些时代——我们可以想象它们为多少世纪或者几千万年——也许它们曾经充满了革命、游牧迁徙和最稀奇的变迁——因为它们没有主观的历史叙述，没有纪年春秋，所以也就缺少客观的历史。我们用不着假定，这些时代的纪录已经在意外事变中消失掉了。我们宁肯说，因为它们的存在是不可能，所以我们无从得到。只有在对于"法律"有自觉的国家里，才能有明白的行为发生，同时对于这些行为也才能有一种清楚的自觉，这种自觉才会产生保存这些行为的能力和需要。使我们人人所惊诧不置的，就是当我们开始领略印度文献无数宝藏的时候，我们发见这一个地方这样富于精神的、富于深湛的思想的产物，但是却没有历史。在这一点上，和中国形成了最强烈的对照——中国，这一个帝国却有一种非凡卓越、能够回溯到太古的"历史"。印度不但拥有关于宗教的古籍以及灿烂的诗歌作品，而且也有远古的许多法典——最后那一种文字，曾被列举为诞生"历史"的一个必要条件——然而印度没有"历史"。在这个国家里，组织的动力，在正开始要形成社会的区别的时候，马上就僵死在依照"阶层"而纯属自然的分类之中。因此，虽然各种法律都有关于人权的规定，他们甚至还把这些法律，以天然的区别为依归，而且特别从事于那些阶层相互间的关系——上层对于下层的特殊权利——的决定。所以道德的因素，在印度堂皇的生活里和印度政治的制度里，是荡然无存的。天然区别的铁链既然深深锁起了一切，社会的联系自然一定是野性的专横，——无常的活动，——或者简直可以说是狂暴情绪的表演，并没有前进或者发展的任何最后目的，因为这个原故，泥摩息尼——"记忆女神"便找不到对象，思想的纪念就无从出现。至于想象——即使深湛，也是混乱的——尽量徘徊于一个场合，这个场合必须有一个——附属于"现实"的境界，同时又附属于实体的"自由"的境界的——目的，才能够创造出"历史"。

　　历史的各种必要条件既如上述，所以尽管从家庭生长为宗族部落，由宗族部落生长为民族，再由这种数目上的增加，引起他们在当地的分布——这一连串事实在它自身上就暗示着无数社会的纠纷、战争、革命和灭亡——这样丰富、广大的一个过程——虽然发生，但是"历史"并没有发生；再者，那个有声音语言的帝国虽然尽管有联系的扩大和生长，但是它本身却始终哑然无声——只有一种偷偷的、无人注意的进展。语言学的功绩碑上启示出来的一个事实是这样的：各种语言，当使用它们的各民族还处在一种不发达状态的时期，它们已经有了非常高度的发展，而人类的理智曾经以伟大的创造力和完全性占据了这个理论的境界。原来广泛的和一贯的"文法"乃是思想的工作，这种工作使许多范畴成为清晰可辨。还有一个事实，就是社会和国家文明进步以后，人类理智的这种系统的完全性便遭了耗损，因此，语言变成更贫乏、更粗陋：——一个特别的现象就是那种自身越变越具有精神性的，朝着"合理性"努力的、发展的进步，却忽视了那种理智的周详和理智性——而且认为它是障碍而一定要设法排除了它。语言是理论的智力在一种特殊的意义里的行动，也就是它的外面的表现。不用语言的回忆和想象的活动，乃是直接的表现。但是理论的行动和它后来的发展，以及同它相连的更具体的那类事实——如像各民族在地球上的分布，他们相互间的隔离，他们的混合和流浪——依然停留在一个无声的过去的阴黯朦胧中。它们不是渐有自觉的"意志"的行动，不是为自己创造其他的外在性、真正的现实性的"自由"的行动。那些民族对于这种真实的成分既然没有分别，所以他们就是有了语言文字的发展，却还没有进展到具有一种历史。语言文字的迅速生长、许多民族的进展和分散，仅仅在它们和"国家"发生接触，或者开始国家的组织的时候，方能够获得对于具体的"理性"的意义和兴趣。

上面既然已经说明了关于世界历史开场的形式，以及有史以前时期必须除外不论的话，我们就不可不进一步来陈述世界史行程的方式，虽然这儿所说，只是形式方面。世界历史在具体内容上的进一步的决定，便是首先要处理的问题。

世界历史——如前面已经表明过了的——表示"精神"的意识从它

58

的"自由"意识和从这种"自由"意识产生出来的实现的发展。这种发展，含有一连串关于"自由"的更进一步的决定，这些决定从"事实的概念"产生出来。那个"概念"的一般逻辑的本性，和更加显著的辩证法的本性——就是说它自己决定自己——在本身中作了决定，而又扬弃了它们。通过这种扬弃，它获得了一个肯定的决定，而且事实上是更丰富和更具体的一个决定——它本性的这种必然性，以及那一连串必然的纯粹抽象的概念决定，——在逻辑中被认识出来。我们这儿只消采取这一点，就是，每一个阶段都和任何其他阶段不同，所以都有它的一定的特殊的原则。在历史当中，这种原则便是"精神"的特性—— 一种特别的"民族精神"。民族精神便是在这种特性的限度内，具体地现出来，表示它的意识和意志的每一方面——它整个的现实。民族的宗教、民族的政体、民族的伦理、民族的立法、民族的风俗，甚至民族的科学、艺术和机械的技术，都具有民族精神的标记。这些特殊的特质要从那个共同的特质——即一个民族特殊的原则来了解，就像反过来要从历史上记载的事实细节来找出那种特殊性共同的东西一样。所谓一种肯定的特殊性，在事实上构成了一个民族特殊的原则，就是我们必须从经验上去体会、从历史上去证明决定的一方面。要完成这种工作，不但先要有一种训练过的抽象能力，并且先要对于"观念"有一种密切的认识。我们必须先天地熟识属于整个范围的各个原则——就像天文家刻卜勒（我们试举这种思辨方式中最伟大的人物为例）必然已经先天地熟悉了椭圆形、立体形、正方形，以及它们彼此间的关系的种种思想，他然后才能够从经验的记录里，发现他的那些千古不朽的"法则"，那些法则就是从那些观念的决定得来的。任何人对于这些普遍的初步决定所组成的知识，假如丝毫也不知道，那末，就算他曾经自幼到老仰着头看过天空和各个星星的移动，他也不能理解那些"法则"，当然更谈不到发现它们了。因为有些人对于和"自由"形态发展相关的各种思想这样地不熟悉，所以这些人就反对他人从哲学上来考虑这门一向被看作是纯属经验的学问。因为哲学使用了所谓先天方法，并且将多数"观念"灌输到那种资料里面去。对于熟悉这些的人，这类的思想决定显得是一种陌生的东西，不存在于对象之内的东西；对于受过仅仅是主观的和狭窄的训练——不认识也不熟悉各种思想的脑筋，这些思想当然只是一种陌生的东西——而且不存在在他们的观念和他们的对于对象的缺乏了解所造成的理智中间。所以有人要说，哲学并不了解这些学问了。哲学必须承认它没有支配上述几种学问的"悟性"，就是，哲学不是依"悟性"的范畴，而是依理性的范畴来从事研究的，然而同时，哲学也认识那种"悟性"以及它的价值和地位。必须注意的，就是在这种科学的悟性过程中，最要紧是应该把本质的东西划分出来，使它和所谓非本质的东西成为明显的对照。但是要使这桩事情成为可能，我们必须知道什么是本质的东西。而这个——就一般世界历史来说——便是"自由的意识"以及这种意识在发展中各种的特性。这类范畴的方向就是真正本质的东西的方向。

关于上述的各种困难，以及对于科学中各种广泛的概念所表示的那种矛盾，有一部分是起因于没有能力去把握和理解各种"观念"。假如在"自然历史"中，对于明白确凿的种类和等级的承认，举出某种奇异的畸形生长来作反证，那只要使用常常被人暧昧地使用的话，说道"例外的东西证实了常例"。就是说，一条明白规定的常例或规则是要表明它所适用的各种条件，或者反常情形下的缺陷或杂种。"单纯的自然"是太软弱，当它和外来的基本势力相冲突时，它不能保持它种类的纯洁。举个例说，假如从具体方面去考虑人体的组织，我们断言脑心等等是人类有机生活上必备的东西，那末，便可以举出一个可怜的怪胎，它在大体上虽然具有人形或者一部分人形——它是孕育在一个人体里面，而自人体诞生后还能呼吸——然而这个怪胎里可找不出什么脑髓或者心脏。假如有人举了这一个例子来反对人类的普遍的特质——那位反对的人固执地要用人类这个名词，再加上对于人类坚持一种肤浅的决定——那末，我们就可以证明，说一个真实的具体的人是一个确乎不同的对象，而这样一个人的头里必然有一副脑子，胸膛里必然有一颗心脏。

一种相同的推论方法可以拿来处理那种正确的主张，说是天才、才能、各种道德的德性、各种情操和虔敬，无论在任何地带、任何宪法和政治状况之下，都可以发见。要证实这一点，例子是不胜其多的。假如在这种主张里，存心要把各种区别指斥为不重要的或者非本质的，反省就会停留在各种抽象的范畴内，而将特殊的内容置之不顾，为了这些特殊的内容，在这种范畴之中就没有原则了。采取这些纯属形式上的观点的立场，对于各种尖锐的问题、博学的见解和奇特的比较，提供了一片巨大的活动园地。因为深湛的貌似的反省和论说，越对于海阔天空的题目，越发显得光辉灿烂；同时能够从它们获得的那些结果也越是不肯定，越是变化多端，努力获得伟大的结果、达到确实和合理的机会也就越少了。在这样一种意义之下，著名的印度史诗难道不可以和荷马诗篇相比拟？ 或许——既然说诗的天才是由想象力的伟大来证明——对于前者要比对于后者更为重视，这好比，因为关于神祇的庄严色相，双方想象力所施的刻划相同，就说在印度神话中的人物里，也可以看出希腊神话中的人物了。同样地，因为中国哲学拿一做基础，就有人说是和出现在后的埃理亚派哲学以及斯宾诺莎体系属了一门；又因为中国哲学用了抽象的数和线来表现它自己，就有人说其中可以找出毕达哥拉斯和基督教的原则。英勇的实例、刚毅的性情——慷慨、大公无私和自我牺牲各种德性，在最野蛮和最怯弱的民族里都可以发现——有人认为这就足以证明，凡是最文明的基督教国家里找得到的社会德行和道德，在那些民族里同样找得到，或者可以找到更多一些。照这一种立场说来，就另外有人怀疑，在历史和普通文化的进步方面，人类究竟变得改善了没有呢？ 他们的道德究竟增进了没有呢？ ——道德，这是从一种主观方面来看的道德，根据当事人所主张的是非、善恶，而不是根据于一条在本身为本身的正当和善良，或者犯法和罪恶的准则，也不是根据一种特殊的、大家信奉的某一宗教。

我们现在最好不要对于这一种观察方式的形式主义和错误加以阐明，并且毋须把道德的真正原则、或者把那与虚伪道德相反对的社会德行加以确定。因为世界历史所占的地位高出于道德正当占据的地位，后者乃是私人的性格——个人的良心——他们的特殊意志和行为方式。这些对于他们本人自有相当的价值、责任以及赏罚。至于"精神"在本身为本身的最后目的所要求和所完成的东西——"神意"的一切作为——超越了种种义务，不负任何责任，不分善恶的动机，这些个人义务、责任、动机，只有在个人道德方面才有。个人之中，凡是有从道德的立场、抱高尚的意旨来反抗"精神观念"的必然进步的人，在道德的价值上，是高出于另外一种人，这种人所犯的罪恶——在一个崇高的原则指导下——转变为实现那个原则各种目的的手段或者工具。但是在这样的变革里，上述双方通常都站在生、老、病、死的同一圈子里。因此，那些主持旧的权利和旧的秩序的人，他们所拥戴的也只是一种形式上的正直——只是一种有生命的"精神"和上帝所抛弃了的形式上的正直。那些伟大人物，"世界历史个人"的功业行事，无论从他们所没有觉察到的那种真正的意义来看，无论从世俗的观点来看，一概是合理得当的。然而从这一点看起来，各种不相干的道德的要求，断然不可以提出来同世界历史事业和这些事业的完成相颉颃、抵触，断然不可以提出各种私德——礼貌、谦让、慈善和节制等等——来反对这些事业。"世界历史"在原则上可以全然不顾什么道德，以及议论纷纷的什么道德和政治的区分——"世界历史"不但要戒绝轻下判断，因为它包含的各种原则和必然的行为同这些原则的关系，对于上述事业便是充分的判断——而且要把个人完全置之度外，置之不论。因为"世界历史"所必须记载的，乃是各民族"精神"的行为，而"精神"在现实外界中具有的各种个别的形态，可以委之于各项专史的记载。

上述这一种形式主义和它不肯定的性质，同样出现在天才、诗歌甚至哲学里边，以为到处都可以同样地找到天才、诗歌和哲学。这些都是思想的反省的产物。一般所谓"文化"，便是熟悉那些普通性，检出了各种真实的区别，替它们定下了名称，而并没有浸渍在事物内容真正的深处。"文化"是一种形式上的东西，因为它的目的不过要把无论任何内容分析为各个构成部分，而从它们的思想定义和思想形态上来理解它们。要使一个抽象的原则成为意识的对象所必需的东西，并不是自由的普遍性。对于"思想"本身以及从它的资料隔绝的若干"思想"形式，这样的意识便是"哲学"。哲学当然在文化内有它生存的条件，这个条件便是要从事于思想的内容，同时给它穿上普遍性的形式的衣服，使物质内容和形式都被保持在一种不可分离的状态里。不可分离到这样一种程度，一定要使这样的内容——经过把一个概念分析为许多概念后，这个内容被放大为不可计量的宝藏——被看作是一种纯属经验的记录，它的形成，思想没有参预在内。这是"思想"的一种行为——尤其是"理智"的一种行为——要在一个简单的观念里，包罗那在它自身中所包含的一种具体的和博大的内容的对象（例如地球、人类——亚历山大或者凯撒）并且要用一个字来表示它——仿佛是分解这一个观念——在观念上把它包含的若干肯定隔离开来，并且给予这些肯定特别的名字。关于刚才说过的种种所根据的见解，可以明了的就是——反省既然产生了我们列入"天才"、"才能"、"艺术"、"科学"，各普通名词下的东西——在精神形态发展的每一个阶段上的形式文化，不但能够生长，而且必须生长、成熟，同时这一个阶段在发展着它自己成为一个国家，并且在这个文明的基础上进展到理智的反省和思想的各种普遍形式——如像进展到法律一样，就是关于其他一切也全都如此。只有在国家生活里边，人类才能有形式的文化的必要——因而才有各种科学以及一般有素养的诗歌和艺术的发生。叫做"造形"艺术的（plastic）各种艺术，就在技术方面已经要有人类文明的共同生活。诗的艺术——比较上不需要外界的要求和手段，而且它有直接生存的要素、声音做它的材料——虽然在一个还没有政治团结的人民生活那种环境下面，也是以无比的勇敢和以成熟的表现挺身而出。前面已经说过，语言基于它的特殊地位，在文明还没有创始的时候，就已经获得一种高度的理智而发展了。

哲学也必须在有国家生活的地方才能够出现，因为任何一类的东西能够归属于文化的领域，像前面所说的那样，就是属于"思想的形式"，哲学既然不外乎是这种"形式"自身的意识——所谓"思想的思想"——因此，它的建筑物所由建造的材料，是已经在普通文化里准备着了。假如在国家自身的发展上，必然要有种种时期，使那般天性比较高尚的精神，不得不从"现在"逃避出来，而求藏身在理想的境界中间，——藉此企图在那些理想境界中找到它在俗世扰攘里不再能享受到的那种同它自身的调和，而在扰攘的俗世里，反省的理智侵犯着一切神圣的事物和深奥的事物，把它们一同交织到了各民族的宗教、法律和风俗里面去，对它们攻击，并且使它们降为抽象的无神的普遍性，——那末，"思想"将被迫而变做"有思想的理性"，目的要在它自己的元素里，使它的各个原则能够从上述的破坏中重新恢复过来。

当然，我们在所有一切世界历史民族中都发现诗歌、造形艺术、科学，甚至还有哲学，但是它们不但在风格和方向上一般都有所不同，而且在题材方面更显得不同；这是一种最重要的不同，就是合理性的不同。有一种很自负的审美批判，要求我们不应当依照我们的兴趣来决定题材，决定内容的实体，并且主张美丽的形式、幻想的伟大，都是美术的目的所在，我们必须用一种开明的心灵和素养的精神来吟味、来享受。这类要求和主张是徒然无用的，一种健全的人类感觉不容忍这些抽象观念，也不能同化上述的那类产物。就算我们认为印度史诗具备了许多形式方面的性质——发明力和想象力的伟大，影像和情绪的生动，以及辞藻的美丽——可以和荷马史诗相提并论，然而内容上的无限差别依然存在，这种差别也就是理性的实体和兴趣，这种兴趣是"自由理想"的意识和它在个人中间的表现。文艺中不但有一种古典的形式，更有一种古典的内容；而在一种艺术作品里，形式和内容的结合是如此密切，形式只能在内容是古典的限度内，才能成为古典的。假如拿一种荒诞的、不定的材料做内容，那末，形式也便成为无尺度、无形式，或者成为卑劣的和渺小的——然而理性本身却具有尺度和目的。同样地，在我们前述各种哲学体系的比较中，惟一的重要之点是被忽视了，这一点便是：在中国，埃理亚派哲学和斯宾诺莎哲学里同样可以发现的"统一"

的特质——对于那种"统一"抽象和具体的区别——具体到在它自身上并且对它自身是一种"统一"—— 一种同于"精神"的统一。但是那种对于上述各派哲学的等量齐观,证明它仅仅认识这一种抽象的统一。结果,它虽然是对于哲学下了判断,它还是不知道造成哲学兴趣的要点。

然而也有若干范围,无论一种文化内容上一切差别性如何,依然同一不变,上面所述艺术、科学、哲学里的区别,是关于思想的"理性"和"自由",后者乃是前者的自己意识,并且是和"思想"有同一的根源。禽兽没有思想,只有人类才有思想,所以只有人类——而且就因为它是一个有思想的动物——才有"自由"。他的意识含有下述的意思:个人理解他自己为一个人格,这便是承认他自己在个体的生存中具有普遍性——能够从一切特殊性里演绎出抽象观念,并且能够排除一切特殊性,所以也就是理解他自己在本身中是无限的。所以超出这种理解限度以外的那些范围,乃是上述实体的区别中间的一种共同的东西。就是和自由意识那样密切地相连的道德,当那种意识还缺乏的时候,也能够成为非常纯粹的。这就是说,在道德只将各种义务和权利表现为客观的命令时为限;或者甚至可以说,在道德以一种纯粹否定的、自制的方式,仍然满足于纯粹形式的提高——官能的和一切官能的动机的排除——时为限。中国的道德——自从它和孔子的著述为欧洲人所知道了以后——受到那些熟悉基督教道德的人们最大的称颂和对它的优越性光荣的承认。对于印度的宗教和诗(只以高等上乘者为限),尤其是印度哲学,它们详述并主张摆脱尘俗和牺牲色相中所显示出的精神崇高,也同样为人所盛道。然而我们不得不承认,这两个民族全然缺乏"自由理想"的主要意识。在中国人心目中,他们的道德法律简直是自然法律——外界的、积极的命令——强迫规定的要求——相互间礼貌上的强迫义务或者规则。"理性"的各种重要决定要成为道德的情操,本来就非有"自由"不可,然而他们并没有"自由"。在中国道德是一桩政治的事务,而它的若干法则都由政府官吏和法律机关来主持。他们关于道德的著述

65

（并不是国家的法典，而是为了主观的意志和个人的心术而作），和斯多噶派的道德著作相同，读时就好像一批命令，是实现快乐的目标所必不可少的东西。因此在人民方面，他们似乎可以随意采纳这些命令——决定遵守或者不遵守。而中国人以及斯多噶派道德家们教训的最高境界，便是一个抽象的主体、"一位圣人"的概念。同样地在那弃绝尘欲和俗念的印度学说之中，它的对象和目的不是肯定的道德自由，而是意识的灭绝——精神的以至肉体的无生。

我们必须明白承认的，乃是一个民族具体的精神，而且因为它是"精神"，就只有从精神上通过思想来理解它。只有这种具体的精神，推动那个民族一切的行动和方向，它专事实现自己，满足自己，明白自己，因为它要的是自身的生产。但是在精神方面，最高的成就便是自知。一种进展不但达到直觉，而且达到思想——对于它自己明白的概念。这个最高的成就，它必须而且注定要去完成。但是这种完成同时便是它的解体，同时也是另一种精神、另一个世界历史民族、另一世界历史纪元的发生。这种过渡和联系使我们达到全体的联系——达到以世界历史成为世界历史的概念——这是我们现在必须更密切地考虑到，而且也是我们必须加以一番解释的。

因此，我们知道，世界历史在一般上说来，便是"精神"在时间里的发展，这好比"自然"便是"观念"在空间里发展一样。

因此，我们假如把一般世界历史翻开来，我们便看到了一幅巨大的图画，充满了变化和行动，以及在永无宁息的推移交替之中的形形色色的民族、国家、个人。凡是人类心灵所能想到的和发生兴趣的任何东西——我们对于善、美和伟大的一切感觉——都表现出来了。到处都采行着和实施着各种目的，这些目的是我们所认识的，它们的完成是我们所欲求的——我们为它们希望，我们为它们畏惧。在这一切事变之中，我们看见人类的行动和痛苦，处处有和我们切身相关的东西，所以处处有激起我们爱或憎的地方。有时候它以美丽、自由和丰富多彩来吸引我们，有时候它又以可使罪恶也显得有趣的那种精力来打动我们。有时候我们看到某种包罗宏富而为大家所关切的事业，进展得比较迟缓，而且结果竟然在许多琐屑事项的错综纠纷中被牺牲掉，终于纷纷化为尘埃了。同时为了一桩细微的结果，居然可以费去九牛二虎之力；而从显然是渺小的事情上，却发生了一番巨大的事变。随时随地都有最庞杂的一群事变，把我们卷入漩涡中去。这一群刚去，那一群又立刻来代替了它的位置。

在无数个人和许多民族这种不断的交替中所首先发生的那种昙花一现的范畴——那种普通的思想，便是一般的变迁。从这种变迁的消极方面来观察，使我们好似徘徊瞻眺过去的光荣——古国的废墟，一个旅客游过了迦太基、帕尔迈刺、百泄波里或者罗马的古迹，谁不低徊缅想于国运和人事的无常？ 谁不黯然感伤已经逝去了的活泼丰富的生命？ ——这一番伤心不是为了个人的得失和一己事业的无定，而是一种无我境界的哀愁，为了一番辉煌灿烂、高度文化的民族生活的式微零落！ 但是和这种变迁连带发生的第二种考虑便是，变迁虽然在一方面引起了解体，同时却含有一种新生命的诞生——因为死亡固然是生命的结局，生命也就是死亡的后果。这是一个伟大的思想，它是东方思想家所达到的，也许就是它们的玄学里的最高的思想。从它对于个人生存的关系上，这个思想出现在轮回的观念里边。但是更为普遍地被人知道的，是拿不死之鸟来譬喻自然生命的一段神话。这不死之鸟终古地为它自己预备下了火葬的柴堆，而在柴堆上焚死它自己。但是从那劫灰余烬当中，又有新鲜活泼的新生命产生出来。然而这个只是亚细亚的影像，它是东方的，不是西方的。当"精神"脱却它的生存皮囊时，它并不仅仅转入另一皮囊之中，也不从它的前身的灰烬里脱胎新生。它再度出生时是神彩飞扬、光华四射，形成一个更为纯粹的精神。当然，它向它自己作战——毁灭它自己的生存。但是在这种毁灭当中，它便把以前的生存作成一种新的形式，而每一个相续的阶段轮流地变做一种材料，它加工在这种材料上面而使它自己提高到一个新的阶段上。

假如我们从这种方式来观察"精神"——把它的变迁不单纯地看做

复活的转变，也就是说，回归于同一的形态的转变，而是当做它自己的劳作，目的在扩充它未来活动的材料——我们便看到精神朝着无量数的方面和方向进行，这样发挥它的力量和满足它的需要。因为它的每一个曾经满足它的创造物，都重新成为它的材料，对于它的造形活动一种新的刺激物。单纯变迁的抽象概念是被扬弃了，而把"精神"看作是在它多方面的本性所能遵循的每一个方向上表现着、发展着和完成着它的力量。它原来具有何等力量，我们从它产物和形成物种类的繁多便可以知道了。在这种饶有乐趣的活动当中，"精神"只同它自己发生关系。"精神"既然受制于内部和外部自然的各种条件，它就不仅要受到这些条件的反对和掣肘，并且它的努力还常常要因此而失败；常常要陷入它由自然或者由自己而招致的种种纠纷中去。但在这样的情形里，它是完成了自己的使命和正当任务而灭亡，而且，即使如此，它仍然表现精神活动自炫的状态。

"精神"的主要的本质便是活动。它实现它在本身的东西——拿自身做它自己的事业，自己的工作——这样它成为自身的一个对象，它拟想自身为一种"有限的生存"。一个民族的"精神"便是如此，它是具有严格规定的一种特殊的精神，它把自己建筑在一个客观的世界里，它生存和持续在一种特殊方式的信仰、风俗、宪法和政治法律里——它的全部制度的范围里——和作成它的历史的许多事变和行动里。这就是它的工作——这就是这个民族。各民族都是从它们的事业造成的。每一个英国人将会说道：我们航行四海五洋，经营世界商业；我们统辖东印度群岛和东印度的富源；我们有议会、陪审制度等等。个人对于民族精神的关系便是，他把这种实体的生存分摊给了他自己；它变成了他的品性和能力，使他能够在世界上有着一个确定的地位——成为一个聊胜于无的东西。因为他发见他所归属的那个民族生存是一个已经成立的坚定的世界——客观地出现在他的眼前——他自己应该同它合并为一。民族精神在它的这种工作里、在它的世界里得到享乐和满足。

一个民族，当它从事于实现自己的意志的时候，当它在客观化的进程中抵抗外部暴力、保护自己的动作的时候，这一个民族是道德的、善良的、强有力的。它在本身的主观的存在，它的内在的目的和生命——对于它的现实的存在中间的矛盾是解除了；它已经取得了充足的现实性，它自身已经客观地出现在现实性之前了。但是现实性既然已经获得，那个民族精神的活动便不需要了。那个民族在战争与和平中、在国内和国外，虽然还有许多事情能够做，然而那个有生命的实体的灵魂自身可以说是已经停止了它的活动。因此，那种主要的最高的兴趣已经从它的生命中消失掉了，因为兴趣只在有反对的地方才能够存在。这个民族度过的生命，和个人从壮年到老年度过的生命相同——这时对于自己则沾沾自喜，以为一切都是恰如其分，因而心满意足起来。就算它的想象力可以超越那个限度，它已经不再把这一类的想望，当作是可以作为实际努力的对象，仿佛现实世界已经不利于它们的实现，——跟着，它又用这样的条件来限制它的目的。这种单纯的习俗生活（开足发条的钟表，一秒秒地自己走动）带来了天然的死亡。习俗是没有反对的活动，在那里边只剩下一种形式上的持续，生命的目的原来所特别具有的丰满和深刻，在习俗里是谈不到了，——这已经是一种纯属外部官能的生存，它再也不会兴高采烈地去专心致志于它的事业了。个人是如此，民族也是如此，都在一种天然的死亡里消灭。就算民族能够继续存在，这一种生存是没有兴趣的、没有生气的，它不需要它的那些制度，因为它们的需要已经获得了满足——这是一种政治的虚无和无聊。为得要使一种真正普遍的兴趣可发生，一个民族精神必须进而采取某种新的东西，但是这种新的东西能够从哪里发生呢？ 这个新的东西必须是一种比它自身较高等的、较博大的概念——对于它的原则的一种扬弃——但是这种举动便要引起一个新的原则、一个新的民族精神了。

这样一个新的原则，事实上也会渗入到一个已经达到充分发展和自己实现的民族精神里面。民族精神并不在一种单纯的天然死亡里死去——因为它不是一个单纯的个人，而是一种精神的、普遍的生命。在它这方面，天然死亡似乎是指从它自己所招致的毁灭。这种和个人之所以不同的道理，就是因为民族精神的生存是一个种类，因此在它的本身、在它生存的普遍性里，它具有它自己否定的东西。一个民族，只有当它在自身上已经天然死亡的时候，才会突然死去，像各日耳曼帝国都市、日耳曼帝国宪法便是例子。

那个普遍的"精神"在本性上不致于遭到这种纯属天然的死亡，它决不简单地沉沦在仅是习俗的衰老的生活里——只要它是属于世界历史的一个民族精神——它也达到了它的工作是什么的意识，它达到了对于它自身的思想。事实上，它之所以成为世界历史，全要看在它的基本元素里——在它的基本目的里，具备了一个普遍的原则。只有在这样的情形之下，这一个精神所产生的工作，才是一种道德的、政治的组织。假如促进各民族活动只不过是欲望，那末，所产生的事业就将烟消云散，否则它们的痕迹也只不过是衰败和灭亡罢了。所以希腊神话说，首先统治世界的是克罗诺斯——"时间"，这是没有道德产物的黄金时代，而且所产生的东西——"时间"的儿女——被它自食了。首先制止"时间"，并且使时间的消逝定下了一个目标的便是周必得——从他的头里跳出了密涅发——智慧女神（而在他周围的神祇中则有太阳神亚普罗）和九位文艺女神——缪斯。周必得是政治之神，他产生了一座道德的工程——就是"国家"。

思想的普遍性乃是一种事业或者一桩成就的元素。没有思想，就没有客观性，这个客观性乃是基础。在一个民族的发展中，最高点便是它对于自己的生活和状况已经获有一个思想——它已经将它的法律、正义、道德归合为科学，因为在这种（客观的和主观的）统一里含有"精神"自身所能达到的最深切的统一。在它的工作里，它使它自身成为一个对象。但是只有在它自己思想的时候，精神才能够使自己在它的本性里成为对象。

因此，在这一点上，"精神"知道它的各项原则——它的各种行动的普遍性。然而同时，就因为它的这种普遍性，所以这种思想的工作在形式上便不同于这种工作的实际成就，并且也不同于那些成就所由作成的有效的生活。因此，我们便有了一种真实的存在和一种理想的存在。例如我们假如要对于古希腊人获得普通的观念和思想的时候，我们可以从索福克丽斯和亚里斯多芬，从修昔的底斯和柏拉图得到。在这些个人中间，希腊精神想象到和思想到了它自身。这是比较更深刻的满足，但是这种满足是"理想的"，和"真实的"效果是不相同的。

所以在这样一个时期，我们一定能够看到一个民族在德行的观念内获得满足，将关于德行的议论一部分和现实的德行相提并行，把另一部分用来代替德行的现实。但是简单的普遍的思想，因为它是普遍的东西，它是"特殊的和没有反省的"东西，它知道怎样使"信仰"、"信托"、"风俗"反省自己和它的直接性。并且显出那种拘束它内容的限制，——同时，它一半是提出种种理由来摆脱义务，一半则自身要求理由以及这种义务规定同"普遍的思想"的联系。既然它找不到那种联系，它就没法诘责、非难一般义务的执行权，指斥为缺少一种坚实的基础。

同时，个人相互间的隔离以及个人和全体的隔离，便出现了，还有他们的积极的自私心和虚荣心。他们的追求私人利益，并损害全体来满足这种私人利益。那个隔离的内在的原则，在形式上也是主观的——这就是人们无限度的热情和自大的心理中的自私和腐化。

因为这个原故，薛乌斯——希腊主神对于"时间"的吞食，定下了一个目标，并且在本身规定了一个持久的东西，来阻止这个短暂之局——薛乌斯和他的种族，他们自己也被吞食了，而吞食他们的正就是产生他们的那种力量——也就是从各种根据和各种根据的要求产生出来的认识、思考、理解的原则。

"时间"是官能世界里的否定的东西。"思想"是同一的否定性，但是是最深奥的否定性，是无限的形式的本身，一切的存在全部都要消失在这种形式里。首先消失在其中的便是有限的存在，——一定的、限制了的形态：然而一般的存在、一种客观的东西，都是有限制的；所以它表现为一种单纯的事实——直接的东西——权威；——而且或者内容上是有限的和限制了的，或者表现为那个思想的个人的一种限制、和他对于自身无限的反省的一种限制。

但是我们首先必须注意的便是，从死亡之中复活的生命自身仅仅是个体的生命。所以，假如把种类看做是这种变化中实体的东西，那末，个体的灭亡便是种类回到个体的一种退化。所以，种类的悠久绵延，只不过是同样的生存单调的复演罢了。再者，我们必须注意的，认识——对于存在思想的理解——在它一部分保全、一部分变化的原则里，乃是一个更新的、事实上又是更高的形态的发源地和诞生地。因为"思想"便是那不朽的、和自己保持同一性的"普遍的"东西——就是种类。"精神"的特殊形态，不但在"时间"上自然地要成为过去，并且要在意识的自主、自知的活动里被扬弃。因为这种扬弃是出于"思想"的活动，它在作用上同时又是保守的和变化的。因此，在一方面，"精神"消灭了它的现在生存的现实性，而在另一方面，它却取得了它过去单纯生存的本质、"思想"、"普遍的"东西。它的原则已经不再是它从前那种直接的内容和目的，而是那种内容和目的的本质了。

所以这种行程的结果是，"精神"为了要使它自己成为客观的，并且使它的这种存在成为思想的对象，因此一方面它破坏了它的存在的确定形式，另一方面却对于它所包括的普遍的东西，获得了一种理解，而且因此给了它的固有的原则一个新的决定。这样一来，民族精神实体的特性是被改变了，就是说，它的原则已经变成另一个事实上更高的一个原则了。

要想了解历史和理解历史，最为重要的事情，就是取得并且认识这种过渡里所包罗着的思想。个人等于一个单位，经历了各种不同的发展阶段，而依然是这一个个人。一个民族也是同样地经历着，直到它的"精神"达到了普遍性的阶段。变迁的、内在的、"理想的"必然性就在于这一点里边。这是"历史"的哲学理解的灵魂——也就是最优越的一点。

"精神"在本质上是它自己活动的结果：它的活动便是要超越那种

直接的、简单的、不反省的生存——否定那种生存，并且回归到它自己。我们不妨拿它来和一粒种子作比较，植物从种子开始生长，但是种子又是植物全部生命的结果。然而生命的弱点所在，便是它的开始和结果，首尾不相衔接。个人和民族的生命，也同样地有这种弱点。一个民族的生命结成一种果实，因为民族活动的目的在于贯彻它的原则。然而这一个果实并不回归到产生它和长成它的那个民族的怀中去；相反地，它却变成了那个民族的鸩毒。那个民族又不能撒手放过这种鸩毒，因为它对于这样的鸩毒具有无穷的渴望：这个鸩毒一经入口，那个民族也就灭亡，然而同时却又有一个新的原则发生。

我们已经讨论过这种进展的最后的目的了。"民族精神"在一种必需的、继续的各阶段上的各种原则，只是惟一的、普遍的、精神的各种因素，要靠这些因素，普遍的"精神"才能够在历史上提高并完成它自己，使自己成为一个自己理解的总体。

因此，我们要研究的，只是"精神的观念"，而且在世界历史当中，我们把任何一切完全都看作是"精神观念"的表现；同时，当我们观察过去——不论过去的时期是多么久远——我们只须研究现在的东西就行了。因为哲学既然着重在"真"的研究，所以只须研究永久的现在的东西。在哲学上，过去一切并没有在过去中消失，因为"观念"永远是现在的；"精神"是不朽的；"精神"不是过去的，不是将来的，只是一个本质地现在的。既然只有现在，故"精神"的现在形态必然是把先前的一切阶段都包括在内。这些阶段自然是独立地、接二连三地展开它们自己，但是"精神"之为"精神"，在本身永远是这样，种种区别只不过是这种本质的发展罢了。永久现在的"精神"是各阶段一个圈子的递进，在一方面看起来它们仍然是互相并存的，只有在另外一方面看起来，它们才像是过去了。好像已经被"精神"抛在后面的那些因素，依然由"精神"来保持着，保持在它的现在的深处。

历史的地理基础

助成民族精神的产生的那种自然的联系，就是地理的基础。假如把自然的联系同道德"全体"的普遍性和道德全体的个别行动的个体比较起来，那末，自然的联系似乎是一种外在的东西。但是我们不得不把它看作是"精神"所从而表演的场地，它也就是一种主要的、而且必要的基础。我们首先要声明的，就是在世界历史上，"精神的观念"在它的现实性里出现，是一连串外部的形态，每一个形态自称为一个实际生存的民族。但是这种生存的方面，在自然存在的方式里，属于"时间"的范畴，也属于"空间"的范畴。每一个世界历史民族所寄托的特殊原则，同时在本身中也形成它自然的特性。"精神"赋形于这种自然方式之内，容许它的各种特殊形态采取特殊的生存，因为互相排斥乃是单纯的自然界固有的生存方式。这些自然的区别第一应该被看作是特殊的可能性，所说的民族精神便从这些可能性里滋生出来，"地理的基础"便是其中的一种可能性。我们所注重的，并不是要把各民族所占据的土地当做是一种外界的土地，而是要知道这地方的自然类型和生长在这土地上的人民的类型和性格有着密切的联系。这个性格正就是各民族在世界历史上出现和发生的方式和形式以及采取的地位。我们不应该把自然界估量得太高或者太低：爱奥尼亚的明媚的天空固然大大地有助于荷马诗的优美，但是这个明媚的天空决不能单独产生荷马。而且事实上，它也并没有继续产生其他的荷马。在土耳其统治下，就没有出过诗人了。

有好些自然的环境，必须永远排斥在世界历史的运动之外，也是我们首先必须加以注意的。在寒带和热带上，找不到世界历史民族的地盘。因为人类觉醒的意识，是完全在自然界影响的包围中诞生的，而且它的每一度发展都是"精神"回到自身的反省，而同自然界直接的、未反省的性质相反对。所以"自然"是这种对峙的抽象过程中的一个因素；"自然"是人类在他自身内能够取得自由的第一个立脚点，这种自由解放不容为自然的障碍所留难。"自然"，恰好和"精神"相反，是一个量的东西，这个量的东西的权力决不能太大，以致它的单独的力量可以成为万能。在极热和极寒的地带上，人类不能够作自由的运动，这些地方的酷热和严寒使得"精神"不能够给它自己建筑一个世界。亚理斯多德已经说过："迫切的需要既然得到满足，人类便会转到普遍的和更高的方面去。"但是在极热和极寒的地带，这样的需要可以说是从来没有间断过，从来没有幸免过的。人类刻刻被迫着当心自然，当心炎日和冰雪。历史的真正舞台所以便是温带，当然是北温带，因为地球在那儿形成了一个大陆，正如希腊人所说，有着一个广阔的胸膛。在南半球上就不同了，地球分散、割裂成为许多地点。在自然的产物方面，也显出同样的特色。北温带有许多种动物和植物，都具有共同的属性。在南温带上，土地既然分裂成为多数的地点，各种天然的形态也就各有个别的特征，彼此相差很大。

世界分新与旧，新世界这个名称之所以发生，因为美洲和澳洲都是晚近才给我们知道的。但是美澳两洲不但是相对地新，就从它们整个物理的和心理的结构来说，它们实在也是崭新的，它们在地质学上的古老，和我们无关。我并不否认它们的光荣，就是当地球形成的时候，新世界是和旧世界同时从海里涌现出来的。可是南美洲和亚洲间的岛屿显出了一种物理上的未成熟性。这些岛屿大多数在构成上好像是岩石上覆了一层泥土，从无底的深渊里涌了出来，显出新近发生的性质。新荷兰也同样显出一种没有成熟的地理性质。因为我们在新荷兰，假如从英国入殖居的地方出发，深入到那片土地内部去，我们就会发见不少巨大的河流，它们还没有形成河床，而只消失在大草泽中。关于美洲和它的文化程度，特别是墨西哥和秘鲁的文化程度，我们虽然获有报告，但仅仅是一种完全自然的文化，一旦和精神接触后，就会消灭的。美洲在物理上和心理上一向显得无力，至今还是如此。因为美洲的土著，自从欧罗巴人在美洲登陆以后，就渐渐地在欧罗巴人的活动气息下消灭了。在北美合众国里，全体公民都是欧罗巴人的后裔，一般老土著不能够和他们同化，都给他们驱逐到内地去了。那些土人自然也采取了欧罗巴人的一些技能，像狂饮白兰地酒便是一个例子，但是这对于他们发生一种毁灭的影响。在南美洲，土人们所受的虐待更加厉害，他们被迫做着那种不能胜任的苦工。美洲土人的特性便是一种柔和而没有热情的气质，对于一个克来俄尔人（中译者按：即生长在葡萄牙领或者西班牙领的美洲土地上的欧罗巴人）是恭敬顺从，而对于欧罗巴人更是顺从得厉害。欧罗巴人非经过很长的时期，决不能够唤起他们一些独立的精神。这些土人在种种方面，甚至在身材方面的低劣，都是非常显著的。只有巴塔哥尼亚一地全属南方风气的部族比较上有更强有力的性格，但是仍然没有脱掉粗暴和野蛮的自然状态。当耶稣会和天主教教士们设法使这种印第安人习惯于欧洲的文化和礼貌的时候（大家知道，他们在巴拉圭已经成立了一个国家，在墨西哥和加利福尼亚已经成立有修道院），他们开始和印第安人密切起来，并且给他们规定了日常的功课，他们虽然性情懒惰，因为在教士们的权威之下，都还遵奉了这些功课行事。这些规定（甚至为了提醒他们夫妇间的义务起见，必须夜半鸣钟），首先是非常聪明地专门致力于各种欲望的创造，因为欲望是人类一般活动的推动力。美洲土人体质的孱弱，实在是输送黑人到美洲去的主要原因，新世界中许多必不可少的工作都要用黑人来担任。原来黑人们对于欧洲文化的感受性大大地超过了印第安人，曾经有过一位英格兰旅行家举出许多例子，其中有着黑人成为胜任愉快的教会人员、医务人员等等（那种秘鲁奎宁皮的用法也是一个黑人首先发现的），但是在美洲土著中，这位英国旅行家只知道一个土人，他的智力已经充分发达，他居然能够从事研究学问，但是开始不久，他就因为狂饮白兰地酒而死了。美洲土人体质既然这样孱弱，又加上缺少文明进步所必需的各种工具，他们缺少马，缺少铁，别人就用马和铁来做征服他们的重要工具。

美洲原有的民族既然已经差不多消灭完了，所以人口中有力的分子，大概都是从欧洲来的。美洲所发生的事情，都从欧洲发动。欧洲的过剩人口现在都输送到美洲去，这和从前日耳曼帝国都市里人口移出的情形极相仿佛，因为那些帝国城市中营业都为同业公会所垄断，工商贸易成了刻板文章，于是有许多人就迁避到不受同业公会控制的其他城市中去，那边的负担也比较轻些。新的城市便是这样和旧城市一同产生出来了，因此在汉堡的旁边有亚尔多纳，法兰克福的旁边有欧芬巴克，努连堡的旁边有孚耳特，日内瓦的旁边有卡鲁日。所以欧洲的旁边有美洲，它们的关系也是类同的。许多英国人已经卜居在美洲，那里没有种种负担和课税，那里辽阔的土地，经过欧洲人联合使用许多技巧和智能的一番开发工作，很能够获得一些收获。其实，这对于移民确实有着许多利益，因为那些移民解除了在国内足以为他们事业上障碍的一切，同时又随身带去了欧洲的独立精神和欧洲熟练的技术；对于那些愿意刻苦工作、而在欧洲没有获得工作机会的人们，美洲真是可以一显身手的好地方。

大家知道，美洲分为南北两部分，一个巴拿马地峡把它们接连起来，但是这个地峡并没有成为它们互相交通的枢纽。这两部分可以说有着最显著的差别。北美洲的东部海岸一带，显出一片广大的滨海地带，在那后方蔓延着一连串锁链似的山脉——青山山脉或者称做阿帕拉契安山脉，迤北则有阿利给尼山脉，从这些山头上发源的许多河流灌溉着这片地方一直到海滨，同时这片滨海地带还给了北美合众国最美满的利益，而北美合众国便是在这个区域里缔造出来的。在那串锁链似的山脉背后，圣·罗伦士河滔滔地从南向北流去（和几个大湖相连接），加拿大北部殖民地就在这条河上。更向西去，我们遇到浩瀚的密士失必河流域、以及密苏里河和俄亥俄河流域，密士失必河受了这两条河的水，转而流入到墨西哥海湾去。在这个区域的西部，同样也有一连串锁链似的山脉，经过墨西哥和巴拿马地峡而在安第斯或者科的勒拉的名称下，把南美洲全部西岸的一条边境划然割开。这条边境比较北美洲东部滨海地带来得狭窄，所给的利益也比较少。在这条边境上位置着秘鲁和智利。在南美洲的东部，有巨大的奥利诺哥和亚马孙两条河向东流去；它们形成了广大的峡谷，因为它们都是广阔的荒原，所以并不适宜于耕种。向南流去的河有拉巴拉他河，它的支流一部分发源于科的勒拉山脉，一部分发源于亚马孙流域和本流域间北部的分水岭。巴西和各西班牙共和国都属于拉巴拉他河流域。哥伦比亚是南美洲北部的滨海区域，在它的西部，那条马革达雷那河沿着安第斯山脉流入加勒比海。

除了巴西以外，南美洲和北美洲一样，都成立了共和国家。如果把南美洲（把墨西哥看做其中一部分）和北美洲来比较，那末，我们可以看到一种惊人的对照。

在北美洲，我们看到一番繁荣的气象，一种产业和人口的增加，公民的秩序和巩固的自由；而且全部联邦构成一个国家，并且有它的若干政治的中枢。在南美洲就不同了，各共和国完全以武力为基础；它们的全部历史是一种继续不断的革命；已经联合的各邦忽然分散开来；先前分立的各国忽然联合一起；而这一切的反复变迁没有不是导源于军事革命的。南北二洲进一步的差别表现出两种相反的方向，一种在政治方面，一种在宗教方面。南美洲，在那里殖民和操纵政治的是西班牙人，信奉的宗教是天主教；在北美洲，虽然各教各宗无所不有，然而根本上乃是耶稣新教。还有一种更大的差别，就是南美洲是被征服的，而北美洲是被殖民的。西班牙人占领南美洲，是想统治它，想靠做官聚敛来发财。由于他们所属的母国相距很远，他们的欲望得以恣肆横流，而且还用威迫利诱统治了印第安人。北美洲和它正相反，是完全由欧洲人所殖民的。在英国，清教徒、圣公会教徒和天主教徒既然永远在相互争斗之中，所以忽而一派占强，忽而他派得势，因此，许多人便移植到了海外，去求宗教的自由。他们都是勤勉的欧洲人，他们从事农业，种植烟草和棉花等等。那里的居民马上都聚精会神于劳动种植，而他们这一种团体的生存基础既然建筑在使人与人结合的各种需要上，安宁上，公民权利、安全和自由上，以及各个人如同原子构成物的集体生活上；所以，国家仅仅是某种外在的东西，专事保护人民的财产。从耶稣新教方面产生了各个人的相互信赖——对于他人心术的信托；因为在耶稣新教教会里，全部人生——人生的一般活动——都是宗教的事业。相反地，在天主教内，这样一种信赖的基础无从存在；因为在世俗的各种事件中，只有暴力和自动服从才是行为的原则；而被叫做宪法的种种形式，在天主教下仅仅是一种应急的手段，而不是拿来制止不信任。

假如我们再拿北美洲来和欧洲相比较，我们便发现北美洲实在是一种共和政体永久的楷模。那里有一种主观的统一，因为那里有一位大总统是国家的元首，为了防止任何君主野心起见，大总统每四年选举一次。财产的普遍保障和租税的几乎豁免，是不断地被人称颂的事实。从这些事实里我们可以看出公众的基本性格——个人没有不追求商业利润、赢余和营利的，私人的利益占了优势，仅仅为了私利而服从公益。我们固然也发现法律的关系—— 一部形式上的法典；但是对于法律的遵守并不就是人心的正直，因此，亚美利加商人常被人指摘为藉法律的保护来行使欺诈。假如在一方面，像我们前面所说，耶稣新教形成了信赖的重要原则，那末，在另一方面它就得相当承认感情这因素的合法性，以致进展成为各种的任性妄为。采取这种立场的人们以为，既然每一个人可以有他特殊的世界观，因此，他自己也可以有一种特殊的宗教。因为这个原故，宗教便分裂成为那么多的宗派，简直荒谬到了极点；其中有许多宗派的礼拜形式是种种痉挛的动作，而且有时候居然是最肉感的放纵。这种彻底的信仰自由造成了这样一种局面，许多教堂会众们可以全凭他们的高兴，选任和辞退教士：因为那里的教会不是独立的生存——不具有一种实体的精神的实在，和相当长久的表面的组织——相反地，宗教的事务是凭当时会众们的高兴来处理的。在北美洲，最放浪不羁的想象通行于宗教事件上，像欧洲各国向来保持着的那种宗教统一是没有的，因为欧洲各国内宗教上的门户之分，也只限于少数的信条。至于北美洲的政治状况，合众国国家生存的普遍目的还没有固定，一种巩固的团结的需要也还没有发生；因为在一个现实的国家和一个现实的政府成立以前，必须先有阶级区别的发生，必须贫富两阶级成为极端悬殊，一大部分的人民已经不能再用他们原来惯常的方式来满足他们人生的需要。但是美洲向来没有这种压迫，因为它那里殖民的门路终年大开，一批批的人源源不绝地向着密士失必河流域的平原涌进。有了这个出路，不满足的主因便解除了，现有的民治状况也可以继续维持了。要拿北美合众国来和欧洲相比较是不可能的，因为在欧洲，无论有多少移民出去，它没有那一种天然的人口出路。假如日耳曼森林那时还存在的话，法国大革命或许就不会发生了。一直要等到北美洲所提供的无边无际的空间已经充塞无余，国家社会上各分子又不得不互相火并的时候，那时它才能够和欧罗巴相比较了。如今北美洲还在有土地可以开垦的情形下。一直要等到那种时候，就像欧洲一样，农民的直接增加遭到了限制，然后人民才不会去向外占据土地，而是向内互相压迫——要在城市中找职业，并且和本国人做交易，这样便形成了市民社会的一种严密的系统，而且需要一个有组织的国家。北美合众国没有一个邻国（像欧罗巴各国相互关系上的那种邻国），为它所不能信任，用不着对它保持一种常备军。加拿大和墨西哥并不是可以害怕的对象，英格兰也有了五十年的经验，知道自由的亚美利加比起附庸的亚美利加对于她更为有利。北美共和国的民军，在独立战争中作战的英勇，并不比西班牙王腓力普二世统治下的荷兰人来得差；但是一般都是如此，就是，假如独立没有成为紧要的关头，那末，所表现的战斗力量也就要差一些，所以在一八一四年间北美民军对英国人的战事成绩就很平常了。

这样看来，亚美利加洲乃是明日的国土，那里，在未来的时代中，世界历史将启示它的使命——或许在北美和南美之间的抗争中。对于古老的欧罗巴这个历史的杂物库感到厌倦的一切人们，亚美利加洲正是他们憧憬的国土。据称拿破仑曾经说过："这个衰老的欧罗巴使我无聊。"亚美利加洲应当放弃以往"世界历史"发展所根据的地盘。到现在为止，新世界里发生的种种，只是旧世界的一种回声，——一种外来生活的表现而已；同时它既然是"明日的国土"，我们这儿便不提它，因为讲到历史，我们必须研究以往存在的和现在存在的东西。讲到哲学，我们所应当从事研究的（严格地说来），既然无所谓过去，也就无所谓未来，而是现在存在并且永恒地存在——我们应该研究的便是

"理性"；这个已经很够我们研究了。

我们姑且放下新世界和它可能引起的种种梦想，现在我们再转回来讨论旧世界——"世界历史"的舞台；我们首先必须注意的，是旧世界的各种自然因素和自然环境。亚美利加洲分做了两部分，虽然为一个地峡所连接，但是这个地峡只形成了一种外部的、物质的联系。相反地，那个位置在亚美利加洲对面而被大西洋所隔开的旧世界，它的连续性却给一个深深的海口阻断了。这个海口便是地中海。组成旧世界的三大洲相互之间保持着一种本质上的关系，形成一个总体。这三大洲的特征是：它们围绕着这个海，因此有了一个便利的交通工具；因为河川江海不能算做隔离的因素，而应该看作是结合的因素。英格兰和布列坦尼，挪威和丹麦，瑞典和利芳尼亚，都是由海来结合的。同样地，地中海是地球上四分之三面积结合的因素，也是世界历史的中心。号称历史上光芒的焦点的希腊便是在这里。在叙利亚则有耶路撒冷——犹太教和基督教的中心点。它的东南部则有麦加和麦地那，乃是回回教徒信仰的摇篮地。迤西则有特尔斐和雅典，更西则有罗马还有亚历山大里亚和迦太基也在地中海上。所以地中海是旧世界的心脏，因为它是旧世界成立的条件，和赋予旧世界以生命的东西。没有地中海，"世界历史"便无从设想了：那就好像罗马或者雅典没有了全市生活会集的"市场"一样。广大的东亚是和世界历史发展的过程隔开了的，从来没有参加在里边；北欧也是一样，它后来才参加了世界历史，而且在旧世界持续的时期中它没有参加世界历史；因为这个世界历史完全限于地中海周围的各国。凯撒横渡阿尔卑斯山脉——征服高卢，日耳曼人从此便和罗马帝国发生了关系——是在历史上开了一个新纪元，因为从此以后，世界历史就拓展到了阿尔卑斯山之外。东亚和阿尔卑斯山外的那个区域，便是地中海四围人生活动中心的两个极端——世界历史的开始与完结——它的兴起和没落。

现在我们必须规定那些比较特殊方面的地理上的差别，我们要把这些差别看作是思想本质上的差别，而和各种偶然的差别相反对。这些特

殊的差别计有如下三种:

1. 干燥的高地, 同广阔的草原和平原。

2. 平原流域, ——是巨川、大江所流过的地方。

3. 和海相连的海岸区域。

这三种地理上的因素是主要的, 我们在地球各部都可以看到这三种差别。第一种是实体的、不变的、金属的、高起的区域, 闭关自守, 不易达到, 但是也许宜于把冲动送到其他各地; 第二种是文明的中心, 而且还没有开发的独立性; 第三种表现和维持世界的联系。

1. 高地 我们看见这一类高地在蒙古利亚人(就这个字的广义来说)所居的中亚细亚: 从里海起, 这些草原向北蔓延到黑海。和这相同的土地有阿拉伯沙漠、非洲巴巴利沙漠、南美洲奥利诺哥河流域和巴拉圭荒原。这种高地有时得到一些雨量, 或者为河流泛滥所灌溉(如奥利诺哥河流域便是), 当地居民的特色, 是家长制的生活, 大家族分为个别的家庭。这些家庭殖居的区域, 都是寸草不生之地, 或者只有短时期的生产; 所以居民的财产不在于土地——他们从土地上只能够得到些微的收获——而在于和他们一起飘泊的牛羊。他们在平原上游牧了一个时期, 等到草尽水涸, 整个部落又走到别处去。他们无忧无虑地丝毫不做冬天的准备, 因此, 常常要宰掉半数的牲畜。在这些高地上的居民中, 没有法律关系的存在, 因此, 在他们当中就显示出了好客和劫掠的两个极端; 当他们, 例如阿拉伯人, 处在文明民族的围绕之中, 劫掠更为通行。阿拉伯人打劫时都得力于他们的马匹和骆驼。蒙古人用马乳做饮料, 所以马匹是他们作战的利器, 也是他们营养的食品。他们大家长制的生活方式虽然如此, 但是他们时常集合为大群人马, 在任何一种冲动之下, 便激发为对外的活动。他们先前虽然倾向和平, 可是这时却如洪水一般, 泛滥到了文明国土上, 一场大乱的结果, 只是遍地瓦砾和满目疮痍。这样的骚动, 当这些部落由成吉思汗和帖木儿做领袖时, 就曾经发生过: 他们毁灭了当前的一切, 又像一道暴发的山洪那样猛退得无影无踪, ——绝对没有什么固有的生存原则。他们从高原横冲到低谷。低谷间住的是和平的山夫们、牧人们，他们也靠耕种为生，像瑞士人民那样。亚细亚洲也有这样的人民，然而大体上说来，他们是比较不重要的成分。

2. 平原流域 这些是被长江大河所灌溉的流域；形成这些流域的河流，又造成了它们土地的肥沃。属于这种平原流域的有中国、印度河和恒河所流过的印度、幼发拉底斯河和底格里斯河所流过的巴比伦、尼罗河所灌溉的埃及。在这些区域里发生了伟大的王国，并且开始筑起了大国的基础。因为这里的居民生活所依靠的农业，获得了四季有序的帮助，农业也就按着四季进行；土地所有权和各种法律关系便跟着发生了——换句话说，国家的根据和基础，从这些法律关系开始有了成立的可能。

3. 海岸区域 一条江河尚且可以把全境划成许多区域，海洋自然更是如此；因此，我们惯常把水看作是分隔的元素。尤其晚近以来，人们坚持主张，以为国家必须依照自然的形态加以划分。可是，反过来说，也可以提出这样一个基本的原则，认为结合一切的，再也没有比水更为重要的了，因为国家不过是河川流注的区域。例如西利西亚是奥得河流域；波希米亚和萨克森是易北河流域；埃及是尼罗河流域。江河是这样，海也是这样，这种情形已经在前面说过了。只有山脉才是分隔的。所以庇利尼斯山脉断然把西班牙和法兰西分开来了。自从东印度和亚美利加洲被发现了以来，欧罗巴人和这些地方往来就从没有间断过；然而他们并没有深入到阿非利加洲和亚细亚洲的内地去，因为陆上交通比较海上交通要繁难得多。总而言之，就只因为地中海是一片海，所以它成了中心。如今让我们再来看看在这第三种土地的条件下的各民族性。

大海给了我们茫茫无定、浩浩无际和渺渺无限的观念；人类在大海的无限里感到他自己底无限的时候，他们就被激起了勇气，要去超越那有限的一切。大海邀请人类从事征服，从事掠夺，但是同时也鼓励人类追求利润，从事商业。平凡的土地、平凡的平原流域把人类束缚在土壤上，把他卷入无穷的依赖性里边，但是大海却挟着人类超越了那些思想和行动的有限的圈子。航海的人都想获利，然而他们所用的手段却是缘木求鱼，因为他们是冒了生命财产的危险来求利的。因此，他们所用的手段和他们所追求的目标恰巧相反。这一层关系使他们的营利、他们的职业，有超过营利和职业而成了勇敢的、高尚的事情。从事贸易必须要有勇气，智慧必须和勇敢结合在一起。因为勇敢的人们到了海上，就不得不应付那奸诈的、最不可靠的、最诡谲的元素，所以他们同时必须具有权谋——机警。这片横无边际的水面是绝对地柔顺的——它对于任何压力，即使一丝的风息，也是不抵抗的。它表面上看起来是十分无邪、驯服、和蔼、可亲；然而正是这种驯服的性质，将海变做了最危险、最激烈的元素。人类仅仅靠着一叶扁舟，来对付这种欺诈和暴力；他所依靠的完全是他的勇敢和沉着；他便是这样从一片巩固的陆地上，移到一片不稳的海面上，随身带着他那人造的地盘，船——这个海上的天鹅，它以敏捷而巧妙的动作，破浪而前，凌波以行——这一种工具的发明，是人类胆力和理智最大的光荣。这种超越土地限制、渡过大海的活动，是亚细亚洲各国所没有的，就算他们有更多壮丽的政治建筑，就算他们自己也是以海为界——像中国便是一个例子。在他们看来，海只是陆地的中断，陆地的天限；他们和海不发生积极的关系。大海所引起的活动，是一种很特殊的活动；因为这个原故，许多海岸地，就算它们中间有一条河做联系，差不多始终和内地各国相分离。所以荷兰和德意志分开，葡萄牙和西班牙分开。

三种土地既如上述，现在我们要观察和世界历史有关的三大洲，在这里，上述三个因素表现得也很显著：阿非利加洲是以高地做它的主要的、古典的特色，亚细亚洲是和高地相对的大江流域，欧罗巴洲则是这几种区别的综合。

阿非利加洲必须分做三部分：第一部分在撒哈拉沙漠的南面，是阿非利加洲本部，这是我们几乎毫无所知的高地，附有狭窄的沿海地带；第二部分在撒哈拉沙漠的北面，我们可以称它做欧罗巴的阿非利加，是一片沿海地；第三部分是尼罗河区域，它是阿非利加洲绝无仅有的平原地，同亚细亚洲相毗连。

自有历史以来，阿非利加洲本部，对于世界各部，始终没有任何联系，始终是在闭关之中；它是拘束于自身之内的黄金地，——幼年时代的地方，还笼罩在夜的黑幕里，看不到自觉的历史的光明。它孤立的性格不但由于它的热带性，而在本质上也是由于地理环境所造成。它所形成的那个三角形（就是以它的西部海岸——那在几内亚海湾成为深深凹入的角度——为一边，同样又以它的东部海岸到加尔达甫为另一边）在两条边上的那种结构，使它成为极其狭窄的海岸地，只有在寥寥几点上可以住人。从这个海岸地再向内部伸延，便有差不多同样大小的一带沼泽地，草木非常繁茂畅盛，满住着饕餮的禽兽、各类的毒蛇，——这一地带的空气对于欧洲人是有毒害的。这片沼泽地带形成一连串高山峻岭的山麓，只在若干相去很远的地带才有河流通过，而且河流经过的地带也不能作为同内部沟通的枢纽；因为山脉上部绝少中断，就是中断也不过是一些狭隘的山谷，往往急湍奔流，瀑布飞进，不能航行。自从欧洲人知道这个地带，并且加以割据的这三百年或者三百五十年以来，他们只偶尔（并且也只有很短的时期）翻过了几处山头，而且从来没有人在山头那边的地方定居过。那些地方包围在那一丛丛的高山里，真是一片片未知的高地，黑人们也很难得从那里经过。十六世纪期中，在许多很远很远的地点，曾经有过剽悍可怕的部落，突然来冲击山坡上那些比较驯良的居民。究竟当时内部曾经有过什么运动发生，那种运动又是什么性质，我们都无从知道。关于那些部落，我们只知道一幅对照，就是他们在历次战争和远征中间，他们的行为表现出了最冥顽的不人道和最可恶的野蛮性，等到后来他们的狂风暴雨停止，一切又恢复到镇静的和平时候，他们和欧洲人相熟起来，对于欧洲人又表示得和善可亲了。这幅对照用于佛剌族人和蛮丁哥族人，这两族人都殖居在塞内加尔和冈比亚。阿非利加洲的第二部分便是尼罗河区域——埃及；这个地方宜于成为独立文明的一个伟大的中枢，所以从阿非利加洲本身对于世界其他部分的关系来看，这个地方真是阿非利加洲独一无二的地方。阿非利加洲北部可以特别叫做海岸区域（因为埃及时常被地中海赶回去的），位置在地中海和大西洋上；这是一片优美的区域；迦太基曾经一度建国在这里——现在则有摩洛哥、阿尔基尔、突尼斯、的黎波里。这个地方原来要属于欧罗巴洲，并且必须附属于欧罗巴洲：近来法国人在这方面获得了一番成功；这个地方如像近亚细亚，有倾向欧洲的趋势。这个地方曾经轮流做过迦太基人、罗马人、拜占庭人、莫苏尔人、阿拉伯人的天下，这是欧罗巴洲利害关系的所在，欧洲人始终要努力争取一个立足点。

阿非利加洲特有的性格是难于理解的，因为研究到这种性格时，我们必须完全放弃和我们一切观念自然地相连的东西，——就是"普遍性"的范畴。在黑人生活里的特征，便是他们的意识还没有达到任何牢固的客观性的直观，例如上帝或者法律，在这种客观性里包含着人类的意志，而且人类得在这种客观性里有了他自己本质的直观。他自己是一个个人，他和他的本质的普遍性两者之间的区别，阿非利加人在他的生存的一律的、未开发的单一里还没有能够实现到；所以对于一个绝对的"存在"，另一个高出于他个人自己的存在的知识，他全然没有。如前面已经说到的，黑人所表现出的，是完全野蛮和不驯的状态里的自然人。我们假如要正确地理解这个自然人的时候，我们必须放弃一切敬神和道德思想，必须放弃我们所称为感情的一切东西；在这种性格典型里绝对找不出什么合于人道的地方。那些传教士丰富而圆到的报告里全然证实了这一点，惟一能够把黑人引入到文化领域以内的方法或者途径，似乎只有穆罕默德教了。穆罕默德教徒们同时又比较欧洲人懂得怎样深入非洲内地。要明白黑人所占的文化阶段，最好先考虑一下他们的宗教情形。我们对于宗教第一个观念，就是人类方面对于一种"高等权力"的意识——就算这种"高等权力"仅仅被看作是一种自然权力——他觉得他自己比起了这种权力，只是一种比较微弱卑贱的存在。人类开始意识到较高于人类的存在的时候，宗教也就开始。至于黑人就是希罗多德斯也把他们称作巫人；在巫术中，并没有上帝的观念，也没有道德的信仰；巫术把人类当作最高权力，只有人类单独对于自然权力占有支配地位。所以这里绝没有对于上帝的精神的崇拜，也没有一种公理的制裁。上帝发出雷霆，但是并不因此就被人承认为上帝。因为就人类的灵魂来说，上帝必然高出一位雷神之上，但是在黑人当中并非如此。他们虽然不免意识到依赖自然——因为他们需要风暴、雨量、雨季终止等等有益的影响——可是这一层并不能够使他们意识到一种"高等权力"：他们自命为支配着各种元素，他们把这个称作"魔术"。君主们都委任了一些大臣，专门役使天地间各种元素的变化，这样的魔术大师到处都有，他们主持种种特殊的仪式，例如手势、舞蹈、叫嚣、欢呼，形形色色，无不具备，而在这一片扰攘之中，他们开始振振有词地念他们的咒语。他们宗教里的第二个因素，便是赋予这种超自然的权力以一种外表的形式，用许多影像将潜伏的力量表现到现象的世界上来。因此，他们所拟想的超自然权力绝不是真正客观的、在本身中牢固的、和他们不同的东西，却是他们环境里随便可以遇到的东西。毫无鉴别地，他们就拿了这件东西尊崇为"神"；不管这是动物、树木、石头、或者木偶。这就是他们的迷信物——Fetish，Fetish 这个字是葡萄牙人所首先传布，从feitizo 魔术一语化出来的。这儿在迷信物里自然表现出一种客观的独立性，对照着人类专恣的幻想；然而这种客观性既然不过是个人将他的幻想投形于空间，那末，个人仍旧是他造成的形像的主人了。因此，假如有任何灾变发生，如久旱不雨、谷物歉收等等，他们就绑架这迷信物，鞭打这迷信物，毁灭这迷信物，把它丢在粪土中，而立刻另造一个出来，就这样把它操纵在他们自己的权力之内。这一种迷信物既然没有宗教崇拜物的独立性，更没有审美艺术品的独立性；它仅仅是一件制造品，只表示出制造者的任意专断，而且永远是在他掌握之中的。总而言之，在这种宗教里，个人绝没有一点点依赖性。可是也有一个特色，显出它例外的地方；就是对于死人的礼拜——在这种礼拜中，他们死亡的先世和祖宗被他们看作是影响活人的一种权力。他们对于这件事情的观念，认为已死的祖先会用各种惩罚向世人报复——这正和欧洲中古时代对于妖巫的迷信相同。话虽如此，死人的权力也并不被看作是高出于活人的权力，因为一般黑人支配着死人，并且在死人身上行使魔术。因此，死人的权力实际上永远在活人的掌握之中。人的死亡，在黑人看来，也不是什么普遍的、自然的法则，他们甚至以为死亡也是魔术师恶意所招致的。照这种说法，人类的确是高出于自然之上；但是高出的程度，并没有超过人类任意的意志。人类把自然界看作是一种工具，他并不尊敬它，他依照自己的方式处理它、命令它。[1]

人类既然被看做是最高无上，这个事实连带地就是人类并不尊重他自己；因为人类必须先有对于"高等存在"的意识，他才能够具有真正恭敬的观点。因为假如任意专断是绝对的东西，是达到直观的惟一牢固的客观性，那末，精神在这个阶段上决不能够意识到任何的"普遍性"。因为这个原故，黑人对于人类总是怀着十足的轻蔑，这种轻蔑对于法律和道德所产生的影响，便形成了黑人基本的性格。他们又不知道灵魂不灭，虽然他说是有鬼怪出现。人类的无价值，到了意想不到的程度。暴君虐政不以为非，杀人食肉视为惯常。我们欧洲人在本能上不吃人肉，假如我们能说人类具有本能的话。但是对于黑人来说，却不是这么一回事，吞啖人肉是完全符合阿非利加种族的普通原则；在感官的黑人看来，人肉只是感官的一种对象——只是肉罢了。每逢国王去世，动辄有数百人被宰杀充食，俘房们被屠杀，把他们的鲜肉在市场上出售；战胜者照例要吃他所杀的敌人的心。每当举行魔术的仪节时，巫师常常劈杀他第一个最好的人，把被杀的人的尸体分给大家去吃。黑人还有一个特性，就是奴隶制度。欧洲人把黑人收为奴隶运到美洲去贩卖。被卖做奴隶固然不好，但是他们在故土上的命运更要恶劣，因为他们那里也通行着同样地绝对的奴隶制度；奴隶制度的主要原则便是，人类还没有取得他的自由的意识，因此降而成为一件东西、一件毫无价值的东

---

[1] 参阅黑格尔著：《宗教哲学讲义》第二版，第一部，第二八四页至第二八九页。

西。在黑人中间，道德的情绪极其微薄，或者更严格地说，道德的情绪简直是不存在的。父母可以出卖子女，子女反过来也可以出卖父母，双方都有这种机会。奴隶制度无孔不入的影响，把我们相互间所保持的道德上顾虑的一切维系扫除得一干二净，我们能够要求于他人的礼节等等，黑人心头从来也想不到。黑人的多妻主义，目的常常在于多生子女，好把他们一个个卖出去：这方面每每听得到天真的诉说，例如伦敦就有一个黑人叹息，说什么他现在是很穷很穷的人了，因为他已经出卖了他所有的亲戚。说到黑人所表示的轻蔑人道，其特色不是对人死视若无睹，而是简直把生命不当一回事。正因为他们把生命不当一回事，所以黑人和欧洲人交战时，除体力强大外，更表现出无穷的勇气，成千成百地被欧洲人的枪击倒。只有在生命有某种有价值的东西做目的的时候，生命才有一种价值。

其次，我们再把眼光转移到宪法的范畴，我们便可以知道黑种人全部的本性使他们不能有这类组织的存在。这个阶段上的立场只是感官的任意和意志的精力；这里根本谈不到承认什么精神的普遍的法则（例如家庭道德的法则等）。这里的普遍性只是独断的主观的选择。所以政治的维系就不能够具有用自由的法律来统治国家的特性。这里对于肆意独断的意志力，绝对没有什么维系，绝对没有什么拘束。只有外界的武力才能够暂时使国家团结起来。一位君主处在元首的地位，因为感官的野蛮世界只能用专制的暴力来约束。但是臣民既然和君主有同样粗暴的癖性，他们在另一方面也就使君主相当就范。在酋长（我们以后将称他为国王）之下，有许多别的酋长，他必须和他们商量，假如他要兴兵作战，或者规定课税，他非得到他们的同意不可。在这方面他多少能够行使职权，而且在有机可乘的时候，也能够用奸谋或者武力来杀死二三酋长。除此之外，国王又拥有其他一定的特权。在阿善提人中间，臣民死后所遗留下来的一切财产，都归国王承继。在其他各地，凡是没有出嫁的女子都为国王所有，谁要娶老婆，就得向国王去买她。假使黑人不满意于他们的国王，他们就把他废黜、杀却了事。在达荷美地方，臣民感到这种不满意的时候，他们便把鹦鹉蛋送给国王，作为不满意于他的统治的表示。有时候，他们也派一个代表团向他进言，说他为国贤劳必很辛苦，他最好还是休息一下。国王于是向他的臣民致谢，走到别室去，命妻女们把他绞死。相传古时有一个国家，由妇女组成，以战胜、攻取著名，政府元首也是一个妇女。据说她曾经将亲生的儿子捣死在石臼中，用污血来涂她自己的身体，而且常常备有被捣死的小儿的血。据说她把一切男子赶的赶，杀的杀，并且下令把一切男孩子处死。这些女煞神毁灭了邻近地方的一切，时常又不得不出来劫掠，因为她们是不事耕种的。战争掠得的俘虏就当做丈夫来使用：怀孕的妇女们必须到营帐外去生产，假如产生下来是男孩子，就把他结果了事。据说这个丑声四播的国家终于变为无影无踪了。再者，在黑人国家内，国王身畔老是随从着死刑执行官，他的职务被看做是非常重要的，因为国王虽然可以用他诛戮许多犯有嫌疑的臣下，但是遇着大臣们要杀国王的时候，国王自己也得死在他的手里。

　　不管黑人在其他各方面显出柔顺的性格，他们的狂热是能够鼓动起来的，而且只要鼓动起来了，就会超越一切的信仰。一位英国旅行家叙述一段见闻如下：在阿善提决议开战的时候，一定首先举行庄严隆重的仪式，内中有一个节目，便是拿人血来洗国王的母亲的骸骨。国王为了要使自己国内激起相当程度的狂热起见，命令在他的京城里举行一次屠杀，当作战争的序幕。国王派人到英国总督胡琴孙那里去传话："基督徒，你当心着，好好守护你的家属。死神的使者已经拔剑出鞘，就要在许多阿善提人的颈项上来试试它的锋芒，当战鼓响起来的时候，便是大众就死的信号。你假如能够前来，就到国王这边来吧，你本人用不着害怕什么。"战鼓隆隆地响起来了，一场可怕的屠杀也就开始了，谁走到街上碰见那些狂热的黑人，就没有活命。国王趁着这种时机，把他所疑忌的人全都杀掉了，于是这场惨杀就算是一番神圣的举动了。无论什么念头散播到了黑人心上，他就抓住了，认真用他的全副精神干起来，但是这番蛮干就会引起一场浩劫。这般黑人常有一个长时期平静无事，但是骤然间他们的热情一澎湃起来，他们自己也就控制不住自己了。他们之所以这样骚动而造成这种浩劫，正因为它并非为了什么内容，什么思想；它只是一种肉体的狂热而不是一种精神的狂热。

在达荷美的地方，国王寿终的时候，社会上一切维系完全解体了，王宫里开始无分彼此的破坏和暴动。国王所有的妃嫔（人数在达荷美恰为三千三百三十三人）都被残杀掉了，全城到处都是杀人放火、奸淫掳掠。国王的妃嫔把惨死认为是理所当然的，所以全都盛装起来准备就死。一般执政当局赶忙宣告新王即位，藉此制止这种屠杀。

从上述种种情形看来，黑人特性的缺乏自制，已经是显然可见的了。在这种状态下，自然不可能会有什么发展、什么文化，而我们今日的所见所闻，在他们一向便是如此。黑人和欧洲人中间以往存在着并且继续着的惟一重要的联系，只有奴隶制度了。在黑人看来，这种奴隶制度并没有什么不妥当，而向来对于废除奴隶买卖最出力的英国人，却被黑人自己看作是寇仇。要知道对于那些国王最重要的事情，就是出卖他们的俘虏，甚至出卖他们自己的臣民；从上述的许多事实看来，奴隶制度在黑人之中曾经造成过更合人性的状态。从黑人中间这种奴隶制度的情形，我们推演出来一个理论（这个理论同时形成为这问题引起我们研究兴趣的惟一方面）：就是自然的或天然的状态本身是一种绝对的和彻底的不公平状态，是违背正义和公理的。每一个中间的阶段，凡是在于这种状态和一个合理的国家之间的，都保留着一些不公平的因素与形态；所以就是在古希腊和古罗马各国里，我们也发现有奴隶制度，就像到了现代农奴制度仍然还是存在一样。不过奴隶制度既然这样在一个国家之中成立，它自身已经代表着从单纯的、孤立的、感官的生存而进展到了较高的一个阶段—— 一个教育阶段——来参加较高等道德以及和它相连带的文化的一个典型。奴隶制度，就它自身来说，是不公平的，因为人类的本质是自由的；然而人类首先必须成熟，才能够达到自由。所以逐渐废除奴隶制度，实在要比突然撤消它来得聪明、来得公允。

就在这里我们暂且放过阿非利加洲，不再提起它了。因为它不属于世界历史的部分；它没有动作或者发展可以表现。它里面的——在它北部的——那些历史的动作，应该属于亚细亚或者欧罗巴世界。迦太基曾经在那里表现了一个重要的、过渡的文明阶段；但是它既然是腓尼基人的一片殖民地，它自然应当属于亚细亚洲。埃及是人类精神从东方转入到西方的过渡，然而它并不属于阿非利加洲的"精神"。我们对于阿非利加洲正确认识的，乃是那个"非历史的、没有开发的精神"，它还包含在单纯自然的状态之内，可是在这里只能算做踏在世界历史的门限上面。

我们结束了阿非利加洲这个小引，现在第一次置身到世界历史现实的舞台上来。这里只须把亚细亚和欧罗巴世界地理的基础，作一个概述。亚细亚洲在特性上是地球的东部，是创始的地方。对亚美利加洲来说，它固然是一个西方；但是欧罗巴洲，一般来说，是旧世界的中央和终极，绝对是西方，亚细亚洲却绝对是东方。

"精神的光明"从亚细亚洲升起，所以"世界历史"也就从亚细亚洲开始。

我们现在必须探讨亚细亚洲各部。它的物理的构造上显示出多种绝对的对峙，以及这些对峙本质上的关系。它的各种不同的地理原则在本身上是已经发展了的和完成了的各种形态。

第一，我们必须把北部的倾斜地——西伯利亚除外不算。这个倾斜地襟带着阿尔泰山脉并且拥有着优美的河川，滚滚流入北极的海洋，这地方和我们这里全然不相关；前面已经说过，酷寒的北极地带是在历史的范围以外。但是亚细亚洲其余各地包括三个饶有趣味的区域：第一个区域和阿非利加洲相似，是一片巨大的高地，中间有一个山脉地带，包括着世界上最高的峰峦，这片高地在南部和东南部被穆斯·塔格山脉或者易美阿斯山脉所限制，再向南方就有喜马拉雅山和它并行。向东则有自南徂北的一连串的高山，切断了黑龙江流域。北部则有阿尔泰山脉和松花江山脉；和松花江山脉相连的，在西北是木查特山脉，在西部是贝勒尔·塔格山脉，后者因有兴都·库什山脉而重新和穆斯·塔格山脉相结合。

这片巍峨的丛山为许多河川所流过，这些河川都有岸堤，并且形成了若干巨大的平原流域。这些平原流域多少受到过洪水的泛滥，有着非常膏腴和丰饶的许多中心，它们和欧罗巴洲的大河区域不同，因为它们只形成大河流域，而不像那些大河区域形成基本的平原，并且还有许多分支的平原。这种大河流域可以列举如下：中国平原流域为黄河和长江所构成；印度平原流域为恒河所构成——印度河则比较不很重要，它在北部规定了判查布的性质，而在南部则水流经过许多砂原。再向西南，则有底格里斯河和幼发拉底斯河等地，这两条河发源于亚美尼亚，沿着波斯山脉流去。里海也有相同的大河平原；在东部的那些平原，是由流入盐海的乌浒河和药杀河所形成（这两条河又叫做该浑河和西浑河）；在西部有居鲁士河和阿拉克栖河的平原流域（这两条河又叫做库尔河和阿拉斯河）。"高原"和"平原"必须分别清楚；第三种土地就是这两者的混合地，在近亚细亚或者前亚细亚便能看得到。属于这第三种土地的，有阿拉伯——沙漠的地带、平原的高原、宗教狂的帝国；还有叙利亚和小亚细亚，它们和海相连接，所以和欧罗巴洲交通不断。

说到亚细亚洲，上边关于地理上的差别的话，特别显得正确；就是说，牛羊牧畜是高原的生计，——平原流域从事农、工、商业，——商业和航海在第三种土地上盛行。第一种的社会状态严格地是家长制的独立；第二种是所有权和地主农奴间的关系；第三种就是公民的自由。那种高原里，一方面有各种牛、马、骆驼、绵羊等的饲养值得我们注意，同时我们也必须把那些游牧部落的安闲的、习惯的生活，以及他们在战争攻取中所表演出来的野蛮不驯的性格，两者分别清楚。这些民族没有发展到真正的历史，被一种强有力的冲动所左右，驱使他们改变了形状；他们的生活虽然不具有一种历史的内容，仍然可以从他们回溯到历史的开端。当然，各流域的民族比较更有兴趣。农业在事实上本来就是指一种流浪生活的终止。农业要求对于将来有先见和远虑，因此，对于普遍的东西的反省觉醒了，所有权和生产性实业的原则就孕育在这当中。中国、印度、巴比伦都已经进展到了这种耕地的地位。但是占有这些耕地的人民既然闭关自守，并没有分享海洋所赋予的文明（无论如何，在他们的文明刚在成长变化的时期内），既然他们的航海——不管这种航海发展到怎样的程度——没有影响于他们的文化，所以他们和世界历史其他部分的关系，完全只由于其他民族把它们找寻和研究出来。高原四周的大山、高原的本身和大河流域，这三者便是亚细亚洲在物质上和精神上的特征；但是这三者自己并不是具体的、真实的历史元素。各极端间的对峙只被承认，而没有调和起来，所以处于迁徙无定的状态下的山地和高原种族，始终是把安居在那些肥沃的流域上当作一个努力的目的。在自然界里区别分明的这些地形特质，形成了一种主要的历史关系。前亚细亚把这两种地形的因素融合在一起，因此便和欧罗巴洲结有了关系；前亚细亚最为特异的，便是它没有闭关自守过，将一切都送到了欧罗巴洲。它代表着一切宗教原则和政治原则的开始，然而这些原则的发扬光大则在欧罗巴洲。

如今我们讲到欧罗巴洲，凡是在亚细亚洲和阿非利加洲所见到的那些地形上的差别，欧罗巴洲一概都没有。欧罗巴洲的性质含有先前所见各种差别对峙的消失——至少也是一种修正；所以欧罗巴洲具有一种过渡状态之比较柔和的本质。在欧罗巴洲，我们找不到同平原直接对峙的高原，所以欧罗巴洲的三部分要从另外一种立场来区分。

第一部分是南欧罗巴——面对着地中海。在庇利尼斯山脉以北，有许多绵延不绝的山脉横贯法兰西，而与阿尔卑斯相连接，后者把意大利从法兰西和德意志两地分割了出来。希腊也属于这部分的欧罗巴洲。希腊和意大利久已成为世界历史的舞台；它们当中部和北部欧罗巴还没有开发的时候，就给"世界精神"做了故乡。

第二部分是欧罗巴洲的心脏，当年凯撒征服高卢，就把这片心脏打开了。凯撒这番事业、这番成就，乃是壮年时期的，比起亚历山大那番事业，——青年时期的事业，产生了更丰富的后果。亚历山大企图提高东方来参加希腊生活，那番工程，依照它的内容来说，当然是最高贵、最优美的想象，但是不久就已风流云散，只不过是一个"理想"罢了。在这个欧罗巴洲的中心，主要的各国是法兰西、德意志和英格兰。

末了，第三部分包括欧罗巴洲东北各国，——波兰、俄罗斯和各斯拉夫王国。它们到晚近才在历史的国家行列中出现，并且形成了、保持了欧罗巴洲和亚细亚洲的联系。如像前面所已经说过的，这些欧罗巴国家地形上的特质的区分，并不显著，而是互相平衡、消失。

区　　分

在地理的概况里面，我们已经举出世界历史的大概路线。太阳——光明——从东方升起来。光明是一种简单的对自己的关系；它虽然具有普遍性，同时却又在太阳里有一种个性。试想一个盲人，忽然得到了视力，看见灿烂的曙色、渐增的光明和旭日上升时火一般的壮丽，他的情绪又是怎么样呢？他的第一种感觉，便是在这一片光辉中，全然忘却了他自己——绝对的惊诧。但是当太阳已经升起来了，他这种惊诧便减少了；周围的事物都已经看清楚了，个人便转而思索它自己内在的东西，他自己和事物之间的关系也就渐渐被发觉起来了。他便放弃了不活动的静观而去活动，等到白天将过完，人已经从自己内在的太阳里筑起了一座建筑；他在夜间想到这事的时候，他重视他内在的太阳，更过于他重视那原来的外界的太阳。因为现在他和他的"精神"之间，结了一种"关系"，所以也就是一种"自由的"关系。我们只要把上述想象的例子牢记在心，我们就会明白这是象征着历史——"精神"在白天里的伟大工作——的路线。

世界历史从"东方"到"西方"，因为欧洲绝对地是历史的终点，亚洲是起点。世界的历史有一个东方 κατ ἐξοχήν（"东方"这个名词的本身是一个完全相对的东西）；因为地球虽然是圆的，历史并不围绕着它转动，相反地，历史是有一个决定的"东方"，就是亚细亚。那个外界的物质的太阳便在这里升起，而在西方沉没那个自觉的太阳也是在这里升起，散播一种更为高贵的光明。世界历史就是使未经管束的天然的意志服从普遍的原则，并且达到主观的自由的训练。东方从古到今知道只有"一个"是自由的；希腊和罗马世界知道"有些"是自由的；日尔曼世界知道"全体"是自由的。所以我们从历史上看到的第一种形式是专制政体，第二种是民主政体和贵族政体，第三种是君主政体。

为了明了以上这种分别起见，我们必须说到，国家既然是那种普遍的精神生活，各个人自呱呱坠地就跟它发生一种信赖和习惯的关系，并且在国家里边才有他们的存在和现实性——那末，第一个问题便是，究竟他们在国家里边的现实生活是这种统一的、没有反省的习惯和风俗呢？还是构成国家的各个人是有反省的、有个性的、有一种主观的和独立的生存的个人呢？在这点上实体的自由和主观的自由必须分别清楚。实体的自由是那种中间的、在本身存在的意志的"理性"开始在国家里边发展它自己。但是在这方面的"理性"中，仍然缺少那个人的识见和意志，就是主观的自由；这只能在"个人"里边实现，并且构成"个人"自己良心上的反省。[1] 在只有客观的自由的地方，命令和法律是被看作是固定的、抽象的，是臣民所绝对服从遵守的。这类法律不需要适合个人的意志，一般臣民因此就好像孩童那样，只一味服从父母，没有自己的意志或者识见。但是主观的自由发生以后，人类从思索外物转而思索他自己的精神，于是反省的对峙就发生了，而且这种对峙在本身中包含了"现实的否定"。从现在的世界退出，在本身就形成了一种对峙，一方面是上帝和神圣的东西，另一方面是个人和特殊的东西。在东方所特别具有的那种直接的、未反省的意识中，这两者是没有

---

[1] "精神"的真髓在于自决，或者称为"自由"。在"精神"已经达到成熟的生长的时候，当一个人承认"良心"的制裁为绝对合法的时候，"个人"对于他自己便是法律，这种"自由"也便算是实现了。但是在道德和文明的较低阶段里面，他不知不觉地使这个立法原则成为"统治权"（一个的或数个的），服从它好像一个外界的外来的力量，而不像服从他自己（在这阶段虽然不完全）所混为一体的那种精神的声音——"历史哲学"揭示了他达到自觉的各个阶段，所谓自觉就是统治他的自己的最深的存在——也就是自决或者"自由"的一种觉悟。——英译者

分开的。实体的东西和个别的东西是有区分的，但是这种对峙还不存在于精神之间。

我们首先必须讨论的是东方。它的基础是直接的意识——实体的精神性；主观的意志和这种意识最初所发生的关系是信仰、信心和服从。在东方的国家生活里，我们看到一种实现了的理性的自由，逐渐发展而没有进展成为主观的自由。这是"历史的幼年时期"。客观的种种形式构成了东方各"帝国"的堂皇建筑，其中虽然具有一切理性的律令和布置，但是各个人仍然被看作是无足轻重的。他们围绕着一个中心，围绕着那位元首，他以大家长的资格——不是罗马帝国宪法中的君主——居于至尊的地位。因为他必须执行道德法范，他必须崇奉已经规定了的重要律令；因此，在我们西方完全属于主观的自由范围内的种种，在他们东方却自全部和普遍的东西内发生。东方观念的光荣在于"惟一的个人"一个实体，一切皆隶属于它，以致任何其他个人都没有单独的存在，并且在他的主观的自由里照不见他自己。想象和自然的一切富丽都被这个实体所独占，主观的自由根本就埋没在它当中。它只能在那绝对的对象中、而不能在它自身内觅得尊严。一个国家的一切因素——甚至于主观性的因素——或许在那里可以找着，但是跟实体还是不相调和。因为在这"惟一的权力"面前，没有东西能够维持一种独立的生存，在这个"惟一的权力"范围以外，只有反抗的变乱，但是因为这种变乱是出于中心势力的范围以外，所以随意动荡而没有什么发展。因此，那些从高原冲下来的野蛮部落——冲进这些东方国家，把它们踏为荒土，要不就定居在那里，放弃他们的野蛮生活；但是无论如何，他们终归是要无结果地消失在那中心的势力里边的。这一面的实体性既然没有控制它自己的对峙而加以克服，所以就直接分裂为两个因素。一方面是持久、稳定——可以称为仅仅属于空间的国家——成为非历史的历史；例如中国，这个国家就是以家族关系为基础的——一个父道的政府，它那政府是用了谨慎、劝谕、报应的或者简直可以称为纪律的刑罚，来维持它的机构——一个不含诗意的帝国，因为它的形式无限性、理想性的对峙还没有发展。另一方面，时间的形式和这种空间的稳定却断然相反。上述各个国家本身不必有什么变化，它们生存的原则也不必有什么变化，但是它们相互间的地位却在不断变化之中。它们相斗相杀，从不停息，促成了迅速的毁灭。那个相反的个性的原则也加在这些冲突的关系里边，但是那个性本身还长在不知不觉的、仅仅是天然的普遍性之中——这个光明，还不是个人灵魂的光明。这部历史，在大部分上还是非历史的，因为它只是重复着那终古相同的庄严的毁灭。那个新生的东西，凭藉勇敢、力量、宽大，取得了先前的专制威仪所占的地位，随后却又走上了衰退的老圈子。这里所谓衰退，并不是真正的衰退，因为在这一切不息的变化中，还没有任何的进展。在这一点上，历史便到了中亚细亚去——仅仅在表面上是从东亚到了中亚，就是说，和前面的时代并没有联系。假如我们把这一个时代和前面的时代比较起来，这可以称为"历史的少年时代"，那种属于孩童的安定和轻于信任已经不再显明了，而是喧扰骚动。

希腊的世界便可比做"青年时代"，因为这里渐有个性的形成。这是人类历史的第二主要原则。道德是一个原则，这在希腊和亚洲一样；但这是印上了个性的道德，所以是表示各个人的自由的意志。这个地方便是道德的东西和主观的意志的结合，或者是美丽自由的王国，因为"观念"和一种易变的形态相结合了。这时那种理想还没有被抽象地看待，而是立即和"现实的东西"织成一起，如像一种美丽的艺术作品；"感官的东西"上附有"精神的东西"的印记和表现。这个王国所以是真的和谐；是最优美的世界，但是好花不常，易于消灭；这是天然的道德，——还不是真正的道德。王国里的臣民的个人意志无反省地实行了"正义"和"法律"所规定的风俗习惯。所以"个人"是不自觉地统一于普遍的东西。那在东方分为两个极端的——就是实体的东西和含蓄其中的个别性——在这里是走在一起了。但是这些显然不同的原则仅仅是直接地在统一之中，因此同时在本身发生最高度的矛盾，因为这种美丽的道德在它的"再生"，还没有经过主观自由的奋斗；这种道德还没有净化到自由的主观性的程度。

第三个因素便是抽象的普遍性的领域：这就是罗马国家，也就是历史上"壮年时代"的艰苦的工作。因为真正的"壮年时代"，一切行动既然不遵照专制君主的任意，也不服从它自己的任意；相反地，"壮年时代"乃是为着一种普遍的目的而经营，在那里边个人已经消灭，个人只能够在普遍的目的下实现他自己的目的。这时国家开始有了一种抽象的存在，并且为着一个目的而开展，个人共同参加来实现这个目的，但是，不是一种完全的和具体的参加。在这个目的的严格的要求下，自由的个人是牺牲了，各个人必须牺牲自己来为这个抽象地普遍的目的服务。罗马国家并不是重复表演着雅典城市国家那样一种个人国家，后者所有灵魂的纯良和欢乐已经一变而成为艰难辛苦的工程。历史的兴趣和个人脱离关系，但是个人自己却得到了抽象的、正式的"普遍性"。"普遍"克服了个人，各个人必须把他们自己的利益归并在"普遍"之中；不过他们也得到了一种报答，就是他们自身具有的普遍性，那就是他们的人格被承认了：他们在个人的能力上，已经是确实具有权利的个人了。个人既然可以称为已经混合在人的抽象观念里，民族的个体也就经过相同的命运：在这一种"普遍性"里，它们的具体的形式是被磨灭了，它们成为群众，而被归并在群众的"普遍性"之内成为融合无间的一体。罗马成为一切神祇和一切"精神"生存的万神庙，但是这些神祇和这个"精神"并不保留他们应有的生气。

这种"国家"循着两个方向发展。一方面，以反省——抽象的"普遍性"——为根据——这种国家本身内有明白显著的对峙：它因此卷入了那种对峙所包含的争斗当中；争斗的必然结果，那种任意的个性——一个完全偶然的和完全世俗的独夫专制的权力——战胜了那种抽象的普遍的原则。最初的对峙在一方面是把国家的目的作为抽象的普遍的原则，而在他方面却是抽象的个人。但是随后在历史的发展中，当人格占了优势、而集团分裂为个体只能由外界的压力加以制止的时候，于是统治的主观权力应运而起，出来解决问题。因为一味的抽象的遵守"法律"，暗示法律下的人民还没有取得自制和自己组织，而这种服从法律的原则，不是由衷的和自动的，它的动机和支配力只是要任意地处置个人；所以个人既然丧失了他的自由，只得实施和发挥他的私权来补偿这种损失。这样便纯粹世俗地使对峙得到了和谐。但是更进入了一个阶段，"专制主义"下的痛苦渐渐觉得了，"精神"被驱回到它最内在的深处，离开了无上帝的世界，在自身中追求一种和谐，这才开始它内在性的生活——一种完全的、具体的主观性，这在同时又具有不仅根源于外在有限存在的实体性。所以在内在里产生了精神的和解，因为事实上个人的人格，并没有由它自己任意选择，反而经了净化，超拔入于普遍性；——这是从它自己的自由意志，采取了有益全体的原则的一种主观性——在事实上达到了一种神圣的人格。对于那一个世俗的帝国，这一个精神的帝国具有一种显著的反对表示，这是一个主观性的帝国，它对于它自己——它自己的重要性质——已经有了知识，十足地可以称为"现实精神的帝国"。

于是日尔曼世界出现，这是世界历史的第四个因素。假如我们把这个因素和人类的时代来比较，便要把它看作是人生的"老年时代"了。自然界的"老年时代"是衰弱不振的；但是"精神"的"老年时代"却是完满的成熟和力量，这时期它和自己又重新回到统一，但是以"精神"的身分重新回到统一。

这个日尔曼世界从基督教中的"和解"开始，但是仅在本身完成，因此宁肯说是开始了精神的、宗教的原则和野蛮的"现实性"之间的巨大的对峙。因为"精神"作为一个内在"世界"的意识，它自己在开始时还是抽象。因此，世俗的事物都交付与粗鲁和任意。穆罕默德教义——东方世界的曙光——首先出来制止这种粗鲁和任意。穆罕默德教的发展比较基督教要来得晚、来得快，基督教经过八个世纪才生长成为一种世界的形态。但是我们如今讨论中的日尔曼世界的那个原则，只在日尔曼各国的历史上取得了具体的现实性。"教会的帝国"中的"精神"的原则和"世俗的帝国"中的粗鲁和狂暴的野蛮，这两者的对峙，在日尔曼国家里也可以看出。世俗的事物本来应该同精神的原则和谐一致，但是这里不过是承认了那种义务。世俗的权力既然为"精神"所唾弃，必须先在教会的权力面前消灭；但是当教会的权力降入世俗的权力中的时候，它丧失了它的权力和使命。教会方面——就是教堂——这样腐化了的结果，使理性的思想获得更高的形式。于是"精神"再度被驱回去自寻出路，产生一种在思想的形态中的工作；并且能够仅从世俗的事物里去实现"理性的东西"。因此，这种情况就发生了：由于以精神原则为基础的普遍决定的效力，"思想"的帝国便现实地产生出来了。"教会"和"国家"间的对峙消失了。"精神"存在于"世俗的事物"之中，并且使后者开展为一种独立的、有机的存在。国家所占的地位不再低于教会，而且不再附属于教会了。后者不拥有任何特权，精神的东西对于国家也再不陌生了。"自由"已经有了方法来实现它的"概念"和真理，这便是世界历史的目标。我们现在便要把以上约略所述的梗概详详细细地重述一遍。然而"时间"的长短完全是相对的，而"精神"却属于"永恒"。对于"精神"，根本谈不上什么长短。

第一部

东 方 世 界

我们必须从"东方世界"说起，当然，在一些条件之下，我们看见在那个世界里的"国家"。语言的散布和种族的形成是属于"历史"的范围以外。历史乃是记载叙述，神话传说算不得历史。人类必须先有能力去形成抽象的鉴别，表达各种的法则，他对于四围的对象才有记载叙述的可能。凡是发生在有历史以前的，都是在国家生活以前的，同时又是在自觉生活以外的；虽然一般人对于史前时期可以作种种假定和推测，但是这种种不能看作是事实，东方世界在"道德"方面有一种显著的原则，就是"实体性"。我们首先看见那种任意被克服了，它被归并在这个实体性里面。道德的规定表现为各种"法则"，但是主观的意志受这些"法则"的管束，仿佛是受一种外界的力量的管束。一切内在的东西，如像"意见"、"良心"、正式"自由"等主观的东西都没有得到承认。在某种情况之下，司法只是依照表面的道德行使，只是当做强迫的特权而存在。我们的民法实在包含若干完全属于强迫性的敕令。我可以被迫放弃他人的财产，或者被迫遵守自己所订的契约；但是我们并不把"道德"当作是纯粹的强迫，而是把它当作是自己的心灵和对人的同情。这一点在东方在表面上也同样地作为要求，虽然道德的规定是怎样的完善，然而内在的情调却作了外在的安排。可以指挥道德行动的那一种意志虽然不缺少，但是从内心发出来从事这些道德行动的意志却没有。"精神"还没有取得内在性，所以在表面上依旧没有脱离"天然"的精神状态。外在的和内在的东西，法律和知识，还是一个东西——宗教和国家也是一样。"宪法"，整个来说，还是一种"神权政体"、"上帝的王国"和世俗的王国混在一起。我们西方人所称的"上帝"还没有在东方的意识内实现，因为我们的"上帝"观念含有灵魂的一种提高，到了超肉体的境界。在我们服从的时候，因为我们被规定要做的一

105

切，是为一种内部的制裁所认准的，但是在东方就不是如此，"法律"在那里被看作是当然地、绝对地不错的，而并没有想到其中缺少着这种主观的认准。东方人在法律中没有认出他们自己的意志，却认见了一种全然陌生的意志。

在亚细亚洲的各部分中，我们已经当做非历史而置之不论的，计有上亚细亚——它的游牧的人口从来就没有在"历史"的舞台上出现过——和西伯利亚。其余的亚细亚世界分为四区：第一，黄河和青河所形成的"大江平原"，以及远亚细亚的高原——中国和蒙古。第二，恒河流域和印度河流域。历史的第三个舞台包括乌浒河和药杀河的大江平原、波斯高原以及幼发拉底斯河和底格里斯河的其他平原流域，就是所谓近亚细亚。第四，就是尼罗河的大江平原。

历史开始于中国和蒙古人——神权专制政体的地方。两者都把大家长宪法作为原则——在中国，这个原则经过修正，使一种有组织的世俗的国家生活得以发展；而在蒙古人方面，把这个原则集中起来，取得了一种精神的、宗教的主权的简单形式。在中国，皇帝好像大家长，地位最高。国家的法律一部分是民事的敕令，一部分是道德的规定；所以虽然那种内心的法律——个人方面对于他的意志力的内容，认为他个人的最内在的自己——也被订为外在的、法定的条例。既然道德的法律是被当做立法的条例，而法律本身又具有一种伦理的形态，所以内在性的范围就不能在中国得到成熟。凡是我们称为内在性的一切都集中在国家元首身上，这位元首从他的立法上照顾全体的健康、财富和福利。跟这个世俗的帝国相反的，乃是蒙古人的精神的主权，他们的元首便是喇嘛，被尊敬如一个上帝。在这个精神的帝国里，任何世俗的国家生活都不能够发展起来。

在第二种形态内——就是印度——我们立刻看到那种统一的国家组织——一种完全的机构，像中国那样的机构，是破裂了。个别的权力似乎已经分裂，相互间毫无关系。那几个不同的社会阶层固然是确定不易的，但是因为各阶层是由宗教的教义所规定，它们看起来就好像是天

然的区分。个人因此越发被剥夺了正当的人格——虽然表面上他们似乎
从上述区分的发展中获得了利益。因为印度的国家组织虽然不再像中国
那样，由一个实体的个人来决定和安排，但是现存的各种区分被看作是
天然的区分，因此，便变成了社会阶层的不同。这些区分终久必须会合
起来的统一既然是宗教性的统一，因此，便发生了"神权贵族政体"和
它的专制主义，所以在印度又有了精神的意识和世俗的环境那种区别；
但是因为上述那些区分中所包含的分界是主要的，所以我们在宗教里也
看到"观念"的各个因素的孤立；——这一个原则具有最高度的极
端——一方面是抽象地惟一和简单的上帝的观念，一方面是普遍地感
官的自然权力的观念。这两个观念的联系只是一种不断的变化——忽然
从这一个极端转入到那一个极端，飘忽不定——一种杂乱无章的、毫
无结果的变迁，这在有节制、有智慧的意识看来，简直是疯狂。

第三个重要的形态——和中国那个永无变动的单一以及印度的那种
动乱不安都恰好相反——乃是波斯帝国。中国是特别东方的，印度可以
和希腊相比，波斯可以和罗马相比。在波斯，神权表现为一种君主政
体。君主政体是这样一种政体，各个分子集合于政府的元首一人之下，
但是这个元首既不是绝对的指导者，也不是独断的统治者，而是一种权
力，它的意志一样要受法律原则的制裁，和臣民的服从法律并无分别。
我们因此得到了一条作一切基础的普遍的原则、一项"法律"，但是原
则本身仍旧天然地为一种对峙所纠缠。所以"精神"在这一个阶段上从
本身所得的观念，还是一个完全天然的观念——就是"光明"。这种
"普遍的"原则对于君主以及他的每一个臣民，同样有制裁的作用，因
此波斯的"精神"是清楚的、光明的——一个生活于纯粹道德中的民
族的"观念"，这个民族仿佛生活在一种神圣的社团中。但是一方面，
这种原则作为一种完全属于天然的"教会"时，还有前述的那种对峙没
有得到调和；而且它的神圣性所表现的特质又像是一种强迫的特质。在
另一方面，这种对峙之所以表现在波斯，乃是因为那个帝国是彼此怀着
敌意的人民和许多大不相同的民族的结合。波斯的统一不是中华帝国那

种抽象的统一；这个统一适应于统治许多不同的民族，把它们联合在"普遍性"的、温和的权力之下，如像一轮暖日烘照着万物——唤醒它们的生命和促进它们的生长。这个普遍的原则——仅是一个根本——容许各分子自由生长、无拘束地扩充和分殖。在这些民族的组织方面，生命的各种原则都获得了完全的发展，能够继续在一起生存。在这一大群不同的民族中，我们首先便看到飘泊的游牧民族；在巴比伦和叙利亚等处又看见十分兴旺的工商业、最粗野的肉欲、最放肆的骚乱。各个海岸都和外国发生联系。在这种混乱的中心，犹太人的精神的"上帝"引起了我们的注意——他像中性婆罗摩一般，只为"思想"而生存，可是忌妒、专横，不许像其他宗教那样有一切特殊的表示——凡是为其他宗教所准许的，他都废除了。因此，这个波斯帝国——既然它能够容忍这多种的原则，用一种生气活泼的形式表现出那种对峙，而且不像中国和印度那般抽象、沉静，那般闭关自足——它使世界历史有了一种真正的转变。

假如说波斯形成了转入希腊生活的外在的转变，那末，内在的转变便是由埃及作媒介。在埃及，那些对峙在抽象的形式上是被打破了，这一种打破使得那些对峙都消灭了。这个没有获得展开的和解中显示着各种最矛盾的、决定的斗争，这些决定还没有能力使它们自己结合起来，这种结合的诞生成为待解决的问题，使它们自己对于自己和他人都成为一个谜，只有在希腊世界中才能够获得解决。

假如我们从上述各国的国运来比较它们，那末，只有黄河、长江流过的那个中华帝国是世界上惟一持久的国家。征服无从影响这样的一个帝国。恒河和印度河的世界也被保全了。这样缺乏思想的局面也同样地不能消灭，但是它在它的本质上注定要和其他种族相混合，要被战胜，要被征服。这两个王国保留到了今天。相反地，底格里斯河和幼发拉底斯河沿岸的那些帝国却已经不存在了，或者至多也不过是一堆瓦砾；正因为波斯帝国是"过渡"的王国，本来就易于消灭；至于里海旁的各王国则被卷入到了伊兰和都兰的古代斗争当中。寂寂的尼罗河上的那个帝国如今只存在黄泉下面，保留于它无言的死者——永久不断地被人偷运到世界各部去——和那些死者的堂皇的墓道；而地面上所遗留的只不过是一些华贵的古墓罢了。

第 一 篇

中　国

历史必须从中华帝国说起，因为根据史书的记载，中国实在是最古老的国家；它的原则又具有那一种实体性，所以它既然是最古的、同时又是最新的帝国。中国很早就已经进展到了它今日的情状；但是因为它客观的存在和主观运动之间仍然缺少一种对峙，所以无从发生任何变化，一种终古如此的固定的东西代替了一种真正的历史的东西。中国和印度可以说还在世界历史的局外，而只是预期着、等待着若干因素的结合，然后才能够得到活泼生动的进步。客观性和主观自由的那种统一已经全然消弭了两者间的对峙，因此，物质便无从取得自己反省，无从取得主观性。所以"实体的东西"以道德的身份出现，因此，它的统治并不是个人的识见，而是君主的专制政体。

中国"历史作家"的层出不穷、继续不断，实在是任何民族所比不上的。其他亚细亚人民虽然也有远古的传说，但是没有真正的"历史"。印度的《四吠陀经》并非历史。阿剌伯的传说固然极古，但是没有关于一个国家和它的发展。这一种国家只在中国才有，而且它曾经特殊地出现。中国的传说可以上溯到基督降生前三千年；中国的典籍《书经》，叙事是从唐尧的时代开始的，它的时代在基督前二千三百五十七年。这里不妨说明的就是，亚细亚的其他王国也是十分古老。据一位英

110

国作家的推算，例如埃及历史，可以上溯到基督前二千二百零七年，亚述历史为二千二百二十一年，印度历史为二千二百零四年。东方主要各国的传说一般大约都可以上溯到基督出世前二千三百年。假如我们拿这些年代来比较《旧约全书》所记载的，在诺亚洪水和基督教纪元之间，一般认为有二千四百年的间隙。但是约翰·米勒对于这项数字已经提出了有力的异议。他确定洪水在基督前三千四百七十三年，比较要早一千年左右——引了希腊译本《旧约圣经》来维护他的观点。我之所以提出这种说明，不过要免得以后当我们遇到时代在基督前二千四百年，而没有提到洪水的事情的时候可能引起的麻烦。

中国人存有若干古代的典籍，读了可以绎出他们的历史、宪法和宗教。《四吠陀经》和《摩西记录》是相同的文书；荷马的诗篇也是相同。中国人把这些文书都称为"经"，做他们一切学术研究的基础。《书经》包含他们的历史，叙述古帝王的政府，并且载有各帝王所制定的律令。《易经》多是图像，一向被看作是中国文字的根据和中国思想的基本。这书是从一元和二元种种抽象观念开始，然后讨论到附属于这些抽象的思想形式的实质的存在。最后是《诗经》，这是一部最古的诗集，诗章的格调是各各不同的。古中国的高级官吏有着一种职务，就是要采集所辖封邑中每年编制的歌咏，带去参加常年的祭礼。天子当场评判这些诗章，凡是入选的便为人人所赞赏。除掉这三部特别受到荣宠和研究的典籍以外，还有次要的其他两部，就是《礼记》或者又叫做《礼经》，以及《春秋》；前者专载帝王威仪和国家官吏应有的风俗礼制，并有附录一种，叫做《乐经》，专述音乐，后者乃是孔子故乡鲁国的史记。这些典籍便是中国历史、风俗和法律的基础。

这个帝国早就吸引了欧洲人的注意，虽然他们所听到的一切，都是渺茫难凭。这个帝国自己产生出来，跟外界似乎毫无关系，这是永远令人惊异的。

十三世纪有一位威尼斯人叫做马哥·孛罗，他首先到那里去探寻，但是他的报告曾经被看做是荒诞无稽。到了后来，他所称关于中国幅员和伟大的每一件事都完全被证实了。据最低的估计，中国有人口一万五千万，另一估计作为二万万，而最高的估计增加到了三万万。它的疆土自极北起，绵延到了南方和印度相接壤；东部为巨大无际的太平洋所限制，西部伸展到波斯和里海。中国本部呈现人口过剩的现象。在黄河和长江上，都有亿万的人民居在竹筏上面，能够适应他们那种生活方式的一切需要。这种人口数量和那个国家规定的无所不包的严密组织，实在使欧洲人为之咋舌；而尤其使人惊叹的，便是他们历史著作的精细正确。因为在中国，历史家的位置是被列入最高级的公卿之中的。大臣二名常常追随在天子的左右，他们的职务便是记录天子的一言一动，历史家便研究了这些记录而加以运用。这种历史的详细节目，我们用不着深入考究，因为这种历史本身既然没表现出有何进展，只会阻碍我们历史的进步。他们的历史追溯到极古，是以伏羲氏为文化的散播者、开化中国的鼻祖。据说他生存在基督前第二十九世纪——所以是在《书经》所称唐尧以前；但是中国的史家把神话的和史前的事实也都算做完全的历史。

中国历史的第一个区域是在西北部——中国本部——黄河从那里的山巅发源；因为直到稍后的一个时期，中华帝国才向南方进展，而达到长江。在这种历史开始叙述的时代，人类还生活在野蛮的状态之中，那就是说在森林之中，吃的是果实，穿的是兽皮。人与人间并没有公认的一定法则。据称伏羲氏教人建筑居室；他又教人明了四季的顺序变迁，从事于物物的交换和贸易；他规定了婚姻；他教给人："道"是"天"所授的；又教人养蚕、造桥和役使牛马。中国历史家对于这些制作的起源，各人有各人的说法，而且彼此大有出入。历史的进程就是这种文化的向南推进，以及一个国家和一个政府的创始。这样逐渐形成的巨大帝国不久便分裂成为许多邦国，互相交战不息，随后又团结为一个"全体"。中国的朝代屡经变更，现在执政的一朝通常指为第二十二朝。各个朝代既然这般一起一落，所以国内就有许多的旧京、故都。南京曾经有一个长时期作为国都，如今是北京，早先又是其他不同的城市。中国被迫和鞑靼人打了许多的仗，后者并且深入到过中国。秦始皇建筑长城——这一向被认为是一种最惊人的成就——用来防范北方游牧民族的侵入。秦始皇分天下为三十六郡，而尤其是以攻击古文（特别是历史书籍和一般历史研究）著名于后世。他这样做，为的是要打算把以前各个朝代的记忆都消灭掉，他自己的社稷因此可以更加巩固起来。历史书籍既然被搜集起来，全给烧掉了，成百的文人、儒士就逃入深山，以便保全剩余下来的书籍。凡是被秦始皇捕获的文人、儒士，都遭到了和书籍相同的劫运。这次焚书得到处相同的结果，就是那些重要的典籍仍然被保全了。中国和西方的第一次联系是在西历纪元六十四年。据说当时有一位中国皇帝派了钦差去访西方的圣人。二十年后，据说有一位中国将军远到犹太。在西历八世纪的初叶，说是有第一批的基督徒到了中国，并且有碑石遗迹为后世游历中国的人所亲目看到过。西历一一〇〇年，据说中国得了西鞑靼人的帮助并吞了中国北部的一个叫做辽东的鞑靼王国。可是这次胜利反而给了这些鞑靼人进据中国的机会。在同样的情形下，中国人又引进了满洲人，双方在十六和十七世纪曾经屡次交战，结果是满洲人夺得了皇帝的宝座，成立了当今这个朝代。然而这个新朝代不能使国内有什么变更，这和早先蒙古人在一二八一年克服中国后的情形并没有两样。居在中国的满洲人必须遵守中国的法律，研究中国的学术。

现在让我们从中国历史上的这些年月日，转而探索那终古无变的宪法的"精神"。这个，我们可以从那条普通的原则——实体的"精神"和个人的精神的统一中演绎出来；但是这种原则就是"家庭的精神"，它在这里普及于世界上人口最多的国家。在发展的这个阶段上，我们无从发见"主观性"的因素；这种主观性就是个人意志的自己反省和"实体"（就是消灭个人意志的权力）成为对峙；也就是明白认识那种权力是和它自己的主要存在为一体，并且知道它自己在那权力里面是自由的。那种普遍的意志径从个人的行动中表现它的行动：个人全然没有认识自己和那个实体是相对峙的，个人还没有把"实体"看作是一种和它自己站在相对地位的权力——例如在犹太教内，那个"热心的上帝"作为"个人"的否定，是大家所知道的。在中国，那个"普遍的意志"直接命令个人应该做些什么。个人敬谨服从，相应地放弃了他的反省和独立。假如他不服从，假如他这样等于和他的实际生命相分离，那末，在这番分离之后，他既然不反求他自己的人格，他所受的刑罚也就不致于影响他的内在性，而只影响他外在的生存。所以这个国家的总体固然缺少主观性的因素，同时它在臣民的意见里又缺乏一种基础。"实体"简直只是一个人——皇帝——他的法律造成一切的意见。话虽如此，这样漠视意见并不含有任性，因为有任性就有意见——就是主观性和移动性，而是只有那个普遍的东西、那个实体，才有价值；那个实体仍然非常坚硬刚强，和其他一切都不相同。

因此，这种关系表现得更加切实而且更加符合它的观念的，便是家庭的关系。中国纯粹建筑在这一种道德的结合上，国家的特性便是客观的"家庭孝敬"。中国人把自己看作是属于他们家庭的，而同时又是国家的儿女。在家庭之内，他们不是人格，因为他们在里面生活的那个团结的单位，乃是血统关系和天然义务。在国家之内，他们一样缺少独立的人格；因为国家内大家长的关系最为显著，皇帝犹如严父，为政府的基础，治理国家的一切部门。《书经》内列举五种义务，都是庄严而且不变的根本关系（五常）：一、君臣；二、父子；三、兄弟；四、夫妇；五、朋友。这里不妨随便提到的，"五"这个数目，中国人把它当做基本数目，就像我们的"三"那样屡见不鲜。他们有五种天然的元素（五行）——空气、水、土、金和木。他们承认天有四方和一中心。凡建筑祭坛的神圣场所，都有四个坛和正中的一个坛。

家庭的义务具有绝对的拘束力，而且是被法律订入和规定了的。父亲走进房内时，儿子不得跟入；他必须在门侧鹄立，没有得到他父亲的准许不得离开。父亲死后，儿子必须哀伤三年，不近酒肉。他经营的业务必须停止，就是国家的官职也不得不辞去引退。甚至方才承继大统的天子在三年期内也不得亲政。守丧期间，家庭中不得有婚嫁的事情。只有五十岁的人居丧可以比较从宽，使他不致哀毁过甚，伤及身体。上了六十岁的人更加可以从宽，而七十岁以上的人就仅仅以丧服颜色为限。对于母亲的恭敬，和对于父亲相同。英国使臣马卡特尼见清朝皇帝时，皇帝已经六十八岁了（中国人以六十年为一花甲），可是他每天还步行到他的母亲那里去请安，行孝敬之礼。元旦朝贺并须向皇太后朝贺；就是皇帝本人也必须先向他的母亲行礼后，才可以接受百官的朝贺；皇太后可以随时告诫她的儿子。凡是关于皇室的一切上谕，都用她的名字颁行。儿子的德行不归于他本人，而归于他的父亲。有一次，宰相请皇帝封谥宰相的父亲，皇帝发出一条谕旨，内称："方邦国之灾也，尔父实赈谷以济饥黎，何其仁也！ 方邦国之危也，尔父实奋身以相护持，何其忠也！ 邦国以政事委诸尔父，而法令修明，四邻辑睦，乾纲以振，何其敏也！ 朕今谥之曰：仁忠敏慧。"这里归于父亲的一切德行，都是儿子所做的。照这个办法（这和我们的风俗恰巧相反），祖宗靠他们的后嗣取得了光荣的尊号。但是和这相对待的，就是子孙如果犯有错误，家长（一家之主）就得负责；各种义务都是从下而上，绝少自上而下的。

中国人把生育子嗣当作一件大事，以便死后儿孙能够遵礼安葬，四时设祭，春秋扫墓。一个中国男子虽然可以娶妻数人，但是只有一人做得家庭的主妇，凡是庶出的子女必须把父亲的正室当作生母。如果妻妾都没有生下儿子，便可以招收他人的儿子来承继，以接替香火，因为祖宗的坟墓，每年不可以不去祭扫。做子孙的年年应当到祖墓那里去哀祭，许多人为了尽情哀伤起见，时常在墓边逗留一两个月之久。亡父的遗体每每在屋内搁置三四个月，在这个时期内，无论任何人都不得在椅上安坐或者在床上安眠。中国每一家族都有祠堂一所，全族每年聚集在祠堂内一次。在祠堂内，曾充显职高官的祖宗都悬有遗像，其他在族中较为次要的男女，都记名在神主牌位上；全族于是一同进膳，比较穷的族人由较富的来担任招待。据说有一位大臣信奉了基督教，不再按照礼节去祭祀他的祖先，因此大大地受到了他亲戚方面的攻击。在父子关系上通行的繁文缛节，同样地适用于兄弟的关系上。做哥哥的地位虽然次于父母，但是也应该受到弟弟的尊敬。

这种家族的基础也是"宪法"的基础。因为皇帝虽然站在政治机构的顶尖上，具有君主的权限，但是他像严父那样行使他的权限。他便是大家长，国人首先必须尊敬他。他在宗教事件和学术方面都是至尊——这个后面当详加论列。做皇帝的这种严父般的关心以及他的臣民的精神——他们像孩童一般不敢越出家族的伦理原则，也不能够自行取得独立的和公民的自由——使全体成为一个帝国，它的行政管理和社会约法，是道德的，同时又是完全不含诗意的——就是理智的、没有自由的"理性"和"想象"。

天子应该享有最高度的崇敬。他因为地位的关系，不得不亲自处理政事；虽然有司法衙门的帮助，他必须亲自知道并且指导全国的立法事务。他的职权虽然大，但是他没有行使他个人意志的余地；因为他的随时督察固然必要，全部行政却以国中许多古训为准则。所以各个皇子的教育，都遵照最严格的规程。他们的体格要用有纪律的生活来锻炼强健，从能说话、学步的年龄起，他们便须专攻学术。他们的学业是由皇帝亲自来监督的，他们很早就知道，天子是一国之主，所以他们的言行举止都应该做百姓的榜样。各皇子每年须受一次考试，事后有一个详细的报告公布，使得对他们深为关心的全国上下统统知道。因此，中国能够得到最伟大、最优秀的执政者，"所罗门的智慧"这句话可以用在他们身上；现在的清朝特别以它的精神和身体的灵活著名。自芬乃龙所著的《太里马格》行世以来，关于君主和君主教育的理想不知有多少，这一切理想都在中国实现了。欧洲不能产生什么所罗门的。中国正是这种政府适当的场所，而且有这种需要；因为全国臣民的公正、福利和安宁，都依靠这种责任政治的锁链上的第一环的牢固坚强。天子的行为举止，据说是最高度地简单、自然、高贵和近于人情的。他在言行上都没有一种骄傲的沉默或者可憎的自大，他在生活中，时刻意识到他自己的尊严，而对于他从小就经过训练必须遵守的皇帝义务，他随时要加以执行。除掉皇帝的尊严以外，中国臣民中可以说没有特殊阶级，没有贵族；只有皇室后裔和公卿儿孙才享有一种特权，但是这个与其说是由于门阀，不如说是地位的关系。其余都是人人一律平律，只有才能胜任的人做得行政官吏，因此，国家公职都由最有才智和学问的人充当。所以他国每每把中国当作一种理想的标准，就是我们也可以拿它来做模范的。

　　第二桩应加考虑的事情是帝国的行政管理。我们不能够说中国有一种宪法；因为假如有宪法，那末，各个人和各个团体将有独立的权利——一部分关于他们的特殊利益，一部分关于整个国家。但是这里并没有这一种因素，所以我们只能谈谈中国的行政。在中国，实际上人人是绝对平等的，所有的一切差别，都和行政连带发生，任何人都能够在政府中取得高位，只要他具有才能。中国人既然是一律平等，又没有任何自由，所以政府的形式必然是专制主义。在我们西方，大家只有在法律之前和在对于私产的相互尊重上，才是平等的；但是我们同时又有许多利益和特殊权限，因为我们具有我们所谓自由，所以这些权益都得到保障。在中华帝国内就不同了，这种特殊利益是不被考虑的，政令是出于皇帝一人，由他任命一批官吏来治理政事。这般官吏或者"满大人"，又分两类：一类是文官，一类是武官。后者等于我们的"军官"。文官的品级高于武官，因为中国文官在武官之上。为了取得初等教育起见，设立得有初等学校；凡是政府官吏都受学校教育。像我们所谓大学的高等教育机关，大概是没有的。凡是要想取得高级官职的人必须经过几次考试，通常是三次。第一次和第二次考试成绩及格的才可以参预第三次，也就是末次的考试——这时天子亲自出席；末次考试及格的奖励，便是立即派到帝国的最高"国务院"里去。特别规定要知道的学科是国史、法学、风俗的科学，以及政府的组织和管理。除此以外，据说"满大人"还有极高的诗才。这一点我们自有方法来判断，特别可以引证亚培·累睦扎所翻译的《玉娇梨》（或称《两表姐妹》）；那里面说起一位少年，他修毕学业，开始去猎取功名。就是军队中的官佐也必须有若干心灵的修养，他们也要经过考试。但是如上文所述，文官实在比较要尊荣得多。每逢国有大典，天子便由二千名学士和二千名武官簇拥了出来（全中国内约有文官一万五千人，武官二万人）。"满大人"还没有取得官职的，仍然算是朝廷的人，每遇春秋节日、天子亲自领导耕种的时候，他们必须到场。这些官吏分为八品。天子左右的大臣是一品，各省的总督是二品，依此递降。天子治理国政，置有行政机关，任职的大半都是"满大人"。"国务院"便是其中最高的机关，在里边工作的都是最有学识和才智的人。其他各部的最高长官都从国务院中遴选充任。政府行事极为公开。属吏陈报国务院，国务院再禀明天子，天子的朱批记载在延报上面。天子每每引咎自责；遇着皇子们考试成绩不良时，他一定严加训斥。政府各部和全国各地都派有御史一人，他的职务是把各事禀告天子。御史是永久职，为大家所畏惮。他们对于有关政府的一切和"满大人"的公私行为，都严加督察，并且将报告直接递呈给天子。他们又有向"他"谏议的权力。御史中以正直果敢著名的，在中国历史上是很多的。例如有一位御史向暴君进谏，却被严词谴责。但是他并不因此气沮动摇，仍然再向天子进谏。预知不免一死，他特地带了棺材前去，以便被杀后归葬。据说有些御史，虽然经过酷刑的磨折，嘴不能够说话，还是用手指蘸了自己的碧血，在沙石上书写谏词。这些御史自成为另一种执法机关，来监察帝国全部。遇着国内有意外的事故发生，他的职务也由"满大人"们来负责办理。假如遇着饥荒、疾疫、谋反、教乱的发生，他们必须将事实陈报，但是无须等待政府有所命令，他们就应该立即相机办理。所以全部行政是由一个官吏网来包办的。各级官员被派往监督道路、河川和海岸。各事都经过十分仔细的安排。江河尤其受到深切的注意，《书经》内记载着天子的许多诰谕，谆谆以防河治水为言。各城门都派驻守卒一人，闾巷则通夜关闭。政府官吏必须随时应答上级机关的传询。每过五年，每一位"满大人"必须将他所犯的过失说明，交给一个监察部——御史台——审查他的说明书是否确实。如果犯有任何大罪而没有招认，那末，这位"满大人"

118

和他的家属都要受到最严厉的处罚。

从上述种种，可知天子实在就是中心，各事都由他来决断，国家和人民的福利因此都听命于他。全部行政机构多少是按照公事成规来进行的，在升平时期，这种一定的公事手续成了一种便利的习惯。就像自然界的途径一样，这种机构始终不变地、有规则地在进行着，古今并没有什么不同；但是做皇帝的却须担任那个不断行动、永远警醒和自然活泼的"灵魂"。假如皇帝的个性竟不是上述的那一流——就是，彻底地道德的、辛勤的、既不失掉他的威仪而又充满了精力的——那末，一切都将废弛，政府全部解体，变成麻木不仁的状态。因为除了天子的监督、审察以外，就没有其他合法权力或者机关的存在。政府官吏们的尽职，并非出于他们自己的良知或者自己的荣誉心，而是一种外界的命令和严厉的制裁，政府就靠这个来维持它自己。譬如当十七世纪中叶的革命的时候，明朝最后的那位皇帝是很温和、很光荣的；但是因为他个性柔顺，政府的纲纪废弛了。国内的骚乱便难以遏止。叛党引了满洲人进来。那位皇帝即行自杀，以免陷入敌手，临死的时候，他还蘸血作书，在他女儿的裙边写了几行字，深恨他臣民的不义。一位随从的官吏掩埋了他，然后也在他的墓前自杀。皇后和宫女们也跟着自杀了。明朝的末了一位皇子，被围困在一个遥远的省份，终久被敌人擒获处死。其他一切侍从宫监也都纷纷自裁了。

再从行政转到中国的法制，我们看到：基于家长政治的原则，臣民都被看作还处于幼稚的状态里。不像印度那样，中国并没有独立的各阶层要维护它们自己的利益。一切都是由上面来指导和监督。一切合法的关系都由各种律例确实地加以规定；自由的情调——就是一般道德的立足点因此便完全被抹杀了。[1] 家族中长幼尊卑间互相应有的礼节，都

---

[1] 用在这里的"道德的立足点"这个名词，它的意义是严格的，完全像黑格尔在他所著《法律哲学》内所给予的定义，就是指"主观性"的自己决定，对于"善"的自由判断。所以读者请勿误会以后论及中国人时继续使用的各个名词，例如道德性、道德的政府等等；这些名词仅仅指道德这个字的浮泛而平常的意义——就是各种教训或者命令的颁布，它的目的，在于产生善良的行为——而没能使内心判断的成分显著。——原编者

由法律正式加以决定，凡是违犯这些法律的，有时便要遭受严重的刑罚。这里要注意的，就是家庭关系的外表性，这几乎等于一种奴隶制度。每人都可以出卖他自己和子女；每个中国男子都可以购买他的妻妾。只有嫡妻是一个自由的妇人。侧室都是奴隶，遇着抄家充公时得被没收，就像儿童和其他产业一样。

第三点，各种刑罚通常是对肉体的鞭笞。对于我们，这简直是加在荣誉上的一种侮辱；在中国就不同了，荣誉感还没有发达。一顿笞打原是极易忘怀的，但是对于有荣誉感的人，这是最严厉的刑罚，这种人他不愿意他的身体可以随意受人侵犯，他有比较细致的感觉的其他方面。中国人就不一样，他们认不出一种荣誉的主观性，他们所受的刑罚，就像我们的儿童所受的教训；教训的目的在于改过自新，刑罚却包含罪恶的正当处罚。刑罚警戒的原则只是受刑的恐惧心，而丝毫没有犯罪的悔过心，因为犯罪的人对于行为本身的性质没有任何的反省。在中国人方面，一切罪过——无论违犯了家族关系的法则，或者是国家的法则——都对身体外部施刑。子女忤逆父母，弟弟不尊敬哥哥，都要受到鞭打的刑罚。儿子告他的父亲虐待，或者弟弟告他的哥哥欺凌，如果他是理直气壮，也得受笞一百，流徙三年；如果他的理不直，就要受到绞刑。假如儿子向父亲动手用武，要受炮烙的刑罚。夫妻间的关系，像其他家族关系一样，是极受重视的，如果妇女有不贞的行为——这因为妇女深居闺中，是极少发生的——应当受到严厉的谴责。假如做丈夫的不爱一家的主妇而偏爱一妾，遇到他的妻子告他虐待时，他也要受到严厉的谴责。每一位"满大人"都有用竹杖行使笞刑的权力；就是最高最尊的官吏——公卿、总督、甚至皇帝的宠臣——都可以遭受这种刑罚，皇帝的宠臣不因这种笞打而被疏远，被笞的本人也不把它当作一回事。英国晚近派往中国的使节，由王公群臣伴着从宫中回去的时候，礼部尚书为了清道起见，毫无礼节地用鞭子赶开拥挤的王公贵人。

讲到责任的问题，一桩蓄意的活动和无心的偶然的事件是不加分别的；因为中国人把偶然的事件和蓄意的活动认为同样严重。无意误杀他人，须处死刑。这样漠视无意和有意的分别，造成了中英两国间多数的冲突；因为英方假如被华方攻击——假如一只英国军舰，认为受了攻击，采取自卫行动，结果有一个中国人被杀死了——中国方面照例要求把那个开枪打死人的英国凶手处决抵命。无论什么人，凡是和犯人有任何联系的——尤其是犯上作乱、危害皇帝的大罪，——应当和真犯同受刑谳——他的近亲全体都要被拷问打死。凡是著作禁书和阅读禁书的人都要照触犯刑律论罪。在这种法制情形下，私人所取的复仇方法也极特别。中国人受了伤害是非常敏感的，他们的本性又可以说是有仇必报的。为了达到复仇目的，被害的人并不把仇人暗杀，因为杀人的凶手，他的全家就要处死；所以他就自己伤害自己，以便嫁祸于他的仇人。许多中国城市觉得必须把井口缩小，防止投井自杀的事情发生。因为无论什么人犯了自杀，法律上规定必须仔细调查他自杀的原因。自杀的人生前的仇人都要被捕去受严刑鞫讯，如果查出了一个人，由于他的凌辱而造成自杀案件的，这个人和他全家便都要处死。所以受人凌辱后，中国人宁愿自杀而不愿杀他的故人；因为他既然终究不免一死，但是自杀后可以依礼殓葬，而且他的家属还有取得仇人家产的希望。责任和不负责任的情形是如此的可怕；每一桩行动上，它主观的自由和道德的关系是一概不顾的，在《摩西法律》中，故意、过失和偶然的区别也没有被明白地承认，可是对于无意误杀的人犯，仍然设有一种庇护的场所，可以容他避罪。中国的刑典中对于上下阶级间没有任何区分。有一位曾经建过奇勋的大元帅，因事被他人在皇帝面前说了他的坏话，就被按律定罪，罚在街巷间侦察扫雪的人是不是尽职。

在中国人的法律关系内，我们还必须注意到所有权的变迁，以及和它相连的奴隶制度的推行。作为中国人主要财产的土地，直到较晚的时候才被看做是国家的产业。从那时起，田租的全部收入，有九分之一依法应该摊归皇帝。后来，农奴制度成立了，它的创始人相传是秦始皇，就是他在西历纪元前二一三年建筑了长城，他焚毁了一切记载中国古代人民权利的书籍，又使中国许多独立的小邦加入了他的版图。他的战争

121

使略得的土地都成为私有财产，而土地上的居民也跟着变成了农奴。在中国，既然一切人民在皇帝面前都是平等的——换句话说，大家一样是卑微的，因此，自由民和奴隶的区别必然不大。大家既然没有荣誉心，人与人之间又没有一种个人的权利，自贬自抑的意识便极其通行，这种意识又很容易变为极度的自暴自弃。正由于他们自暴自弃，便造成了中国人极大的不道德。他们以撒谎著名，他们随时随地都能撒谎。朋友欺诈朋友，假如欺诈不能达到目的，或者为对方所发觉时，双方都不以为可怪，都不觉得可耻。他们的欺诈实在可以说诡谲巧妙到了极顶。欧洲人和他们打交道时，非得提心吊胆不可。他们道德放任的意识又可以从佛教的流行得到证明；这一个宗教把"最高的"和"绝对的"——上帝——认为是虚无，把鄙视个性、弃绝人生，当作是最完美的成就。

这里我们便要讨论中国的宗教方面。在家族制度的情形下，人类宗教上的造诣只是简单的德性和行善。"绝对的东西"本身一部分被看作是这种行善的抽象的、简单的规则——永久的公正；一部分被看作是肯定它的那种权力。除掉在这些简单的形态以外，自然世界对人类的一切关系、主观情绪的一切要求，都是完全被抹杀、漠视的。中国人在大家长的专制政体下，并不需要和"最高的存在"有这样的联系，因为这样的联系已经包罗在教育、道德和礼制的法律以及皇帝的命令和行政当中了。天子是一国的元首，也是宗教的教主。结果，宗教在中国简直是"国教"。这种国家宗教和喇嘛教的区别不可以不明了。喇嘛教并没有发展成为一个国家，它所包含的宗教是一种自由的、精神的、大公无私的意识。所以中国的宗教，不是我们所谓的宗教。因为我们所谓宗教，是指"精神"退回到了自身之内，专事想象它自己的主要的性质，它自己的最内在的"存在"。在这种场合，人便从他和国家的关系中抽身而出，终究能够在这种退隐中，使得他自己从世俗政府的权力下解放出来。但是在中国就不是如此，宗教并没有发达到这种程度，因为真正的信仰，只有潜退自修的个人、能够独立生存而不依赖任何外界的强迫权力的个人，才能具有。在中国，个人并没有这一种独立性，所以在宗教方面，他也是依赖的，是依赖自然界的各种对象，其中最崇高的便是物质的上天。一年四季，农产的丰歉都靠着上天。皇帝是万姓的主宰——权力的依据——只有他是接近上天的；至于各个人民并没有这种特权。四季祭祀上天的人是他；秋收率领百官谢天的人是他；春耕求天保佑赐福的人也是他。这里的"天"如果作为"自然的主宰"来讲（例如我们也说："上天保佑我们！"），也可以比做我们所谓的"上帝"；但是这样一种关系还在中国人思想范围之外，因为在中国，那惟一的、孤立的自我意识便是那个实体的东西，就是皇帝本人，也就是"权威"。因此，"天"只有"自然"的意义。耶稣会教士顺从了中国的称呼，把基督教的上帝叫做"天"；但是因为这个缘故，他们被其他基督教派上控到了教皇那儿。教皇于是派了一位红衣主教到中国来，这位红衣主教便死在中国。后来又派了一位主教，规定"天"应该是用"天主"这个名词才对。人与天的关系也是这样想象的，百姓和皇帝的行为善良，可以得福，假如多行不义，就会招致各种的灾祸。中国宗教含有以人事影响天然的那种巫术的成分，就是认为人的行为绝对地决定了事情的途径。假如皇帝仁善，必然会有丰年；"天"一定降福的。这种宗教的第二方面，就是对于"天"的关系通常总同皇帝本人相连，同时他又操持着"天"的各种专责。这就是百姓和地方上的特别福利。各省都有一位尊神隶属皇帝之下，因为皇帝所礼敬的只是那位普遍的天尊，至于上界的其他神灵都应该遵守他的法律。因此他便成了皇天和后土的正当立法者。那些神灵各受特殊的敬礼，各有一定的塑像。这些塑像没有达到艺术的尊严，绝不是代表崇高的精神，只是令人讨厌的偶像。因此，他们只不过是恐怖的、可怕的，而且消极的；他们守护着——好像希腊神话中的河神、水妖和林仙那样守护着——个别的元素和自然的事物。五种元素（五行）每种各有一位尊神，各有一种特别的颜色。凡是据有中国皇位的朝代，也都依靠一位尊神，当前的这位尊神是黄色。同样地，各省、州、县，山、川、江、河，都有相当的神灵。这一切神灵都隶属于皇帝，在国家的"年簿"内，登记着职司守护全国江、河、山、川等等

123

的官员和神灵。假如任何一区发生变异，那里的神灵便像"满大人"那样的被革职。神灵的庙宇多不胜数（北京一地约有一万），里边有着许多和尚或者尼姑，这班和尚、尼姑永不嫁娶，中国人遇有灾祸、疾病，都要同他们商量。但是在平时，一般人并不怎样敬重他们和那些庙宇。英国马卡特尼的使节甚至驻在一座庙里，这种庙舍常常被当作客栈来使用。皇帝有时下一道上谕，命令几千个尼姑还俗，或者命令和尚们就业，或者对庙产征税。这班和尚都会画符、念咒，驱邪、除魔；因为中国人的迷信是极深的。这种情形正由于缺乏内在的独立性而起，结果，便造成了和"精神"自由恰巧相反的势力。每逢有所举动——例如择定屋基或者坟地等等——都要请教阴阳家。在《易经》中画有某种的线条，由此制定了各种基本的形式和范畴——这部书因此便被称为"命书"。这种线条的结合被认为含有某一种的意义，从而演绎出种种预言、占卜。再不然，就是拿几块小木头抛到空中去，看它们降落的方式，来决定所问的吉凶。凡是我们认为是偶然的机会，认为是天然的联系，中国人却企图用巫术来解释或者实现；所以在这一点上，也可以看出他们的没有精神性。

中国的科学所采取的形式，又和真正主观性的这种缺乏相关连。每逢提到中国的科学时，我们便听到一阵鼓噪，说它们是何等地完美和古老。如果作更进一步的观察，我们便看到各种科学是极受重视的，政府甚至还公共地当众加以揄扬和提倡。皇帝本人便站在文学的尖峰上。政府内设有一个机关，专门负责制作上谕，目的是要把上谕写得极其漂亮；这种工作也就变成了一件国家大事。"满大人"发出的布告里也得有同样典雅的文字，因为一件事情的形式必须和它内容的优美相符合。最高的政府衙门里有一个叫做翰林院。各翰林都是由天子亲自来考取的；他们居在宫里，行使秘书、国史编修、物理学家以及地理学家等等的职务。遇有新法律提出时，这个院就应该作报告。这种报告里必须详述设施的沿革作为一种引言；还有，如果这个法律或者牵涉到外国，那末，更须略述外国的情形。这样制成的典册，由皇帝亲自作序。在近代皇帝当中，乾隆尤其以科学的知识著名。他本人的著作极多，因为他汇印了中国历代要籍的关系，就越发显得出色了。被派校勘印书事宜的各大臣，是由一位皇子来领导的；等到全书从大家手里转辗再到乾隆手中时，如果有错误被他发现，他一概都要加以严厉的处罚。

各种科学，在这一方面，虽然似乎极受尊重和提倡，但是在另一方面，它们可缺少主观性的自由园地，和那种把科学当做一种理论研究而的确可以称为科学的兴趣。这儿没有一种自由的、理想的、精神的王国。能够称为科学的，仅仅属于经验的性质，而且是绝对地以国家的"实用"为主——专门适应国家和个人的需要。他们的文字对于科学的发展，便是一个大障碍。或者，相反地，因为中国人没有一种真正的科学兴趣，所以他们得不到较好的工具来表达和灌输思想。大家知道，中国除了一种"口说的文字"以外，还有一种"笔写的文字"。后者和我们的文字不同，它并不表示个别的声音——并不把口说的字眼记录下来，却用符号来表示那些观念的本身。粗看时这似乎是一种很大的优点，并且曾经得到许多大人物的赞成——其中有一位便是莱布尼兹。但是实际的情形与这种优点恰好相反。我们第一只要考究这种文字方式对于语言的影响，我们便可以看出，中国因为语言和文字分了家，所以文字很不完善。因为我们"口说的文字"之所以成熟到了明白清晰的地步，乃是由于每种单纯的声音都有寻出符号的必要，随后阅读了这种符号，我们便懂得清楚地发音。中国人在文字中缺少了这一种正字拼音的方法，不能使声音的订正成熟到可以用字母和音节来代表清晰的发音。他们的"口说的文字"是由琐屑无数的单音字所组成，这些字每每包含不止一种意义。要把意义表白分明的唯一方法，全靠那联系、重读和发音——或快、或慢，或轻、或高。中国人的听觉，对于这种分辨，已变得极其敏锐。我发见 Po 这个字眼，讲起来可有十一种不同的意义；可指"玻璃"，——"使沸"，——"筛麦"，——"剖分"，——"泡水"，——"准备"，——"老太婆"，——"奴才"，——"一位开通的人"，——"一位聪明的人"，——"一点"。至于他们的"笔写

125

的文字"，我只须举出它对于科学发展的障碍。我们的"笔写的文字"学习起来很简单，这因为我们把"口说的文字"分析为约有二十五种发音，这样分析以后，语言成为一定，可能的声音数目有了限制，而含糊不清的中间声音就都被弃去了；我们只须学习这些符号和它们的结合就行了。中国就不同了；他们并没有二十五个这类的符号，而必须学习几千种的符号。在实用上所必需的符号数目计有九三五三个，如果把最近创造的合计起来，一共就有一〇五一六个；至于文字的数目，按一般书籍中它们表示的观念和它们的结合来计算，可以有八九万之多。

说到科学的本身，在中国人中间，历史仅仅包含纯粹确定的事实，并不对于事实表示任何意见或者理解。他们的法理学也是如此，仅仅把规定的法律告诉人；他们的伦理学也仅仅讲到决定的义务，而不探索关于他们的一种内在的基础。不过中国人也有一种哲学，它的初步的原理渊源极古，因为《易经》——那部"命书"——讲到"生"和"灭"。在这本书里，可以看到纯粹抽象的一元和二元的观念；所以中国哲学似乎和毕达哥拉斯派一样，从相同的基本观念出发。[1] 中国人承认的基本原则是理性——叫做"道"；道为天地之本，万物之源。中国人把认识道的各种形式看作是最高的学术；然而这和直接有关国家的各种科学研究并没有联系。老子的著作，尤其是他的《道德经》，最受世人崇仰。孔子曾在耶稣前六世纪往见老子，表示他敬重的意思。中国人虽然都可以任意研究这些哲学著作，可是更有一派人自己称为道士或者"道的崇拜者"，把这种研究作为专业。道士们与世隔绝，他们的见解里混杂有许多妄想和神秘的成分。例如他们相信：凡是得"道"的人便取得了无所不包的、简直认为是无所不能的秘诀，并且可以发生一种超自然的力量，使得道的能够升天，永远不死（极类似我们曾经谈起过的那种万有的"仙丹"）。至于孔子的著作，更为我们所熟悉。中国几部经籍的出版，以及关于道德的许多创著，都出于孔子的手，至今成为中国人

---

[1] 参阅黑格尔《哲学史讲义》，第一卷第一三八页等处。

风俗礼节的根本。在孔子的主要作品中（这书已经译为英文），可以看到许多正确的道德箴言；但是他的思想中含有一种反复申说、一种反省和迂回性，使得它不能出于平凡以上。至于其他各种科学，并不被看作是科学，而作为知识的枝节来裨益实际的目的。中国人对于数学、物理学和天文学，以前虽然享有盛名，但是现在却落后得很远。有许多的事物，当欧洲人还没有发现的时候，中国人早已知道了，但是他们不知道怎样加以利用：例如磁石和印刷术。就印刷术来说，他们仍旧继续把字刻在木块上，然后付印，他们不知道有所谓活字板。他们也自称发明火药在欧洲人以前，但是他们的第一尊大炮还是耶稣会教士们给他们造的。至于数学，他们虽然很懂得怎样计算，但是这门科学最高的形态，他们却不知道。中国人又有很多被认为是大天文家。拉普拉斯曾经探讨他们在这一门的成就，发现他们对于日蚀月蚀有一些古代的记载和观测。但是这一些当然不能够构成为一种科学。而且这种观测又是很不切实，不能正式算做知识。例如在《书经》中，载有两次日蚀，相去一千五百年。要想知道中国天文学的实况，可以参考这个事实，就是几百年来，中国的日历都是由欧洲人编著的。起初，中国天文家继续编制历书，常常把日蚀月蚀的日期弄错了，以致编制的人受刑处死。欧洲人赠送中国的望远镜，被悬挂当作装饰品，而不知道怎样去加以利用。医药也为中国人所研究，但是仅仅是纯粹经验，而且对于治病用药，有极大的迷信。中国人有一种普通的民族性，就是模仿的技术极为高明，这种模仿不但行使于日常生活中，而且用在艺术方面。他们还不能够表现出美之为美，因为他们的图画没有远近光影的分别。就算一位中国画家摹拟欧洲绘画（其他一切，中国人都善于摹拟）居然维妙维肖，就算他很正确地看到一条鲤鱼有多少鳞纹，满树绿叶有几种形状，以及草木的神态、枝枒的飘垂。——但是那种"崇高的、理想的和美丽的"却不属于他的艺术和技巧的领域之内。并且中国人过于自大，不屑从欧洲人那里学习什么，虽然他们常常必须承认欧洲人的优越。广州一位商人曾经定造一只欧洲轮船，但是奉了总督的命令，立刻拆毁掉。欧洲人被当做乞丐那样看待，因为欧洲人不得不远离家乡到国外去谋生活。还有一层，欧洲人正因为有了知识，不能够模仿到中国人表面上的和非常自然的聪明伶俐。他们的调制颜色，他们的金属制作，尤其是他们把金属铸成极薄的金箔的艺术，他们的瓷器制造，以及其他许多事情，欧洲人至今还不能擅长。

以上所述，便是中国人民族性的各方面。它的显著的特色就是，凡是属于"精神"的一切——在实际上和理论上，绝对没有束缚的伦常、道德、情绪、内在的"宗教"、"科学"和真正的"艺术"——一概都离他们很远。皇帝对于人民说话，始终带有尊严和慈父般的仁爱和温柔；可是人民却把自己看作是最卑贱的，自信生下来是专给皇帝拉车的。逼他们掉到水深火热中去的生活的担子，他们看做是不可避免的命运，就是卖身为奴，吃口奴隶的苦饭，他们也不以为可怕。因为复仇而作的自杀，以及婴孩的遗弃，乃是普通的、甚至每天的常事，这就表示中国人把个人自己和人类一般都看得是怎样轻微。虽然没有因为出生门第而起的差别，虽然人人能够得到最高的尊荣，这种平等却适足以证明没有对于内在的个人作胜利的拥护，而只有一种顺服听命的意识——这种意识还没有发达成熟，还不能够认出各种的差别。

第二篇

印　度

像中国一样，印度是又古老又近代的一种形态；它一向是静止的、固定的，而且经过了一种最十足的闭关发展。它向来是想象所神往的地方，而在我们的瞻望中，至今还像是一个仙境、一个妖异的世界。和中国相反，中国在各种设施中充满了没有诗意的"理智"[1]，印度却是狂想和锐感的区域。它在原则上所表现的进步之点，可以概述如次：——在中国，大家长的原则把整个民族统治在未成年的状态中，他们的道德的决心已经被规定了的一切法律和皇帝道德的监视所占据。"精神"的兴趣是要把外在的决定作为内在的决定，把自然的和精神的世界作为一种内在的世界，属于智力的世界来决定；根据了这样的步骤，主观性和"绝对存在"的一般统一性——或者"有限存在的理想主义"——得以成立。这一种"理想主义"印度是有了，但仅仅是想象方面的一种"理想主义"，并没有各种清楚的概念——这一种想象的确从"有限存在"里取出了"元始"和"物质"，但是它把任何一切都变做了纯粹"想象"的东西；因为虽然想象的东西似乎和概念交织为一，

---

[1]　德文为 Verstand，解释为"容受的悟性"，和德文 Vernunft 一字——解释为"实体的和创造的智性"——相反。——英译者

"思想"又时常附和其间，这个是只从意外的结合而发生的。可是，加入这些梦想中作为内容的既然是抽象的绝对的"思想"本身，我们不妨说这里眼前看见的是，"上帝"是在梦寐的恍惚状态中。因为这里的梦寐，不是具有明白的人格和经验的个人，简单地解除他人格上的限制的梦寐，而是那个无限制的"精神"的梦寐。

女性有一种特殊的美，在她们面孔上表现出一种纯洁的皮肤，带上一种浅浅的美丽的红色，这和纯粹康健和元气旺盛的红色不同——一种更细致的红色，仿佛一种精神从内部的嘘气——而在这种美下面，线条、眼睛的顾盼、嘴的部位，都显得温柔、体贴和松弛。这种天上的美丽出现在妇女们产后的那几天，那时怀孕的重负既然放下，分娩的剧痛已经过去，再加上了灵魂的欢喜，迎接一个可爱的婴儿。同一色调的美又可以从妇女们在魔术的梦游的睡眠中、接近了一个超越尘凡的美的世界的时候看得到。一位伟大的艺术家——斯库里尔又把这种色调赋给了垂死的玛丽，她的精神已经在上升到了受福者的乐土上去，但是她仿佛重新照耀她消逝中的面貌，等待一次死别的爱吻。我们又在印度世界中发现了这一种美的最可爱的形式：一种无力的美，凡是一切粗鲁的、严厉的和矛盾的都已经消失于其中，只有感觉和灵魂呈现出来——可是，这一种的灵魂里，自由的自助精神的死亡是了然可见的。因为我们假如凑近了这种"花的生命"的妩媚——一种富于想象和精神的妩媚——在这里面它的全部环境和它的一切关系都被灵魂的玫瑰吸息所浸渍了，"世界"是被转变为一个"爱的花园"了——我们假如对它看得更仔细些，并且从"人类的尊严和自由"的概念来观察它——那末，初见时要是它愈显得动人，我们后来在任何方面愈会觉得它不足道。

印度本质的一般原则，既然被称为在一种"梦寐"状态里的"精神"，它的性质是怎样，必须作进一步的确定。在一场梦里，个人停止知道自己之为自己，以别于各种客观的事物。等到梦醒，我便是我自己，而其余的宇宙只是一个外界的、固定的客观。既然宇宙是外界的，宇宙间其余的存在便扩大自己为一个理性地相连接的全体；一个多种关系的系统，我个人的存在便是这系统中的一分子——个人的存在和那个总体相联合了。这便是"理智"的范围。相反地，在梦寐的状态中这种分离是不存在的。"精神"不再为了自己存在以别于外界存在，因此，外界和个人的分离，在精神的普遍性——它的本质——之前便消失了。梦寐的印度人所以就是我们称为有限的和个别的一切东西，并且同时——因为它是无限地普遍和无拘束的东西——他本身是一种神圣的东西。印度对于事物的见解是一种"普遍的泛神论"，但是是一种"想象"的泛神论，而不是"思想"的泛神论。一件物质普及于万物的"实体"，而一切个人区别都直接被化为活跃生动的特殊"权力"。每一个感官的材料和内容只是粗暴地被提取、运送到了"普遍的"和"无限的"领域中去。这个材料和内容并不被"精神"的自由权力解放为一个美的形式，也不被理想化于"精神"之内，使"感官的"东西可得而为"精神的"东西的一种完全是附属和顺从的表现；相反地，这个感官的东西扩大到了无限和无定，而"神圣的东西"因此变做怪诞、杂乱，而且可笑。这些梦并不全是一些空虚的寓言—— 一种想象的作用，在它里边灵魂仅仅耽溺于荒唐的游乐中，灵魂是消失在其中了；它被这些梦想摔来摔去，好像被它的现实和认真摔来摔去一样。它被交给了这些有限制的对象，好像被交给了它的主宰和神祇一样。所以每一件东西——日、月、星辰、恒河、印度河、野兽、花朵——每件东西对于它都是一位神。在这种神圣性之中，有限的东西便丧失了存在和稳固性，所有的理智也因此消逝了。相反地，"神圣的东西"，因为它本身变化无定，由于它这种卑贱的形式，完全被玷污，弄得可笑。这样把一切有限的东西都加以普遍的神化，跟着又是"神圣的东西"的堕落，于是"神人同形"的观念，就是神赋形为人，便成了并不特别重要的思想。鹦鹉、母牛、猕猴等等也同样都是神的赋形，然而并不因此提高了它们的身份。"神圣的东西"并不被个人化为一个个人、一个具体的"精神"，而被贬抑到了卑贱和麻木的地位。这使我们对于印度的宇宙观得了一个普通的观念。事物都被大大地剥夺了理智，被剥夺了因和果的有限的联系的稳定，就像人类被剥夺了为自己存在的稳固性、人格和自由一样。

在外界上，印度对于世界历史结有多方面的关系。据新近的发现，梵文是欧洲语言文字的基本，希腊文、拉丁文和日耳曼文没有不是由此发展出来的。印度又是移民于整个西方世界的人口出发点；但是这种外表的历史关系，应该看做仅仅是各民族从这个地点作物质的散布。虽然继续发展的成分还能够在印度发现，虽然我们还有他们移植西方的遗痕，可是这种移植是太抽象了，所以后来各民族中吸引我们注意的东西，并非传自印度，而是一种具体实质的东西，是各民族尽力忘却了印度文化的成分、自己所造成的东西。印度文化的散播是在有史以前，因为"历史"必须是"精神"发展上一个主要的时期。大体上说来，印度文化的分布只是一种无声无臭的扩张，那就是说，没有政治的行动。印度人民从来没有向外去征服别人，而是自己常常为人家所征服。就是这样默默无言的，北印度做了自然散布的出发点，同时印度因为是外人向往的地方，形成了"全部历史"上一个主要的元素。自从太古以来，万方人民便心向神往，但愿能够瞻仰一番这个仙邦的珍异、人世的至宝、"天然"的宝藏——珍珠、金钢钻、香料、玫瑰精、犀象、雄狮等等——以及智慧的宝藏。这些宝藏怎样转到了西方去，一向被当作是具有世界历史的重要性的事件，牵涉着各国家、民族的命运。他们的愿望得到实现，他们挤进了这个乐土，无论东方世界或者现代欧洲的任何国家，都已经多多少少分得了一些宝藏。前代的世界中，亚历山大大帝首先从陆地上去征印度，但是他也只是接触了它。现代世界的欧洲人绕道了另一方面，才得和这个仙境发生直接的联系；自然他们是取道海洋，如像前面已经说过的，海洋乃是联合世界各国的东西。英国人，也可以说东印度公司，现在是这个地方的主宰；因为受制于欧洲人，乃是亚细亚洲各帝国必然的命运；不久以后，中国也必然会屈服于这种命运。印度人口近二万万，其中一万万到一万万一千二百万是直接服从英国人的。那些并不直接服从的诸侯，也有英国人员在他们朝廷上，还有英国军队由他们来供应。自从马拉塔人的地方被英国人征服以后，印度全境都丧失了独立。英国人已经在缅甸帝国取得了驻足的地点，并且已经跨过了印度东疆的柏朗朴脱。

印度本部是英国人分为两大区域的地带：一为得坎——是一个大半岛，孟加拉湾在它的东边，印度海在它的西边—— 一为印度斯坦，在恒河流域，一直绵延到波斯。印度斯坦的东北疆界是喜玛拉雅山，欧洲人评定它为全世界最高的山脉，山巅的海拔约有二六○○○呎。山的彼岸渐低，是中国的疆域，英国人曾经想到拉萨去见达赖喇嘛，却被中国人阻止了。印度的西面有印度河，那叫做判查布的五条河流便是在那里汇合的。亚历山大大帝曾经一度到了这里。英国的统治并没有推展到印度河，这个区域的住民是赛克教派，他们的宪法是十分民主的，他们和印度教以及穆罕默德教都是分离开来的，而占着一个中间地位——仅承认一个最高的存在。他们是一个强有力的民族，统治着喀布尔和喀什米尔。除此以外，印度河上又住着属于武士阶层的真正印度部落。在印度河和它孪生兄弟恒河之间是一片广大的平原。和印度河不同的，就是恒河周围有很多人王国，因为它们的科学十分发达，所以恒河边上的各邦比印度河上各邦更为著名。孟加拉王国尤其显得繁荣。涅巴达是得坎和印度斯坦间的疆界。得坎半岛地形人物的错综复杂，远过于印度斯坦，得坎的河流几乎都和印度河、恒河有着同样的神圣，恒河已经成为印度一切河流的笼统名字了。我们现在讨论着的这个大国的居民，我们称他们为印度人，是由印度河而得名的（英国人称他们为痕都人）；他们自己从没有为全族立过一个专名，因为这个民族从来就没有成为一统的帝国，可是我们仍然把它看作是一个帝国。

说到印度人的政治生活，我们首先必须考虑的，就是这个国家和中国对比下所显示出的进步。在中国，普天之下，一切居民，都处于平等地位；因此，一切政治都集中在中枢皇帝的身上，各个臣民无从取得独立和主观的自由。这种"统一"进展到了第二阶段，便是"区分"，在"统一"的、无所不包的权力下维持它的独立。一种有机的生命第一需要"一个灵魂"，第二才须分化区别，而且各在它的特殊性里发展为一个完全的系统；但是它们的活动使它们再组成上述的一个灵魂。中国便缺少这种分立的自由，它的缺点就是不同的种种没有能够取得独立性。在这方面，印度便有了主要的进步：独立的各分子是从专制权力的统一里分支了出来。然而这里应有的区分又降回到"自然"。这些区分并没有激起灵魂的活动来当作它们团结的中心，同时使这灵魂得以实现，——如像在有机的生命里便是如此——它们硬化、固定，而且由于它们呆板的性质，印度人就被判定在最退化的、精神的奴隶生活中。这里所说的各种区分便是指着社会阶层而言。每一个合理的国家里，都有各种区分，必然会表现它们自己，各个人必须达到主观的自由，使各种区分得以从自身出现。但是印度文化还没有认识所谓自由和内在的道德；它所有的区分仅仅是职业上的和关于公民条件上区分而已。在一个自由的国家里，这种区分也造成了各种特殊的圈子，但是它们结合的方式，在使各分子都能维持它的个性。在印度只有一种民众方面的区分，——但是这种区分影响了整个政治生活和宗教意识。因此，印度阶层的区分，就像中国的"统一"一样，始终是在"实体性"的同一原始的程度下；换句话说，它们并不是个人自由的主观性的结果。

当我们考查一个国家的概念和它的各种职能时，我们认为第一个主要的职能，就是以完全"普遍的东西"为目的；人类首先在宗教上，后来在科学上，意识到这"普遍的东西"。上帝、"神圣的东西"，就是绝对地"普遍的东西"。所以最高的阶层乃是以"神圣的东西"提示于大众的阶层——僧侣或者婆罗门阶层。第二个因素或者阶层代表主观的权力和勇气。这一种权力必须振作它自己，使全体能够对于诸如此类的多数总体或者国家，维持它的土地和保持它的完整。这个阶层就是武士和统治者——刹帝利阶层；不过婆罗门也常常成为统治者。第三种公认的职业等级是和人生的特殊方面有关的——是满足人生的需要的——包括农业、工艺和贸易；就是生产者或者毗舍阶层。末了第四个阶层，便是服役的阶层，只是他人享乐的工具，专为他人工作，所得的工资只够糊口——就是奴役或者首陀罗阶层。正当地说来，这个奴役阶层在国家内不成为特殊的、有机的阶层，因为它的分子只为人服役：他们的职业各不相同，而且附属于上述各阶层。

对于通常"阶层"的存在，一向有着一种异议——尤其是现代更加如此——这种异议是考虑了国家的抽象公平方面而起的。但是国家生活上的平等是一件绝对不可能的事情，因为性和年龄上的个别区分永远抹杀不掉；就算一切公民都有参预政治的平等权利，妇女和儿童终究是要立刻遭到排斥、不得参预的。贫和富的区分、才和能的势力一样地不容漠视——可以把这种抽象的议论完全驳倒。我们一方面了解了印度有这种阶层的区分和相连带的职业上的不同，同时我们知道印度有一种特殊情形，就是个人所隶属的阶层，在他出生时就已经完全决定了，以后一生就属于这个阶层。我们看见发生的具体生动性就在这里又沉入死海之中。一条铁链勒毙了含苞欲放的生命。这些阶层区分所引起的自由实现的外貌因此便完全毁灭了。凡是在出生时已经分就的种种，人力无权使它们复合：所以各阶层自始便不能互相混合、互相结婚。就是阿立安（见印度十一）也估计已经有了七个阶层，近代所分更在三十以上；这些阶层都是由各阶层的结合而发生的。多妻主义必然引起这种结果。例如一个婆罗门，假如他已经从他自己的阶层内，配了第一房妻室，那末，还可以在其他三个阶层内，再娶三房妻室。这种混合婚姻所生的子嗣本来不属于任何阶层，但是有一位君主发明了区分这些无阶层人的方法，这又连带地引起了艺术和制造。上述的子嗣被派从事某一特种业务：一部分成为织工，另一部分成为铁工，这些不同的职业因此便产生了不同的阶层。这些混合阶层中的最高阶层便是婆罗门娶了武士阶层为妻所生的子嗣；最低阶层叫做旃陀罗，他们的职司是搬移死尸、处决罪犯和执行各种不洁的事务。这一个阶层的份子是被鄙夷排斥的，他们不得不分别生活，和他人隔绝。旃陀罗遇着上层人民经过，必须回避一旁，没有回避的人，婆罗门可以把他打倒。一池清水经过旃陀罗取饮后，便算是玷污了，非重新奉祀不可。

我们如今便得考虑这些阶层的相互关系。它们的渊源是一段神话，

135

据称婆罗门阶层出自梵天的口，武士阶层出自梵天的两臂，手工业生产阶层出自他的臀部，服役阶层出自他的脚。许多史家提出了一种假设，认为婆罗门原来自成一个僧侣国族，这个杜撰尤其为婆罗门所赞许。按一个民族只由僧侣组成，当然是最大的荒谬，我们从事理来推断，可以知道，只有在一个民族内才有阶层的区分，一个国家内一定有不同的职业，这属于"精神"的、客观性的。一个阶层必然地包含另一个阶层，而普通各阶层的发生，只是一种共同生活的结果。假如没有农夫和兵士，一个僧侣的国家断然不能够存在。各阶层不能够从外面结合在一起，它们只有从内部发展出来。它们是从国家生活的里层出现，而不是从相反的方向。但是印度把这些阶层的区分归于"自然"，乃是东方一般的"观念"产生的结果。本来个人应该有权自己选择他的职业，东方却正相反，内部的主观性还没有被认为是独立的；就算各种区分自己表现了出来，也认定是个人并不为自己选择某一种职业，而是"自然"指定给他的。中国的人民——没有阶级的分别——依赖各种的法律和皇帝的道德意志，所以是依赖一个人的意志。柏拉图在他的《理想国》中把各种阶级从事不同职业的事宜，归统治的首长来选择处置。所以这是由一种道德的、精神的因素来做决定的因数。印度是以"自然"为这种统治的首长。但是假如这些区分只限于人世业务方面——客观的"精神"的各种形式方面，那末，这种自然的命运也不至于造成印度那样退化的程度。在欧洲中古时代的封建政治下，各个人也是为某种特定的生活所束缚，但是在任何人之上还有一个"高等的存在"，高出于世间最崇高的权威，而且任何人都可以升入僧侣的阶级。这是极大的区别，这里宗教对于一切人据有同等的地位；换句话说，工人的儿子虽然常常是工人，农民的儿子虽然常常是农民，自由的选择虽然常常为各种限制的环境所限制，宗教的因素却对于人人结着同样的关系，宗教赋予人人以一种绝对的价值。印度却截然相反。基督教世界和印度的社会阶层还有一种区别，就是我们基督教世界中，每一个阶级人人都具有道德上的尊严。在这一点上，高等阶级和低等阶级是平等的；而且宗教既然普照各色人等的上界，每一个阶级又取得了法律上的平等——人权和私产权。印度如前所述，事实上多种差别不但推及到"精神"的客观性，而且推及到它的绝对的内在性，使它的一切关系都因此而涸竭了——道德、正义和诚信都无从觅得了。

每一阶层都有它的特殊义务和权利。因此，这种种义务和权利并不被认为属于一般人类，而是属于一个特殊阶层。我们说，"勇敢是一种德行"，印度人却相反地说，"勇敢乃是刹帝利的德行"。一般人道观念、人生义务和人生感情并不自行表现出来；我们只看见特殊阶层的义务。一切事物都僵硬化为这些区分，而且在僵硬化之上，一切遭遇反复无定。道德和人生尊严是没有的；邪恶的热情高涨横流；"精神"飘流入于"梦的世界"，而最高的状态就是"绝灭"。

要想更进一步了解，究竟婆罗门是什么，婆罗门的威严从何而起，我们必须研究印度宗教和它所包括的多种概念，这些我们后来将加以复述；因为各阶层的各别的权利，是以一种宗教的关系为基础的。梵天（中性）是宗教上的无上主宰，但是除此以外还有几个主要的神祇，如梵天（阳性）、毗湿奴或者讫哩湿那——赋形于无限不同的形式中——和湿婆，这三者形成相连续的三位一体。梵天（阳性）的地位最崇高；但是毗湿奴或者讫哩湿那、湿婆，再有太阳、空气等等，也都是梵天（中性），就是"实体的统一"。印度人不用牺牲来敬祀梵天本身，但是对于其他一切偶像都吟诵祈祷。梵天本身是"万物的实体的统一"。人类最高的宗教的关系，所以便是提高到梵天境界。假如我们问一个婆罗门，什么叫做梵天，他就会回答："当我反求己身之内，摒绝一切外界感觉，而对自己说南无，这便是梵天。"和上帝作抽象的结合，便在这种发自人性的抽象观念中实现。这一种抽象观念有时可以使其他一切都不变更，像暂时激起的虔诚的感情便是如此。但是在印度人中间，它对于一切具体的，全都采取一种消极的或者否定的态度；而这种冥想出神便算是最高的状态，印度人由此达到神明。婆罗门阶层因为他们的出生关系，是已经具有"神圣"的成分。所以，阶层的区分附带有一种现世神祇和平常凡人的区分。其他各阶层也可以参与一种"再生";但是他们必须使自己受到无数的自弃、苦刑和戒行。鄙夷生命和贱视人道是这种苦行的特色。非婆罗门人民中有许多人努力想取得"再生"。他们叫做"苦行师"（Yogis，或译为瑜伽派信徒）。一位英国人在前往西藏晋见达赖喇嘛的途中，遇见了一位苦行师，叙述这件事情如下：这位苦行师已经修到婆罗门尊严的第二级里。他不坐不睡，日夜地站立了十二年，才修毕了第一级。起初他把自己缚在树身上，后来他便习惯了立着睡眠。第二级规定，他必须把两只手在头顶上紧紧地握住十二年，不得中断。他的指甲差不多已经长到手里去了。第三级的及格通过并没有一定的方式；苦行师通常必须在五火之间度过一天，五火就是太阳和天堂四角的四火。这时他必须在火上摇来摇去，这一种仪式必须持续三时三刻。据亲眼看到这种仪式的英国人说，半小时内那位苦行师就遍体流血，于是他便被搬了下来，当场气绝身死。假如这场磨难居然也能够渡过，这位有志的人终究还是要被活活地埋葬掉，就是以直立的姿势，站在土中，四周覆以泥土；三小时三刻钟以后，他被移出，假如一息还存，便算是终于得到了婆罗门内在的权力。

因此，任何人必须否定了他自己的生存，方才能够得到婆罗门的权力。这种否定到了它最高的程度，便是意识昏昏然，心灵上完全宁止不动——一切情感和一切意志都已经灭绝——这一种情况在佛教中也算是最上乘的。无论在其他方面印度人是怎样的懦怯，但是他们显然毫无踌躇，可以把自己在"最高无上"——清净"灭绝"之前牺牲掉了。更足以证明这一点，就是例如丈夫死后，他们的妻子们多把自己烧死。如果有一个妇女违背了这种制度，她便被社会所摒弃，在寂寞中死去。一个英国人说，他又看见过，有一个妇女因为丧子而要把自己烧死。他尽力开导这个妇女，劝她改变宗旨；最后他请站立旁观的她的丈夫出来干涉，但是他毫不动心，他说，他家中还有更多的老婆。妇女二十人同时自投恒河也是常见的事情，一位英国旅行家在喜玛拉雅山间遇到妇女三人，寻觅恒河的发源地，企图在这条圣河中结束她们的生命。在孟加拉湾上的奥理萨地方那个著名的札格尔那特庙中，举行一次宗教盛会，到会的有好几万印度人，毗湿奴的神像高高地供在一辆车里，大约有五百人推着车走，更有许多人自投在车轮前面而被辗成片段。整个海滩上就满布着这样自己牺牲自己的人的躯体。残杀婴儿也是印度普通常见的事情，多数母亲把婴孩投掷在恒河中，或者任凭他们在强烈的日光下晒得憔悴而终于死去。凡是因为尊重人类生命而起的道德观念，在印度全然没有。除了上述种种以外，人生行为上又有无限修正，都趋向于灭绝的一途。如像希腊人唤做"裸体哲人"的，便抱着相同的行为原则。赤裸裸不穿衣服的"游方僧"，没有职业，到处飘荡，仿佛天主教会里的乞丐托钵僧，靠他人的施舍度日，以达到最高度的清净寂灭为目的，——他们努力想求得意识的完全死灭，从这一点过渡到肉体的死亡，并不相去多远。

　　这种崇高程度在其他人等必须苦行修持，才能够达到，如像上面所已经说过的；但是在婆罗门阶层，却是与生俱来的权利。因此，另一阶层的印度人必须崇奉婆罗门如神明，俯伏在他前面，向他说道："您便是神。"当然，这种崇高程度和道德的行为完全不相干，——因为一切的内在性不存在——只是依赖遵守各种纯属外表的枝枝节节的仪式。据说人的一生应该永远崇奉神祇。我们只要考虑到这类普通的教条所取的具体形式，就可以明了它们是多么空洞的。这些教条必须加以另一种解释，才能够算是有意义。婆罗门是现世的神祇，但是比起"自然"来，他们的精神性还没有反映到内部去；因此，一种不关重要的东西具有了绝对的重要性。婆罗门的职司，是以念诵《四吠陀经》为主，只有他们才有念诵《四吠陀经》的权利。假如一个首陀念了《四吠陀经》，或者偷听了念诵的《四吠陀经》，他便要受到严厉的刑罚，他的耳朵里便要被灌进沸油。约束婆罗门的外面的戒律多得不得了，《玛奴法典》把这种戒律当作最重要的功课。婆罗门早起必须站在某一足上，于是在河里沐浴；他的头发和指甲必须剪成整齐的曲线，他的全身洁净，他的衣服纯白；他的手里拿着一根特种的手杖；他的耳朵上戴着一个赤金的耳环。假使婆罗门遇见了较低阶层的人，他必须回去净身。他还得用不同的方式诵读《四吠陀经》：一字一字地分别了念，或者隔句重读，或者从后倒读。他在日出日落、或者云气蔽日、或者水中反映出日影的时候，不得眺望太阳。他不准跨过系着犊牛的绳索，或者在下雨的时候外出。当他的妻子饮食、打喷嚏、张口凝视、或者安然而坐的时候，他不得向她看望。吃午膳时他可以只穿一件衣服，就浴时可永远不得完全赤裸。这些规条的琐细，特别从婆罗门对于自然界景象应守的戒律可以看出。当他在大道中、灰土上、田壤间、小山头、白蚁巢边、燃料木材上、沟渠里、河岸上等等地方行走或者站立的时候，他不得观看太阳、水、或者动物。白天他大体上应该面对北方，晚间应该面对南方；只有在阴荫里，他们才可以随便转动。无论什么人要想长生，就不可以践踏陶器碎片、棉籽、灰土、禾谷或者自己的便溺。在《摩诃婆罗达》诗中，述及那娜的故事，说是有一位二十一岁的处女——女子到了这个年龄，有权自择夫婿——在她的求婚人当中举行选择。求婚的一共有五个人，但是那个女子发觉其中四人都站立不稳，因此很正确地推论，说他们都是神人。所以她便选中了第五人，是一个真正男子。然而除掉这四位被弃的神祇以外，还有两位恶意的神祇，因为没有被选中，就决心报复。他们严密伺察着那个女子的丈夫生活上的一举一动，目的在找出一些错处，便可加以伤害。但是这位丈夫并没有可以给人指摘的地方，直到后来偶然不小心，践踏了自己的便溺。神祇现在既然有所藉口，便使他纵情赌博，结果，他就堕入了地狱中。

婆罗门在一方面虽然受到这些严厉的限制和规条，在另一方面他们的生命却是神圣不可侵犯的；他们对于任何种犯罪都不负责任，他们的产业不容侵犯。统治者能够惩罚他们的，不过是放逐罢了。英国人企图在印度实行陪审制——陪审官半数为欧洲人，半数为印度人，——便将这事交给本地人民去商议，陪审官应该具有些什么职权。印度人主张要有许多的例外和限制。他们说，其他暂且不论，他们不许把一个婆罗门判决死刑；至于查验死尸，更是不能想象。虽然对于武士，所取利息可以高到三厘，生产阶级可以高到四厘，但是一个婆罗门所付的利息决不容许在二厘以上。婆罗门具有这样一种神通，凡是胆敢逮捕或者没收他私产的国王，便要被天火殛死。虽然最卑贱的婆罗门也是远胜于一国的君主。他如果和国君谈话，就算亵渎了他的神圣；又如他的女儿选择了一位王子为婿，就算辱没了阶层。《玛奴法典》中说道："如果有人敢于教训婆罗门，国王应该下令把沸油灌到这个人的两耳和口中去。如果有仅仅是一度生的人敢于斥责两度生的人，就应该拿十吋长的烧红了的铁棒贯入他的口中去。"如果一个首陀胆敢坐在婆罗门的椅子里休息，他所受的刑罚是用炽红的烙铁刺入背部；如果胆敢用手或脚去推、踢婆罗门，那就得斫去他的手或脚了。为了使一个婆罗门得以开释罪名起见，居然准人做假见证，在法庭上撒谎。

婆罗门要比其他各阶层来得优越，同时，这些阶层又各依名次，对那些比它们低下一点的阶层享有特殊权利。假如一个首陀因为和一个巴利亚接触受了玷污，他有权当场把他打倒。一个较高阶层对于一个较低阶层是完全不准有什么人道观念的；婆罗门对于其他阶层的人，就是在生命危险中，决不想到加以援助。假如一个婆罗门娶了其他阶层的女儿做妻子——只要他已经娶了本阶层的女子为妻子，再娶其他阶层是准许的，已如前述——其他阶层就认为是极大的光荣。因此，婆罗门有着随便要娶几房妻室的自由。每逢宗教佳节，他们径自走入稠人广众间，选取他们最欢喜的女子，而于不高兴时，又可以随意再把她们遣散。

假如一个婆罗门或者任何其他阶层的一分子违犯了以上所列举的法律和教条，他本人就被逐出阶层，要想再被收容，必须将一长钩贯穿他自己的臀部，在空中往来摆动若干次。此外，还有别种回到阶层来的办法。一位国君自以为受了一个英国总督的侵害，便派了两名婆罗门前往英格兰去诉冤。但是印度人照例不可以跨渡海洋，这批使臣一回来，就被宣判开除阶层，为了回到阶层起见，他们必须从一个赤金母牛体内再度投生。但是结果却把这个罚律减轻了，那母牛可以用木制的，只有规定他们要爬过的那部分必须用黄金制成。这种种惯例和宗教戒条为每一阶层所应遵守，常常使英国人迷惑得不知所措，尤其是在招募印度兵的时候。他们起初从首陀阶层招募，因为无须遵守这么许多的条例，但是这批人一点不能用，所以他们掉头向刹帝利阶层来设法。可是这个阶层又有无数的规则要遵守——他们不得食肉，不得碰死尸，不得在畜牲或者欧洲人饮过的池中取饮，不得就食他人所煮的食物等等。每一个印度人只担任一定的职务，而不问他事，所以一个人要雇用许多仆役——尉官一名要雇三十，校官一名要雇六十。每一阶层有它自己的职务，阶层愈卑，职务愈少；而且因为每个人自出生后就有了他固定的身份，所以在这种规定的部署以外，一切都听凭暴力的支配。《玛奴法典》中，刑罚随阶层卑贱而比例地增加，其他方面也都有区分。假如一个较高阶层的人控诉一个较低阶层的人，查无实据，控诉人不受处分；假如两者掉换过来的话，便有非常严厉的刑罚。只有窃盗的案件属于例外，这类案件，阶层愈高，处罚愈重。

讲到财产方面，婆罗门极占便宜，因为他们无须纳税。君主征取其他臣民的田产收入的一半；另外一半拿来支付耕种成本和劳工生活。在印度，所耕田亩究竟是属于耕田的人或者属于庄主，是一个极度重要的问题。英国人要想对这一问题得到明白的了解，曾经感受许多困难。当他们征服了孟加拉的时候，最重要的事情便是决定私产征税的方式，他们必须规定这种税课应该由佃户或者地主担任。他们决定了向地主征税，但是结果呢，各地主居然独断独行起来：把佃户驱逐走了，声称某某田地不在耕种之列，藉此减除了税课。接着他们又召回被驱逐的佃户，改作按日的短工，给予低微的工资，把田地放在自己名下耕种。如前面所述，每一个乡村的全部收入都分做两部分，一部分属于国君，另一部分属于农民；但是同时又比例地摊给村长、法官、测水吏、主持宗教祭祀的婆罗门、占星家（也是一个婆罗门，专事宣布日期的吉凶）、金属匠、木匠、陶冶、浣洗人、理发匠、医师、舞女、音乐师和诗人。这个办法是规定的、不变的，不是任何人可以随意更改的。所以，对于一切政治的革命，普通印度人漠不关心，因为他的命运是注定了的。

　　各阶层间关系的叙述，直接引导我们到宗教的观察。因为前面已经说过，各阶层的束缚，但是世俗的，而且主要是宗教的，尊严的，婆罗门就是具体现世的神祇。《玛奴法典》说："不要让国王在最急需的时候激起婆罗门的反感，因为他们的力量能够使他毁灭——他们创造了火、日、月等等。"他们既然不是神的属下，也不是人民的仆役，对于其他阶层，他们便是神——这一种局面造成了印度人颠倒错乱的心理。那种梦幻的"精神"和自然的"统一"，对于一切现象和一切关系都惊愕失措，这便是我们已经认识的"印度精神"的原则。所以"印度神话"只是一种荒诞的狂想，其中一切都没有定式，使人突然从最下贱的到最高尚的，从最尊贵的到最烦琐可厌的。因此要发现印度人对于中性婆罗摩究竟有些什么了解，也是困难的事情。我们每每容易把我们对于"最高神圣"——"唯一"——"天地的创造者"的概念，拿来适用于印度的中性婆罗摩。梵天和中性婆罗摩显然不同，前者是一个人格，同毗湿奴和湿婆都处于一种对比的关系。所以许多人把"最高神圣"称做婆罗梵天。英国人为了明了中性婆罗摩究竟作什么解释，很费了一番周折。威尔福特声称：印度概念中承认两重上天：一重是世间的天堂，一重是精神意义上的天堂。为了达到这两重天堂，据称必须使用两种不同的礼拜方式。第一种是外表的仪式，就是"偶像崇拜"；第二种规定"最高的存在"应该在精神上加以崇拜。依照第二种方式，各种祭祀、牺牲、净洁、朝香都是不必要的。这位权威作家又称，印度人很少愿意实行第二种方式的，因为他们不了解第二种天堂究竟有什么快乐；假如我们问印度人，他是否崇拜偶像，人人答称"是"。但是再问他："你崇拜最高的存在吗？"人人答称"不"。假如再提出一个问题："你们有几位饱学先生说起的静默沉思的办法，究竟有些什么意义呢？"他们答道："当我向多数天神中的一位祈祷时，我坐下来——把一只脚搁在另一只脚的膝盖上——仰看上天，两手叠起，不发一言，安静地使我的思想升腾；于是我说，我就是中性婆罗摩最高的存在。我们因为'错解'的原故，自己并不觉得是中性婆罗摩（'错解'是色空世界造成的幻觉）。我们是不准向它祈祷，也不准祭祀它本身的，因为这样便是崇拜我们自己了。所以我们每一次总是只向中性婆罗摩的表象祈祷。"如果要把这些观念用我们西方的思想过程翻译出来，我们应该把中性婆罗摩称作思想本身的纯粹的统一——就是天神在他的生存的简单方面。印度人并没有为它建筑神庙，并不向它致祭。同样地在天主教里，各教堂并不是为上帝建筑的，而是为众圣而建筑。其他对于中性婆罗摩的概念加以考究的英国人，以为中性婆罗摩是一个无意义的形容字，可以适用于一切神祇：所以毗湿奴说道，"我是中性婆罗摩"；太阳、空气和海洋也叫做中性婆罗摩。按照这种假设，中性婆罗摩就是在单纯状态里的实体，而它的本质使它扩展为种类无限的不同现象。要知道这个抽象观念、这个纯粹的统一，实在是"全体"的基础，——一切实际生存的根芽。认识了这个统一，一切客观性便都消失了；因为纯粹的"抽象"便是空而又空的认识。要在有生命的时候，达到这种"生命的死亡"——来造成这一种抽象——必须消灭一切道德的活动和一切道德的意志，而且一切的认识也得消灭，就像在佛教中一样；以前所述的种种苦行，便是以取得这种"生命的死亡"、这种抽象作为目的或者对象。

中性婆罗摩这个抽象观念的补充，就是具体的内容；因为印度宗教的原则是"众殊相的显现"（现形为"显身"）。因此这些现形全都属于那个抽象的"思想的纯洁性"范围以外，而是从那个统一里蜕化出来的东西，构成感觉世界里的千态万状，构成那些在直接的形态中的思想区别。一切具体的内容便是这样地和精神脱离，而万物中，除掉被再度吸收在中性婆罗摩的纯粹的理想性以内的之外，都是显得混乱到了极点。所以其他的神祇都是有色相的事物：例如山岳、河川、禽兽、太阳、月亮、恒河等。继起的时期便是把这种千态万状集中为种种实体的区别，并且理解它们为许多神圣的人物。毗湿奴、湿婆、摩诃提婆和梵天的分别便由于此。毗湿奴所寄托的那些现世相中，神现身为凡人，这些凡人都是历史的人物，曾经实行许多变革，并且造成许多新纪元。生殖能力也一样是一种有实体的形态；在印度人各种洞穴和宝塔里面，总是用阳具来象征阳性生殖力，莲花象征阴性生殖力。

上述这种二元性——抽象的统一性为一方面，抽象的感官的特殊性为另一方面——恰恰针对着人和神关系上的双重的崇拜方式。这种二元性的崇拜，一方面是纯粹的自我超拔这个抽象观念——实在的、自我意识的灭绝；这一种否定性结果，一则表现于无意识境界的达到，一则表现于自杀和伤害自己来灭绝一切可以称为生命的东西。另一方面就是放纵过度，无法无天；所有一切个性的意识，已经因为沉湎于单纯自然之中，消失无踪；所以个性便单纯地自然成为二而一的东西——泯灭了它和"自然"不同的意识。因为这个原故，在所有的七级浮屠里面，没有不容留娼妓舞女的，她们奉了婆罗门的命令，专心学习舞蹈，务必要使姿态美丽，身段动人，而一切众生，凡是缴纳了一定的夜度资，都可以和她们真个销魂。在这种地方，什么教训，什么宗教和道德的关系都谈不上了。在一方面，"仁爱"——"天堂"——总之，一切精神的事物——全都被印度人的狂想想象出来，然而在另一方面，他的概念又有一种现实的、肉欲的具体发泄，他放纵淫佚，把他自己沉沦于单纯的自然之中。宗教崇拜的各种对象，如果不是人工所制作的许多奇怪的形态，便是"自然"界里的东西。任何飞鸟、任何猕猴，都是一位现世神、一位绝对地普遍的本质。要叫印度人把许多合理的宾辞附加到一个对象上面，藉此来认识这个对象，牢牢地把握在心头，这是他所做不到的，因为这必须经过反省。一方面，一种普遍的本质是被错误地转变到肉感的客观性，同时，那肉感的客观性又从它的确定的性格转变到普遍性——这一种过程使得这客观性失却了立场而变为漫无限制。

假如我们进一步问，印度人的宗教究竟把印度人的道德表现到怎样的程度，答复必然是这样：它们的宗教远离他们的道德，就像中性婆罗摩远离以它为本质的具体的内容一样。对于我们西方人，宗教便是"本质"的认识——实际上就是我们的"本质"——所以便是我们的知识和意志的实体；知识和意志正当的任务便是去做这种基本的实体的明镜。

但是要做到这个任务，这个"本质"必须在本身上是一个个人，它追求着的神圣的目的，必须是能够成为人类行动的内容。这一种把上帝作为普遍的基础或者人类行动的实体的观念——这一种道德在印度人中间一定找不到；因为他们并不把"精神的"作为他们的意识的目的。一方面，他们所谓德行便是从一切活动里抽象出来——这种境界他们叫做中性婆罗摩。在另一方面，他们的一举一动都是规定好了的外面的惯例；不是自由的活动——内在人格的结果。所以印度人的道德状况，如像上面已经说过的，表现得那样地肆无忌惮。关于这一点，每一个英国人都是同意的。我们对于印度人道德的判断，每每容易为他们的温和柔顺的情性、美丽悱恻的空想所歪曲。但是我们必须想一想，在那些完全腐化的民族里，人民性格常常有几方面显得温柔而且高贵。我们读到许多中国诗词，其中描写着爱情方面最温柔的关系；从那里面找得到深情、谦逊、廉耻、礼义的刻画；我们可以拿它们来比较欧罗巴文学里最好的杰作。我们看见相同的特质在许多印度诗中；但是伦常、道德、精神自由、个人权利的意识等等，全都隔离开了。精神的和物质的生存的灭绝，并不含有什么具体的东西；而且在抽象的"普遍性"里的那种沉溺，和现实并没有联系。欺骗和狡诈是印度人的根本特性。欺诈、偷窃，抢劫、杀人，在他是已经习惯成了自然。在一位战胜者、一位主人面前，他是恭顺匐伏、摇尾乞怜，但是在一个战败者、一个臣属面前，他又是完全残酷暴虐、毫无顾忌。印度人仁爱、人道的特征，便是他们不杀禽兽，替各种畜牲——尤其是母牛和猕猴，设立了许多设备丰富的医院；然而四境之内，竟然找不到一个为了照顾疾病、老弱的人类而设立的机关。印度人连蚂蚁也不肯踏死半个，但是遇到饥饿将死的流亡人，他们却毫不关心。婆罗门尤其来得不道德。据英国人报告，婆罗门除了吃饭睡觉以外，不做一事。凡是他们教规所不禁的事情，他们完全放任他们自然的冲动。当他们参加任何公务的时候，他们显得贪婪、好色，狡诈、寡信。对于他们不得不畏惧的人，他们就谦恭得很；但是在这方面受了气，便拿那些依赖他们的人来出气。一位英国人说过："我不知道他们中间有没有半个诚实的人。"子女对于父母毫不尊敬，儿子多虐待母亲。

　　关于印度的艺术和科学，如果详细讲述，未免离题太远了。但是我们可以一般地说，那种风传得很有名的印度智慧，并没有因为世人对于它的真价值得了较为正确的认识而有所减色。根据印度那个自弃自绝的纯粹"理想性"的原则，以及那种走到相反的、极度肉感性的千态万状，印度所能发展的只有抽象的思想和想象了。例如他们的文法，已进步到了高度的坚固性；然而讲到各种科学和艺术作品的实体材料，那就搜寻不出这种坚固性。英国人做了印度的主人翁以后，他们便开始做印度文化的恢复工作，威廉·琼斯首先发掘了"黄金时代"的诗歌。英国人在加尔各答表演了各种戏剧，于是婆罗门也跟着表演起来，演出诃利陀沙的《娑困达娜》一剧和其他各剧。在考古的热忱中，印度文化被推崇到了极点；而且照常情来说，新的美既然陆续有所发现，旧的美往往就被一般人所轻视。印度的诗和哲学被赞扬为远在希腊之上。对于我们的研究上，最重要的文件便是印度古代的宗教典册，尤其是《四吠陀经》。吠陀有许多部分，其中第四部较为晚出。一半是宗教的祷文，另一半是应守的教条。有些《四吠陀经》的经册已经流入欧洲，不过完全的善本是很稀罕的。它们的文字是用一支针刻画在棕叶上的。《四吠陀经》都是异常难解，因为它们时期既然极古，而且文字又是一种比较很古的梵文。虽说科心布鲁克已经译了一部分，但是这一部分或许也是采取了一种注疏，这类注疏数目很多。[1] 两首伟大的史诗，叫做《罗摩衍那》和《摩诃婆罗达》，也传到了欧洲。四摺页本子的《罗摩衍那》已经印行了三卷，第二卷又是极度地稀罕。[2] 除了这几部书以外，尚有《富兰那》也必须特别加以注意。《富兰那》是关于一位神或者一座

　　[1]　居于伦敦的洛赠教授，晚近对于这事曾经作了彻底的研究，译出一段文字做范型，叫做《黎俱吠陀范型》，伦敦，一八三〇年（自洛赠教授逝世后，《黎俱吠陀》全部以自他的遗稿内编订出版，伦敦，一八三九年）。
　　[2]　德国原编者注称："舒勒格已经将第一卷和第二卷印行；《摩诃婆罗达》事迹中最重要的部分已经由波普介绍给了大家，全书也已经在加尔各答出版。"

庙的历史，里面充满了幻想。再有一部印度经籍便是《玛奴法典》。曾经有人把这位印度立法家和克利特的"迈诺斯"相比，——"迈诺斯"这一个名字在埃及人当中也看得到；这同一名字的常常发现当然是值得注意的事情，而不可以指为偶然。玛奴的《礼教法典》（出版于加尔各答，附有威谦·琼斯爵士的英文译本）乃是印度法律的基础，它的开场便是一部神统纪，内容不但和其他民族的神话概念完全不同，而且和印度的传说也有本质上的差别。原来在印度传说里也只有寥寥几点重要的特色是全体一贯的。其他种种方面，一切都受机会、任性和幻想的支配；结果，便是形形色色的传说、错综纷纭的状态和姓名，继续不断地出现着。《玛奴法典》究竟是在哪年哪月编订的，完全无从查考了。各种传说追溯到耶稣降生前二千三百年；据说有一代叫做"太阳的子女"，继起的一代叫做"月亮的子女"。我们可以断言的，只是这部法典渊源极古；它对于英国人极其重要，因为他们的印度法律知识，都是从它那里面取得的。

我们已经从印度阶层的区分以及宗教和文学方面，阐述了印度的原则，我们也要提到他们的政治生存，那就是印度国家的基本原则。一个国家是"精神"的一种实现，就是"精神"自觉的存在、"意志"的自由，作为法律的实现。这一种法律必然地预先假定自由意志的意识。在中国那个国家里，皇帝的道德意志便是法律：但是这样一来，主观的、内在的自由便被压抑下去，"自由的法律"只从个人外界方面管理他们。在印度，这种想象的主观性便是一种"自然的"和"精神的"的统一，其中"自然的东西"在一方面并不表现为一个理智的世界，而"精神的东西"在另一方面也并不表现为和"自然"相对待的自觉。这里缺少原则的对峙。"自由"——无论它是抽象的意志或者主观的自由——这里都没有。国家的特别基础——自由的原则，全然没有；因为这个原故，这里没有真正的"国家"。这是第一点：假如中国完全是一个国家，印度的政治本质只是一个民族，不是国家。第二点，假如中国是一种道德的专制政体，在印度便可以称为政治生活的遗迹的，就是一种没有一个原则、没有什么道德和宗教规律的专制政体，因为道德和宗教（就宗教对于人类行动有关系的方面来说）都以"意志"的自由为它们的必要的条件和基础。所以在印度，那种最专横的、邪恶的、堕落的专制政治横行无忌。中国、波斯、土耳其——事实上，亚细亚洲全部——都是专制政体，而且是恶劣的暴君政治的舞台；但是这种政治都是被看作是违背常理，而且为宗教所不许，为各个人的道德意识所谴责。在那些国家内，虐政激起人民的公愤；他们憎恨虐政，感觉是一种沉重的压迫。对于他们，虐政是一种意外偶然的事情，是不寻常的，是不应当存在的。但是在印度虐政却是经常的；因为在这里没有可以和专制政体相比较的个人独立的意识，来引起心灵的反抗；只余下肉体上的痛苦、绝对必需品和快乐的缺乏，从而包含一种否定的感觉。

在这种情形之下的民族里，那个含有双关的意义的我们所谓"历史"，是无从发现的；而在这一点上，印度和中国的区别也最清楚、最显著。中国人具有最准确的国史，前面已经说过了，中国凡是有所措施，都预备给历史上登载个仔细明白。印度则恰好相反。虽然在晚近发现印度文献的宝藏里，我们知道印度人在几何学、天文学和代数学方面曾经享有很大的名誉——他们在哲学方面曾经有很大的进展，而且他们对于文法学所下的功夫很深，当代就没有任何语言文字比较梵文更为发达完备——但是关于历史一门却完全忽略，简直可以说是没有什么历史。因为"历史"这样东西需要理智——就是在一种独立的客观的眼光下去观察一个对象，并且了解它和其他对象间合理的联系的这一种能力。所以只有那些民族，它们已经达到相当的发展程度，并且能够从这一点出发，个人已经了解他们自己是为本身而存在的，就是有自我意识的时候，那种民族才有"历史"和一般散文。

我们要评量中国人，应当看他们在整个国家里的成就。他们既然取得了不依赖"自然"的生存，同时他们又能够看出对象间的区别——对象的现实形态，——看出对象确定的方式和相互间的联系。印度人就不是这样，他们自从呱呱坠地，便被交付给了一种不可抵抗的命运，同时

149

他们的"精神"又提高到了"理想性";所以他们的心头显出矛盾的、互相抵触的各种过程,一方面许多一定的合理的概念消散在他们的"理想性"中间,另一方面这个"理想性"又降而为形形色色的感官的事物。这就使得他们没有著作历史的能力。人世间发生的一切事情都在他们的心头上幻为错乱的梦境。凡是我们所谓历史的真理和正确性——对于种种事象的理智的、深思的理解和记载上的忠实——这类的东西在印度人中一概都找不到。找不到的理由我们解释起来,一部分是由于他们神经的兴奋和虚弱,这使他们无从把一个对象保持在心头,无从去确实地了解一个对象,因为在他们的认识中间,一种敏感的和想象的气质把对象一变而为狂热的梦想,另一部分是因为真实性和他们的本性截然不相容。他们对于决不会误解的事物,甚至也要明知故犯地撒谎。由于印度"精神"既然是一种心不在焉的梦境——一种忘掉自己的放纵——所以它使种种对象也放纵为不真的形象和不定的空虚。这一点绝对地是他们的特色;而且只有这点才可以使我们对于印度人的"精神"有一个明白的观念,我们以前所说的种种都可以从这个观念里演绎出来。

然而历史对于一个民族永远是非常重要的;因为他们靠了历史,才能够意识到他们自己的"精神"表现在"法律"、"礼节"、"风俗"和"事功"上的发展行程。"法律"所表现的风俗和设备,在本质上是民族生存的永久的东西。然而"历史"给予一个民族以他们自己的形象,在一种情况之中,这种情况因此变为客观的情况。假如没有"历史",他们在时间上的生存,在本身中便是盲目的——任性在多种形式下重复表演而已。历史使这种偶然性停止,——给了它一种普遍性的形式,因此也就把它安置在一条指定的和限制的规律之下。"历史"又是一种主要的工具,可以用来发展和决定"宪法"——这就是说,一种合理的政治状况;因为"历史"是产生"普遍性的东西"的经验的方法,因为它给各种观念成立了一个永久的东西。——因为印度人没有纪事的历史,所以他们也没有事实的历史,那就是说,他们没有发展到真实的政治状况。

印度典籍中也提起各种时期，其中多数常常具有天文方面的意义，但是更可以说，那都是从前信口开河的人所定的。所以据称某某诸王治国七万年，或七万年以上。《创世记》中第一位自生的人物梵天据说享寿二百万万岁。国王的姓名被列举出来的不可胜数，其中还有毗湿奴神各肉身的名字在内。假如拿这类记载作为历史，那真是滑天下之大稽了。印度人的诗中常常讲到帝王，这些帝王也许是历史的人物，可是他们完全埋没在寓言当中；例如据说他们遁迹红尘之外，经过了一万年的寂寞隐居，再度出现。因此，上述的那些数字并没有通常数字的价值和合理的意义。

因为这个原因，最古而又最可靠的印度历史资料，反而要从亚历山大开了印度门路以后的希腊著作家笔下的文字里去寻找。我们从这类著述中知道，印度的制度在当年和在现在并没有什么不同；我们知道，印度北部和大夏王国交界的地方，有一位卓越的统治者叫做日护王。穆罕默德教的历史家又供给我们一些资料，因为穆罕默德教徒远在西历纪元后十世纪就开始他们的侵略。基在种族的祖先是一个土耳其奴隶。他的儿子麦玛特大帝攻进了印度斯坦，几乎把全境征服。他定都在喀布尔，诗人斐尔都西便在他的朝廷上。但是阿富汗人和蒙兀儿人的侵入境内，不久便把基在王朝灭掉了。近世纪来，差不多印度全部都隶属到了欧罗巴人下面。因此，关于印度历史的一切，我们所知道的大多是从外国的源流得来：印度本地的文献只提供了不清楚的记录。欧洲过来人的经验证明，要从印度一团糟的记录中拨云雾而见天日是不可能的。从那些铭志和公文中间，尤其是从施舍给浮屠和神庙的地产契券中间，也许可以得到比较确定的材料；然而这种文据也只能够供给一些名目姓字而已。再有一种资料来源便是天文星象的文献，时期是极古的。科尔布鲁克彻底研究过这些文字；这些册籍是非常难于取得的，因为婆罗门收藏綦密，同时它们里面又经后世加了许许多多穿凿附会的东西进去。根据研究的结果，那些关于天象的叙述常常是矛盾的，而且婆罗门多把他们自己时代里的事象，穿插到这些古昔的记载中间去。印度人固然拥有他们各个帝王的世纪年表，但都是极其荒唐无稽的；我们常常在甲表中看到比了乙表多上二十余位帝王；而且就算这些表是正确的，它们也不成其为历史。婆罗门对于真理是不管的，可以说是没有这种良心的。威尔福特大佐曾经费掉许多心力和金钱，居然从各处取得了文稿；他招集了许多婆罗门，委任他们做节录的工作，以便对于若干重大事故，诸如亚当和夏娃、"洪水"等等，可以从而探讨出来。婆罗门为了取媚于他们的雇主起见，便制造出了他们所需要的记录，但是在原稿中根本就没有这类东西。威尔福特关于这个题目著作了许多文章，到最后方才知道上了个大当，一切的心力都是白费。的确，印度人有一个确定的纪元：他们从超日王算起，《婆困达娜》的作者诃利陀沙便是这位大帝朝廷上的大臣。几位最杰出的诗人差不多都出现在这个时代。婆罗门说道："超日王的朝廷上有明珠九颗。"然而我们无从发现这个光荣灿烂的时代究竟是哪年哪月。从各种记载看来，有些人主张为西历纪元前一四九一年；另有些人则主张纪元前五〇年，这是通行的意见。朋特莱研究的结果，终于把超日王的时代定为西历纪元前十二世纪。但是更晚的研究，又发现了印度有五位、甚至八位或者九位帝王都叫做超日王，所以在这一点上，我们又弄得茫无头绪，无所适从了。

欧洲人初到印度的时候，看见的是许多的小王国，国君都是穆罕默德教和印度的君王。这种局面很类似封建的组织；而且这些小王国又分成各县区，由穆罕默德教徒或者印度武士阶层做各区的长官。这些长官的职务便是征税和主持战争；他们形成了一种贵族政体、一种国王的谘议院。但是只有在这一些国王受人畏惧的时候，他们的臣下才有权力；而且除了运用武力以外，是不能得到人民服从的。国王一日有钱，便一日有军队服从；同时邻国的国王，假如在武力上比较弱小，就得向他进贡纳税，这是在武力强迫下不得不如此。因此局面不是太平，而是不断的斗争；同时一切都没有什么发展和进步。这种斗争只是某一位君主对于另一位较弱的君主贯彻他的坚强的意志的斗争；一连串层出不穷的阴谋和暴动——当然不是臣民对于君主的暴动，而是国君的儿子反叛父亲，国君的弟兄、叔伯和侄子们相互间的叛逆暴动；还有属吏对于上司的这类暴动。历史是统治的王朝的历史，而不是一般人民的历史。我们相信这种局面虽然是欧洲人所发现的，其实还是先前较优的各种组织涣散了的结果。例如有些人也许以为蒙兀儿人统治的时候是很繁荣和光辉的，在这种政治情形之下，印度并没有被外国战胜者在宗教上和政治上侵略过。但是从诗歌的描写和古代的传说中所得到的历史线索看来，上述的时期中也一样有那种割据的情形——都是战争以及不稳定的政治关系的情况；相反地，凡是把这一时期说得天花乱坠的人只不过是一场幻想罢了。这种局面乃是前述的印度生活概念，以及这个概念必然造成的各种情形下自然而然的结局。另外，婆罗门和佛教徒各宗派之间，以及毗湿奴神信徒和湿婆神信徒之间的纷纭的门户争战，也更加促进了这种骚乱。一种共同的性质贯彻着全部印度，然而它的各邦间同时又表现着最大的不同，因此在印度甲邦内，我们遇到了极其懦弱、柔顺的性质，可是在乙邦内我们却又可以发现惊人的力量和野蛮。

在结论上，我们再把印度和中国作一番比较，我们只看到中国的特色是一种毫无想象的"理智"、一种在确定的现实中间没有诗意的生活；同时在印度世界里，可以说是没有一个对象能够被看作是现实的和确定不易的——凡事凡物没有不是在认识之初，就被想象所歪曲，变为和理智的意识所见的恰巧相反。在中国，伦常、道德构成了法律的实体，并且包罗在外界的绝对有定的关系之中；同时在一切臣属百姓头上，还有皇帝大家长的督察，他好像一位父亲，大公无私地留意着臣民的利益。在印度人当中就不同了，成为他们的根本特性的，不是中国这种的"统一"，却是纷纭的"区分"。宗教、战争、手艺、贸易，以至最琐屑不足道的业务没有不是被严格地区分开来的——这种区分构成了它们所包含的个别意志的本体，并且使这个意志的种种需要涸竭。和这种情形结合在一起的，有一种怪诞而不合理的想象，它将人类的价值和性格归属于无限的外在行动，这些行动就精神和心灵来说，都是空虚的；它又对于一切人类的福利丝毫不加顾问，甚至把惨暴残忍、危害人道看做是一种应尽的义务。那些畛域的分别严格地维持，"国家"惟一的普遍意志荡然无存，只剩下纯粹的任意放纵，到处横行，只有一定不易的阶层的区别受到保护。中国人因为有不含诗意的理智，所以把那位抽象的、无上的主宰尊敬为最高的；同时他们对于一定不易的一切，表示着一种迷信得可笑的敬重。在印度人当中，凡是和"理智"成为对立的迷信是没有的，相反地，他们的全部生活和种种观念便是一连串不断的迷信，因为在他们中间，一切都是狂想和连带的奴隶化。一切理性、道德和主观性的放弃灭绝，必须放纵在一种无限狂妄的想象里，才能够成为一种积极的感情和自己的意识；在这种想象之中，如像一个穷蹙失所的精神，它找不到休息，找不到安定的宁静，同时又没有其他的出路；仿佛一个身体和心灵都感到困乏的人，觉得他的生存完全是愚蠢和不可忍受，于是被迫而去从鸦片当中创造出一个梦的世界和一种癫狂的幸福。

第二篇（续）

印度——佛教[1]

我们现在可以离开这个印度精神"梦幻的形态"了。它在一切自然的和精神的形态里，如醉如狂，放辟邪侈到了极点；它把最粗劣的肉体感官和最深湛的思想几微同时都包含在内，就是因为这个原故——专就自由的和合理的现实性来说——才沉沦于自暴自弃、不可救药的奴隶状态之中；——在这一种奴隶状态下，和具体人生区分的那些抽象方式已经成为刻板文章，一切人类权利、人类文化已经绝对地依赖这些区分。这便是一种酩酊的生活，沉重的锁链在现实中束缚着它，同它相对照的，乃是无拘无束的梦幻生活；后者较前者为粗野——因为进步程度不高，生活方式的这种区分还没有成立——但是正因为如此，所以没有沉沦在这种区分所连带的奴隶状态中。它使自己比较更自由、比较更独立：它的理想世界因此得以化成比较简单的种种概念。

刚才所述的那个形态的"精神"所依托的基本原则，和印度各种直觉的基本原则相同。但是前者比较集中在它的自身，它的宗教比较简单，它的政治情况比较安定。各色各种的民族和国家都在这下面集合起

---

[1] 按：在黑格尔原稿和第一次讲义内，从印度婆罗门教转到佛教的那节讲演所占的地位和这里相同，况且晚近研究的结果，也认为把"佛教"一节放在这里较为适宜，因此，将本节从先前编次中分出而移置于此，不会不妥当。——原编者

来。它包含锡兰、东部印度和缅甸帝国、暹罗、安南——西藏的北部以及蒙族、回族所聚居的中国高原。我们用不着研讨这些民族的特殊性格，只需概述他们的宗教，这是他们生活最有趣的一方面。他们的宗教便是地球上最普遍的佛教。佛陀在中国尊称为佛；在锡兰为迦达摩，在西藏和蒙古人中间成为喇嘛教。佛教很早就在中国流传，引起了一种僧院的生活，它在中国的原则里成为一个不可缺少的因素。中国所特有的"实体的精神"，仅仅发展到世俗的国家生活的一种统一，这既然使个人降于一种永久依赖的地位，同时宗教也始终在一种依赖的状态下存在。它缺少自由的因素；因为它的对象是一般的"自然原则"——"天"——"万物"。但是这种"精神"在本身外存在的真理便是理想的"统一"；不受"自然"和有限存在的限制的高超地位——回到灵魂内的意识。这种因素本来包含在佛教中，传播到了中国，使中国人觉察了他们生活状况的非精神性，和拘束他们意识的那种限制。在这个宗教里——这个宗教可以通称为在本身内存在的宗教（未发达的统一）[1]——那种非精神的状况，依照两种方式或者途径，而提高到内在性；一种是否定的，一种是肯定的。

这种否定的提高便是"精神"集中于"无限的东西"，它首先必须出现于宗教的情形之下。它包含在这个基本的信条内：——"无"是万物的原则，——万物都出于"无"，都归于"无"。世界上所有一切色相都是这种过程的变化，假如对于这种种色相试行分析，他们将失却他们的性质；因为万物自身都归于一种不可分的本质，而这个本质便是"无"。这种信条和轮回之说的联系，可以拿这话来解释：我们所见的一切只是"形式"的一种变化。"精神"固有的无限性——无限的具体的独立性——是和这个现象、"宇宙"完全分离的。"抽象的无"刚好是在"有限性"之外——我们可以称为"最高的存在"。据说这个真正的"宇宙"的原则是在永恒的安定中，它自身是永恒不变的。它的本质

---

[1] 参阅黑格尔著《宗教哲学讲义》,第二版,第一部,第三八四页。

在于绝对没有任何活动和意志。因为"无"就是抽象地同本身的"统一"。所以人要想得到快乐，必须继续战胜他自己，不动、不想、不欲，藉此同化于这个原则。在这种快乐的情形之内，也就无所谓"恶"，无所谓"善"；因为真正的幸福便是和"无"的统一。人愈能解脱一切存在的特殊性，他就愈近于完成；等到一切行动全都灭绝，处于纯粹的消极之中，他就刚好像佛了。这里所述空虚的统一并不只是一种"未来"的东西——一种存在在"精神的"之外的东西——也是现在的东西；是为了人类的真理，并且应该从人类中去实现。在锡兰和缅甸帝国中——那里佛教信仰深入人心——有一个通行的见解，以为人可以从默思而免去老病和死亡。

但是假如这是"精神"从"外在性"提高到自己的否定方式，那末，这个宗教同时也进展到一种肯定方式的意识。"精神"便是那个"绝对的"东西。可是在理解精神时，究竟拿哪种一定的形式来拟想"精神"，乃是根本重要的一点。当我们西方人讲到"精神"是普遍的时候，我们知道"精神"对于我们仅仅存在于一个内心的观念里；但是要取得这个观点——要想只在思想和观念的内在性里领略"精神"——乃是一个较长时期文化过程的结果。当我们现在站在历史之中，"精神"的形式还是"直接性"。上帝是被拟想为一种直接的形式；并不是客观方面的"思想"形式。但是这种直接的形式是人类的形态。太阳和星辰并不是"精神"，只有"人类"才是精神；只有"人类"现身为佛陀、迦达摩、佛——在一个逝世的教主和喇嘛活佛的形体内——接受神圣的礼拜。"抽象的理智"通常反对这种"神人"的观念；以为这是一种缺点，以为"精神"的形式是一个直接的形式，——以为佛陀不过是"人类"。上述这种宗教的方向是和整个民族的性格相关联的。蒙古人——满布亚细亚中部直到西伯利亚，受着俄罗斯人的统治——礼拜喇嘛；和这种礼拜方式相密切结合的，便是一种简单的政治状况、一种家长制的生活；因为他们根本是一个游牧民族，只偶然才发生骚动，那时候他们都仿佛发了狂，这巨大的部落就好像怒潮一样地向外冲决。喇嘛一共有三位：最著名的是达赖喇嘛，驻节在西藏王国拉萨城内；第二位是班禅喇嘛，驻节在塔什伦布；再有第三位是在西伯利亚南部。前两位喇嘛主持两个不同的宗派，一派的喇嘛僧戴黄色小帽，另一派戴红色小帽。黄帽的喇嘛僧——由达赖喇嘛做领袖，中国皇帝也是达赖的信徒——都守独身生活，红帽的一派就可以娶妻。英国人和班禅喇嘛已经结有相当交情，并且对于他做了各种访问记载。

佛教的喇嘛主义发展，它精神所寄托的普通形式乃是一个有生命的人，但是在原始佛教里本来是一个已死的人。两者所共同的便是他们对于一个人的关系。把一个人——尤其是一个活人——当做上帝来礼拜的观念，到底总有些不近人情，但是我们必须仔细研究下面的事实："精神"概念中间包含在本身里一种普遍的东西。这个条件是必须遵守的，而且必须在各民族采用的各种系统内，发现这些民族怎样把"精神"的普遍性放在心目之中。宗教主所以被尊敬，并非尊敬他的个人，而是尊敬那寄托在他身上的普遍的东西；而在西藏人、印度人和一般亚细亚人中间，这种普遍的东西被看作是渗透万物的本质。这种"精神"实体的"统一"实现在喇嘛的身上，喇嘛乃是"精神"自己所由表现的形式；同时他拥有了这种"精神的本质"，并不要把它当做私产，而是要把它表现在其他人身上，使它们对于"精神性"获得一个概念，都能够虔敬信诚，自求多福。因此，喇嘛的人格——他的特别的个性——隶属于它所包含的实体的本质。喇嘛观念的第二种本质上的特色，便是它和"自然"不相连接。中国皇帝的赫赫威严，可以超越他统治的"自然"力量之上，而在佛教内，精神的权力就和自然的权力直接分离。礼拜喇嘛的信徒们从来没有想到要求喇嘛表现他本人为"自然的主宰"，行使魔术和奇迹；因为这些信徒要求于他们所谓上帝的，只是精神的活动和精神的福利。佛陀又有许多特殊尊号，什么"灵魂救主"、"善海"、"大师"等等。凡是和班禅喇嘛相识的都把他称为一个非常的人，具有最优越、最沉静的品性，而且最爱打坐、默思。礼拜喇嘛的信徒对于他的看法也是如此。他们以为他是一个专门从事宗教的人，当他间或注意到人事的时候，也只是为了降福世人，慈悲施舍，使善人知所劝勉，悔罪的人得以赦免。这些喇嘛一生与世隔绝，受了一种女性的而不是男性的训练。喇嘛很小就离开了父母的怀抱，他通常是一个端正姣好的孩子。他在万分的静寂、好像一种牢狱之中，抚养长大：他被侍奉、供养得非常周到，他不作任何运动或者嬉戏，所以无怪乎他的性格上显出一种女性善感的趋势。大喇嘛之下有若干较卑的喇嘛们作为教中的执事。在西藏，凡是一家有四个儿子的，必须有一个儿子出家。蒙古人主要信奉喇嘛教——佛教的一派，对于一切有生命的东西都非常敬重。他们把蔬菜充作主要食物，不肯宰杀任何动物，就是对于虫、虱也不忍加害。这种喇嘛教代替了萨瞒教，就是巫术左道的宗教。萨瞒——萨瞒教的巫师——饮醉烈酒后狂跳狂舞，同时口念咒语，仆卧地上，随后喃喃不绝地说出来许多话，就算是神鬼所授给的。自从佛教和喇嘛教占领了萨瞒教的地位以来，蒙古人的生活便变为简单、有定，而且通行着家长制度。他们在历史上有所表现时，他们引起的推动力量，只不过成为历史发展的初步工作。所以关于喇嘛们的政治管理并没有什么可以讲的。一位大臣主管全境行政，向喇嘛报告一切经过；政府是简单的、宽柔的；蒙古人对于喇嘛的尊敬，主要表现在他们向他请示政务机宜的一点上面。

第三篇

波　斯

亚细亚洲分为两部——近亚细亚和远亚细亚，这两部分本质上是不相同的。一方面，中国和印度——这两个远亚细亚大民族，已经讨论过了——属于严格的亚细亚种，就是蒙古利亚种，因此具有特殊的、和我们大不相同的性格；另一方面，近亚细亚各民族属于高加索种，那就是说，欧罗巴人种。他们和西方有关系，那些远亚细亚民族却是完全孤立的。因此，欧罗巴人从波斯入印度时，便看到一番惊人的对照。当他在波斯，他还多少有点故乡的感觉，他所接触的是欧罗巴心性，人类的伦常和人类的热情；等到他跨过了印度河，在印度境内，他立即遇到最高度的矛盾，这种矛盾浸渍着社会上每一个形态。

从波斯帝国起，我们开始走上历史的联系。波斯人是第一个历史的民族；波斯帝国是第一个逝去的帝国。中国和印度始终是静止着，保持了一种自然的、草木的生存一直到现在，同时波斯却经历了为历史状态所独有的那些发展和转变。中国和印度能够走进历史联系中间，只因为它们自己的关系和我们研究的原故。在波斯这片地方才第一次升起那种光明，照亮了它自己，也照亮了周围的一切；因为琐罗斯德的"光明"属于"意识的世界"——属于"精神"和别的东西发生关系的"精神"。我们从波斯世界中看到了一个纯粹的、崇高的"统一"，就是一个已经脱离了附在它里面的各种特殊的东西——就是那种专事显出物体为自己的"光明"——它是一个统治个人，目的在激动他们，使他们为自己成为强有力，发挥和开展他们的个性的"统一"。"光明"不分畛域，不分彼此：太阳普照着善人和恶人、贵人和贱人，把同样的福利赐给一切的人类。"光明"的发扬光大是有范围的，它必须同别的东西发生关系，运用和开发别的东西。它对于"黑暗"，站在一种对峙的地位上，这种对峙的关系给我们启示了活动和生命的原则。发展的原则和波斯历史一同开始。因为波斯历史的开始，便是世界历史真正的开始；因为历史里"精神"的普遍兴趣，便是要获得无限制的主观性——便是要从一种绝对的对峙来获得和解。[1]

因此，我们非做不可的过渡或者转变，是只在"概念"里面，而不在外界的历史的联系里。这种过渡的原则就是，我们在中性婆罗摩里认识的那种"普遍的东西"现在为意识所能觉察——对于人类成为一个对象，并且获得一种积极的意义。印度人不崇拜中性婆罗摩：它不过是一种"个人"的状况、一种宗教的感情、一种非客观的存在—— 一种关系，对于具体的生机只是灭绝。但是当它成为客观的时候，这个"普通的东西"便取得了一种积极的性质；人类成为自由的，面对"最高的存在"，它是一种客观的东西。这种"普遍性"我们可以从波斯发现，其中包含人类和"普遍的东西"的分离，同时又包含个人把自己弄来和普遍的东西一样。在中国和印度的原则内，这种分别是没有的，那里只有"精神的东西"和"自然的东西"的统一。但是还在"自然"里面的"精神"有设法从"自然"里解放它自己的任务。在印度，权利和义务是和各特殊的阶层密切相连的，所以只是在"自然"的安排下附属于人们的一种特殊的东西。在中国，这种统一出现的父道性的形式之下。那

[1] 在早先各阶段内，"精神"的命令（社会和政治法则）仿佛是由一个外来权力——单纯自然的一种强制力所颁布的。后来，"精神"渐渐看出这种外来的法律形式的非真理，便把这些命令承认为它自己的命令，并自由地采行它们为一种开明的法律。于是"精神"的地位才明白地和它的逻辑的对方——"自然"——相反对。——英译者

161

里，人类是不自由的；他绝不具有道德的因素，因为他等于那个外界的命令。在波斯的原则里，"统一"首先把自己的地位提高，以区别于仅仅自然的东西；那种不许服从的人运用意志的、非反省的关系是否定了。这种"统一"在波斯的原则里表现为"光明"，这里"光明"不是简单的光明，这种最普遍的物质的东西却是在同时又是精神的、纯粹的东西，就是"善"。因此，特殊的东西——在限制的"自然"中的束缚存在是撤销了。因此，"光明"，在一种物质的兼精神的意义上，具有提高的意义——从自然的东西里获得的自由。人类对于"光明"——对于"善"——结了一种关系，好像它是一种客观的东西，这种东西为他的意志所承认、尊敬和推动。假如我们再回头去看一看——回头去看是不嫌太多的——一直到现在我们达到的那些形态，那末，在中国我们觉察到一个道德的、"整个"的总体，但中间没有主观性；——这个总体分为许多分子，但是各分子一概都没有独立性。我们仅仅发现这个政治"统一"的外部的安排。在印度，恰巧相反，各种区分非常显明；然而区分的原则却是非精神的。我们发现有萌芽的、初起的、在本身中的存在，但是受了这种条件的压制，区分是不可以克服的，而且"精神"依然被包含在"自然性"的种种限制性之内，所以是一种自身颠倒的东西。在印度，这种阶层的区分，便是在波斯我们所看到的那种"光明"的纯粹，也就是大家同样能够亲近的那种"善"，而且大家同样能够在它里面沐浴圣化。所以波斯所认识的"统一"第一次成为一个原则，而不是无灵魂的秩序的一种外界的约束。事实上，人人在那个原则里获有一份，因此人人都为自己获得一种价值。

讲到地理的位置，我们首先看见，中国和印度仿佛有朦胧半醒的"精神"，默然沉思在肥沃丰饶的流域之间——和这种流域显然有别的便是那一连串的高山，流浪的游牧部落居在那里。那些高原上的居民，他们的铁骑长征没有能够改变平原流域的精神，却反而吸收了这种精神。但是在波斯，这两个原则在他们的区别中结合为一，高地居民和他们的原则占着优势。我们必须举出的两大区别为：——波斯高原本身和平原流域，后者被高原人民所统治。高原区域的东部为苏利曼山脉所限制，这个山脉连接兴都·库什和贝勒尔·塔格尔山脉，逶迤向北而去。贝勒尔·塔格尔山脉划断了前亚细亚区域——大夏和粟特，据有乌浒河流域——和中国高原，这片高原绵亘及于喀什噶尔。乌浒河流域位于波斯高原的北部，这片高原向南倾斜以达于波斯湾。伊兰地理的位置便是这样。波斯（法尔西斯坦）在伊兰高原的西部倾斜地，曲儿忒斯坦在北部较高的地方——再过去便是亚美尼亚。接着就是底格里斯河和幼发拉底斯河流域，向西南方蜿蜒而去。波斯帝国的构成分子是赠达种族——古波剌斯人；其次是亚述、米太、巴比伦各帝国；但是波斯帝国也包括小亚细亚、埃及和叙利亚，以及它的海岸线；因此是联合了高地、平原流域和海岸地带而为一。

第一章 赠 达 民 族

赠达民族的名称，是从《赠达典籍》所用的文字而来的，《赠达典籍》是古波剌斯人的宗教所根据的经文册籍。波剌斯人拜火教徒这种宗教至今还有痕迹可以查考。孟买有一个拜火教徒的殖民地，而里海上也零零碎碎的有些家族，依旧保持着这种礼拜方式。这些人民的民族生存，早给穆罕默德的信徒们所消灭了。伟大的萨拉塞斯都剌——希腊人称为琐罗斯德——用赠达文字写下了他的宗教著作。到了十八世纪末叶，这种文字和用它写成的一切著作，欧罗巴人还一点也不知道；最后才有那位卓越的法兰西人翁克提尔·都·贝朗把这些宝藏给我们打开了。他满心怀着对于东方世界的一片热忱，贫穷又使他不能满足这一种热忱，于是他投身于一个行将开赴印度的法兰西军团。这样他到达了孟买，在那里他遇见了波剌斯人，开始研究他们的宗教思想。经过了不可形容的艰难，他才把他们的宗教经典弄到手，费了不少心血，给世界上打开了一片崭新而广大的研究领域，可是因为他对于这种文字的知识还没有完全通达，所以这些经典文学依然要等我们做彻底的研究。

琐罗斯德宗教著作内所述的赠达民族从前居在什么地方，如今很难断定。琐罗斯德的宗教风行于米太和波斯，而色诺芬又说，居鲁士也曾经奉行那个宗教；可是这几个地方都不是赠达民族的故土。琐罗斯德本人称他们的故土为雅里尼；我们在希罗多德斯著作中找到一个同样的名称，他说米太人原来叫做雅里人——这个名称是和伊兰的名称相联系的。乌浒河以南，古代大夏的地方，涌现着一连串的山脉，那些高原流域就从这里开始，居住在那里的是米太人、安息人、希尔坎尼亚人。据说婆伐罗——大概就是现代的班勒纡——从前就位置于乌浒河发源的地方；从这个地方到喀布尔和喀什米尔去，不过八天的路程。这里地属大夏，似乎便是赠达民族的故乡。远在居鲁士王的时代，凡是赠达经籍内所描写的那种纯粹而原始的信仰、那种古老的宗教和社会关系，在那时代便不尽如书中描写的那样了。我们所敢于确实相信的，便是赠达文字（与梵文相连）就是波斯人、米太人和大夏人的文字。这个民族的法律和制度明白显出非常的简单性。他们有四个阶级：祭司、武士、农民、工匠。贸易经商没有提到，足见这个民族仍然处于一种孤立的状态。州县、城市和道路的首长都开列出来，一切还只同市民法律而不同政治法律发生关系；而且他们和其他国家的联系，一些也找不出。又须说明的，就是我们在这里找不到阶层，而只有阶级，同时这些不同的阶级间，又没有不准缔结婚姻的规定，虽然赠达经籍中尽量载有各种民法和刑律、以及各种宗教的条例。

这里为我们所特别注意的主要的一点，就是琐罗斯德的学说，恰巧和印度人表现的"精神"可怜的鲁钝相反。在波斯概念里，我们遇到一片纯净的以太——"精神"的芬芳气息。在波斯概念里，"精神"跳出了"自然实体的统一"，跳出了那种实体的无内容，在那里面"精神"和"自然"还没有分离，——在那里面"精神"还没有取得一种独立的生存。这个赠达民族可以说是取得了那种意识，知道绝对的真理必须具有"普遍性"的形式——"统一"的形式。这种"普遍的、永恒的、无限的东西"起初被认为是不受任何条件的支配；它是"无限制的同一"。这种性质也就是中性婆罗摩的性质，我们已经屡次提到了。但是这里的"普遍的东西"变成了客观的对象，他们的"精神"又变成了它的这种"本质"的意识；相反地，在印度人当中就不是如此，这种客观性只是婆罗门阶层的自然的客观性，而且只在意识的灭绝方面被认为是纯粹的"普遍性"。在波斯人当中，这种消极的态度变做了一种积极的态度；人类对于"普遍的东西"有一种关系使人类始终在里边处于积极的地位。这一个"普遍的存在"固然还没有被认为是自由的"思想的统一"；还没有"在精神上和真理上被崇拜"；而是依然包罗在"光明"的形式里。但是"光明"不是喇嘛，不是婆罗门，不是山，不是兽——不是这个或者那个特殊的生存——而是感官的"普遍性"本身简单的表现。因为这个原故，波斯的宗教并不是偶像崇拜，它所崇拜的不是个别的自然的东西，而是"普遍的东西"本身。"光明"同时具有"精神的东西"的意义；"光明"是"善"和"真"的形态——是知识和意志的实体性，也就是一切自然的事物的实体性。"光明"把人类放在高等地位，使他有选择的能力；人类要能够选择，他必须从那沉溺中跳出来。但是"光明"本身立刻具有一个对峙，就是"黑暗"；就像"恶"和"善"的对峙一样。假如"恶"不存在，人类便不能领略"善"；假如他不知道恶，人类便不能真正行善；所以没有"黑暗"，就没有"光明"，情形正是相同。在波斯人当中，所谓奥马兹德和阿利曼便代表了这一种对峙。"奥马兹德"是"光明"——"善"的王国的主宰；"阿利曼"是"黑暗"——"恶"的王国的主宰。但是两者之上还有一种更高级的东西，两者都从它发生—— 一种不受这种对峙所影响的"普遍的东西"，它的名称是策鲁恩·阿克伦——"无限制的全体"。这个"全体"是一种抽象的东西，它并不为它自己而存在，"奥马兹德"和"阿利曼"都从它发生。这种二元主义常被西方人拿来攻击东方思想；因为这种对峙既然被认为是绝对的，那末，以这种对峙为满足，当然是一种反宗教的理解。但是"精神"必须有对峙；所以，二元主义属于

"精神"的概念，"精神"在它的具体的形式上，本来就应该有区别。在波斯人当中，"纯洁的东西"和"不纯洁的东西"都达到了意识，"精神"为了理解它自身起见，不得不把"特殊的和消极的东西"同"普遍的和积极的东西"放在相对的地位。只有克服了这种对峙"精神"才能够获得二次投生。波斯这种原则只有这个缺点，便是，对峙的"统一"没有被完全承认；因为在那种"未创造的全体"——"奥马兹德"和"阿利曼"是从它那里产生出来的——的不确定的观念里，那种"统一"只是绝对的原始的东西，而并没有使那些区分回复到自身之内。"奥马兹德"依照他自己的决定来创造化育；但是也依照着策鲁恩·阿克伦的命令（这里叙述有点犹疑不定）；至于这种对峙只在"奥马兹德"和"阿利曼"的抗争里，才能够获得和解，这番抗争的最后胜利者将是"奥马兹德"。"奥马兹德"是"光明的主宰"，他创造了"世界"——一个"太阳"的王国——上一切美丽的和高贵的东西。他是一切自然的和精神的有限存在中优越的、善的、积极的东西。"光明"是奥马兹德的身体；因为"奥马兹德"出现在一切"光明"中间，所以有"火"的崇拜；然而"奥马兹德"并不是太阳或者月亮本身。波斯人所崇拜的只是太阳和月亮里的"光明"，也就是"奥马兹德"。琐罗斯德向"奥马兹德"问他是谁，他回答道："我的姓名是一切存在的根本和中心——最高的智慧和科学——世间万恶的毁灭者和'全体'的维持者——福的充满——纯洁的意志"，等等。凡是从"奥马兹德"发生的东西都是生动的、独立的和持久的，语言文字证明他的权力；祈祷是他的制作。在另一方面，"黑暗"便是"阿利曼"的身体；但是一种不灭之火把他逐出一切圣庙之外。每一个人的目的就是在保持纯洁，并且以这种纯洁散布在他的周围。含有这个目的在意中的许多格律箴规是很广泛的，但是各种道德的规定却是温和的。有这样的一种说法：假如一个人辱骂你、侮蔑你，后来又懊悔了表示谦恭，你该叫他做你的朋友。我们在《芬底达德》书中读到如下的话：祭祀用的牺牲必须是净兽的肉、花、果、牛乳和薰香。这部书里又说："人类既然天生是纯洁的，值得上苍的眷顾，他靠奥马兹德仆人的法律，这种法律就是纯洁的本身；只要他从思想、言词和行动的崇高上洁净他自己。什么叫做'纯洁的思想'呢？凡是上达万物的开始的思想都是纯洁的思想。什么叫做'纯洁的言词'呢？就是奥马兹德的言词（这种言词是人格化了的，它表示奥马兹德全部启示的生动的精神）。什么叫做'纯洁的行动'呢？对于万物开始就已经创始的日月星辰的恭敬顶礼。"这里的意思是说：人类应该是善的；预先假定他是有他自己的意志，有主观的自由。奥马兹德不限于特种存在的形式。太阳、月亮和其他五星（使我们想到各行星）——那些辉煌发光的天体——乃是"奥马兹德"的最初受人尊敬的象征；就是所谓阿姆沙斯本特，他的第一群儿子。在这些星星中间，又有叫做米特拉的，但是我们不知它是什么星，其他各星我们也一样茫然。赠达经籍中把米特拉和其他各星并举，然而在刑法内，各种道德的过失都叫做"米特拉罪孽"——例如败约背信须受三百鞭，如果是窃盗，更须在地狱中受三百年刑罚。从这里看来，米特拉仿佛是人类内心的高等生活的主神。后来米特拉又被十分重视为"奥马兹德"和凡人间的和事佬。就是希罗多德斯也在书中提到米特拉的崇拜。这种崇拜，以后在罗马很通行地成了一种秘密的宗教；甚至在中古时代，还发现这个宗教的遗迹。除了日、月、星辰以外，还有其他保护神，位在阿姆沙斯本特之下，乃是世界的统治的和保持的神祇。波斯皇帝朝廷上有七大臣，组成枢密院，这种组织也是模仿"奥马兹德"的朝廷。又有一种精灵世界，叫做"法伏"，和尘世的生灵有别。"法伏"和我们西方概念中的精灵不同，因为它们存在在每一种物体中，它们是火、水、或者土。它们的生存和万物一同开始；它们出现在四处八方、大道上、城市里等等，并且是有求必应的。它们的居处高高地在天空之上，叫做古罗特曼，乃是有福的人住居的地方。"奥马兹德"的儿子叫做德希姆西特：分明便是希腊人叫做阿垦米泥斯的，他的后裔便是所谓毕希达地人——据说居鲁士便属于这一种族。后来罗马人曾经继续把波斯人称做阿垦米泥斯人（见诗人贺拉西《诗章》卷三1.44.）。据说德希姆西特用一把金匕首划开了土壤，这就是指他创始了农业。又说他以后曾经周游各国，开辟了巨流、细川，来灌溉地亩、阡陌，使平原大地之上繁息着芸芸的众生。在《赠达凡斯他》书中，曾经屡屡提起考斯道西普这个名字，现在许多学者都有意拿这个名字指为达理阿·喜斯塔斯皮斯；但是这一个观念是一刻也不应该有的，因为这里的考斯道西普无疑属于古代赠达种族，时期自然是在居鲁士以前。赠达经籍中，又曾提及都兰民族，就是北方的游牧民族，可是并不能从它抽绎出来什么历史材料。

"奥马兹德"宗教的仪式规程注重人类行为举措，说是应该和"光明的王国"的标准一致。所以，像前面说过的，那条普通的大戒律便是精神上和肉体上的纯洁，其中包含许多祈祷"奥马兹德"的祷词。又有特别规定波斯人应当维持有生命的东西——植树——掘井——灌溉沙漠；这样一来，"生命"、"积极的东西"、"纯洁的东西"才能够持续，而"奥马兹德"的领域才能够推广到普天之下去。凡是接触了一件死动物，便违犯了外部的纯洁，这样的玷污有许多方法可以解除。希罗多德斯叙述到居鲁士，说起当居鲁士旅行到巴比伦的时候，庚地斯河淹没了"太阳车"的骏马之一，于是居鲁士便在那个地方逗留了一年，专门责罚这条河，把它的干流导入到细川小港之中去，使它丧失了旧时的水势。所以当大海的怒潮冲毁了桥梁的时候，薛西斯便用铁索横架海上，指它为万恶的东西——"阿利曼"。

第二章　亚述人、巴比伦人、米太人和波斯人

赠达种族是波斯帝国高级的精神的元素，亚述和巴比伦是物质财富、商业繁华的元素。关于亚述和巴比伦的种种传说，可以追溯到历史上最早的时代；但是这些传说都很隐晦不明，一部分甚至自相矛盾；因为它们并没有记载在经传典册当中，所以矛盾比较不容易弄清楚。据说希腊历史家提细阿斯曾经亲自审阅波斯各王的档案，然而流传到现在的

只是少数的断简残篇，希罗多德斯曾经有很多的记载；此外，《圣经》中所叙各节，因为希伯来人和巴比伦人有直接的关系，也是极端重要，值得我们注意。讲到波斯人，斐尔都西所著的史诗《沙那美》，特别值得提起——这是一首英雄叙事诗，计有六万诗节，革勒斯曾经从里面摘译出来很多。斐尔都西生于西历纪元十一世纪的初叶，在麦玛特大帝朝廷上做事，这个朝廷在加斯拉，在喀布尔和堪达哈尔的东面。这首著名的史诗以伊兰（就是西波斯本部）的古英雄传说为题材；但是它的内容既然是诗，它的作者又是一个穆罕默德教徒，所以它并没有信史的价值。伊兰和都兰的冲突经过，这首英雄诗里也描写到了。伊兰是波斯本部——乌浒河以南的山地；都兰是指乌浒河流域以及乌浒和古药杀两河之间的地方。诗中主要人物是英雄鲁斯忒谟，但是诗中的叙事不是完全荒唐，就是十分牵强。它提起亚历山大，把他叫做意希庚大或者是鲁姆的斯庚大。鲁姆是指突厥帝国（现在这个帝国还有一省叫做鲁米利亚），但是同时也指罗马人；在这首诗里又把亚历山大的帝国同样叫做鲁姆。诸如此类的舛错乖谬很适合穆罕默德教徒的见解。诗中叙述伊兰国王和马其顿王菲力普交战，把后者打败了。伊兰国王于是要求把菲力普王的女儿娶为妻室；等到他和她同居一个时期以后，却因为她的气息难闻，把她打发回去。她回到她的父亲那里，生产了一个儿子——斯庚大，他当他的父亲伊兰国王去世的时候，便赶忙到伊兰去接位。此外再加上全部诗中没有一个人物或者一段记载和居鲁士相关连，我们已经有充分的证据，可以估定它的历史的价值了。话虽如此，既然斐尔都西在诗中表演了他那时代的精神，以及近世波斯见解的性质和趣味，那末，他的史诗对于我们也就自然有了一种价值。

　　说到亚述，这是一个不很确定的名称。亚述本土是美索不达米亚的一部，位于巴比伦的北面。亚述帝国的重镇从记载中可以看见的，有底格里斯河上的亚都或者亚索，随后又有尼尼微，为亚述帝国开国皇帝奈那斯所创建的。那时候一个重镇就作成了整个帝国，——尼尼微就是一个例子；还有米太的厄克巴塔那也是一样，据说厄克巴塔那曾经有城墙七重，城墙间的空地是农民耕种的田亩而最后一重城墙内就是统治者的宫室。据带奥多剌斯所称，尼尼微周围也有四百八十希腊里（约十二德国里——五十五英里）。尼尼微城墙高一百呎，上筑碉楼一千五百座，里面住有人民很多。巴比伦也有同样众多的人口。这些城市根据两重需要而发生，—— 一方面是游牧生活被放弃了，从事农业、手工业和贸易，必须有一定的居室；另一方面为得对付流浪的山地民族，掳掠的阿剌伯人。较古的传说表明这一带平原区域一向就为游牧民族所择居，自有城市发生，那种生活方式便被放弃了。因为这个原故，亚伯拉罕和他的家属从美索不达米亚向西流浪到了多山的巴勒司丁。就是在今天，巴格达周围的地方还是这样为流浪的游牧民族所聚居。据说尼尼微是在西历纪元前二〇五〇年所建筑的；所以亚述王国的建立也离这时期不远。奈那斯又征服了巴比伦、米太、大夏；最后一地的征服特别被称颂为非常伟大的事迹；提细阿斯曾经说过，奈那斯带兵的数目计有步兵一百七十万名，还有相当数目的骑兵。婆佉罗被围很久，最后由西米拉米斯领了一队骁勇的将士，攀登绝险奇峻的山壁，将那个城攻克。西米拉米斯这位人物徘徊于神话的传述和历史的纪载之间。据说她盖起了那座传说极古、见于《圣经》的巴别高楼。

巴比伦在幼发拉底斯河的南面，是一片富沃的流域，极适宜于耕种。幼发拉底斯河和底格里斯河上，船只往来很密。有一部分船只来自亚美尼亚，一部分来自南方，都到巴比伦，造成了它的民殷物茂。巴比伦四围的地方有无数运河流灌其间，目的为了航行的少，为了农业的多，因为都是用来灌溉土壤和预防水涝的。巴比伦本城里西米拉米斯的宏伟的建筑是远近都闻名的，但是城里究竟有多少部分年代较古，那就不能确定。据说巴比伦成一正方形，幼发拉底斯河在中间把它划成两半。河的一岸是培尔庙，另一岸是历代皇帝的大宫殿。这个城因为有一百座铜城门而著名，城墙又都是一百呎高，非常巍峨，周围设有碉楼二百五十座来防守。城里的大道，凡是通到幼发拉底斯河去的，每夜都有铜栅封路。英国人刻·波特尔大约在十二年前遍游了古巴比伦的废墟各地（他的旅行全程是从一八一七到一八二〇年）：在一座土阜上他以为他能够发掘出古巴别高楼的遗迹；并且自信他已经发现了这座高楼四围来来往往的古道，在楼上最高层里藏有培尔的遗像。此外，还有许多丘陵埋有古代的建筑。墙砖式样和《圣经》中所记载这个高楼建筑时的情形相同。这样的城砖满布在一片大原野上，为数多不胜计，虽然几千年来不断有人搬运，还是没有被拿完；在古巴比伦附近的希尔拉便是用这类砖头所砌成的。希罗多德斯叙述巴比伦人的风俗时，举出几桩值得注意的事实，从这些事实中可以看出他们生活和平，邻舍间异常和睦。在巴比伦城里，凡是患有疾病的人，照例送往公共场所，使道路行人都有贡献意见的机会。及笄待嫁的女子都被公开拍卖，貌美的所卖得的高价要摊派给她的丑陋的邻女，作为一笔资助嫁妆的钱。和这一种办法不相抵触的便是每一个妇女，在她一生中间，必须有一次在迈利陀庙中供人淫乐。这是每个女性的义务，我们真不知道这和巴比伦人的宗教概念有什么联系。除掉这个例子以外，据希罗多德斯说，直到后来巴比伦渐渐困穷起来的时期，才有不道德的事情发生。容貌较美的女性把嫁资送给较丑的姊妹，这个事实似乎可以证明希罗多德斯所称，因为这表示妇女大家都有了着落；至于异送病人到公共场所又显然是一种睦邻的情感。

　　这里我们还须说一说米太人。他们像波斯人一样，是一个山地民族，殖居的地方在里海的南部和西南部，一直远到亚美尼亚。米太人当中，有一个美斋部落，是米太六个部落之一，这个部落的主要特性是凶猛、野蛮和勇敢好战。米太首都厄克巴塔那是德约西斯建筑起来。据说当米太各部落再度脱离了亚述人的统治以后，德约西斯统一了各部落，使他们拥护他做国王，并且引诱他们给他建造了一座适合他的尊严的宫殿。讲到米太人的宗教，希腊人惯常把东方的一切僧侣、祭师们都叫做美斋，就是因为这个原故，这一名称很不确定。但是根据所有的记录看来，可见美斋部落和赠达种族的宗教联系较为密切；但是美斋部落虽然保存并推广了赠达宗教，不过在流传到其他民族、获得其他民族信奉的时候，这个宗教又经过了许多的修正。色诺芬的记载说居鲁士首先遵照

171

美斋人的方式祭祀上帝。因此，米太人做了宣传赠达宗教的一种媒介。

统治着这许多民族的亚述——巴比伦帝国，据说曾经享祚一千年，有的说是一千五百年。末代皇帝叫做萨达那佩拉——据我们现有关于他的记载看来，他实在是一个荒淫无度的皇帝。米太省长阿巴栖鼓动了其他省长一同起来反对他，并且和他们率领了每年在尼尼微会操的军队来推翻他。萨达那佩拉虽然屡屡战胜，终究因为寡不敌众，只得败退而守尼尼微；当他不能够再抵抗时，他便挟了全部宝藏自焚而死。有些编年史家说这事发生在西历纪元前八八八年；别的史家说是发生在纪元前七世纪的末叶。经过这场事变以后，这个帝国全部瓦解，分裂成为一个亚述帝国、一个米太帝国和一个巴比伦帝国；有一种叫做加勒底人的那个从北方来的山地民族，因为和巴比伦人结合在一起，所以也属于巴比伦帝国。这些帝国又历尽了兴亡沧桑之变，不过这方面史实所记载的，也极其纷乱，从来没有整理清楚。各个帝国在这个时期中开始同犹太人和埃及人发生关系。犹太人民屈服于强力之下，纷纷被俘掳到了巴比伦，我们从犹太人得到了关于巴比伦帝国情形的正确报告。据达尼尔的陈述，巴比伦曾经设立得有一个人选很慎重的机关，来处理行政事务。他讲到美斋部落——把他们和解释圣书的人、阴阳家、星相家、贤人和迦勒底人，一一分别清楚。基督教的预言家们通常都盛道巴比伦商务之繁盛，而对于当时风化腐败堕落，也描绘得骇人听闻。

波斯帝国真正的登峰造极，应当从真正的波斯民族里去寻找，它囊括了全部前亚细亚，和希腊人发生接触的，便是这个民族。波斯人很早就和米太人有了密切的联系；所以帝国主权从米太人转移到波斯人并没有任何根本的差别；居鲁士本人便是米太国王的亲戚，波斯和米太这两个名字也就融合为一。居鲁士亲自率领波斯人和米太人去攻吕底亚和它的国王克里萨斯。希罗多德斯的记载说，在这个时期以前，吕底亚和米太曾经有过多次的战争，最后由巴比伦国王的干涉才告解决。吕底亚、米太和巴比伦是三个毗连的国家。巴比伦国势强盛，疆域广阔，直到地中海上。吕底亚的疆土，东面到黑黎斯；小亚细亚西部海岸边沿上的那些良好的希腊殖民地也隶属于它，因此吕底亚帝国这时已经有了高度的文化。希腊人培植的艺术和诗歌在那里开着鲜花。这些殖民地同时又隶属于波斯。贤人们如拜阿斯和后来的退利斯都劝告这些殖民地团结为一个巩固的联盟，否则便退出各城市，放弃一切财产，自己去寻求别的居处（拜阿斯的意思是指迁到撒地尼亚去）。但是各城市相互间的嫉忌既然极深，而且又常常在争执之中，这样一种团结便无从成立；同时在金迷纸醉之中，他们也不能够像英雄那样下决心，决定放弃家园去求解放。直到他们将被波斯人荡平的最后一分钟，才有几个城市抛却了现实的资产，去换取没有把握的产业，满心要去追求那最高的产业——"自由"。据希罗多德斯说，波斯人和吕底亚人战争结果，使原先穷苦和野蛮的波斯人破天荒第一遭尝到了奢华和文明的滋味。居鲁士战胜了吕底亚，又去征服了巴比伦。他接着便取得了叙利亚和巴勒司丁；解放了犹太人，容许他们重建他们的庙堂。最后他领兵和马萨泽提在乌浒和药杀两河间的大泽地上作战；但是他遭到了一次败绩，虽然死了，还不失为一个战士和一个战胜者。凡是在世界历史上开辟一个新纪元的英雄们的死，都标记着他们的使命的性质。所以居鲁士便是在执行他的使命中长逝了，这个使命就是，除掉把前亚细亚团结在一个主权之下外，并没有一个更远大的目的。

第三章　波斯帝国及其各部

波斯帝国是一个合于现代意义的帝国，——与日耳曼以前的帝国和拿破仑权威之下的大领域颇相仿佛；因为它是由多数邦国所构成，各邦虽然没有独立自主，但是都保留着它们自己的特性、风俗和法律。各项通行律令，对于它们一概都有拘束力，但是并不损害它们的政治的和社会的特性，并且保护它们、维持它们，因此构成全体的各国都有它自己宪法的形式。因为"光明"既然烛照万物——给每个对象一种特殊的生机——所以波斯帝国的统治伸张到了许多邦国，给了每个邦国特殊的性格。有些邦国甚至有它们自己的国王；同时每一国都有它的明显的语言文字、军备、生活方式和风俗礼制。这一切的参差不同都在"光明"公正廉明的统治下和合无间地并存不悖。波斯帝国席卷了我们分别得很清楚的那三个地理的因素：第一，波斯和米太的高原；其次，幼发拉底斯河和底格里斯河的平原流域，这些地方的居民已经团结在一种高级文明之中，并且包括着埃及——尼罗河的平原流域——那里农业、工艺和科学都很发达；末了，还有第三个因素，就是遇到海上风波的各民族——叙利亚人、腓尼基人、各希腊殖民地和小亚细亚的希腊滨海各邦的居民。所以波斯以一国而兼备了三个自然的原则，中国和印度却始终同大海隔绝。波斯既然没有中国那种紧密到透不过气来的总体，也没有印度那种处处是放纵邪僻的无政府状态的人生。在波斯，政府虽然把全国各部集合为一个中央的单位，仍然只是各民族的一个集体——每个民族仍然是自由的。因为这个原故，各民族向来在它们的破坏的争斗交哄中所表现的那种野蛮和凶暴，得以告一结束，这些情形在《列王纪》和《撒母耳记》中已经有了充分的证明。预言家们对於波斯人征服前的社会状况所作的叹息和咒诅，就说明了当时通行的悲惨、奸险和杂乱无章，以及居鲁士带给了前亚细亚区域的那种幸福。亚细亚人是不配把自立、自由和坚强的意志，同文化团结一致，文化便是对于各方面活动的一种兴趣和对于人生便利的一种认识。他们所谓勇武，是和野蛮的行为符合一致的。这种勇武不是遵守秩序的那种镇静的勇敢；而且当精神开放自己欢迎各种兴趣的时候，这种心地，它马上就软弱下来，让精力和能力消沉下去，使人类成为一种软弱的肉欲的奴隶。

波斯

波斯民族——一个自由的山地上的游牧民族——虽然统治着比较富足、文明和肥沃的土地，在大体上却仍然保留着他们古老生活方式的根本特质。他们一只脚踏在祖宗的故土上，另一只脚踏在被他们攻取的外国。波斯国王在他的祖国里是许多朋友中的一位朋友，周围的人们仿佛都和他平等。一出了祖国，他便是最高的主宰，人人都是他的臣民，都得献纳贡物来表示服从。波斯人笃守着赠达宗教，敬奉虔诚，对于"奥马兹德"作纯洁的崇拜。历代国王的坟墓都在波斯本土，国王有时到那里去访问故人，他们和他的生活关系简单到了极点。他带了礼物给这些亲老故旧，同时其他一切民族却不得不进奉礼品给他。在国王朝廷上有一师的波斯骑兵，这是波斯全军的精华，共同在一桌上进餐，并且在每一方面都遵守一种最完美的纪律。他们以作战骁勇著名，就是希腊人也得钦佩他们在米太战争中的勇敢。当这一师所属的全部波斯军队将有事出征的时候，首先要下令布告帝国内全部亚细亚人口。战士集合好了，长征便立刻开始，充满了那种形成波斯人性格的纷扰不安的性质和那种游牧民族的生活方式。他们便这样侵入了埃及、塞格提、色雷斯，最后侵入了希腊，在这里，他们的巨大的力量注定了要被打得落花流水。这样的行军简直像是大举的移民：将士们的家属都随着军队一起走。每一个民族表现着民族的特色、好战的装备、成群阖族地向前行进。每一个民族有它自己的行军秩序和作战方式。希罗多德斯给我们速写了这样一幅生动的图画，显出薛西斯皇帝率领各民族大军（据说当时追随他的人员有二百万之多），浩浩荡荡地前进。然而这些民族所受的训练既然这样地不等——实力和勇敢既然如此的不同——我们就不难明了，为什么希腊的人数少而训练有素的军队，为相同的精神所激励，受卓越的将帅的指挥，竟然能够抵御波斯那些人数多而纪律散漫的队伍了。波斯的骑兵驻扎在帝国中央，所有给养须由各省担任。巴比伦规定要担任这种供养三分之一，可见它无疑地是当时最富饶的区域。讲到其他部门的国家收入，规定各民族必须提供它们各地最好的特殊土产。所以阿剌伯贡纳乳香，叙利亚进献紫布，等等不一。

对于波斯各王子的教育——尤其是皇太子的教育——真是万分谨慎，国王的儿子们自出世到七岁为止，全都由宫女们来抚养，照例不抱到皇上跟前去。从七岁起，他们便受各种教育，学打猎、骑马、射箭，并且学说真话。某一种记载说，皇太子还受琐罗斯德的法术。四位官居极品的波斯人主持皇太子的教育。全国的贵族伟人组成一种国会。这中间也有美斋人。他们都是自由人，怀着一般高尚的忠君爱国的心。那七位贵人——就是代表"奥马兹德"周围的"阿姆沙斯本特"——当坎拜西斯王死后，那个冒充国王兄弟的伪斯麦狄斯奸谋败露，他们七个人就会集了商讨何种政体最为适宜，们们毫不受感情的驱使，也不受野心的鼓动，他们一致认为只有君主政体适合波斯帝国。太阳和那长鸣祝贺的马使他们决定了请达理阿来继承王位。波斯版图的广袤，使得各省的行政必须委托省长办理；这些省长对于治下的地方常常肆意妄为，独断专行，而且相互之间嫉妒、仇恨，形成了杌陧不安的根源。他们只是各省的高级长官，那些地方原有的君主通常还都保持着他们的特殊权利。所有一切陆地和一切水道都属于波斯大皇帝。达理阿·喜斯塔斯皮斯和薛西斯两位皇帝向希腊所提出的要求，也就是"陆地和水"。但是，皇帝只是抽象的元首；享有各邦国的仍然是各民族自己；它们的义务不外乎是维持朝廷和省长的开支，进贡它们的最上等的物产。赋税制度在达理阿·喜斯塔斯皮斯政府下面方才整齐划一。皇帝出巡帝国各部时，凡是经过的地方都须有贡物呈献；我们从这些贡物数额的多少，便可以推算出来物力还没有涸竭的各省的财富。所以无论在世俗方面或者宗教方面，波斯所属各地都没有受到怎样的压迫。据希罗多德斯说，波斯人不拜偶像——在事实上，他们嘲笑、鄙夷那种用人形来代表神祇的办法，不过他们对于任何宗教一概容忍，虽然偶尔可以发现对于偶像崇拜愤怒的反对声。他们把希腊的庙宇都捣毁了，把希腊的神像都打得粉碎。

叙利亚和闪族西部亚细亚

一个因素——海岸区域——也属于波斯帝国，这特别可以拿叙利亚来作为代表。这个区域对于波斯帝国特别重要；因为每当大陆的波斯出发长征的时候，照例由腓尼基人和希腊海军随同前进。腓尼基的海岸只是极狭的一线——时常只有两小时的路程的宽度——黎巴嫩有高山横列在东部。在这一带海岸上有几个名贵的、富饶的城市叫做推罗、西顿、比布力斯、贝鲁特，都进行着盛大的商务贸易；不过贝鲁特太孤立了，不能影响整个波斯帝国。它们的商务在地中海方面，再从那里输入西方。叙利亚和这许多国家民族都有商务的往来，不久便获得了高度的文化。最美丽的金饰、最珍贵的宝石，都在那里制成；最重要的发现，像玻璃和紫布等等，也在那里制成，文字在那里得到了第一次的发展，因为他们和各民族往来时，马上就感觉到了文字的需要（所以，例如英国特派使臣马卡特尼在广州观察到，那里的中国商人也都感到、而且表示需要一种比较适用的文字）。发现了大西洋而且首先航行大西洋的也是腓尼基人。他们在塞浦路斯和克利特辟有殖民地。他们在遥远的退索斯岛上开着金矿。他们在西班牙的南部和西南部开发了银矿，在阿非利加洲成立了犹地喀和迦太基两个殖民地。从加底斯他们沿着非洲海岸航行得很远，有些人说，甚至还围绕了非洲航行。他们从不列颠运来了锡，从波罗的海运到了普鲁士的琥珀。他们创始了一个完全新颖的原则。懒惰是打破了，单纯野蛮的勇敢也废止了；代替的是实业的活动和有谋略的勇敢，这使他们一方面乘风破浪而不畏惧，同时又理智地想到安全的保障方法。在这里，任何一切都依靠着人类的活动、勇敢和理智，同样地还依靠着他们的愿望，在这里，人类的意志和活动是第一件事情，而不是"自然"的博施。巴比伦的疆土是有一定的，人的生存通常是依赖着太阳的行程和自然的代序。水手在风浪变化当中，就必须信赖他自己，必须时时刻刻放开他的心，睁大他的眼睛。同样地，"实业"这个原则既然必须将自然的事物加工制造，好作服饰和其他的用途，所以和从"自然"获得的东西恰巧立在相反的地位。在实业当中，人类是他自己的一个目的，他把"自然"当做隶属于他的东西看待，他留下他的活动的标记在"自然"的上面。实业所需要的不是强力而是理智，不是勇敢而是机谋。在这一个阶段上，各个民族便从畏惧"自然"和做它的奴隶的束缚中解放了出来。

假如我们拿它们的宗教观念来比较，我们在巴比伦、叙利亚各部落和弗里几亚各地，首先看到一种粗笨的、卑劣的、肉感的偶像崇拜，——在预言家们的书里都已经提到了它主要的特色了。所提到的各点固然不外乎是偶像崇拜；而且所谓偶像崇拜，又是一个不确定的名称。中国人、印度人、希腊人都实行偶像崇拜；天主教徒也要礼拜各圣哲的像；但是我们现在所讲的那些民族思想里成为敬礼对象的，一般都是"自然"和生产的力量，而且崇拜的方式都是奢华淫佚。在这方面预言家们描绘了最可怕的图画——这些图画之所以令人却步，固然一半也是由于犹太人憎恨其他邻近民族的原故。这类的描摹在《智慧书》中特别来得详细。所崇拜的不仅仅是自然的事物，而且还有"自然"的普遍权力——阿斯塔提、息柏利、以弗所的岱雅那。这种崇拜乃是一种感官的沉醉、淫佚和宴乐：感官性和残酷实在就是它的两个特性。《智慧书》第十四章第二十八节说："在他们庆祝圣节的日子，他们像是发了疯一样。"一种纯属感官的生活——这是还没有取得普通概念的一种意识形态——必然和残酷连结在一起；因为"自然"本身是最高无上，所以人类没有价值，或者只有最少的价值。另外，在这一种多神主义之下，"精神"为了要和"自然"混合一致，因此便要毁灭它自己的意识，并且使一般"精神的"东西完全灭绝。因为这个原故，我们看到小孩子被当做牺牲供奉——息柏利神的祭师伤害自己的身体——男子自宫为太监——妇女在庙中供人淫乐。下面一件事值得提出来作为巴比伦朝廷上的一种特色，就是当达尼尔在那里的时候，他无须参预宗教的典礼，并且规定要把洁净的肉供给他。他所以被征召，因为他有"圣灵的精神"，皇帝要他占梦。皇帝把梦当作尊神的指示，打算从梦里使他自己超出感官的生活。这样看来，宗教的约束分明是很宽弛的，而且是没有什么统一的。我们同时看到对于历代帝王像的崇拜；"自然"的权力和当做一种精神的权力的帝王，都是最高无上；所以这种偶像崇拜是和波斯的纯洁形成了一种完全的对照。

　　相反地，我们发现腓尼基那个勇敢的航海的民族就完全不同。希罗多德斯告诉我们，在推罗城中，人民都崇拜赫邱利。假如这位神明并不和希腊那位半神仙绝对地是同一个人，从那个名字里我们可以推想到他差不多同样具有希腊那神的概念。这种崇拜特别可以显示出那个民族的性格，因为希腊人说，赫邱利是由于勇敢胆大，才从人的地位把他自己提高到奥林帕斯，和神祇为伍。所谓赫邱利从事于十二种工程的说法，或许是从太阳的观念发生；但是这一个基础还不能够给我们指出这段神话的主要特点，这个主要特点就是说，赫邱利是神明的儿子，因为他的功德和努力，由于人类的勇敢，提高了自己；而且他从不偷闲，在艰苦劳作当中度过一生。第二个宗教的因素是阿多尼斯的崇拜，在沿海各城市中盛行（在埃及，托勒密王朝诸帝也很隆重地崇拜礼式）；关于这事，《智慧书》中一个主要地方（第十四章第十三节起）说："偶像并不是从太初便有的，而是人类感到生命的短促，怀着虚妄的愿望把它创造出来的。因为有一位父亲悲悼爱子的夭折（阿多尼斯），于是给他制了一幅像，把他这个死人当作神，并且命令属下的人们都举行各种仪式和牺牲。"阿多尼斯的宴飨和奥赛烈司的崇拜十分类似，都是纪念死者——一种丧葬仪节，在这一天妇女们对于那位长逝的神明都发出最深刻的悲哀的哭声。在印度，这种悲恸被压抑在英雄式的麻木无情中；妇女们不哀呼，相率自投在恒河里，男人们却定出各种异想天开的刑罚，直接把最可怕的痛苦加在自己身上；因为他们只要使自己丧失生机，才能灭绝意识，好进入空虚的、抽象的冥想之中去。但是这里，人类的痛苦却成为一种崇拜的因素、尊敬的因素；人类在痛苦中感觉他的主观性：他应该、并且可以抱有自我意识和现实的生存的感觉。在这里，生命重新获得了它的价值。一种普遍的痛苦建立了，因为死亡为神道所不免，神也要死。在波斯人当中，我们看见"光明"和"黑暗"互相斗争，但是在腓尼基，两个原则结合成为一个——"绝对的东西"。这里"否定的东西"也只是"自然的东西"；但是就神明的死亡来说，这个"否定的东西"不是附加一个特殊的东西的限制，而是纯粹的"否定"本身。这一点是很重要的，因为对于神圣的东西应有普通概念便是"精神"；同时又应该知道，"神圣的东西"是具体的，其中含有否定

179

的因素。智慧和权力的决定也是具体的决定，但是仅仅居于补助的地位；所以上帝仍然是抽象的实体的统一，各种的差别都在这统一之中自行消失，并不成为这统一的有机的因素。但是这里"否定的东西"本身只是神明的一个形态——便是那个"自然的东西"——便是"死亡"；这里崇拜的方式便是痛苦。在纪念阿多尼斯的死亡和他的复活时，那具体的事物才达到意识。阿多尼斯是一个少年，过早的夭折使他脱离了他的双亲。中国人崇拜祖宗，把祖宗看作神明。但是父母的死亡乃是自然的现象，等于偿回"自然"的宿债。当一位少年遭了死亡，这件事情便被当作不合常理；而且为父母的死而哀悼不是正当的哀悼，至于在少年，死就是一个矛盾了。而且在这种概念里，还有一个深刻的意义——就是在神明之中，表演着"否定的东西"——"对峙"；因为对于这个夭折的神明的崇拜含有两个成分——一方面是对于他的死亡所感到的痛苦，另一方面是对于重新发现的神所感到的欢乐。

犹太

波斯帝国中包括种种不同的民族，另外一个也属于波斯帝国的民族就是犹太民族。犹太人也有一本经典——《旧约全书》；这部书里显示出这个民族的各种见解——可见他们的原则和上一段所讲的恰好相反。假如在腓尼基人当中，"精神"仍然受到"自然"方面的限制，那末，相反地，在犹太人当中，"精神"却完全净化了，成为"思想"的纯粹的产物。自我思想达到了意识，"精神"的发展在极端的决定中反对自然，反对和自然统一。我们先前固然也观察到"中性婆罗摩"这个纯粹的概念，但是它只是"自然"的普遍的存在；而且既然如此，那个"中性婆罗摩"本身就不成为一个意识对象。在波斯人方面，我们看到这个抽象的存在变做了一个意识对象，但是它是官能的直觉中的对象，就是"光明"的对象。现在，"光明"这个观念更进而成为"耶和华"——纯洁的统一。这便是东方和西方分道扬镳的一点；"精神"降下到它自己本身中间，承认那个抽象的、基本的原则为"精神的"原则。"自然"——它在东方是最初的东西和基础——现在没落而成为一个单纯的生物；"精神"现在占据了第一的地位。上帝被公认为是一切人类的创造者，是万物的主宰和一般事物绝对的主动者。但是这个伟大的原则，再加上别的条件，乃是排他的"唯一"。这个宗教必然要具有这种排他的性质，因为它在本质上是这样的——只有奉行这教的那一个民族；认识这一个上帝，并且被这个上帝所承认。犹太民族的上帝所以只是亚伯拉罕以及他的后裔的上帝：这一种上帝观念，含有民族的个性和一地方的特殊信仰的性质。在耶和华前面，其他一切上帝都是伪上帝；而且这种"真"和"伪"的区别完全是抽象的：因为它假定那些伪上帝是不含一丝神圣的成分。但是每一种精神的效力和每一种宗教，不论它的特殊的性质怎么样，必然地经常包含有一种肯定的成分在内。不论一个宗教是如何地乖谬，它到底含有真理在内，就算这个真理是残缺破碎的真理。在每一个宗教里有一种神的鉴临、一种神的关系；一种历史哲学，就是在最不完备的形式里，也要寻出它那精神的因素。但是这并不是说，因为它是一个宗教，所以就是善的。我们断不能陷入那种散漫荒唐的概念，以为内容是无足轻重的，只有形式才是重要的。这种容忍态度乃是犹太宗教所不许的，因为它是绝对地排他的。

这里的"精神的东西"直接摆脱了"感官的东西"，"自然"被轻视为纯属外在的、不神圣的东西。在这时期，这的确是"自然"的真理；因为只有在一个更进步的时期，"观念"才能够对于它的这种外在性获得一种调和。它的初次表示是和"自然"相反对的；因为"精神"一向不被重视，现在才首次取得了它的相当的尊严，"自然"却回复到了它自己应有的地位。"自然"被拟想为外在的、安排的东西，它是被创造的；上帝是"自然"的主宰和创造者这一个观念，使人们把上帝看是崇高之主，而整个"自然"只是他的光荣的外衣，专门供他使用。和这一种崇高观念相反的，印度宗教所表示的只是无定的崇奉。由于这种精神性，感官的和不道德的事物不再享有特权，而被抨击为亵渎神圣的东西。只有那一个惟一——"精神"——非感官的东西才是真理；思想本身是自由的，真实的道德和正义如今也出现了；因为上帝要用正义来尊敬，奉行正义就是"追随上帝而行"。这样便可以获得快乐、福泽作为报酬；因为《圣经》上说得好："你可以在人世长时期生活。"——这里我们也有取得一种历史眼光的可能性；因为这里是不含诗意的理智，它把那有限制、有拘束的东西归到它应有的地位，而了解它为有限性特殊的形式：人类被看作是个别的人，不是上帝的化身；太阳是太阳，山岳是山岳，——并不具有"精神"和"意志"。

我们从犹太民族里观察到一种严格的宗教仪式，显示着对于纯粹的"思想"的关系。具体的个人并不成为自由的，因为"绝对的东西"本身并不被理解为具体的"精神"；因为"精神"仍然以非精神的东西的身份来呈现。我们固然有了主观性在我们的面前，那种纯洁的心地、忏悔、虔诚；但是那种特殊的、具体的个人，在"绝对的东西"方面，自身并没有成为客观的东西。所以它依然要严格遵守各种仪式和法律，法律的基础便是抽象的、纯粹的自由。犹太民族从那一个上帝观念而造成了他们现在的地位；因此个人自身是没有自由的。斯宾诺莎把摩西的法律看作是上帝颁给犹太人的一种刑罚——一根纠正的棍棒。个人从来没有独立的意识；因此，在犹太人当中，我们找不到什么灵魂不灭的信仰；因为个人本身是不存在的。不过犹太教个人虽然没有价值，相反地，家族却有独立性，因为耶和华的崇拜是和家族相关连的，因此，家族便被看作是一种实体的东西。但是国家和犹太的原则不相符合，而且是在摩西的立法以外的。在犹太人的观念里，耶和华是亚伯拉罕、以撒、雅各的上帝；他命令他们离开埃及，赐给他们迦南的土地。关于各家长的记载吸引了我们的兴趣，我们从这部历史看到犹太民族从家长制游牧状况转入农业的过渡生活。就大体来说，犹太历史上表现着伟大的特色，只是被一种他们自以为神圣的、对于其他民族精神的排斥所污损。迦南土人的消灭甚至是执行命令——原因一半由于一般文化程度的缺乏，一半由于民族自大观念所产生的迷信。把犹太历史当作历史来说，所谓奇迹也形成了一个纷乱的特色；因为具体的意识是不自由的，具体的感觉也是不自由的；它解除了"自然"的神化，但是还没有理解。

犹太这个家族，自从把迦南征服后，变成了一个伟大的民族：它占有了全境的土地，并且在耶路撒冷替全族建立了一座神庙。但是，他们还没有真正的国家组织。每逢民族遭了危机，便有英雄们挺身而出，身先士卒；不过这时期犹太人大半在他人统治之下。以后，国王也选出来了，他们才开始使犹太人独立。其中大卫王甚至还进展到征服其他民族。法律本来只适用于一个家族，可是在摩西的各种书籍内已经预言到国王的需要。祭师们要选举这位国王，他不可以是族外人——不可以有许多的骑兵——又不可以多娶妻妾。经了一个短期的光辉以后，这个王国因此便起了内哄而造成分裂。因为当时只有一个利未族部落和一座圣庙——就是在耶路撒冷的那一座——所以偶像崇拜便立刻发生了。因为那位惟一的上帝不能够在好几座圣庙里祀奉，那一个宗教自然就不能够为两个王国所崇信。客观的上帝这个想法无论怎样地富于精神，但是那主观的方面——对于上帝的崇拜——在性质上依然是非常有限制的和缺乏精神。那两个分裂的王国，在对外和对内的战事上，一样地势分力蹙，终于隶属到亚述人和巴比伦人之下；后来以色列人幸亏得到居鲁士王的允许，才能够重返故居，遵照他们自己的法律生活。

埃及

波斯帝国是一个过去的帝国，它已经长逝了，旧日的光荣只留下了一片哀怨的陈迹。它的最美、最富的城市——如像巴比伦、苏撒、百泄波里——已经完全毁灭，只有几处枯井残垣，标示着它们的古址。甚至波斯那些比较晚近的大城市——伊思巴罕和设剌子——一半也已经成为废墟；它们没有——像古罗马那般——发展出一个新的生命，在四邻各国的记忆中，差不多完全不见了。除了上述属于波斯帝国的各地以外，只有埃及可以吸引我们的注意，——它的特色便是"古迹的地方"；这个地方从上古以来就显得神奇，而在近代更加引起了人们最大

183

的兴趣。它的古迹，——无穷劳力的最后结果——宏伟巨大，胜过了古代遗留在世间上的一切痕迹。

在波斯君主政体下表现为个别的那些因素，在埃及便显得是团结的了。我们发现波斯人崇拜"光明"——把它看作是普遍的"自然"本质。这个原则展开为若干因素，各个因素相互间毫无联络。一个因素是汩没在感官之中，像巴比伦人和叙利亚人那样；另一个是精神的因素在双重的形式之中；先是具体精神开始的意识，如像在阿多尼斯的崇拜里，其次是犹太人中间纯粹而抽象的思想。在前者，具体的东西缺少统一性；在后者，甚至于是连具体的东西也没有。怎样可以使这些矛盾的元素调和一致？ 这个任务在埃及是存在的。从我们所发现的古代埃及各种表象之中，特别可以注意的一个形象，就是狮身女首怪——它本身是一个谜——一个暧昧的形式，一半兽，一半人。这个狮身女首怪可以算做"埃及精神"的一种象征。从兽体内探出人头，这表示"精神"开始从单纯的"自然的东西"里提高自己——摆脱了自然的东西的约束，比较自由地矫首四顾；不过还没有从它所加的枷锁里完全解放出来。埃及人那些数不尽的建筑物，都是一半埋在地下，一半出现在地上，升入空中。整个地方分成为一个生命的王国和一个死亡的王国。麦谟嫩的巍巍的巨像回应着年青朝阳的第一次顾盼；不过这朝阳所照耀的还不是"精神"的自由光明。文字还是一种象形的记号；它的基础只是感官的形象，不是字母的本身。所以，关于埃及的那些古迹的纪念，给了我们数目极多的形式和形象，它们表达了埃及的性格；我们从它们认出一个感觉到压迫的"精神"，这个"精神"表现了它自己，但是也只是在一种感官的方式下表现。

埃及一向就是"奇异的地方"，直到现在还是这样。我所有关于埃及的资料，特别是从希腊人、尤其是希罗多德斯那里得来的。这位明敏的历史家亲自到过这个地方，他想写下报告，并且曾经在埃及各大城中，和僧侣、祭师相交结。他把他所见所闻的一切，都留下了正确的纪录；但是对于埃及神圣的深一层的意义，他却不肯加以发挥。他认为这是一种神圣的东西，他不敢像陈述外界的东西一样地加以陈述。除了他以外，还有带奥多刺斯·西科勒斯也非常重要；在犹太历史家中，则有约瑟福斯。

埃及人的种种思想和观念，表现在他们的建筑和象形文字当中；但是没有一种语言文字的民族的作品。不但我们没有，连埃及人自己也没有；他们不能够有这类的作品，因为他们还没有进展到理解他们自己。他们没有埃及的历史，直到后来托勒密·菲列得尔福斯——命令把犹太圣书译成希腊文的便是他——才叫那位大祭师曼涅托着手创著一部埃及历史。这部书我们只获有若干摘录——《帝王世纪表》；这些摘录又引起最大的困难和矛盾。假如要认识埃及，我们不得不求之于古代的诰谕和遗留至今的无数碑石。我们发见了许多花岗石墙上刻有象形文字，古人对于它们虽然曾经略加解释，但是完全不充分。近年来大家又特别注意到了它们，经过了多方的努力，至少已经能够把那象形文字译出了一些。那位有名的英国人汤麦斯·杨格首先想出了一种方法，并且引人注意到这个事实，就是在象形文字的旁边有若干较小的光面，从这里可以辨别得出有一种希腊译文。汤麦斯·杨格用比较方法寻出了三个名字——柏勒奈栖、克利奥佩特刺和托勒密——这便是译释它们的第一步。后来又给人发现，这些象形文字大部分是发音的，就是说，是表达声音的。因此，眼睛的象形先则表示眼睛本身，次则表示埃及"眼睛"一字的第一个字母（好比希伯来文里房屋的象形 **ב**，——横读——表示 b 字母，房屋 **בת** 这个字便是以这字母开头的）。那位有名的宋波弄首先引人注意到这个事实，就是那些发音的象形文字是和那些表达概念的象形文字混在一起的；他就这样地把各种象形文字分别清楚而规定了译释它们的原则。

我们所有的埃及历史充满了极大的矛盾。神话和历史交织在一起，而各种叙述非常不一致。欧洲的学者热情地钻研曼涅托所订的各表，把它们当做信史看待，而且其中有几位帝王的名字，已经为晚近的发现所证实。希罗多德斯的记载说，据埃及祭师们的谈话，埃及初由神祇统治，从第一个凡人君主一直到山索王，中间已历三百四十一代，或者一一三四〇年；而第一代凡人君主就是米尼斯王（这个名字同希腊的迈诺斯和印度的玛奴，极其类似，惹人注意）。除了在埃及最南部的提贝易德以外，据祭师们说，埃及形成了一个大湖；尼罗河的三角洲似乎可靠地是一种尼罗河的淤沙所冲积的形象。就像荷兰人从大海征服了他们的疆土，而且想出了在上面谋生的方法，埃及人同样地开辟了他们的区域，并且用运河和湖沼来维持土壤的肥沃。埃及历史上一个重要的特色，就是史迹是自上埃及到下埃及——自南方到北方。因此有人以为埃及的文化大概来自埃塞俄比亚，主要地来自麦洛伊岛；据晚近的推论，这个岛曾经为一个僧侣民族所居。上埃及地方的底比斯是埃及各王最古的都城，就是在希罗多德斯的时候，这座都城已经荒凉不堪。城里的古迹、遗墟代表我们所知道的埃及建筑最宏伟的典型。经过这样长久的时间，竟然还能够保持得这样完好，这和那个地方经常无云的天空当然有关系。王国的中心随后又迁到孟斐斯，这个地方距离现代的开罗没有多远；最后迁到舍易斯，就在那个三角洲上。舍易斯城境内的建筑，时期很近，可是保存得不很完善。希罗多德斯告诉我们，孟斐斯城是那位远古的米尼斯王所建立的。后世各帝王中特别可以注意的，是塞索斯特立王，据宋波弄的研究，那位帝王便是拉美斯大帝。有许多碑石和图画描写他的凯旋和战胜略得的俘虏——自然是从最不同的民族获得的俘虏。希罗多德斯说到他在叙利亚的胜利，声威远达科尔奇斯；希罗多德斯叙述到这里，更盛称科尔奇斯人习俗和埃及人习俗的极其类似：只有这两个民族和埃塞俄比亚人是向来实行"割礼"的。希罗多德斯又说塞索斯特立王曾经命令埃及全境都开掘巨大的运河，使尼罗河的水可以流灌各处。一般地说来，埃及政府当局愈是亲仁爱民，愈是关心于运河的修治，相反地，在疏忽的政府下，沙漠便日渐扩大；因为埃及是同烈日的炎威和尼罗河的大水终古不断地在斗争。从希罗多德斯书中看来，由于运河很多，骑兵便不能在境内往来自如；相反地，我们从摩西的各种书籍里屡次读到，埃及在骑兵方面曾经非常有名。摩西说，犹太人假如要求一位国君，这位国君决不可以多娶妻室，决不可以向埃及请骑兵。

塞索斯特立王以后，特别可以提起的君主是歧奥普斯王和刻夫棱王，据说他们建筑了巨大的金字塔，封闭了祭师们的庙堂。据说歧奥普斯王的一个儿子——迈瑟林奴斯王——又把它们启封了；他去世后，埃塞俄比亚人侵略了进来，他们的国王萨巴科自立为埃及大帝。迈瑟林奴斯王的嗣君安尼锡斯王逃到了尼罗河口的沼泽地方；直到埃塞俄比亚人退出以后，他才再敢露面。他的继承人是山索王，原来是夫萨的一位祭师（山索有人说就是赫斐斯塔斯）；在他执政期间，亚述国王西拏基立侵略了进来。山索王一向就非常瞧不起武士阶级，并且夺去了他们的田地，这时他向他们求援，遭到了拒绝。所以他不得不向埃及人民发出一个总动员令，这样在召集了一队杂牌军，里边是一些小贩、工匠和一般市民。据《圣经》告诉我们，敌人都逃个干净，因为有天使击溃了他们；可是希罗多德斯却说，深夜的时候，田鼠大批的出来，把敌人的弓箭都咬坏了，使他们手无武器，只得逃走。山索王死后，埃及人自以为获得了自由（据希罗多德斯告诉我们），推选了十二位国君，再由他们组成一个联邦——埃及人民特别建造了那座"迷宫"，地上地下，房屋厅堂，多得不得了，作为这种联邦的象征。到了西历纪元前六五○年，这些国君中有一位叫做萨米提吉斯王；靠了爱奥尼亚人和加里亚人的帮助（他许给他们下埃及的土地作为酬劳），把其他十一位国君都赶走了。一直到那个时候为止，埃及一向是不和世界通往来的，在海洋方面也不和其他民族发生联系。萨米提吉斯王开始了这一种联系，种下了埃及灭亡的祸根。从那时起，历史以希腊的记载为根据，所以事实比较地更分明起来了。继承萨米提吉斯者为尼科王，他开始建筑一条运河，要打通尼罗河和红海，但是这番工程要到达理阿·诺塞斯王时代才完成。那个把地中海和阿剌伯湾、大西洋连接起来的计划，并不像臆想那样的有利益；因为在红海上——这个海因为其他原因，极难航行—— 一年之中就有九个月不断刮着北风，所以只有三个月的时期自南向北航行可以没有阻碍。尼科王传到查米斯王，再传到亚普立伊斯王，亚普立伊斯王率领军队去侵犯西顿，和推罗人在海上打了一场大战；此外，他又派了一支军队去攻施勒尼，不料被施勒尼人歼灭得干干净净。埃及人群起叛变，指责他意图覆灭邦国；但是这次反叛大概由于他对加里亚人和爱奥尼亚人感情太好的缘故。叛党由阿米西斯做领袖，他战胜了国王，自立为国君。希罗多德斯把阿米西斯王描写为一位幽默的皇帝，并不经常保守君主的尊严。他从极其卑贱的地位，凭他的才能、机智、精神，逐步高升到帝王的位置，依照希罗多德斯，他在其他一切关系上，都证明他那种随心所欲的锐敏的理智。每天早晨，他亲自开庭受理人民的控诉；但是到了下午他就酒醉饭饱，恣意行乐。他有些朋友们责备他，劝他应该整天办事，他回答道："假如一张好弓，永远拉得紧紧地，它就要变成废物，或者碎裂。"因为埃及人知道他出身低，瞧不起他，所以他特意造了一只金盆，拿来洗脚，这个盆的样式又做得酷肖埃及人崇拜的一位尊神；藉此表示给他们看看，他的地位多么崇高。希罗多德斯又说，他在私生活上极其放浪，把他的全部产业挥霍完了，于是只好盗窃。这一种下贱心灵和锐敏理智的对照，正显示出埃及国王们的特性。

阿米西斯王招致了波斯王坎拜西斯的敌意。埃及那时目疾流行，当地的医生们手术非常高明，因此，埃及的眼科极其出名。居鲁士皇帝慕他们的盛名，要求埃及派一位眼科医生前去。派去的这位眼科医生远离家国，心中怀恨，为了报复这场私仇起见，便向坎拜西斯王说坏话，劝他要求阿米西斯的女儿为妻；情知阿米西斯允许了这个要求就会闷闷不乐，拒绝了又会招到坎拜西斯王的愤怒。阿米西斯，因为坎拜西斯王要把埃及公主当做侧室（他的合法的正室必须是波斯人），所以不愿遣嫁他的亲生女儿，却把亚普立伊斯的女儿，假名为他自己的女儿，打发到了波斯去。这个女子后来向坎拜西斯吐露了真姓名，他对于这场欺骗大发雷霆，竟然领兵往攻埃及，把它征服为波斯帝国的辖境。

讲到埃及的精神，这里值得提起的，就是根据希罗多德斯所述，伊力阿人称颂埃及人为最聪明的民族。我们也觉得很诧异，在阿非利加的愚蠢环境中，他们居然会有反省的理智，一切制度里又显示出一种彻底合理的组织，而且还有最令人惊奇的艺术作品。埃及人，和印度人一样，分做各种阶层，工人的儿子总是工人，商人的儿子总是商人，农民的儿子总是农民。因此，工艺中的机械和技术非常发达；同时在埃及人当中，各业世世相承的性质，并不像印度那样产生了许多不利的结果。希罗多德斯列举七个阶层，名目如下：祭师、武士、牧牛人、牧猪人、经商人、通事（他们当是在后世才成为一个特殊阶层的），最后就是水手。这里没有提到农民，大概因为农业乃是多数阶层共同职业的缘故，例如武士们都受田若干亩。带奥多剌斯和斯特累波开列的阶层，分别名目就和上述的不同。他举出祭师、武士、牧人、农民和工匠，至于商人也许就归并在工匠阶层里的。希罗多德斯讲到祭师阶层，说他们特别受有可耕的田地，而把这些田地租给别人去种；通常田地都在祭师、武士和王侯的掌握中。据《圣经》所载，约瑟是国王的大臣，他企图使全国的田产都归于国王。这几种行业却不像印度那样地一成不变；我们知道以色列人，本来是牧人，但是也被雇用做手艺工人或者筋肉劳动者；从前还有一位帝王，前面已经说过，专用筋肉劳动者组成了一支军队。各阶层并非固定的，却是互相接触和互相竞争的；我们常常遇到它们有破裂叛变的情形。有一次，武士阶层因为羁縻在努比亚那边，不能得到解放而愤懑，并且因为不能使用他们的田地而穷困，于是相率前往麦洛伊，埃及政府只得招雇国外的佣兵。

关于埃及人的生活方式，希罗多德斯叙述得很详细，他主要地叙述他所认为和希腊习俗不同的一切事情。例如，他告诉我们，埃及有各种专科的医生，诊治各种特殊的病症；妇女担任户外的工作，男子却在家中纺织。埃及有一处地方多妻主义的风气极盛，又有一处却通行一夫一妻的制度；妇女只穿一件衣服，男子却穿两件；他们常常洗脸、沐浴，每月还要净身一两次。这些都指出一种太平的气象。至于警备事宜，法律明白规定每一个埃及人应该在一定时期，亲自到当地督察官处，自述维持生活的来源。假如他说不出来，他就要被处死刑。然而这条法律还是阿米西斯王以后才有的。另外，对于可耕地亩的分配，以及运河堤坝

189

的设计，都是非常慎重地将事的；希罗多德斯告诉我们在那位埃塞俄比亚王萨巴科统治下，许多城市因为筑了堤坝，所以位置都加高不少。

埃及法院对于听讼决狱，也非常郑重。法院由法官三十人组成，他们都是从本区任命的，他们自己又互推主席一人。各种控诉、申辩、以至答复，都用书面进行。带奥多剌斯以为这办法很有效力，可以免除律师们的花言巧语和法官的慈悲心肠。法官们宣告判决时，都是肃静无语，用一种象形暗示的方式。希罗多德斯说，他们胸前都挂着一枚真理象征牌，当他们判决一造胜诉时，就拿它转拨朝向这一造，或者就把它挂在这一造的身上。国王每天必须亲自处理司法涉讼事宜。盗窃，据说是法律所不准许的，但是法律却规定窃贼应该自首。假如他们依法自首，那末，不但可以无罪，反而准许他们保持赃物四分之一。这种规定也许有意要培植盛传的埃及人的狡诈。

埃及人在立法制度上表现的那种理智似乎是他们民族的特性。这种理智也表现在实践方面，我们在那些艺术和科学的作品里就可以看得出来。相传埃及人把一年分做十二个月，每个月有三十天。到了年终，他们再添闰日五天，希罗多德斯说，他们这种部署实在比较希腊人为高明。埃及人的理智，在机械力学方面表现得尤其令人惊异。他们伟大的建筑物——为任何其他民族从来所没有的，就坚固和巨大来说，也是任何其他建筑物所赶不上的——充分地显露了艺术技巧；因为较卑的各阶层既然不关心国家政治问题，自然就能够专心致志地来钻研这种技术了。带奥多剌斯·西科勒斯说得好，埃及是当世独一无二的国家，它的民众对于国事置之不问，而把全副精神放在他们私人的业务上。特别是希腊人和罗马人对于这样的情形，必定都已经感到非常惊异。

因为它的制度良好，埃及被古人看作是一个道德秩序的典型——毕达哥拉斯把它当做一个小规模的善良社会的理想，而柏拉图更加以大规模的想象。但是在这种理想里，热情可没有被顾虑到。一种大家认为绝对完备、可以享受的社会状况——在这种状况中，任何一切都经过周密设想，尤其是教育方针和人民对这种状况的适应，要使这种状况成为人民的第二天性——是完全违反了"精神"的本性，"精神"是以此时此地的生活做行动的对象，只有它自己才是活动的、无限的推动力，才能够改变它的形式。这一种推动力也以特殊的方式表现在埃及。人们初看之下，将以为这样在各方面都是井然有条的社会状况，其中包含的一切当然没有完全属于自己的特殊性的东西。只要人们的高等需要都已经满足，一种宗教的因素的加入似乎是无关大局的事情了；事实上，我们简直可以意料，这种宗教因素流入埃及，将是平静无事地，并且是和上述种种情形吻合无间的。但是，当我们观察埃及人的宗教，我们很惊异地发见了最神奇、最可怪的现象，我们觉察到，这种一切都经法律制定的安静的社会秩序，不是一种中国人的秩序，而且这里的"精神"和中国精神截然两样——它是一个充满了骚扰、急切的冲动力的"精神"。这里有的是阿非利加的元素，和东方的巨大结合在一起，移植到了这个民族展览包罗万象的地中海——但是这种移植所取的方式，竟然使埃及和其他民族毫无联系，——而且这里似乎用不到这种刺激的方式，因为这里在民族自身之内就具有一种非常的、急切的冲动，它在自己的范围里，从那些最硕大的制作上，发为一种客观的实现。我们在这里发见的，便是那种阿非利加的坚密，加上了那精神的无限的冲动力，要求客观地实现它自己。但是在"精神"之上可以说是依然封了一条铁皮，它不能够在思想中取得它的生存的自由意识，而它的生存是一个问题、一个谜。

　　埃及人所看作是事物的本质的基本的观念，是根据他们在其中生息的那个封锁了的自然世界；而且更特殊地说来，是根据尼罗河和"太阳"所标示的那个决定的物质的范围。尼罗河的位置和"太阳"的位置——这两者是一种联系；在埃及人心目中，这两者便是一切的一切了。埃及的疆界在大体上是用尼罗河来决定的；在尼罗河平原之外，开始一片沙漠；在北方，埃及给大海封闭了，在南方，给酷热挡住了。第一位征服埃及的阿剌伯领袖写信给穆罕默德教主奥玛说："埃及一则是浩瀚的尘海；二则是甜蜜的水海；三则是万紫千红的花海。这里从来没有雨点降临；到了七月杪，白露来到，尼罗河两岸便开始泛滥，埃及又像岛海。"（希罗多德斯把这个期间的埃及和爱琴海各岛相互比较。）尼罗河水退后，留下无限多的生物：于是数不清的蠕动的和爬行的东西纷纷出现；不久以后，人们便开始播种、耕耘，收获丰富。所以埃及人的生存并不依赖太阳的晴明，或者雨量的调顺。相反地，只有那些完全简单的条件，形成了他的生活方式和职业活动的基础。一年之中，尼罗河须经历一种确定的物质的循环，这种循环是和太阳的行程相关连的；太阳自转不息，进到极点重又退行。尼罗河也是这样。

埃及人这种生活的基础又决定了他们宗教观念的特殊内容。关于埃及宗教的意义问题久已经有了一番争论。远溯罗马皇帝提庇留的时代，那位斯多噶派哲学的信奉者喀里蒙曾经在埃及住过，他把埃及宗教解释为一种纯粹的唯物主义。新柏拉图派学者却抱着一种截然相反的见解，以为一切事物都具有精神的意义的象征，这样把埃及宗教看作是一种纯粹的理想主义。这两种看法都是片面的。在埃及，自然的和精神的权力被看作是极其密切的结合一致——（但是在这个思想阶段上，自由的精神的意义是还没有发展出来）——它们结合的方式是这样的，各种对峙结合在最粗犷的矛盾之中。我们前面已经说到尼罗河、"太阳"、以及依赖这两者的植物界。这种有限的"自然观"便是宗教的原则，它的内容根本是一部历史。尼罗河和"太阳"构成了最高无上的神，被设想为人的形式；自然的行程和神话的历史是同样的东西。到了冬至，太阳的力量降到最低限度，必须重新投生。奥赛烈司便是这样投生的；但是他被泰丰杀害了——泰丰是他的兄弟兼仇敌、沙漠炙热的大风。埃西神——就是"大地"——失却了"太阳"和尼罗河的帮助，——过于想念奥赛烈司：她收集了他的零乱的尸骨，痛哭流涕为他招魂，于是整个埃及跟着她一起恸哭奥赛烈司的惨死，共同唱出一支哀歌，希罗多德斯把这支歌叫做《曼南罗些》。据希氏说，曼南罗些是埃及第一代帝王的独生子，早年夭折；这支歌很像希腊人的《来奈斯》歌，是埃及人绝无仅有的歌。这里又把痛苦看作是一种神圣的东西，并且像腓尼基人一样地尊荣它。接着黑梅斯便以香料为奥赛烈司洗尸；他的坟墓有好几个地方。如今奥赛烈司做了死人的法官，兼冥国的主宰。这些都是主要的观念。奥赛烈司、"太阳"、尼罗河，这三重神格合成一个结子。"太阳"是一个象征，其中可以认见奥赛烈司和神的历史，尼罗河同样是这样一个象征。具体的埃及想象力又称奥赛烈司和埃西创造了农业，发明了锄犁等等；因为奥赛烈司不但给了人类有用的东西——土地的肥沃——而且给了人类使用这种东西的工具。但是他又给了人类法律、一个公民的秩序和一种宗教的仪制：这样把劳动的工具和收获的保障都给了人们。奥赛烈司又是种子的形象，种子播在土壤里，萌芽苗长——就像生命行程的形象。所以这种不同的东西——"自然"的现象和"精神"——交织而成为一个结子。

人生历程和尼罗河、"太阳"、奥赛烈司三者的并列，不能算是一种纯粹的比喻，仿佛呱呱坠地、长大成人、年富力强、衰老病弱这个原则，是相同地表演在这些不同的现象里；事实上，在这些差异中间，想象力看到一个主体、一种生机。然而这种统一是很抽象的：那个不同的因素在里边表现为紧急迫切、而且在不明不白的状态之中，恰和希腊的明晰相反。奥赛烈司代表尼罗河和"太阳"；同时尼罗河和"太阳"又是人生的象征——每一个都是意义，每一个都是象征；象征变做了意义，意义变做了另一象征的象征，这另一象征于是又变做了意义。每一种特殊都是形象，都有意义；每种意义，就是每种形象，两者又可以互相解释。这样发生了一个丰富的观念，它包含着许多的观念，其中每一个基本的结子都保留着它的个性，所以它们并不汇合为一个普通的观念。那个普通的观念——或者思想的本身，是它造成类推的联系——并不对于意识显示为纯粹的自由的普通观念，而是始终潜伏为一种内在的联系。这是一种紧密结合的个性，把各种现象状态结合在一起；它在一方面是幻想的，因为它结合着表面上不同的内容，但是在另一方面，它在内部里是有联系的，因为这些不同的现象乃是一种特别的不含诗意的现实的内容。

除掉这个基本的概念以外，我们又看到好几位特殊的神祇，希罗多德斯列举了三级。第一级他开出了八位神祇；第二级十二位；第三级不计其数，他们所占的地位是奥赛烈司统一之下的各种特殊的表现。第一级内，火和它的功用算做夫萨神，又算做尼夫神，此外又算是"善神"。但是尼罗河也被祀奉为那位"善神"，所以抽象的观念变成了具体的观念。亚蒙是一位大神，他决定春分和秋分，而且又把神谕降给世人。可是奥赛烈司同样被奉为神谕预言的始创者。奥赛烈司所摒弃的"生殖能力"，也被奉为一个特殊的神。可是奥赛烈司本身是这种"生殖能力"。埃西神是"大地"、"月亮"和"自然"的蕃殖。奥赛烈司的一个重要的因素阿纽比斯（是忒胡忒的别名）——是埃及神话里的黑梅斯神——必须特别加以注意。"精神的东西"之为"精神的东西"，是寄托在人类的活动和发明、以及法律制度里面，获得一种生存；而在这样自身有一定、有限制的方式里，"精神的东西"变成了意识的一种对象。这里的"精神的东西"不是超过自然的一种无限的、独立的主权，而是一种特殊的东西，与"自然"的权力并行不悖，而且依照它的内容，也是一种特殊的东西。由此可知埃及人也有特殊的神祇，算是精神的活动和效力；但是它们一半是依照内容有限制的—— 一半是在自然的符号下设想出来的。埃及的黑梅斯神是有名的，因为它表现神圣的精神方面。据詹姆勃立吉斯说，埃及祭师们自有史以来，便在一切发明上加以黑梅斯的名字；因此，意拉托西尼斯把那部叙述埃及所有科学的专著定名为——黑梅斯。阿纽比斯被称为奥赛烈司的朋友和伴侣。据说他发明了书法、及一般科学——文法、天文、测量、音乐和医药。他首先把一日分为十二时；他又是第一个立法者，第一个宗教师、体育师、兼音乐师；发现橄榄的也是他。但是他虽然具备这一切精神的属性，他决不是"思想之神"。只有特殊的人类的艺术和发明同他有关。还有，他又和自然生存密切联系，下降到物质的象征中。他被表象为一个狗头的兽化神；除掉这个面具以外，他又被指为一种特殊的自然生存，因为他同时又是"狗星"——赛立阿斯。因为这个原故，讲到他所赋形的内容，他是非常有限的，同时讲到他在现世的积极的生存，他又是非常感官的。这里不妨提起的，就是各种"理想"既然和"自然的东西"混淆不分，同样地人生的艺术和技巧也没有得到适当的发展，形成一种手段和目的的合理的状态。所以拿医药来说——拿身体各部疾病的研究来说，拿人生各种事业的一切研究和处理来说，都是被五花八门的迷信所支配，依赖着神谕、预言和魔术。天文学根本是占星术，医术等于魔术，更可说是等于占星术。一切占星术和一切迷信都开始于埃及。

埃及的宗教崇拜根本是动物崇拜。我们已经讲到"精神的东西"和"自然的东西"在这地方的结合了：这种概念进一步的和较高的方面，便是事实上埃及人在尼罗河、"太阳"和种子播植里有了精神的直观，同时对于动物生活也抱有相似的直观。在我们西方人心目中，动物崇拜引起我们的反感。我们可以习惯于崇拜天空，但是对于崇拜禽兽，我们就莫明其妙；因为我们看起来，自然的元素的抽象性比较普遍得多，所以比较值得尊敬。然而，那些崇拜太阳和众星的民族，比起那些崇拜禽兽的民族，确实并不较高一等，而是刚好相反地要低一等；因为埃及人从禽兽世界里直观出一种潜伏的、不可理解的原理。真的，当我们观察禽兽的生活和动作的时候，我们也惊羡它们的本能——它们的动作对于目的物的适应——它们的躁动，敏感和活泼；它们对于它们的生存目的的追求非常迅速和明察，同时它们又是默默自守。我们看不出在禽兽们中间藏着什么东西，我们不能信赖它们。一只黑猫，目光炯炯，动作迅速、矫捷，不可捉摸，仿佛其中有一位居心叵测的人物—— 一位神秘深藏的精怪出现；在另一方面，狗和金丝雀显得是一种友善同情的生命。实际上，禽兽是一种"不可理解的东西"，一个人无论怎样类似一条狗，他决不能设身处地幻想或者想象；它始终对于它是一种陌生的东西。我们在两条路上遇到那所谓"不可理解"的东西，一条是有生命的"自然"，一条是"精神"。但是实实在在，我们只在"自然"方面才遇到"不可理解"的东西；因为刚刚是"精神"要启示它自己；"精神"明白和理解"精神"。埃及人迟钝的自我意识，还没有得到人类自

195

由的思想的启示，所以崇拜那依然深藏于内部、并为物质的组织所蒙蔽了的灵魂，而且同情于禽兽生活。我们在其他民族中也发现有对于单纯生灵的崇拜：有些是明白表示出来的，例如印度人和蒙古人；有些仅仅留下了踪迹，例如犹太人："你不可以饮动物的血，因为血里有动物的生命。"希腊人和罗马人把鸟类也看做是特别灵敏的东西，相信凡是在人类精神中没有启示的种种——不可理解的和高等的东西——可以在鸟类中间发现。但是埃及人却把这种禽兽崇拜发展到最愚蠢和不合人道的迷信。他们把禽兽崇拜这件事，定下一种特别的详细的办法：每一个区域各有它特殊的兽神——或者是猫，或者是鹤，或者是鳄鱼等等不一。各地特别为他们筑起大房子；给他们找美丽的配偶，而且等他们死了，也像人类一样地用香料洗尸。公牛死后便入土安葬，但是葬时牛角要露出坟墓的外面；那些代表亚匹斯神的公牛死后都有壮丽的纪念坊，有些金字塔就是这种纪念物。在一座为后世所开发的金字塔里，那正中的一间里发现美丽的石膏棺材一具，经过仔细检验后，才知道棺材里包藏的是些牛骨头。这种对于牲畜的崇拜，常常达到最可笑的过分严格。假如一个人有意杀死了一只牲畜，他便要被处死刑；就是无意杀死了几头动物，也难保要受到死刑。据称一次在亚历山大里亚有一个罗马人杀死了一头猫，这事立刻引起了叛乱，那个罗马人就被埃及人杀死了。他们宁可任凭人类饿死，决不肯容许神圣的动物被杀充食，或者夺取它们的食粮。他们更崇拜那普遍的生殖力；希腊人在崇拜带奥奈萨斯神的仪式中，也有这种生殖力崇拜。跟着这种崇拜便发生了极其荒谬的事情。

牲畜的形式又更进一步反过来当做是一种象征：它一部分更降而为一种单纯的象形记号。我回想起那数不清的、刻在埃及碑石上的苍鹰、甲虫和蜣螂等等的形象。没有人知道这些形象究竟象征些什么观念，我们也不敢相信这一堆十分晦涩的东西可以弄得清楚。例如，据说甲虫象征生殖、太阳和它的行程；红鹭象征尼罗河的泛滥；鹰族各鸟象征预兆、年成和慈悲。这些结合的希奇古怪，乃是由于埃及人不像我们西方人的诗歌创作的理想那样，把一个普通的观念寄托在一个形象里边；他们相反地在感官的直观里开始，再想象进入这个普通的观念。

但是我们看见这个观念又从直接的动物形态和直观感受中解放了出来，并且把感觉和找寻的东西冒险推进到可以理解和可以辨认的地位。那个潜伏的意义——那个"精神的"东西——从牲畜里探出了一个人面来。那多形的怪物，有着雄狮的躯体和处女的面——或者是须髯满面的狮身男首怪——表示给我们这个见解，就是这个精神的东西的意义是要解决的问题；这个谜不是某种未知的东西，而是一种要人去发现这未知的东西的要求—— 一种这个东西应当自己启示的愿望。但是在另一方面，人的形态也被一种兽的脸面破了相，目的是要给它一种特殊的和确定的表情。希腊人的美术知道靠精神的性质在美丽的形式中来达到特殊的表情，用不着把人面破了相来使观者了解，埃及人甚至于在人的形态以及神祇的形态上，都加了禽兽的头面、脸谱作为一种解释；例如阿纽比斯神有一个狗头，埃西神有雄狮的头和公牛的角等等。祭师们做法事的时候都戴上鹰、狼、牛等等的脸谱；用香料洗尸的人和写字的人、以及从尸体内挖出脏腑的外科医生（他扮作逃避的样子，因为他已经对于一个曾经有生命的东西，做了亵渎神圣的工作），同样要戴上这些脸谱。那种带着人头、张了翅膀的鹞子，表示灵魂飞渡物质的空间，企求投胎到一个新的身体中间去。埃及人的想象，又从不同的动物结合创造了多种新的形状：蟒蛇加了牛和羊的头、狮的身和羊的头等等。

所以我们看见埃及在智慧方面被一种窄狭的、闭塞的"自然观"所约束，但是又打破了这种"自然观"，逼迫"自然"成为自相矛盾，而且提出那种矛盾所包含的任务。埃及的原则并不停留在原始的情况，而企望达到潜伏在表面之下的那另一个意义和精神。

一直到现在的讨论中，我们看见埃及"精神"设法把自身从自然的形式里解放出来。可是这个努力的有力的"精神"又不能够停留在我们刚才所观察到的内容的主观观念里，而是被迫从"艺术"上表现在外在的意识和表面的直观中。"艺术"对于"永恒一体"的——"无形"的——宗教，不但是不够，而且是有罪的东西——因为"艺术"的对象在本质上独占地据有了思想。但是"精神"站在特殊的自然性的直观之中——同时又是一个努力的造形的"精神"——它会把直接的、自然的直观如像尼罗河、"太阳"等等改变成为许多"精神"也参加的形象。前面我们已经看到,这个"精神"是象征的"精神";既然如此,它努力要操纵这些象征符号,使它们成为明白易知。"精神"对于它自身愈是迷惑、隐晦,愈觉得有从幽囚中打破出来和对于它自身取得一个明白的客观的观念的冲动。

埃及"精神"所表现的特色便是,它是这种巨大工程的工匠。它所寻求的并不是光荣、娱乐、愉快等一类东西,而是那种推动它自己要理解自己的冲动;而且它要教导自己:它是什么——要为它自己而实现自己起见,除掉在碑石上表达它的思想以外,更没有其他表达的材料或者根据;而它铭刻在石上的东西,又是许多谜——那些象形图案。象形图案有两类——基本的象形图案多用来表达语言文字,而且和主观的观念有关;另一类的象形图案和这不同,就是那些满布埃及的大建筑物和雕刻物。在其他民族中,历史是一部盛衰、兴亡、胜负、成败的事实——例如罗马人,他们世世代代只以战胜他族和征服世界为目的——埃及人建立了一个用艺术品的种种成就来构成的同样闳大的帝国,它们的遗迹常存,证明它们有不可磨灭的性质,而且它们实在比较古往今来的其他一切工程都更伟大、更值得人惊骇。

讲到这些艺术作品,我只略举其中为死人而作的,它们特别吸引着我们的注意。这类纪念死人的艺术作品,便是在底比斯古城沿着尼罗河一带山丘的巨大洞穴,里边的隧道、别室完全充满了木乃伊——这些地下的洞府,规模之大,不亚于现代最大的开矿工程。在舍易斯平原上漠漠无边的死人埋骨的地方,那里的墙壁和窖室很多。那些世界奇迹的金字塔那巨大的立体形的、几何学的线条里面,藏着死人的陈尸,这种内容虽然早已经过希罗多德斯和带奥多剌斯的叙述,可是直到晚近方才明白证实。最后便是那最惊人的工程,就是历代帝王的坟墓,其中有一个已经在晚近被柏尔蹉泥开掘了。

这一种观察是非常重要的：究竟这片死人的领域，对于埃及人具有何等意义；从这里我们可以认识埃及人曾经造成了什么样的人的观念。因为从活人心目中来看，死人是解除了一切包扎打扮，而已经回复到了根本天性的人。但是一个民族看做显出根本天性的人，这便是这个民族自己——便是它的性格如此。

第一，我们必须在这里举出希罗多德斯告诉我们的那个非常的事实，就是，埃及人是首先说出人类灵魂不朽这个思想的人。但是灵魂不朽的意思是指灵魂不是"自然"，而是另外一种东西——"精神"是独立为自己的。印度人的最高境界便是走进抽象的统一——"虚无"。在另一方面，主观性在自由的时候是根本无限的；所以自由的"精神"的王国便是无影无踪、渺不可见的王国——如像希腊人设想中的冥国。这在人类看来，便是死亡的帝国——在埃及人看来，便是"死人的王国"。

"精神"不朽的观念的含义是个人本身拥有无限的价值。单纯"自然的东西"显然是个别的——绝对依赖它自身以外的某种东西，并且是生存在那种东西里面；但是"不朽"含有"精神"本身是无限的。这个不朽观念是埃及人首先发明的。不过更须说明的是，埃及人首先只知道灵魂是一个原子——就是说，一种具体的特别的东西。这种见地立刻就和轮回的说法连在一起——轮回就是说，人类的灵魂可以转入禽兽的身体之内。亚理斯多德也曾经提及这个观念，他只用很少几句话就解决了。他说，每样东西都有它的特别的器官，来便利它的行动，就像铁匠、木工，各有他自己的工具来从事各自的行业一样。同样地，人类灵魂也有特殊的器官，禽兽的身体不能够做它的身体。毕达哥拉斯采取了轮回的说法，但是偏于具体方面的希腊人，很少表示欢迎。印度人对于这种说法也有一个模糊的概念，在他们心目中，最后的圆满便是走进普遍的实体。但是在埃及人看来，"灵魂"——"精神"——至少是一种肯定的东西，虽然只是一种抽象地肯定的东西。灵魂轮转所需要的时期被定为三千年；然而他们又说，凡是忠实于奥赛烈司的人，那些人的灵魂便不必受这一种沉沦——因为他们以为灵魂的轮转是一种沉沦。

大家知道埃及人用香料保持死尸，所以死尸居然被保存到了今日，而且可以继续如此到数千年以后。这种办法似乎和他们的不朽观念是不一致的，因为既然灵魂有一种独立的生存，那末，躯体的保存就不关重要，但是从另外一方面也可以这样说，正因为灵魂被认为是一种永久的生存，所以对于它从前的住处——躯体，应该有一种尊敬。波剌斯人把死尸丢到空旷的地方上，供鸟类啄食，但是他们以为灵魂是蜕化到普遍的存在里去了。凡是把灵魂看作是继续存在的人民，必然以为身体和这种继续有些联系。当然，在我们西方人当中，灵魂不朽的说法来得更高一层，就是，"精神"本身是永恒的；它的使命是永恒的幸福。埃及人把他们的死人弄成木乃伊，以后便置之不问，此外更没有什么祭礼。希罗多德斯说，埃及遇到一个人死了的时候，家里的妇女便奔走号哭；像我们所有"不朽"的观念，他们并不看作是一种安慰。

从前面说起的埃及人纪念死人的建筑看来，显然可知他们那一般人，而且尤其是他们的帝王，生平的大事业便是建筑他们身后的坟墓，使他们的遗体获得一个停留的地方。值得我们注意的是，凡是生前一切日常需要，都和死人一起下葬。例如工匠死后，就把他的工作器具埋葬在一起；棺材上篆刻的图样也表示着死者生前的职业，我们由此可以详细地知道他生前工作的情形。许多木乃伊臂膊下边被发现有一卷草纸，这在以前是被看做非常的宝贝。但是这些纸卷不过包含着生前活动的种种表象——以及的摩提加字体的文件。这些文字已经译出，发现它们都是购买房地等等的契约、文券，详细地记载着土地亩数等等；任何枝节事项，这上面都有最详细的记载——甚至应该缴纳给当时皇库的税款数目也记录了。这足见一人生前购买的东西，都要——用一种法律契券的形式——陪同他到黄泉下面去。从这种墓志铭的方式中，我们得以熟悉埃及人的私生活，就像从潘沛依和赫鸠娄尼恩的残墟中，我们得以窥见罗马人的私生活一样。

一个埃及人死了以后，就要被判断善恶、功罪。——石棺上所刻的各种重要表象中，有一种便是表示冥国举行的审判。这上面刻着奥赛烈司——埃西神立在他的背后——手拿一秤，死人的灵魂站在他的跟前。但是事实上对于死人举行审判的，乃是生在世上的人们；而且他们不但判断平常人民，就是帝王也要受到判断。有一位帝王的陵墓已经被发现了——墓址很宏大，建筑得极其精致——其中的象形文字里却把这位帝王的名字涂抹了，还有那些浮雕和图像里也把主要的一角磨灭了。据懂得的人解释，这就表示冥国法曹判决这位帝王不得享受灵魂不朽的光荣。

死亡一念既然时刻在埃及人心头作祟，那末，我们可以相信，他们的心情谅来是忧郁的了。可是他们并没有因为想到死亡而愁闷。在筵席上，他们特地搬出死人的塑像，上面写有箴言（根据希罗多德斯所述），说道："吃吃喝喝，及时行乐，你死以后，也就像他。"因此，死亡正可以劝人享受生命。前面说过的埃及神话告诉我们，奥赛烈司本人也死了，并且降到了冥国里去。埃及有许多地方展览奥赛烈司的神圣坟墓。不过他又被当做冥府的主宰，并且在里边审判死人；后来又由塞累匹斯代他执行这种职务。关于阿纽比斯一黑梅斯，神话里说，他用香料保存了奥赛烈司的遗体；这位阿纽比斯又担任接引死人灵魂的职务；在那些图像中间，他一手拿了写字的牌子，站在奥赛烈司身旁。黑梅斯把死者引入奥赛烈司的王国，这还有一种更深的意义，就是说，那个人是和奥赛烈司结合了。所以在石棺盖上，那个死者本身就算已经变成了奥赛烈司了；而且把象形文字译释出来以后，我们发现，国王是被称为神祇了。神和人便是这样地结合在一起而表示出来了。

在结论上，我们假如把这里所说埃及"精神"表现在各方面的种种特色综合起来，那末，这就是基本的看法：真实的两个元素——沉沦于"自然"中的"精神"和想从那里面解脱出来的冲动——在这里不调和地会合成为两个冲突的元素。我们看到"自然"和"精神"的矛盾——既然不是"直接的统一"，也不是"具体的统一"，在那里面"自然"仅是"精神"表现的一种基础；相反地，恰好与第一个和第二个"统一"相对，埃及的"统一"是一种矛盾的统一，占着中间地位。这个"统一"的两方面是在抽象的独立之中，它们的结合仅仅表示一个问题。因此，我们在一方面有一种是极大的梦乱和对于特别事物的限制；野蛮的感官性和阿非利加的坚硬性、动物的崇拜、以及生命的享受。据称在一个公共的市场上，有一个女人和一头山羊演了人兽交媾的把戏。朱味那尔说，埃及人为复仇心所驱使，竟然可以吃人肉，饮人血。他方面是"精神"要求解放的奋斗——艺术创造的各种形象的幻想，以及产生这些形象的机械工作的抽象理智。同样的理智、以及变更各种个别生存形态的力量，和能够升到单纯现象上面的那种牢固的深思熟虑，都表现在他们的警备制度、国家机构、农业经济等等事情上；同这类事情相对照的，便是紧紧地、严厉地束缚着他们的那些风俗，以及他们全部人生必须服从的那种迷信。除了对于当前环境有一种明白的理解以外，还有那最高度的感情冲动、敢作敢为和骚动不宁。这些特性汇合在希罗多德斯讲给我们听的关于埃及人的那些故事中。它们和《天方夜谭》里的故事极其相像；虽然《天方夜谭》里叙事的地点是巴格达，它们的渊源既然不限于这个繁华的宫廷，也不限于阿剌伯民族，而是有一部分必须追溯到埃及去——罕默先生也是这样想法。阿剌伯世界是和《天方夜谭》里描写的那个幻想的、妖异的地方完全不同；阿剌伯具有更多更多的单纯的热情和单纯的兴趣。英雄、美人、宝剑、名马乃是阿剌伯民族诗歌里的对象。

过渡到希腊世界

埃及"精神"在种种方面，都显示出它自己是封闭在各种特殊性之中，并且在这些特殊性里禽兽化了；不过这个"精神"同时也在这些特殊性里激动着——不宁静地从这一特殊性转入另一个特殊性。这个"精神"从没有上升为"普遍的"和"崇高的"的东西，因为它似乎盲然不知道这种东西；也并没有退进它自身里去；然而它却自由地和勇悍地象征特殊的东西，而且已经支配了它。现在所要求的，就只要把那个特殊性——它含有理想性的种子——表现为理想的；并且要去理解那种本身已经解放了的"普遍的东西"[1]。那个自由的、欢乐的希腊"精神"完成了这种解放工作，并且做了它的出发点。一位埃及祭师曾经说过：希腊人永远是孩子。相反地，我们不妨称埃及人是有力量的、活跃的少年，他们所需要的，只是能够在一种理想的形式里，对于他们自己有明白的理解，好成为青年人。在"东方精神"里，沉沦在"自然"里的"精神"的巨大实体性始终保留作为一种基础。对于那埃及"精神"——虽然它仍包含在无限的障阻之中——要叫它始终满足于那种情形是不可能的事。那粗糙的阿非利加的本性肢解了那种原始的"统一"，而提出了那个问题，解答问题的就是那个"自由精神"。

埃及人的"精神"取得了一个问题的形式，表现在他们意识的前面，这一点只要读了舍易斯地方奈丝女神圣庙中的著名铭刻，便可以明白了，匾上刻的是："我便是现在、过去和将来：从古以来就没有人揭开过我的面幕。"这个铭文指出了埃及"精神"的原则；虽然时常有人以为这番话适用于一切时代。蒲罗克鲁斯添了这样一句："我已经产下的果实就是希力奥斯。"所以，凡是对于它自己是明白的东西，便是这里所说的那个问题的结果。这个光明的东西便是"精神"——那位深藏不露的黑夜女神奈丝的儿子。在埃及的奈丝观念里，"真理"还是一个问题。希腊的亚普罗便是解答；他说："人类呵，认识你自己吧。"这句话并不指着一种自我认识，要看出自己的特种弱点和错处；它并不是劝告个人去认识他的特性，而是命令一般人类去认识自己。这个命令是发给希腊人的，在希腊"精神"里，人类便表现出他的明白而发达的状态。必然使我们惊为神奇的，乃是那个希腊的传说，声称狮身女首怪——埃及的伟大的象征——出现在底比斯，讲出下面一个谜："朝晨四脚走，白天两脚走，夜里三脚走，这是什么东西？"厄狄帕斯解答

---

[1]　抽象观念应该代替类同观念。把各种特殊概念连合为类同概念的这个力量,恰巧对于把这些概念联系起来的那个普通的观念,缺乏理解的能力。——英译者

了，说这便是"人"，于是狮身女首怪狼狈而走。那种"东方精神"在埃及进展一直到成为问题的解答和解放，确实有如下述："自然"的"内在的东西"就是"思想"，"思想"只生存在人类意识当中。然而厄狄帕斯一方面提出了那个脍炙千古的解答——显出他自己是有知识的人——在另一方面，他却又蠢然不知道他自己行动的性质。在那皇室旧家里发生的精神的上升，由于无知仍然和大恶相连，所以这个第一个国王统治——为了获得真正的知识和道德的光明起见——首先必须制定政治自由和公民法律，来同"美的精神"相调和。

从埃及到希腊内在的或者理想的过渡，便如上述。但是埃及变成了波斯大帝国的一省，当波斯世界和希腊世界相接触的时候，历史的过渡也就发生了。这里，我们第一次看到了一种历史的过渡——就是一个帝国的覆亡。我们已经说过，中国和印度至今都还存在，波斯却不存在了。波斯转入希腊的过渡固然是内在的；但是这里它也变成了外在的，就是主权的移让——这一种事实从这时起不断发生。希腊人把统治权和文化拱手让给罗马人，罗马人又为日耳曼人所征服。假如我们仔细审视这种转变，就会发生下列的问题——譬如拿波斯为例——为什么波斯沉沦覆没，而中国和印度却始终留存呢？ 在这里，我们首先要排除我们心头那种偏见，以为长久比短促是更优越的事情：永存的高山，并不比很快凋谢的芬芳的蔷薇更优越。在波斯，"自由的精神"这个原则开始产生，反对自然；单纯的自然的生存因此只有衰败了。脱离"自然"的原则在波斯帝国里出现，所以波斯所占的阶段，较高于沉陷"自然"里的那些世界。进步发展的必然性便是这样昭示了。"精神"已经泄漏了它的生存的消息，便不得不完成它的发展。中国人在死后才受到尊敬崇拜。印度人或者伤害自己的身体，沉溺在中性婆罗摩里，在完全没有意识的状态里生就是死；或者全凭出生就是一位现世的神。这儿没有什么变化；不容许有什么进展，因为必须认识了"精神"的独立，才能够有进步。有了波斯人的"光明"，才开始有一种精神的直观，这里"精神"便向"自然"告别了。所以在这里，我们才第一次发现（这在前面曾经提起过）客观性是自由的，那就是说，各民族没有变做奴隶，可以保持他们的财富、他们的政体和他们的宗教。真的，波斯和希腊相形见绌的弱点，也就在这一方面。因为我们看见，波斯人没有建立一个具有完全的组织的帝国，没有把他们的原则"昭示"被征服的各地，不能把各属地造成为一个和谐的"全体"，而是一个种类万殊的个体的集团。波斯人在这些民族中并没有获得内在的合法性的承认；波斯人没有把他们的法律原则或者敕令条例树立起来，而在政治组织方面，他们也只顾到了他们自己，而没有顾到整个帝国。在这种方式之下，波斯在政治方面既然没有形成一个精神，它和希腊比较起来，便相形见绌了。波斯人所以颠蹶覆亡，并不是由于他们意气消沉（虽然巴比伦或者曾经变成柔弱），而是由于他们的军队的无纪律、无组织，抵敌不过希腊军队的有组织；那就是说，较劣的原则是给较优的原则制胜了。波斯人的抽象的原则所表现的缺点，是各种不同的对峙的、无组织的、不具体的统一；在这里面对峙的，有波斯的"光明观"、叙利亚的奢靡淫佚、乘风破海的腓尼基人的活动和勇敢、犹太教里纯粹"思想"的抽象观念和埃及的内心冲动——各元素的一种复合，这些元素等待着他们的理想性，然而只有从自由的"个性"里才能够得到这种理想性。这些元素要在希腊人这个民族里才能够互相贯彻："精神"成为内省的，战胜了特殊性，因而解放它自己。

第二部

希 腊 世 界

到了希腊人那里，我们马上便感觉到仿佛置身于自己的家里一样，因为我们已经到了"精神"的园地；虽然这个民族的来源和它的语言学的特质，可以追溯到其他民族——甚至追溯到"印度"——但是"精神"真实的"再生"，却要首先在希腊寻求。我早先已经把希腊比做青年时代；我并不是说，青年负有一种正经的、预期的使命，从它的文化的各种条件来达到一个未来的目的——一个天生不完全和未成熟的形式，当它自以为尽善尽美的时候，却正是最不完备的时候；而是指青年这时还没有工作的活动，还没有为一个确定的理智的目的而努力——而是表现着精神的一种具体新鲜的生命。这种青春在感官的现实世界里出现为"具有躯体的精神"和"精神化了的感官性"——这一种"统一"是从"精神"发生的。希腊表示着精神生命青春的新鲜、欢欣的状况。在这里，那个进展的"精神"才第一次拿它自己做它的意志和知识的内容；但是它所采取的方式是，国家、家庭、法律、宗教同时都是个性的目的，而且个性之为个性也全靠那些目的。相反地，壮年人却悉心从事于一个客观的目的，始终贯彻，坚持不懈，就是丧失他的个性，他也不管。

希腊人想象中的最高的形式是阿溪里斯，他是诗人荷马笔下的宠儿、推来战争期间的青年。希腊世界生息在荷马这个元素里，就像人类生息在空气里一样。希腊的生活真是一种青春的行为。这个生活开始的人是阿溪里斯，他是诗歌的理想青年；这个生活结束的人是亚历山大大帝，他是现实的理想青年。这两位青年，都出现在希腊和亚细亚的抗争里。在希腊民族长征"推来"的大军里，阿溪里斯是主角，但是它并不是全师的领袖，而是元帅的部属；如果拿他来做领袖，那真是匪夷所思了。相反的那第二位青年，伟大的亚历山大——现实世界上从古到今最自由和最美妙的个性——却进而成为这个年青的希腊生活的领袖（这个青年生活在当时已经达到尽善尽美），完成了对于亚细亚的报复。

如今我们必须区分希腊历史上的三个时期：第一个时期是真正"个性"的生长时期；第二个时期是它在对外胜利中的独立和繁荣时期（就是和前面的世界历史民族相接触的结果）；第三个时期是它的衰亡时期（就是和下一个世界历史民族相接触的结果）。从它的起源到它的内部完成这个时期（就是使一个民族能够超出前代民族的时期），包括着它的原始文化在内。假如这民族有一个基础——如像东方世界是希腊世界的基础——那么，一开头一种国外的文化就参加进来了，于是它便有两重的文化，一方面是原有的文化，另外一方面是外来的文化。这两重文化的结合就是它的锻炼；而第一个时期也就结束在这种结合，以产生它现实的和正当的活力，这种活力接着便转而反对原来的基础。第二个时期是胜利和繁荣的时期。但是当这个民族用全力对外的时候，它就不忠实于它内在的决定，等到国外的刺激兴奋终了，国内的分裂便起。这种分裂在艺术和科学方面的表现，就是理想和现实的分离。这便是衰落的起点。第三个时期是灭亡时期，就是和赋有高一等的"精神"的民族接触的结果。我们可以用一句话来总括这同样的过程，我们在每一个世界历史民族的生活里都看得到。

第一篇

希腊精神的元素

希腊是那个同时是个别的、"实体的"、而被战胜了的"普遍的东西"；[1]"精神"不再沉陷在"自然"里了，因此，那些地理的关系不易应付的性质也消灭了。我们现在所讲的地方是以各种形式展开在海上的一片土地上——一群岛屿和一个显出海岛特征的大陆上。伯罗奔尼撒斯和欧洲大陆的联系只是一个狭窄的地峡：希腊全境满是千形万态的海湾。这地方普遍的特质便是划分为许多小的区域，同时各区域间的关系和联系又靠大海来沟通。我们在这个地方碰见的是山岭、狭窄的平原、小小的山谷和河流；这里并没有大江巨川，没有简单的"平原流域"；这里山岭纵横，河流交错，结果没有一个伟大的整块。这里看不到东方所表现的物质的权力——没有恒河、印度河等等江流，在这些大江流域上的种族，因为它的天边永远显出一个不变的形态，因此习于单调，激不起什么变化；相反地，希腊到处都是错综分裂的性质，正同希腊各民族多方面的生活和希腊"精神"善变化的特征相吻合。

这就是希腊"精神"基本的性格，这种性格使文化起源于各独立的

---

[1] 这就是像中国人那样对于道德的规定——对于从个人的信念或者性情里演绎出来的原则，表示盲目的服从。——英译者

个体——在这一种情形之下，各个人都保持他自己的地位，并不从开始就依靠家长制那样团结于"自然"的约束之下，而是通过了别的媒介——通过了"精神"所认可的"法律和风俗"所造成的结合。因为在一切民族中，只有希腊民族是从生长便获得了它的形式。讲到他们的民族统一的起源，必须考虑的主要因素，便是一般分立的性格——本身性格的不同。克服这种分立的第一阶段，形成了希腊文化的第一个时期；只有通过了这种不同和对这种不同的克服，才会产生美丽、自由的希腊"精神"。关于这一个原则，我们必须有一个意识。要是有人以为这样美丽和这样真个自由的生命，是由一个种族在血统关系和友谊关系范围以内，经过了这种毫不复杂的发展过程而产生——这种观念实在是肤浅的愚昧。甚至于那最类似这种沉静、和谐的展开的草木生命之所以能够生长，也完全靠了阳光、空气和水互相对峙的活动。"精神"能够有的那种真正的对峙是富于精神的；只有靠它本身的不同，才能够取得力量来实现它自己为"精神"。希腊历史在开始的时候，便显示为一半土著和一半外族移民的交互混合；亚的加本土的人民注定要达到希腊繁荣的顶点，那里正是许多最不同的血统和家族的集合地点。每一个世界历史的民族，除掉那些站在伟大的历史联系以外的，——亚细亚王国都以这个方式而形成。因为这个原故，希腊人——罗马人也是一样——是从许多最参差不同的民族汇合的发展。在希腊我们所遇见的许多种族当中，我们很难说哪一族是原来的希腊人，哪一族是从远方移入；因为这里所说的时期完全属于非历史的、暧昧不明的时期。那时候希腊的主要种族是皮拉斯斋人。关于这个种族，我们所有的记载错杂纷纭，互相抵触，学者们曾经费尽心机要使这种记载可以有条不紊——因为历史上朦胧不明的时期尤其是学者特别的好对象、好刺激。初期文化的最早出发点是色雷斯，就是奥岜斯的故乡——和帖撒利两个地方；它们到了后期便多少退出历史舞台了。从阿溪里斯的故乡夫泰奥替斯发生了那个共同的名词：希腊民族——这一个名词，正如修昔的底斯所说，在荷马的时候绝不具有这种广大的意义，就好像对于"野蛮人民"这一个名词，当时希腊人还不能够肯定地分别一样。关于多数部落和它们的演变兴革，应该由专史加以叙述。大体上说来，一切部落以及个人，当他们的地方上人口过多的时候，很容易离开故土，因此，这些部落便在迁徙觅居的状态中，时常互相掠夺、打劫。那位明敏的修昔的底斯说道：“一直到现在，奥查利安·罗克里亚人、埃陀利亚人和阿刻内尼亚人都还保持着他们古代的生活方式；就是那携带武器的风俗，也作为他们古昔掠夺习惯的遗迹而被保留下来。”他说，雅典人是在太平时期第一个放下武器的人。在那时候的情形下，农业是不经营的；居民不但要防御劫掠为生的人，还要和野兽斗争（就是在希罗多德斯的时候，涅斯德河和阿溪卢河岸上仍旧有许多狮子盘踞着）；到后来他们专以驯良的牛羊为掠夺的对象，当农业已经变得更加普遍的时候，人们仍然被掳去卖做奴隶。关于希腊这种原始的状态，修昔的底斯描写得更为详尽。

所以，当时的希腊是处于骚扰、不宁、掳掠的状态中，而它的多数部落不断地在迁徙。

活跃在希腊民族生活里的第二个元素就是海。他们的国土的地形，造成了他们的两栖类式的生活，使他们能够随心所欲地凌波往来，无异于陆上行走，——他们不像游牧人民那样漂泊无定，也不像江河流域居民那样安土重迁。海上的主要职业，并不是经商贸易，而是海盗劫掠；我们从荷马的诗篇看来，这时候海上剽劫还没有被认为是一种不正当的事情。据称首先削平海盗的人是迈诺斯，而首先获得安居乐业的地方是克利特；后来斯巴达的那种社会情形—— 一党专政被征服的他党被强迫地听候差遣——早就在克利特可以看得到了。

参差不同是希腊精神的元素，我们方才已经说过了；外来民族和希腊文明的基础有关系，又是大家所知道的。希腊人的道德生活的这种渊源，应当由他们用感激的追思，保存在他们的可以称为神话的一种自觉里。他们的神话，说特立托勒马获得了栖里兹的传授，创立了农业和婚姻制度等等。普罗米修士的故乡，据称是在高加索，他是首先教人取火和用火的方法的。铁的采用对于希腊人也很重要，荷马诗中仅仅述及铜，伊士奇勒斯却把铁称作"塞格提"。橄榄的介绍和纺织术的流传，以及坡赛顿创造的马，都属于这一类。

比这些开始具有更多历史性的，便是外国人的来临；传说告诉我们这些外国人怎样建立各个国家。雅典城是由一位埃及人栖克洛普斯创立的，但是这个人的历史渺不可考。普罗米修士后嗣的雕刻立温种族曾经和许多希腊部落发生过关系。弗里几亚的皮罗普斯传说是坦塔拉斯的儿子，也被提到过；再有丹内阿斯从埃及来，他的后嗣有阿克立息阿斯、丹内伊和百尔修斯等人。据说皮罗普斯带了大量的财富到伯罗奔尼撒斯来，深受当地人的尊敬。丹内阿斯在亚各斯住了下来。尤其重要的人是卡德马斯，他从腓尼基来，把发音的文字传入了希腊；希罗多德斯说，这种文字原来是腓尼基所发明的，他引了当时所有的古代铭刻文字来证实他的说法。据传说所称，卡德马斯是建立底比斯的人。

我们这样看到许多文明的民族的殖民情状，这些民族就文化来说，都超过了当时的希腊人，但我们不能拿这种殖民情形和英国人在北美洲的殖民情形来比较，因为英国人没有和当地土人相混合，却把他们排挤掉了；至于希腊的殖民者却和原来的分子水乳交融。这些殖民者来到的时期，据称远在西历纪元前十四和十五世纪。相传卡德马斯建立底比斯是在西历纪元前一四九〇年左右——这一个时期和摩西人迁出埃及（西历纪元前一五〇〇年）几乎恰相吻合。希腊各种制度的始祖中又有安菲替温尼，据说他曾经在德摩比利把希腊本部和帖撒利的许多弱小部落组成了一个同盟——那个伟大的安菲替温尼同盟据说便是从这一个组合起源的。

这些外国人又因为建造了炮垒和创立了宫室，而替希腊建立了若干固定的中心地点。在亚各里斯地方，古代的炮垒便构成了那里的城墙。这些城墙名叫赛克洛普斯式；因为它们坚实巩固，不易毁损，所以在晚近也还时有发现。这些城墙一部分为不整齐形的砖头所筑，空隙处就用细石填塞；另一部分是许多石块，配合得极其小心，不见罅缝。泰鳞滋和迈锡尼也有这样的城墙。就是在今天，根据坡舍尼阿斯的记述，我们还能够认出迈锡尼那刻有雄狮的城门。据说亚各斯王普洛条斯从吕希亚带来了赛克洛普斯人，这些城墙便是他们所建筑的。然而又有人说它们是古代皮拉斯斋人所建筑的。这个英雄时期的王侯们，通常都筑宫室在这种城墙所保护、拱卫的堡垒里面。尤其出名的，是王侯们所造的金银库，如像民耶斯王在奥昆麦那斯地方所筑的金银库，以及迈锡尼地方亚特鲁斯王的金银库。所以这些堡垒便成了小邦的中心，使农业有保障，又使商业不怕盗劫。但是据修昔的底斯告诉我们，这些堡垒因为要避免海盗的剽掠，并不筑在海边；海岸城市都是后期才有的。所以坚实的社会结构和那些王侯的宫室是一起发生的。王侯对于臣民的关系以及王侯相互间的关系，从荷马诗中最能够看得出来。这种关系并不根据法律所规定的社会情形，而是根据财富和属地的优越、军力的雄厚、个人的英勇、识见和智慧的高超以及出身的门第；因为王侯和英雄同样被看作是高等的阀族。他们的臣民所以服从他们，不是因为有了阶层的区分，不是因为被压迫，也不是由于大家长制度的关系——依照这个制度，只有部落或者家族长才是全部落或者全族之主——同时又不是立法政府明白需要的结果；而是出于大家感觉到的那种必需：要团结一致，要服从一位善于命令的统治者——不能对于他怀有嫉妒和恶意。君王个人所享的权威，全看他有多大的能力来发扬这种权威；但是这种优越只是个人的英勇，根据个人的成绩，所以决不能够持久。因此，在荷马的诗中，我们看见皮涅罗皮的求婚者纷纷强占久出未归的尤利塞斯的家产，全不把他的儿子放在眼里。又当尤利塞斯降临冥间的时候，阿溪里斯在问起他的父亲时，话中显出他的父亲年纪已老，不会再受人崇敬的意思。风俗礼制仍然是很简单：王侯们为自己治餐；尤利塞斯建造他自己的房屋。在荷马的《伊里亚特》诗中，在那场大战里我们看见一位大元帅、一位众王之王——但是其他的王侯们环绕着他，形成一个自由的议论机关；那位最高的君王虽然受人拥戴，但是他不得不事事讨好众人；他对阿溪里斯大发脾气，但是后者一不高兴，便退出了战争。各王侯领袖们对于民众的关系也是一样的随便，民众里也常常有要求得到注意和尊敬的人。一般民众从事征战，并不像君王兴兵时招来的雇佣兵；也不是蠢笨的一群农奴，像羊和鸡似地被赶到战场上去；也还没有到为自己的利益而战的程度；但是却算是他们所拥戴领袖的随从伴侣——做他的事功的见证和紧急的护卫。同这些关系完全相似的，便是希腊全部神祇间的关系。薛乌斯是希腊各神的父亲，但是各神都根据自己的意志行事；薛乌斯尊重他们，他们也尊重他；虽然有时候他责骂他们，威胁他们，他们或者帖然服从，或者不平而退，口出怨言；但是决不使事情走到极端。薛乌斯在大体上也把诸事处理得使众人满意——向这个让步一些，向那个又让步一些。所以在人间的世界以及在奥林匹亚世界里，都只维持着一种宽弛的、统一的纲纪；这里有的是王权政体，还没有进为君主政体，因为必须在一种更广泛的社会里，才感觉得到君主政体的需要。

在这种情形之下，在这些社会关系中间，那桩惊天动地的事便发生了——整个希腊团结一致，共赴民族的危难，就是"推来"战争；从这场战争，希腊开始和亚细亚有了更为广泛的联系，对于希腊人发生了非常重要的结果（诗人们所称耶孙到科尔奇斯的远征，时期更早，和"推来"战争比较起来，只是一种范围非常有限的、孤独的战争）。这次共同的军事行动发生的原因，据说因为有一位亚细亚的王子，把款待他的主人家的妻子带走了，违犯了宾主之礼。亚加绵农便运用他所有的威权和面子，聚集了希腊各国的国王。修昔的底斯认为他的权威，乃是由于他的世袭的主权，加上他的海军力量（见荷马《伊里亚特》第二章第一○八页）。可是这种主权和力量并不是由外界的强迫所造成，全部军力的召集完全根据各个国王的同意。希腊人于是团结一致，共同行动，他们团结的程度可以说是空前绝后。他们努力的结果，便是"推来"的征服和毁灭，但是他们并没有久占这城的目的。所以在解决办法上看来，并没有什么外表的结果，同样地，这次单一的行动也没有造成一种耐久的政治团结。但是那位大诗人却把他们的青春和民族的精神，描绘成为一幅不朽的图画，来刺激希腊人民的想象；在他们的全部发展和文化上，这幅美丽人生的英雄主义的图画，永远呈现为一个指导的理想。同样地，我们在中古时代看到整个"基督教世界"团结一致来追求一个目的——耶教圣庙的收复；然而不管获得多大的胜利，同样地最后还是没有什么结果。十字军乃是新觉醒的基督教世界的"推来"战争，来合力对付穆罕默德教简单、和谐的明净。

那些王室都覆亡了，一半因为个别惨杀的结果，一半因为逐渐绝嗣的结果。在这些统治者和被统治的部落间并没有严格道德的约束。同样的地位出现在希腊悲剧里的人民和王室中间。这里的人民是助唱队——他们消极、被动；只有英雄们建功立业，担负责任。他们双方之间绝对没有共同的地方；人民没有指挥的权力，只有向各位神祇申诉。这样英雄的个人，如像前面所述的君主，便成了非常适当的戏剧艺术的对象，因为他们独立地和个人地决断行事，毫不顾到每一个公民所应当遵守的普遍法则；他们的行为和他们的毁灭都是个人的。人民和王室是分离的，王室被看作是一个外来的团体——一个高等的种族，完全为他们自己的命运而作战，同时又受他们自己的命运的播弄。王室的尊严在已经履行了它应该履行的任务之后，自己就变成赘疣。许多的王朝造成了它们自己的毁灭，而不是由于人民方面敌意或者抗争的结果；人民宁肯听凭各君主的家族安然享受他们的荣华——这一点可以证明，那继起的民主政府并没有被看作是截然不同的组织。其他时代的历史记载和这种情形是多么显著的相反！

王室的没落是"推来"战争以后的事情，从此许多变化便接二连三地发作起来了。赫剌克来第王征服了伯罗奔尼撒斯，他开始了一个比较太平的时代，虽然各种族的迁徙络绎不绝，这种太平情形也没有中断。接着历史再度变得更隐晦不明；"推来"战争的个别事变，我们都准确地知道，但是战后那个时期，有几世纪之久，其中的重要演变，我们却是非常模糊。这几世纪内并没有什么团结的行动表现出来，除非我们要把修昔的底斯所说的那场优卑亚地方卡尔息狄栖人和耶利多里人之间的战争，看作是团结的行动，因为当时有许多民族参加在内。各城市在孤立状态下发展，最多也只是因为同邻国交战而出了名。但是因为有商业往来，各城市虽然孤立，还是富饶繁荣；而且内部的党争虽然剧烈，并没有阻断这一种发展。这好比我们所看到的中古时代意大利的各城市一样，它们无论对内对外都在不断的斗争之中，但是依然达到了高度的繁荣。根据修昔的底斯的记述，当时希腊城市欣欣向荣的情形，又可以把他们遭往四处八方的殖民队伍来作证明。如雅典殖民于爱奥尼亚和其他数岛；而从伯罗奔尼撒斯迁出的人民就在意大利和西西里安居下来。同时那些殖民地又相对地成为其他城市的母国，例如米利都斯这个殖民地又在普洛逢替斯和黑海上建立了许多城市。这种殖民的遣发——尤其是从"推来"战争到居鲁士的时期内——给了我们一种特殊的现象。我们可以这样解释：在个别城市中，民众既然是政治事务的最后决定者，所以政权实际上操纵在人民群众的手里。经过了长时期的太平，人口和地方都有迅速的增进；直接的结果便是富室积财千万，穷人衣食不周，极其凄苦。我们所了解的那种工业是不存在的了；土地很快地都已经被占完了。然而贫苦阶级中有一部分人民，自以为是自由的公民，不愿意长期受苦。所以他们惟一的出路便是殖民。凡是在本土难以糊口的人，到了另一个地方，或者可以觅得无主的田地，来耕种庄稼，过自由民的生活。因为这个原故，殖民便变成了使民众间多少可以维持平等的一个方法；但是这个方法只救得一时之急，因为从贫富畛域而起的不平等情形，立刻重新又出现了。旧的热情复活起来，加上新的力量，财富被利用来作为取得势位权力的工具；"暴君"在希腊各城市中纷纷占了上风。修昔的底斯说得好："希腊财富一增加，城市暴君也就崛起，于是希腊人愈加热心于海上的事业。"到了居鲁士的时候，希腊历史便有了特殊的兴趣；我们看见大小各邦现在都具有特殊的性质。不同的希腊"精神"的形成也在这个时期。宗教和政治制度随着这个"精神"发展，我们现在要注意的，便是这些重要因素。

我们追溯希腊文化的开始，我们首先注意到的就是，希腊地理的物质状态并不表现一种特殊性的统一、或者什么整齐划一的形体，对于居民发生一种强有力的影响。相反地，它的地形是驳杂的，不能给人一种断然的影响。这里也没有一种家庭、或者民族组织的庞大的统一性；而在自然景色万象纷呈之前，人们的注意力便转到他们自身方面，去伸展他们微小的力量。我们看见希腊人互相分离，转回到内在精神、个人的勇敢，他们同时又受到多方面的鼓动，非常周详审慎；他们在"自然"界前面茫然不知所措，专门依赖"自然"的风云变幻，倾听着外界的信号；但是在另外一方面，他们又很精神地辨认和支配外界，并且勇悍地、自强地反抗外界。这些就是他们的宗教和文化的简单元素。我们追求他们神话上的各种观念时，便能够发觉许多自然的事物形成了这些观念的基础——但是不在全体，而在个别中间。以弗所的岱雅那（就是"自然"，就是万物的母亲），叙利亚的息柏利和阿斯塔提，——这类普遍的观念依然停留在亚细亚，没有转输到希腊来。因为希腊人只偷听着"自然"的事物，对它们作种种的推测；并且在他们心灵深处，探讨它们的意义。依照亚理斯多德所说，哲学是从"惊奇"发生的，希腊的"自然观"也是从这种"惊奇"出发的。这并不是："精神"在他们的经验里遇到了某种和寻常绝不相同的东西，拿它来比较普通的事物；因为这时候还没有对于"自然"常序的理智的见解，也没有比较的反省；相反地，激动希腊"精神"发生惊奇的，乃是"自然"里自然的东西。希腊"精神"对于这种东西并不处于蠢然无识的地位，以为它只是存在着罢了；而是把它一眼看做是某种外在的东西，但是"精神"对于它有着一种深信不疑的预觉，以为它含有对于人类"精神"友善的一种成分在内，"精神"可以和它结下一种积极的关系。这种惊奇和预觉是这里的基本范畴；然而希腊人并不以这些为满足，而把预感推测的那种内在的东西弄来，达到一个明显的观念，作为意识的对象。"自然的"东西透过了"精神"才有价值，不是直接地透过，而是靠精神作媒介。人类把"自然的东西"看做仅是对于他的一种刺激，只有他所从而生的"精神的东西"才对他有价值。这种精神的开始并不是我们所悬想的一种说明；我们在希腊人自己形成的许多观念里已经有了这种开始。好奇的推测，要把握"自然"意义的专心一志，都可以从希腊人对于"攀"的一

般的观念里看得到。对于希腊人，"攀"所代表的并不是客观全体的东
西，而是含有主观的因素不定的东西；它就是我们在肃静的森林中所起
的惊恐，所以树木繁茂的亚加狄亚地方特别崇拜"攀"（普通对于一种
没有根据的惊恐叫做"惶恐"）。"攀"这位使人惊恐的神又被拟想为
吹笛的神；因此，他不但是一种内部的预觉，"攀"也可以从七簧的管
乐上听到。从上述种种看来，一方面有那种"不定的"人可以感觉的东
西；另一方面，这种感觉着的东西只是主观的想象——感觉的人自己所
拟的一种解释。希腊人依同样的原理，倾听着流泉淙淙的声音，询问它
有什么意义；但是他们加在泉声的那重意义，并不是流泉客观的意义，
而是主观的——主观者自身的意义，它把一位内雅特尊崇为缪斯——
文艺女神。内雅特或者"流泉"便是文艺女神外表的开始。然而文艺女
神不朽的歌唱并不是什么流泉淙淙的声音；这些歌唱乃是深思倾听的
"精神"的创作，精神出外倾听，回到自身中创作。对于"自然"和
它的演变的解释和说明——它们的意义和旨趣的表示——这是主观的精
神的行为；希腊把它定名为 $\mu\alpha\nu\tau\epsilon\acute{\iota}\alpha$ 。这个名词包含的普通观念，便是
人类认识他对于"自然"的关系的方式。$M\alpha\nu\tau\epsilon\acute{\iota}\alpha$ 是指说明的内容，
又指那位看出问题重大旨趣的说明者。柏拉图讲到梦和病人神志昏迷的
状态时用到这个词；他要一位解释者 $\mu\acute{\alpha}\nu\tau\iota\varsigma$ 来解释这种梦和这种昏
迷。"自然"已经答复了希腊人的问题，这话在这种意义之下，是不错
的，就是希腊人从他自己的"精神"里答复了"自然"的许多问题。因
此，直观是纯粹诗意的，因为自然的形象里表示的意义乃是"精神"所
供给的。希腊人处处都要求对于"自然的"东西有一种明白的表示和解
释。在《奥德赛》最后一篇中，荷马告诉我们，当希腊人因阿溪里斯的
死非常悲伤的时候，海上波涛突然涌来；希腊人正相顾失色、拔步要
逃，经验丰富的涅斯忒便起来向他们解释这种现象。他说阿溪里斯的母
亲提替斯正由神女们簇拥而来，凭吊她儿子的死。又当希腊军队中发生
疫疠的时候，预言家卡尔卡斯说明，是因为希腊人掳去了亚普罗的祭师
克赖栖兹的女儿，虽然那位祭师曾经献上赎金，希腊人仍旧没有把他的

女儿送回来，因此惹起了亚普罗的忿怒。"神谕"本来都是照这样来解释的。最古的"神谕"乩坛是在多度那（在现代雅尼那境内）。希罗多德斯说那里最初的女庙祝来自埃及；可是那个庙据称是一座希腊古庙。圣橡树叶子的噁嗦声音便是那里的预言方式。树丛里又悬挂着不少金属的碗盏。但是那些碗盏相击的声音很不一定，并且不能够有客观的意义；声音所有的意义，乃是人类听了以后所猜想的。特尔斐的女庙祝们也是这样在一种如癫如狂的状态里——在热忱的陶醉里——发出种种依稀难辨的声音；而解释的人却给了这些声息一种确定的意义。在特洛福尼阿斯山洞中，曾经听到地泉的声音，看见螭魅的形状；然而这些玄之又玄的现象，必须通过了那个解释的、理解的"精神"，才具有意义。这里又必须注意的就是，"精神"的这些激动最先是外表的自然的冲动，接着才是人们自身内发生的种种内部的变化——如像噩梦、或者特尔斐女庙祝的昏迷——它们都需要解释的人来加以说明。当《伊里亚特》诗开场时，阿溪里斯对于亚加绵农怒不可遏，正要拔剑之际，他突然停臂不动，在盛气中想起了他和亚加绵农的关系。诗人解释，这是因为智慧的女神帕拉斯——雅典娜制止了他。当尤利塞斯漂流到了斐西安人中间，他把铁饼掷得比其余的人还要远，于是就有一位斐西安人向他表示一种友谊亲近的态度，诗人又看出这人是帕拉斯——雅典娜。这样的一种解释，足见是知觉了那种内在的意义、潜在的真理；这样说来，诗人——特别是荷马、乃是希腊人的教师。事实上 $Mαντεiα$ 便是"诗词"——并不是一种荒唐无稽的空想，而是把"精神的东西"介绍到"自然的东西"里面的一种想象——简单地说，也便是一种富于理智的知觉。所以大体上说来，希腊"精神"不受迷信的拘束，因为它把感官的东西改变成了思索的东西，所以神谕的判决是从"精神"蜕化而来的；不过从另一种非精神的渊源而来的各种冲动影响了意见和行动的时候，迷信又从另一方面起来。

然而刺激希腊人"精神"的并不限于这些外在的和内在的激动。从海外各国递嬗而来的传统的东西和原有的文化、神祇、礼拜也应该包括在内。这久已成为一个十分争辩的问题，究竟希腊人艺术和宗教是独立地发达，还是由于外来的刺激？ 在一种片面的理解之下，争论是没有间断的；因为希腊人从印度、叙利亚、埃及取得了各种观念，乃是历史上的事实，同时希腊观念是希腊人自己所专有，同样地是历史上的事实。希罗多德斯（《历史》卷二，第五三页）肯定地说："荷马和希西阿特给希腊人发明了一个神的世系，并且给各位神祇订定了相称的别号。"（一句伟大的文句，一向就是学者们，尤其是克垒则悉心研究的主题）——他在另一个地方，又同样肯定地说，希腊许多神祇的名字是从埃及取来的，又说，希腊人在多度那占问他们究竟应该不应该采用这些名字。前后似乎自相矛盾：然而实在非常一贯，因为希腊人从他们所得到的各种东西里作了"精神的"东西。"自然的东西"，在人类解释之下——它的内在的本质——乃是"神圣的"的原始。就像在艺术方面，希腊人或者从其他民族——特别是从埃及人——取得了技术的娴熟；在宗教方面，或者也来自外边，但是靠他们的独立的精神，他们改造了艺术，又改造了宗教。

这种外来宗教开始的踪迹到处可以发现（克垒则在他所著《象征》一书里对于这事阐述尤其详尽）。薛乌斯的风流艳史看起来自然是一种个别的、外来的、偶尔的，但是也可以说是有外国神话的基础。赫邱利在希腊人中间是一位"精神的人类"，他以生人的能力，做了十二桩扬名于四海的工程，才得上配奥林帕斯；但是从这根本所发生的外来观念，便是完成了黄道十二宫轮转的"太阳"。这些"神异事迹"只是古老的原始观念，其中含有的智慧实在并不超过希腊人意识里已经存在的智慧。所有雅典人民对于这些神异事迹都很内行，只有苏格拉底不受它们的吸引，因为他深知科学和艺术不是神异事迹的产物，而智慧也决不是在秘密之中。真实的科学宁肯说是在公开的意识界里。

总括希腊精神的元素来说，我们发现它的基本的特性是这样的，"精神"的自由受"自然"刺激的限制，并且和这种刺激结有本质的关系。希腊的思想自由是一种外来的东西所激起的；但是它是自由的，因为它从自身变化，并且产生了这种刺激。这个决定是中间物，介乎人类方面个性的丧失（如像我们在亚细亚的原则中所看见的，那里"精神的东西"和"神圣的东西"只存在在一个"自然的"形式之下）以及自身为纯粹确实的"无限的主观性"——就是以自我为一切可以取得实体生存的根据的思想。希腊"精神"是介乎以上两者间的中间物，从"自然"出发，再把它变化为它自己生存的一种单纯客观的形式；所以"精神性"还不是绝对地自由；还不是绝对地自己产生——不是自己的刺激。希腊"精神"从预感和惊奇出发，进展到对于"自然"加以确定的意义。在主观者自身方面也有同样的统一产生。在人类"自然"的方面就是"心"、"意向"、"热情"、"脾气"；这方面于是朝着一种精神的方向发展到自由的"个性"；所以性格所居的地位，和普遍的道德的权威、各种的义务并不发生关系，那"道德的"权威是一种特别的存在——一种感觉和主观性的意志。这个标明希腊的性格是"美"的个性，它是靠"精神"产生的，它把"自然的东西"改变成为自己的表现。"精神"的活动还没有自己表现的材料和器官，而它还需要"自然"的刺激和"自然"所提供的材料；它不是自由的、自己决定自己的"精神性"，而是纯粹的自然性形成的"精神性"——"精神的个性"。希腊"精神"等于雕塑艺术家，把石头作成了一种艺术作品。在这种形成的过程中间，石头不再是单纯的石头——那个形式只是外面加上去的；相反地，它被雕塑为"精神的"一种表现，变得和它的本性相反。在另外一方面，那位艺术家需要石头、颜色、感官的形式来作他的精神概念，来表达他的观念。假如没有这种因素，他不但不能够亲自意识到那个观念，而且也无从给这个观念一个客观的形式；因为它不能单在"思想"之中变成他的一个对象。埃及"精神"同样也是加工于"材料"的工人，然而"自然的东西"还没有隶属于"精神的东西"。除掉同"自然的东西"进行着一种斗争以外，没有任何进展；"自然的东西"依然保持一个独立的地位，成为形象的一方面，就像狮身人首怪的身体那样。在希腊的"美"之中，"感官的东西"只是一个标记、一种

223

表示、一层封皮，"精神"从那里边表现出自己。

我们还要加以说明的是，希腊"精神"是上述这一种变形艺术家，它同时知道自己在作品方面是自由的；因为它是这些作品的创造者，而它们只是被叫做"人工的作品"。但是它们实在不是单纯的人工作品，而是"永恒的真理"——"精神"内在的和为自己的权力；而且它们不是人类所创造的那样创造。人类尊敬这些直觉和形象，——这位奥林匹亚的薛乌斯——那位亚克罗波里斯的帕拉斯——同样地他又尊敬那些做他行为的正则的法律——政治的和伦理的法律。然而"他"——人类——却是孕育它们的子宫、哺乳它们的胸怀，给了它们光荣和纯粹的"精神的东西"。所以他在拟想它们的时候，感觉到他自己是镇静的，不但享有自由，而且具有他的自由意识；所以"人类"的荣誉是被埋没在对于"神圣的东西"的崇拜里了。人类在本身为本身而尊敬"神圣的东西"，但是同时又把"神圣的东西"当做是他们的事业、他们的制作、他们的现象的生存。所以"神圣的东西"因为尊重"人类的东西"而获得尊敬，同时"人类的东西"因为尊敬"神圣的东西"而获得尊敬。

就是这样构成了希腊性格的中心的美的个性。我们如今必须考虑这个观念为实现它自己而放出的特别光芒。这一切都可以从艺术作品上看得到，我们可以把它们归列为三类：一、主观的艺术作品，就是人类自己的文化；二、客观的艺术作品，就是神祇世界的结构；最后是政治的艺术作品，就是"宪法"和在宪法中的个人的方式。

第二篇

美的个性形态

第一章　主观的艺术作品

人类有了种种需要，对于外界的"自然"，结着一种实用的关系；为着要靠自然来满足自己，便使用工具来琢磨自然。自然的事物是强有力的，它们有各种方法抵抗。人类要征服它们，便采用了其他自然的东西；他发明了各种达到这种目的的工具，用"自然"来对付"自然"。这些人类的发明属于"精神"方面，这种工具应当被看作是高出于单纯的自然的事物。我们知道，希腊人特别珍视这些发明；因为在荷马诗中，人类对于这些发明的欣赏特别惹人注意。在叙述亚加绵农的王笏时，它的来源讲得很明白、详细；讲到门户在铰链上转动，讲到军械和家具，语气间深表满意。人类征服"自然"的发明的荣誉，都加在神祇身上。

但是在另外一方面，人类又用"自然"来作装饰，把它仅仅当做财富和人类自己制造的东西的一种标帜。具有这样的作用的装饰在荷马时代的希腊人里面已经十分发达。野蛮人和文明人固然都要装饰他们自己；但是野蛮人以装饰自己为满足，那就是说，他们的身体要用一种外

225

界的附加物来讨人欢喜。但是装饰的本性是要美化另外一种东西，就是人类的身体，在人体中人类直接发现自己，人类要把身体改造得同他改造一般"自然的东西"一样。所以最重要的精神的兴趣，便是要把身体发展为"意志"的一个完善的器官——这一种伶俐一方面可以作为达到其他目的的工具，而在另外一方面，它自身便是一个目的。因此在希腊人中间，各个人便有这种无限的冲动，要表现他们自己，并且要在表现中找着快乐。感官的享受和沉迷的迷信都不是他们和平状况的基础。他们太强有力地被激动了，太专注于他们的个性的发展，绝对地要去崇奉那表现在权力和仁慈方面的"自然"。当掠夺的生活已经结束，丰富的境遇给人保障和闲暇，这时候的和平的状况，使他们的精力转到自我表现的方向上去——要使他们自己尊严起来。但是一方面他们既然具有如许独立的人格不致为迷信所征服，同时这种独立的情调又并没有过分放肆得使他们变成虚荣；恰巧相反，各种本质的条件首先必须得到满足，然后这种情调才能够变成一件虚荣的事情。因为这个原故，构成希腊人主要民族性和重要业务的，就是同感官的自然性相反的人格欢乐的意识，以及个人权力表现的需要，不是单纯寻求娱乐的需要，藉此取得特别的显荣和相随而来的享受。自由自在，宛如天中歌唱的小鸟，只有人类在这里才这样表示着他的无拘无束的人性里的一切，靠这种表示来证实自己，来获得承认。

这便是希腊艺术的主观的开始——在那里边人类修饰他的身体，在自由美丽的动作、有力量的伶俐中，作成一件艺术作品。希腊人首先锻炼他们自己的身材为美丽的形态，然后把它表现在大理石和绘画中间。那种无害的竞技比赛，每个人表演他的力量，是极古的事情。阿溪里斯为庆祝帕特洛克拉斯而主办的游戏，荷马曾经有过一种高贵的描写；然而在所有的诗篇里，没有一句话提到神祇的像，虽然他曾经说起多度那的圣庙和特尔斐地方亚普罗的宝室。荷马诗中的游艺，不外角力、斗拳、奔跑、骑马、赛车、掷铁饼、掷标枪和拉弓射箭。这些练习又和跳舞、唱歌相连，表现了社会欢乐的享受，而这些艺术也同样开放出美丽的花朵。赫斐斯塔斯在阿溪里斯的盾牌上绘出的画景中，有美貌的青年男女，用"训练有素的脚步"飞奔而前，就像陶器匠转动他的车轮一样。围绕在旁边看的人都眉飞色舞；那位天上的歌人拿了竖琴且弹且唱，还有两名主要的舞蹈家，在圆场中央飘飘盘旋。

这些游戏和艺术以及连带产生的欢乐和荣誉，最初只是少数私人的事情，遇着特别的机会才举办，但是随后它们变做了一件国家大事，经常在一定的时期和一定的地点举行。除掉伊利斯圣地的奥林匹克竞技会以外，又在其他各地举行伊斯米亚、匹替阿和内米阿各种竞技会。

假如我们看看这些游戏内在的本质，我们首先就会注意到"游戏"同正经的事务、依赖和必需是怎样处于反对的地位。这种角力、赛跑和竞争不是什么正经事情；既然没有防卫的义务，也没有争战的需要。正经的事务乃是为某种需要而起的劳动。我或者"自然"必须有一个屈服；假如这一个要继续生存，那一个必须打倒。但是和这一种正经相反，游戏表示着更高等的正经，因为在游戏中间，"自然"被当作加工制造为"精神"，而且在这些竞技举行的时候，主体虽然没有进展到思想最高级的正经，然而从这种身体的练习里，人类显出了他的自由，他把他的身体变化成为"精神"的一个器官。

人类的五官之一里具有"声音"这个元素，它承受并且要求一个除掉单纯感官的"现在"之外更加广泛的内容。我们看到歌怎样和"舞"相联合，怎样被"舞"所节制。但是后来"歌"使自身独立，需要乐器为伴；于是它再不像鸟唱的那样没有内容的歌，虽然表示感情，终究是缺乏客观的内容；相反地，它需要想象和"精神"所创造的一种内容，而这个内容更进而形成为一种客观的艺术作品。

第二章　客观的艺术作品

假如把"歌"的内容作为一个问题来讨论，我们应该说，它的本质的和绝对的内容乃是宗教的内容。我们已经看见希腊"精神"的"概念";"宗教"不过是把这个"概念"客观化为存在的本质。按照这个"概念"观察,我们知道"神圣的东西"不过把"自然权力"作为一个元素包含在自身中间,这个元素经过改造成为精神的权力。关于这个作为起源的"自然的元素",后来所余存的只有在精神的权力的观念里包含的类似的回忆;因为希腊人把神作为精神的东西来崇拜。因为这个原故,我们不能够把希腊的神祇看成同印度的神祇一样,它的内容是任何一种"自然的权力"仅以人体作为一种外表的形式来表示。希腊神祇的内容乃是"精神的东西"本身,而"自然的东西"只是出发点。但是在另外一方面我们必须说,希腊人的神祇还不是绝对的、自由的"精神",而是在一种特殊方式里的"精神",还是一种依赖外在的各种限制的个性。客观地美丽的个性,就是希腊人的神祇。那个神祇的"精神"在这里受有种种条件限制,还不是为自己的"精神",而是一种有限的存在——还没有在感官方面表现它自己;不过感官的东西不是它的实体,而只是它的表现的一个元素。这个概念必须做我们观察希腊神话时的主导概念;而且我们要全神贯注在这一点,因为——一半由于学者的影响,主要的原则已经被深深埋没在长篇累牍的枝节之下;另一半由于抽象的"理智"所担任的破坏的分析工作——这种神话以及较古时期的希腊历史,已成最大纷乱的研究场合。

在希腊"精神"的概念里,我们发现"自然"和"精神"这两个元素,"自然"只作为出发点。在希腊神话中,"自然"地位的降低是全体转变的枢纽——表现为诸神的战争,结果泰坦神族被薛乌斯神族所推翻。这中间就代表着从"东方精神"转入"西方精神"的过渡,因为泰坦神族乃是自然的东西——自然的存在,从他们的掌握中夺取了主权。他们固然继续受人崇敬,但是他们已经被流窜到天涯地角,不再是统治的权力了。泰坦神族是各种"自然"力量,是乌兰那斯、机阿、奥栖阿那斯、塞利泥、希力奥斯等等。克罗诺斯代表自食其子的抽象的"时间",繁殖生育的无限的力量因此受了限制。薛乌斯出现为新神祇的首长，这些神祇具有一种精神的意义，而且他们自己就是"精神"。[1]
"东方精神"转入"西方精神"的过渡，不能再比这个神话表白得更清楚、更天真的了；这个新的神族宣告他们的特殊本性为一种精神的本性。

第二点是，那些新神祇保持着各种自然的因素，因此在他们自身上保持着对于"自然"力量的一种有定的关系，这已经在前面讲过了。薛乌斯握有闪电和云，而希剌是"自然的"的创造者、变化生命力的生产者。薛乌斯同时又是政治的神、道德和礼让的保护者。奥栖阿那斯本来只是他的名字所表示的那个"自然"的力量。但是坡赛顿在他的性格里依然具有那个元素的野性，然而他又是一位伦理的人格，据说他建筑了墙、产生了"马"。希力奥斯本来是太阳这一个自然的元素，这个"光明"和"精神"相类似的变化为自己的意识，于是亚普罗便从希力奥斯中间出现。Λύκειοs 这个名字指出和光明的联系；亚普罗原来是阿德米塔斯雇用的一位牧人，但是不受羁轭的公牛对于希力奥斯是神圣的；他的光线，代表利箭，射死了派乔。以"光明"为上述这种自然权力的观念，不能和这位神祇相分离；特别因为附加在它的其他属性都很容易和它相结合，而且否认那种说法的米勒和其他各人的解释，更显得独断和远离事实。因为亚普罗是预言和洞察之神——"光明"，它使万物清晰明白。他又是医治疾病和加强体力之神；同时也是毁灭者，因为他射杀人。他是和解和净化之神，例如他和攸门尼第斯——古代的地下神祇——相反，他们执法极其严厉。他自己是纯洁的；他没有妻室，只有一位姊妹，而且不像薛乌斯那样卷入各种令人厌恶的风流案中；另外，他又是舞蹈的鉴别者和报告者、歌唱者和领导者——恰像太阳领袖着众星和谐的舞蹈。同样地，内雅特变成了缪斯。各神的母亲息柏利——在以弗所仍然被崇拜为阿提密斯——差不多不像希腊人中间的阿提密斯——那位贞洁的女猎师和射杀猛兽者。假如有人说这种把"自然的东

---

[1]　见黑格尔著《宗教哲学讲义》,第二部第一二二页起(第二版)。

西"变化为"精神的东西"乃是我们或者后世希腊人的寓言比喻，那末，我们可以回答道，"自然的东西"变形为"精神的东西"，恰好就是希腊"精神"自己。希腊人的诗句里显示着这些从"感官的东西"到"精神的东西"的进展。可是抽象的"理智"又不能明了这种"自然的东西"和"精神的东西"的统一。

更须说明的就是，希腊的神祇应当被看作是各种个性——不是抽象的观念，如"知识"、"统一"、"时间"、"天"、"需要"。这类抽象的观念并不是这些神祇的内容；他们不是什么寓言，不是什么附着各种属性的抽象的存在，如像和累细奥所说 Necessitas clavis trabalibus（需要属性）。同样地，这些神祇也不是什么象征，因为一个象征只是一个记号，只是别的东西的一种意义。希腊神祇表现出他们自己的真相。亚普罗头脑里的那种永恒的安闲和沉思的睿智，并不是一个象征，而是"精神"呈现和显出它的存在的一种表情。各位神祇乃是人格，乃是具体的个性；至于一个寓言的或者比喻的存在不具有特质，只有它自身才是一种性质。再者，这些神祇又是特别的性格，它们每一个都有一个非常显著的特殊性格；但是要把这些性格排列为一个体系，却是徒劳无功的事。薛乌斯也许可以说是统治着其他神祇，但是并不以真实的权力来统治；所以他们在特殊中保持他们的自由。各种精神的和道德的性质的全部范围，既然为各位神祇所支配、规定，那末，高过于它们一切的那个统一必然地是抽象的；所以它是无形状的和无内容的"事实"，——就是"需要"，它的悲哀由于它是没有"精神的东西"；同时各位神祇对于人类却结有友好的关系，因为他们都是精神的本性。那种高等的思想，"上帝"就是"统一"的知识——以上帝为"惟一的精神"——超过了当时希腊人所达到的那个思想阶段。

讲到那种附属于希腊神祇的偶然性和特殊性，就有这个问题发生：哪里去找寻那种偶然性外在的起源？它一方面起于希腊人民族生活开始时那种纷乱四散的地方，在某几点上已形固定，随后便有了地方的观念。这些地方神祇是各不相谋的，起初势力范围极大，到后来它们加入了全部神祇中间，于是势力缩小而降到一种有限制的地位；它们是为当地特殊意识和环境种种条件所限制。当初有许许多多的赫邱利和薛乌斯，它们各有地方的历史背景，像印度的神佛一样，它们在各地有各种的庙宇，每一个庙里附有一种特殊的传说。这一种关系同样在天主教列圣和他们的传说里可以看得到；不过在天主教里，它的出发点不是许多地方，而是"圣母"，这后来便地方化了，成为最参差不齐的典型。希腊人对于他们的神祇传出许多最生动的故事——因为希腊人生气勃勃的"精神"永远涌现着丰富的幻想，所以那些故事的数目也就永远没有止境。

各神祇特殊性发生的第二个来源，便是"自然的宗教"，"自然"的各种表象在希腊神话里保持着一个地位，而且也在改头换面的新形态下面出现。讲到各种原始神话的保存，我们便要回到前边提起过的著名的《神异事迹》的一章。希腊人的这些神异事迹表现某种人人所不知道的东西，被假定为深湛的智慧，而吸引了古今的注意。我们第一要注意到，这些神异事迹因为时代久远，它们的古老和原始的性质，显出它们不是优越的，而是次等的，所以它们中间并没有表现那些比较纯洁的真理，像许多人所抱的见解——以为它们中间宣扬"上帝的统一"，反对多神主义——是不正确的。这些神异事迹可以说是古代礼拜的仪式；如果说其中可以发现深湛的哲学真理，不但是愚蠢的，而且是反历史的：因为恰巧相反，它们的内容只是自然的观念——只是对于自然界普遍的变化和对于普遍的生机原则所抱的各种比较粗陋的观念而已。假如我们把关于这问题的一切历史纪录搜集起来，我们将必然达到这个结论，就是各种神异事迹并不构成一个学说系统，而只是感官的习惯和表现，包括自然界各种普遍运动的象征，例如大地对于天象的关系等。关于栖里兹和普洛塞匹那、巴卡斯和他的扈从等的观念，它们的重要基础，便是"自然"的普遍的原则；至于相附的详细情节都是晦涩、暧昧的故事和表象，它们主要的兴趣是普遍的生命力及其变化。"精神"也必须通过和"自然"这一种过程相类同的过程；因为"精神"必须二次投生，那就是说，必须否定它自己；所以那些神异事迹中所有的表象也引人注意到"精神"的本性。这些表象使希腊人发生一种惊恐的情绪；因为当在一个形式里知觉到一重意义的时候，假如这个形式是一个感官的现象，它并不表示那重意义，因此同时拒绝人和吸引人，于是人们本能地感到一种惊恐——为那种贯彻全部的意义引起了多数推测，但是同时对于那种拒绝人的形式又起了一种惊恐的震刺。伊士奇勒斯曾经被抨击为在他的悲剧里亵渎、污辱了那些神异事迹。神异事迹不确定的观念和象征——所谓其中具有深湛的意义，不过是忖度罢了——它们和各种明白纯粹的形态不相容，而且威胁着要毁灭这些形态；因此，艺术的神祇和神异事迹的神祇是互相分开的，这两个领域必须严格地区别清楚。

希腊人的这些神祇多半是从国外各地——希罗多德斯曾明白地举出埃及——输进来的，但是这些荒诞的神话曾经希腊人改头换面和精神化了；和它们一同输入的那部分外国神话，又在希腊人口中发为传说的叙述，而结果每每不利于那些神祇。同样地，那些在埃及继续列为神祇的牲畜，在希腊降为外界的标记，附属于那位"精神的"神祇之下。希腊各神既然各有一种个别的性格，又被拟为人类一般的表象；这种神人同形说被人指摘为一种缺点。相反地，我们马上可以说，人类是"精神的东西"，他把希腊神祇造成了真实的东西，使它们超出一切自然的神祇，以及"最高的存在"的一切单纯的抽象观念。在另外一方面，又有人以为希腊神祇被想象为人类，正是他们的有利的地方——基督教的上帝便不是这样看法了。席勒尔有如下的诗句：

神愈近人，

人更像神。

然而希腊的神祇，决不能被看做比较基督教的上帝更近乎人类。基督更是一个人类。他降生，他逝世——死在十字架上，这比较希腊美的观念里的人类更近乎人类了。但是讲到希腊宗教和基督教共同的因素，那末，对于它们两者都得这样说，就是，如果要假定上帝有一种现身的话，他的自然的形态必须是"精神"的形态，对于感官的概念，"精神"在本质上就是人类，因为除掉人类的形态以外，更没有其他形态可以代表精神出现。上帝固然出现在太阳、山岳、树木和一切有生命的东西里；但是这一种自然的出现，并不适合于"精神"的正当形态：这里只有在知觉者的内心中才能够认出上帝来。所以上帝本人假如要现身在一种相当的表示中，那末，只有人类的形态：因为"精神"便是从人类的形态里放出光明的。但是如果有人问："上帝必须现身吗？"这问题必须肯定地答复；因为凡是本质的存在，都要出现它自己的。所以和基督教比较之下，希腊宗教真正的缺点便是，它把现身看作是神的存在的最高方式——神的总和与实体，一切的一切；至于在基督教里，现身仅被看作是"神圣的"一个暂时的形态。在基督教里，那位现身的上帝死在十字架上，而超度他自己到了荣耀的境界；基督在死后才被表象为坐在上帝的右边。希腊的神就不同了，他的崇拜者永远把他看做生存在现身里——只在大理石、金属、或者木头、或者想象所刻划的形态里。但是为什么希腊的神不在肉身里出现呢？这因为人类非等到他已经更完满地经营和发展他自己，达到上述审美的表现里所包含的"自由"时候，他不能够取得正当的评价，不能够获得光荣和尊严的：所以神的形式和体态继续为个人见解的产物。"精神"的元素之一便是它产生它自己——造成自己所居的地位；另一个元素是，"精神"原来是自由的——"自由"是它的本性和"理想"。但是希腊人既然对于他们自己没有达到一种智慧的概念，所以也还没有认识"精神"的普遍性——并不具有基督教的那种人类的观念和那种神性同人性本质的统一观念。只有那种自立的、真正内在的"精神"才能够决然舍弃现象方面，才能够把"神的本性"单独赋给"精神"。它再不需要把"自然的东西"织进它的"精神的东西"观念里，藉此好把握住它对于"神圣的东西"概念，并且使它和"神圣的东西"的统一可以从外部看见；但是自由的"思想"在一方面思想着"外在的东西"，它对于它就无所改动；因为它同时又思想着"有限的东西"和"无限的东西"的结合，认为这不是

233

一种偶然的结合，而是"绝对的"——永恒的"观念"本身。"主观性"的全部高深既然不为希腊"精神"所理解，真实的调和就不能够在这个"精神"里达到，人的"精神"也还没有伸张到它的真实的地位。这个缺点表示在两个事实上：一、"命运"当做了纯粹的主观性，高出于诸位神祇之上；二、人们不根据他们自己、而根据他们的神谕，来决定各种判断。被认为无限的主观性，无论是人类的或神圣的东西，这时都还没有绝对地断然的权威。

第三章　政治的艺术作品

"国家"结合了刚才讲过的主观的和客观的艺术作品的两方面。"精神"在国家之中，不仅是像那些神祇的对象，也不仅是主观地造成的美的体格，而是一个有生命的、普遍的"精神"，同时又是个别的个人的自觉的"精神"。

只有民主的宪法才能够适合这种"精神"和这种国家。我们看见东方那种辉煌发展的专制政体，严格地适合于"历史的黎明区域"的一种形态。同样地，希腊的民主形式适合于它在世界历史上的任务。在希腊，个人自由是有了，但是它没有进展到抽象的程度，个人还没有意识到直接依赖实体、依赖国家。在这个"自由"阶段里，个人的意志在生命力的整个范围内不受任何拘束，并且按照它个别的特性，包罗着那个实体的活动。在罗马就不同了，我们看见一种严厉的国家主权统治着全国的个别份子；在日耳曼帝国也是这一种君主政体，在那里边个人不但与君主、而且与全部帝国组织联系和必须履行种种义务。

民主国家并不是大家长制的国家——并不建筑在一种还没有发达的信赖上面——而是具有各种法律、具有在一种公平的和道德的基础上订立法律的意识，并且知道这些法律是积极的。希腊在"帝王"的时代，还没有什么政治生活出现，所以只有一点点立法的痕迹。但是从"推来”战争到将近居鲁士的期间中，立法的需要便感觉到了。最初的立法者被称为“七圣”——这一个称号在当时还没有含有“诡辩派哲学家”所具有的性格——“诡辩派哲学家”就是那些智慧教师，自觉地教人什么是“真”，什么是“是”——相反地，“七圣”只是有思想的人，而且他们的思想没有进步到我们所谓“科学”。他们是实际的政治家，其中有两位——米利都斯的退利斯和普赖伊泥的拜阿斯——对爱奥尼亚各城市贡献的良好忠告，前面已经讲过了。雅典人因为现行法律不够应付，特请梭伦为他们立法。梭伦给了雅典人一个宪法，人人都享有平等的权利，但是又使民主政体不致成为一种很抽象的政体。民主政体里的主要因素是道德的意见。孟德斯鸠说过，德行是民主政体的基础；对于我们普通所抱的民主政体观念，这一句名言是又正确又重要的。这里对于个人，正义的，实体的东西、国家的事务、大众的利益是主要的事情；然而这只是风俗，在客观意志的方式里，真正的道德——内在性、确信和意向——还不存在。法律是有了，依照它的内容，乃是“自由的法律”——它是合理的，依照它的直接性，它是合法的，就是因为它是法律。就像在“美”之中，还有“自然的”元素在感官的东西中间。所以在这种道德里，法律是在“自然”的需要方式之中。希腊人据着美的中立地带，还没有达到真那个更高等的地位。“风俗”是判断和执行“公理”的形式，这个形式是稳定的，而且还没有直接性的敌人——就是“意志”的反省和主观性。因为这个原故，团体的利益得以继续托付给公民的意志和决议——这种办法必然是希腊宪法的基础；因为这时候还没有任何原则能够推翻“风俗”条件限制下的“选择”，使它不能实现。这地方，民主宪法是惟一可能的宪法；公民还没有意识到特殊的、因此也是腐化的东西；在他们中间，客观的意志也没有破裂。女神雅典娜就是雅典自己，那就是说，公民的真实的、具体的精神。要在“意志”已经退回到自身以内——退回到认识和良心的境界——并且已经填平了客观的和主观的中间无限分隔的时候，神祇才会停止存在在他们中间。这就是民主政体真实的地位；它的辩护和绝对的需要是建筑在这个仍然属于内含的"客观道德"上面。至于现代的各种民主政体观念便不能引用这种辩护。这些现代的观念规定，大众的利益、公开的事务，应由人民来讨论和决议；团体中各个分子应该深思熟虑，发表意见，举行投票：根据的理由是国家的利益和公开的事务便是个别分子自己的利益和事务。这一切都很不错；但是关于各种根本的条件和区别是，到底谁是这些个别分子。他们要像下述那样才绝对地有资格主持那种地位，就是，他们的意志仍然是客观的意志——并不是这个或者那个的意志，不是单纯的"善良的"意志。因为善良的意志是一种特殊的东西，建筑在各个人的道德上、在各个人的确信和主观性上。刚好是那一种主观的自由——它形成我们的世界里的自由的形态，它形成我们的政治和宗教生活的基础，它不能够出现在希腊，除非出现为一种破坏的因素。希腊"精神"是很近于内在性的，它不久必然要来到的；然而它把希腊世界陷于灭亡的道路，因为那种宪法没有计算到这一方面——它并不认识这个决定；因为这个决定还没有在它中间出现。讲到希腊人当他们第一次取得"自由"的真正形态的期间，我们不妨说，他们并没有良心；他们受为祖国而生存习惯的支配，没有更进一步的反省。一个国家的抽象性——这在我们是根本的要点——在他们还不认识，他们的目的是生动的祖国：这个雅典、这个斯巴达、这些神庙、这些祭坛、这种社会生活方式、这种同胞团结、这些礼节和风俗。对于希腊人，他的祖国是一种必需，缺少了便不能生存。首先提倡主观的反省和那种新学说，以为每个人必须遵照他自己的确信行事的乃是"诡辩派哲学家"——"智慧的教师"。一等到反省发生作用，希腊人马上就发问，这些法律原则能不能够改良呢？ 他们不去把握现有的局面，却去依赖着在本身中的确信；于是开始有了一种主观的独立的"自由"，在那里边个人觉得，他可以把一切付给他自己的良心来试验，甚至侮蔑了现行的宪法，也不去顾问。人人都有他的"原则"，凡是符合他私人判断的那种见解，他就看作是实际上最好的，要求把它实行。这种腐败情形修昔的底斯已经注意到了，他说，每一个人当他不在其位的时候，便认为局面不好。

在这种情形之下，——在那里边每个人要有他自己的判断——对于"伟人"的信仰是不合时宜的。以前当雅典人请梭伦为他们立法的时候，当来喀古士担任斯巴达立法和执政的时候，一般人民显然并没有认为他们最懂得政治上的是非。就是到了后来，人民倾心相许的也是一般有应变天才的卓越人物：例如克来斯脱泥，他将宪法修正得比较先前更为民主化——例如米太雅第斯、忒密斯托克利斯、亚立司泰提斯和赛梦，他们在米太战争期间，都是领导雅典的一切事务的人——以及伯里克理斯，雅典的光荣像一个焦点那样地集中于他。然而一等到这些伟人，无论是谁，只要事功已成，职务已尽，嫉忌马上就发生了——嫉忌便是平等的情调对于卓越的才能的反感——他们不是被囚禁，就是被流窜。最后，阿谀者起来，鼓吹一切个人的伟大，侮蔑主持政务的负责人员。

但是在希腊各共和国中间还有三种情形必须特别注意。

1.神谕是和希腊所独有的那种民主政体方式密切地联系着的。要有一种独立的决议，绝对不可缺少一种固结的"意志的主观性"（占据优势的理性所决定的意志）；但是希腊人还没有这一种力量。每逢他们要建立一个殖民地，每逢有人提议要实行崇拜外国的神祇，或者每逢一位将军预备临阵决战的时候，他们就请出神谕来商量。在布拉的战争还没有开始的时候，坡舍尼阿斯用牺牲动物来占卜吉凶，结果预言家提萨美牛斯告诉他说，占卜固然有利于希腊人，但是他们必须留在阿索帕斯河这一边；假如他们渡过了河开战就会不利。所以坡舍尼阿斯便按兵不动，等待敌人来攻。在希腊人的私事方面，也同样地从主观决定的少，而从外界暗示的多。等到民主政体进步，我们看见一切最重要的事件便不再去请教神谕，而是一般知名的演说家的见解影响和决定国家的政策。就像当时苏格拉底依靠他的"魔鬼"，那些知名的领袖和一般民众也依靠他们个人自己来成立决议。然而和这种情形同时发生的便是腐化、无秩序和宪法的不断变更。

2.这里要特别注意到另一种情形，就是奴隶制度。这个制度在一种美的民主政体下是必要的，那里关于国家行政，每一个公民都有权利和义务在公共议会里发表或者静听各种演说，参加各种运动，以及庆祝各种节期。要履行这些职务的一个必要条件，便是各个公民应该摆脱劳力的工作；因此，凡是在我们中间自由的公民所做的事情——日常生活的工作——都得由奴隶去做。奴隶制度非等到"意志"已经无限地自己反省之后[1]——非等到"公理"已经为每一个自由人所具有之后，它是不会废止的，但是这里自由人的名词意指人类在他的普通本性内是赋有"理性"的。但是这里我们所依据的"道德"立场，仍然把它看作是单纯的风俗习惯，所以它只是属于某一种生存的特质。

3.第三点要注意的，那种民主的宪法只能够在小的国家内行使——那种并不怎样超过城市限度的国家。雅典的全部公民都团结在雅典城内。相传提秀斯把分散了的地米斯人团结为一个完整的总体。在伯里克理斯时代，伯罗奔尼撒斯战争一开始之初，斯巴达人就大队进攻亚的加，于是它的全部人民都避到城市里去。只有这样的城市中间，全民的利益才能相同；相反地，在巨大的帝国里，不同的和冲突的利益是一定要发生的。在同一城市里生活，每天都有互相见面的机会，形成了一种共同的文化和一种生动的民主政体。在民主政体下，主要的一点是公民的性格必须为可塑型的性格，可以全体"一模一样"。公民在公共事务的紧急关头必须出席；他必须参加重大的决议——不仅是个别投票；他还应当投入行动的热潮里——专心致志于公务上，无论是决议或者执行的时候要热心到底。整个社会团体必须意见统一（这在采取任何政治行动时都是必不可少的），不能不靠演说的劝导，使全国各个分子都能团结一致。假如这些事情要靠书面文字——一种抽象的、无生气的办法——那末，在社会各个单位里就会激不起普遍的热忱；而且人数愈多，每一个别投票的力量也就愈少。在一个大国里固然可以举行一种总

---

[1] 就是说"客观的意志"和"主观的意志"必须调和。——英译者

调查，收集各区域的投票，检点结果——如像法国国民会议的办法。但是这一种政体生存是缺少生命的，世界在事实上是碎为片片，降做一个纸头世界了。所以在法国大革命期间，共和国宪法从来没有确实变做一个"民主政体"；在"自由"和"平等"的假面具之下，暴虐和专制横行无阻。

我们现在讲到希腊历史的第二个时期。第一个时期里但见希腊"精神"达到了它的艺术和成熟——实现了它的本质的存在。第二个时期包含它表现自己——在行动中出现，给世界产生了一件作品，斗争中伸张了它的原则，并且胜利地抵抗攻击，维持了它的原则。

和波斯人的战争

任何民族和先前的世界历史民族相接触的时期，通常被看作是那个民族历史的第二个时期。希腊人的世界历史的接触，便是和波斯人的接触；在这里边，希腊表现得最光荣。米太战争的发动，乃是由于爱奥尼亚各城市对波斯人的反抗，雅典人和耶利多里人作各城市的后援。雅典人所以要卷入这个漩涡的特殊原因，乃是由于庇士特拉妥斯的儿子在雅典企图再握政权而失败了，于是从希腊逃到了波斯王那里。"历史的父亲"——希罗多德斯——对于这几次米太战争留下了辉煌灿烂的描写，我们现在讲到希腊历史的第二个时期，不需要再来多考究这些战争。

米太战争开始的时候，拉栖第梦正握着霸权，特别是因为它把莫塞尼亚这个自由的民族征服为奴隶的结果，又一半因为它曾经扶助许多希腊国家驱逐了它们的暴君的关系。希腊人帮助爱奥尼亚人的行动激恼了波斯王，他差了使臣到那些希腊城市去，要求它们献上"水和土"，这就是，承认他的统治。这些波斯使臣当被轻蔑地驱逐回去，而拉栖第梦人更把他们抛了到一口井里去——这一举动后来他们却又异常懊悔，甚至派了两位拉栖第梦人到苏撒去求赎罪。波斯王于是派了一支军队来侵略希腊。雅典人和布拉的人没有取得他们族人的帮助，就和波斯的非常优越的武力在马拉敦交战，在米太雅第斯的指挥下获得了胜利。后来，薛西斯帝带了许多民族的无数大众向希腊前进（希罗多德斯对于这次长征，留下了详细的描写）；除掉声势浩大的陆军以外，更加上了帆樯林立的海上舰队。色雷斯、马其顿、帖撒利都像风卷残云似地被瞬刻荡平；但是希腊本部的门户——德摩比利峡道却由三百个斯巴达人和七百个忒斯比斯人防守着，他们的命运是千古彪炳的，雅典被居民自动放弃了，经过一番蹂躏，城里的许多神像成为波斯人的"眼中钉"，因为他们崇拜没有形状的神。可是无论希腊人怎样没有团结，波斯舰队在萨拉密斯被打败了；而且这个光荣的交战纪念日是和希腊三大悲剧家结着不平凡的年代的联系的：伊士奇勒斯是当时战士之一，帮助了胜利，索福克丽斯在庆祝战胜的大会上曾经粉墨登场，而幼里庇底斯就降生在交战的那一天。留驻希腊的波斯军队，由马都尼斯为元帅，被坡舍尼阿斯在布拉的击败，于是有许多地方的波斯权力都被打碎了。

希腊便是这样地解除了那几乎使它覆灭的压力。不用说，更大的战争还在后头；但是这些战争不仅在各民族的历史纪录里不朽，而且在科学和艺术的历史——一般"高贵的东西"和"道德的东西"的历史里长存。因为这些都是世界历史性的胜利；它们挽救了文化和"精神的"权力，它们使亚细亚的原则失掉了一切的力量。历来在其他场合，人们为一个伟大的目的牺牲了一切，已经不知有了多少次。英勇的战士为义务和国家而效命疆场，也不知有过多少次了。然而我们在这里要惊羡的，不只是英勇、天才和精神，而是战争的内容——影响、结果，乃是这一类战争中所绝无仅有的。在其他的战争里，一种特殊的利益支配了一切；但是希腊人不朽的声名是正当的，因为他们挽回了那个崇高的事业。在世界历史上，决定一件事业的价值的，并不是形式上的英勇，并不是所谓交战国的是非，而是那个事业本身的重要性。就我们目前所论的战事来说，世界历史的兴趣悬在不绝如缕的一线上。东方的专制政体——联合在一个元首下的世界——为一方，分立的各个邦国——幅员和物力渺乎其小，但是受了自由的个性所鼓舞——为另一方，面对面地在战场上相见。千古历史上，精神的权力的优越于物质的体积——而且

240

是庞然不可轻视的数额——从来就没有表演得那样光荣、显赫的。这场战争，以及参战各国后来的发展，乃是希腊最光辉的时期。希腊原则所包含的一切都发展到了尽善尽美，这是大家所共同看见的。

雅典人继续战胜攻取，经过了相当的时间，得到了高度的繁荣；同时拉栖第梦人因为没有海军力量，保持着静默。如今雅典和斯巴达的对峙开始了——这是历史研究的一个好题目。我们可以说，关于这两个国家究竟谁优谁劣的问题是无聊的，倒不如努力去表明它们每一个在它自己的范围内是希腊精神必要的和有价值的形态。例如从斯巴达方面来讲，可以举出许多的范畴，表现它的优点——品行严格、服从纪律等等都值得提起的。但是在这个国家中，主要的观念便是"政治的德行"，这固然是雅典和斯巴达所共有的，但是这在前一个国家内发展为一种艺术作品，就是"自由的个性"——在后一个国家内却保留着它的实体性。在我们讲到由于斯巴达和雅典嫉妒爆发而造成的伯罗奔尼撒斯战争以前，我们必须更加专门地表明这两个国家的基本性格——它们在政治和道德方面的特性。

雅典

我们已经知道，雅典是希腊其他各地居民的庇身之所，聚居着一个极其混杂的民族。实业各部门——农业、手工业和贸易（特别是海上贸易）——都集合在雅典，但是这也就是纷争的原因。在古老殷富的家族和较贫的家族之间早就发生了一种对峙。当时确定的党派有三个，它们的区别是根据它们的地位和生活方式而来的。这三个党派是：裴狄亚安人——平原居民、富足的贵族阶级；得阿克利安人——山地人民、葡萄和橄榄种植者、牧牛羊人，这个阶级人数最多；在这两派中间的是巴拉利安人——海滨居民——温和派。国家的情况在贵族政体和民主政体间动荡着。梭伦区别为四个有产阶级，藉此使这些对峙的势力趋于缓和。这四个阶级组成国民议会，来议决各项政务；但是政府中的位置都由三个较高的阶级担任。然而值得我们注意的就是，当梭伦还活着的时候，庇士特拉妥斯便占了优势，梭伦虽然反对，也是无效。这时候，宪法可以说是还没有灌输到公众的血管里面；还没有成为道德的和公民的生存习惯。然而比较庇士特拉妥斯占到政权这件事更加异乎寻常的，便是他并没有变更什么法律，而且当他被人家控告的时候，他居然出席于亚略巴古斯——当场答辩。庇士特拉妥斯和他的儿子们的统治似乎非常需要，为的是可以压平豪族和大姓的权力——为的是使他们安于秩序和和平，并且使一般人民习惯于梭伦的法律。这件事情完成了，他们的统治必然地被认为不必需的，于是一个自由的法典的各项原则便和庇士特拉妥斯一族的权力发生矛盾。庇士特拉妥斯们被开除公民籍，希派格斯被杀，希辟阿斯被放逐。于是党派间的争斗又起来了，领导这次叛变的亚尔克蒙尼特一派赞成民主政体，至于斯巴达人却赞助伊萨哥拉斯一派，主张贵族政体。亚尔克蒙尼特一派由克来斯脱泥做领袖，始终占着优势。这一位领袖把宪法修改得较前更为民主；梭伦法律所定的四个阶级被增加为十个，结果是减少了各大姓的势力。后来伯里克理斯又把已经民主化了的宪法变得更加民主，他削减了亚略巴古斯的大权，把向来属于它的案件都交给了"平民会议"和寻常法庭来处理。伯里克理斯是一位具有"可塑的"[1]古派性格的政治家。当他专心致志于国家生活的时候，他放弃了私生活，谢绝了一切宴会应酬，毫无间断地努力于他的为国尽忠的目的——他以这一种立身行事取得了崇高的位置，亚理斯多芬甚至称他为雅典的薛乌斯。我们不得不极度钦敬这样的人；他站在一个轻浮的、但是极有教养的人民的前面；他所用来影响和治理他们的，只是他个人的人格和他给人的印象，使得民众都相信他是一个绝对高尚的人，一心一意为了国利、民福。而且在天赋和知识上，也远胜过他的同胞。从个人人格力量方面来说，没有一个政治家能够比得上他。

---

[1] "可塑的"一字,意思是指他的专心一志的政治手腕,这种政治手腕不是一种单纯的机械的附加物,而是充于其人全身的一种活力和形成力。这一个字随后又被用来显示伊士奇勒斯和索福克丽斯的戏剧给予人们生气的道德,以区别于幼里庇底斯戏剧的抽象的多情善感。——英译者

　　一般来说，民主政体的宪法，给了伟大政治人物最大的发展机会；因为它不但容许个人方面表现他们的才能，而且督促他们运用那些才能来为公众谋利益。同时，全社会中任何份子，除非他有这本领，能够满足一个有教养的民族的精神和意见，以及热情和快活，否则他便不能取得权势。

　　雅典那时有一种活泼的自由，以及在礼节、风俗和精神、文化上活泼的平等；至于财产方面的不平等虽然不能避免，可是并没有趋于极端。在不违背这种平等和在这种自由的范围以内，一切性格和才能上的不同、以及一切特质上的参差，都取得最无拘束的发展，都在它的环境里取得最丰富的刺激，来发扬光大；因为雅典生活中主要的元素，便是个别的独立性和"美的精神"所鼓动的一种教化。伯里克理斯发起了那些永久不朽的雕刻品，它们的残余虽然不多，已经使得后世为之惊叹不置；在这群人民之前，表演了伊士奇勒斯和索福克丽斯的名剧；稍后更有幼里庇底斯的名剧——然而他的作品已经再也表演不出相同的可塑的道德性格，而且腐化情形在他作品里已经比较地显明。在这群人民之前，伯里克理斯发表了他的演说，从那里面出现了许多人，他们的天才已经为后世所传诵；因为这些人当中，除以上所列举的以外，还有修昔的底斯、苏格拉底、柏拉图和亚理斯多芬——最后这位人物在雅典人政治的严肃性已经趋于腐化的时候，独力把它整个地保全了，而且他在这一种严肃性的鼓动之下，发为文章，编为戏剧，只以国利民福为念。我们在雅典人中间发现勤勉、活泼、和在一种道德精神范围内的个性发展。色诺芬和柏拉图著作中所指摘雅典人的各节属于较后的时期，那时候，灾祸不幸和民治腐化情形已经接着发作了。我们假如要拿古人对于雅典政治生活的论断为论断，那末，我们既然不可以色诺芬、也不可以柏拉图为准，我们应当在彻底熟悉雅典盛时景象的那辈人中去寻求——曾经掌握政柄，而且被尊崇为最伟大的领袖者——这就是说，在政治家中去寻求。各政治家中，伯里克理斯可以算是雅典凡人中的薛乌斯。在伯罗奔尼撒斯战争第二年战死的壮士们举行殡葬的时候，伯里克理斯

（据修昔的底斯书中所记载）曾经对于雅典生活做了最深湛的描写。他说他想表明这批壮士是为了多么伟大的城市和多么重大的利益而战死的；他用这种方式转而说到雅典社会最主要的东西。接着他把雅典的性格描绘了一番，凡是他所说到的各节，都是最深刻、最正确、最真实。他说："我们爱'美'，而不流于奢华和挥霍；我们喜欢哲学思想，而不趋于文弱和无为（因为一般人在"思想"方面用心以后，每每远离"实践"——远离公共的和普遍的活动）。我们勇敢活泼，然而这种勇气，没有使我们轻举妄动（我们对于所作所为，抱有一种明白的认识）；其他国家的人民就不同了，尚武必致轻文；我们深知怎样去区别什么是舒服，什么是困难，然而我们从不逃避危险。"所以雅典人所表现的一个国家，它生存完全是为了"美"的目的，对于各种公共事务、"人类精神和生命"的各种兴趣，都具有彻底的认识，而且坚忍的勇气和实践的能力又同这种认识联合起来。

斯巴达

和雅典不同的，我们在斯巴达看见严格的抽象的德性——人民的生活和生命都贡献给了国家，对于个性的活泼和自由，都不加以理会。斯巴达的政治制度十足重视国家的利益，然而各种制度目的所在，乃是一种无精神的平等——而不是达到目的的自由行动。斯巴达历史一开始便和雅典的初期发展大不相同。斯巴达人是多利亚人——雅典人是爱奥尼亚人。这一种民族上的差别，对于他们的宪法也有影响。斯巴达这个国家的起源是这样的：多利亚人和赫剌克来第族一同来侵略伯罗奔尼撒斯，征服了那些土著部落，把他们降为奴隶；因为他们——"希洛"人无疑地是当地的土著。希洛人所遭遇的命运，后来美塞尼亚人也受到了；因为这种无人性的残酷是斯巴达人的本性使然；雅典人过的是一种家庭生活，他们的奴隶居于家人的地位，至于斯巴达人对待被征服的种族，比土耳其人对待希腊人更要严酷；拉栖第梦境内，永远在一种交战状态之下。长官就职时每每明白宣告对希洛人作战，希洛人照例被交付给斯巴达青年们做练习武艺的对象。有些时候，希洛人被解放了去抵抗敌人，他们在斯巴达行伍里作战非常英勇，但是当他们班师回来的时候，他们常被奸险懦怯地屠杀得一干二净。好比那运送奴隶船只里的船夫们常是戎装持械防备叛变一样，所以斯巴达人对于希洛人也老是戒备森严，永远在如临大敌的交战状态之中。

据波卢塔克说，地产是按照来喀古士宪法平均分配的，其中只有九〇〇〇份派给斯巴达人——就是城市居民——而派给拉栖第梦人或者农民的却有三〇〇〇〇份。同时为了维持这种平等起见，又规定不得将土地出售。但是我们只要看后来拉栖第梦之所以灭亡，大半是由于财产不平等的关系，就可以证明这一种制度并没有能够达到它的目的。女子有承继权，所以许多地产因为婚嫁关系，而为少数大户人家所有，最后使全部土地都落到历历可数的门第的手中去了；这种情形，好像要指示，凡是企图一种勉强的平等，都是愚蠢——因为这种企图不但不能够发生效果，还要消灭一种根本重要的自由，就是土地的任意处分。来喀古士立法还有一种显著的特征，就是他禁止使用一切非铁铸的货币，结果全部国外贸易都停顿起来了。同时，斯巴达人没有海军，但是这种军力对于商务的维持是必不可少的；所以到了需要这种军力的时候，他们就不得不求助于波斯人了。

为了促进人民风尚的一致和公民进一步相互认识起见，斯巴达人通行公共聚餐的制度——可是这种团体生活却危害了家庭生活；因为吃喝乃是一件私事，应该属于室家范围之内。雅典人便是这样，他们把集会结社不看作是物质的，而看作是精神的，我们读一读色诺芬和柏拉图的著作，就可以知道他们的宴饮也是精神一类的事情。斯巴达人就相反，公共会餐的费用必须由各人摊派，因此无力出钱的穷人就要被摒弃在门外了。

讲到斯巴达人的政治宪法，它的基础可以说是民主的，但是经过了强烈的修正，结果差不多变成了一种贵族政体和寡头政体。国家的元首是两位国王，国王手下有一个元老院，由国内最优秀的人士选出来组成的，同时它又行使法院的各项任务——它的判决多依据道德的和法律的习惯，而不依据成文法，[1] 元老院也就是最高的国务院——两位国王的议事机关，处理最重要的政务。末了，最高的行政长官有叫做长老的，关于他们的当选方法，我们没有确实的记载可以参证；据亚理斯多德说，这种选举方法非常幼稚。亚理斯多德又说，就是没有身份、没有财产的人，也能够获得这个高位。长老具有召集国民议会、举行投票表决议案、提议法律的充分权力，和罗马的国民院大致相同。他们后来渐渐变得专横起来，就像罗伯斯庇尔和他的党人当年在法国的所作所为一样。

拉栖第梦人既然聚精会神于国家方面，精神文化——艺术和科学——便被忽略了。在其他希腊人看来，斯巴达人是很粗鲁笨拙的人，比较精细的事情他们就不能够办理，就是办理起来，至少也是很笨拙的。修昔的底斯借雅典人的口向斯巴达人说："你们所有的法律和风俗，和别人并没有一点共同的地方；而且，当你们到了其他国家，你们的行为既然不遵照你们的法律、风俗，又不恪守希腊的传统习惯。"他们在本国内的举止动作，大体上是很公正的，可是讲到他们对待其他国家民族的行为，他们自己就曾经明白地说过，凡是中他们意的就是好的，对于他们有用的就是对的。大家都知道，在斯巴达（同在埃及相似），只要在某种条件下，把生活必需品拿走是不犯罪的；只要偷窃时不给人家发现就行了。所以雅典和斯巴达两国是恰巧相反的。斯巴达的道德完全以国家的保持为主，雅典虽然有相同的道德关系，但是更有一种修养的意识和无限的活动力，来产生美和真。

这种希腊的道德在现象中虽然极美、极动人、极有兴趣，然而还不是精神自我意识的最高立场。它缺少"无限性"的形式，它缺少思想在本身中的反省，他没有从"自然的"因素里、从潜伏在"美"和"神"

---

[1] 阿特佛理德·米勒在他所著《多利亚人的历史》中，对于这件事实，不免崇扬过甚，他说"正义"仿佛是铭刻在他们的心坎上似的。然而这一种铭刻永远是不很确定的，法律必须是成文的，才能使人知道什么事情可以做，什么事情不可以做。

里边的感官的东西里、从那附于他们伦常观念上的直接性里解放出来。它缺少"思想"方面的"自然理解"、"自我意识"的无限性，要求凡是要我认做公理和道德的东西，应当由我自己的"精神"加以证明；这样，"美的东西"只在感官的直观或者想象中的"观念"也可以变而为"真的东西"，里面是一个内在的、超感官的世界。我们刚才所述那个"美的精神的统一"，所取的立场，不能长为"精神"休息之所；后来进步和腐败情形所由发生的那个根源，便是"主观性"、道德、个人的反省和内在性的元素。希腊生活的极盛时期只有六十年，就是从西历纪元前四九二年米太战争到西历纪元前四三一年伯罗奔尼撒斯战争。道德的原则既然无可避免地灌输了进来，立刻便成为腐化的开始，但是这种腐化的表现，在雅典所取的形态，和在斯巴达所取的形态不同：在雅典表现的是公共措施的废弛纲纪，在斯巴达表现为私人道德的堕落。当雅典人灭亡的时候，不但显得温和可亲，而且显得伟大和高贵，使我们不能不为它感伤；相反地，斯巴达人就不同了，主观性的原则展开在下贱的贪欲之中，造成了一种卜贱的灭亡。

伯罗奔尼撒斯战争

　　腐化的原则首先可以从外在的政治发展看得到——从希腊各国间的相互斗争以及城市内部各党派的相互火并看得到。希腊的道德已经使希腊无从形成一个共同的国家；因为各小国的互相分散、毫无团结，以及人口的集中都市（公众利益和精神文化要在都市中才能够成为一致），便构成了希腊人这种"自由"的必需条件。"推来"战争中的那种结合只是一时的，后来米太战争中就不能够完成任何的统一了。这种统一的趋势虽然不难找到，可是根本的维系毕竟太薄弱了，一部分由于各国间的相互猜忌、相互争霸，而显出有解体动摇的危机。在伯罗奔尼撒斯战争中，这种敌意仇恨最后便普遍爆发出来了。在这次战争以前、以及刚刚爆发的时候，伯里克理斯正领导着雅典民族——这个民族对它的自由卫护周至，惟恐或失，只有伯里克理斯的高尚人格和伟大天才，才使他得以维持他的地位。自从米太战争以后，雅典便执希腊的牛耳；许多的盟国——一部分是岛屿，一部分是城市——都有输助的义务，来继续反波斯的战争；这种输助的形式并不是海军或者陆军，而是金钱的资助、馈赠。因此，雅典便集中了极大的权力；这笔金钱一部分消耗在巨大的建筑工程上，这种建筑就是"精神"的产物，所以各盟国也同样地得着一种享受。但是伯里克理斯并没有把全部金钱用在"艺术"工程上，而把一部分做了其他为人民的用途，这点从他死后若干武库、尤其海军器械库中储藏的丰富，就可以明白地看出来。色诺芬说过："谁不需要雅典呢？一切富于五谷牛马、产油产酒的地方，一切从事于金钱的经营、或者知识的交换的人们，哪个不需要雅典呢？一切工匠、哲学家、诡辩家和诗人，以及一切企求对于神圣的和公共的事件、能够看到听到它最有价值、有意义的东西的人，谁不需要雅典呢？"

在伯罗奔尼撒斯战争中，主要的对峙角色便是雅典和斯巴达。修昔的底斯对于这个战事大部分经过情形，留给了我们一部历史，他这部不朽的作品，也就是人类从这个战事所取得的绝对收获。雅典急不暇择地采纳了并且从事于亚尔西巴德的糜费事业，于是当这些事业使它实力大减的时候，它就不得不屈服于斯巴达人之下；斯巴达人犯了叛逆的罪行，向波斯求助，从波斯王那里得到了金钱和海军的供给。他们还犯了更厉害的叛逆罪行，他们取消了希腊一般城市和雅典的民主政体，扶掖了那些要求寡头政体而力量不足、非依赖外援不能维持的党派。最后当安达西德媾和的时候，斯巴达人又将小亚细亚那些希腊城市断送给了波斯帝国。

拉栖第梦现在在各国造成了许多寡头政体，又在若干城市——例如底比斯——设置了卫戍军队，因此，它在希腊便占了卓越的优势。但是希腊各国对于斯巴达的压迫的愤怒实在远远超过了它们先前对于雅典霸权的不满。他们在底比斯人领导之下，推翻了这种压迫，于是底比斯人当时大出风头，成为希腊的骄子。斯巴达的统治解体了，重新建立起来的莫塞尼亚国成为同拉栖第梦永远互相对立的势力，但是底比斯人获得这种势力，完全靠了它的两位出类拔萃的市民——百乐丕达和意巴密嫩达；同时，在那个城市国家里，我们常常看到"主观的东西"占着优势。因此，抒情的诗歌、主观的文艺在这里特别发达；一种主观的心灵愉快表现在所谓"神盟军"中间，这个军团是底比斯陆军的中心，据说是由恋情结合的人们所组成的；至于底比斯人所受主观性影响之大，可以把意巴密嫩达死后底比斯人又败退而回到了先前的地位作为有力的证明。希腊既然惶恐力弱，便再也不能够在自身内找到安全，需要一个权威来支持它。各城市中不断地内哄；市民都分为党派，完全就像中古时代那些意大利城市一样。甲党胜利，乙党就被驱逐；于是乙党照例向故土的敌人乞援求助，藉着武力卷土重来。各国再也不能够在和平中共存共荣：各国都准备去覆灭对方、覆灭它们自己。

说到这里，我们便要进一步来考查希腊世界所以腐化的更深的意义，并且不妨指出那种腐败的原则是自己为自己取得解放的内在性，我们看见"内在性"在种种方面发生。"思想"——就是内在地"普遍的东西"——威胁了希腊的美的宗教，个人的热情和纵恣威胁了它的国家宪法。在一切事物中自己理解自己和表现自己的"主观性"，威胁了整个直接的现行局面。所以"思想"便在这里出现为腐败的原则——就是"实体的"道德的腐败；这因为它促成了一种对峙，并且在本质上使各种理性原则抬头。在东方各国，最高的原则是抽象的，所以没有这一种对峙，道德的自由不能得到实现。但是当"思想"认识了它的积极的性格时，像在希腊那样，它便树立各种原则，这些原则对于真实发生一种本质上的关系。因为希腊人所有的那种具体的生动性乃是"道德"——"宗教"、"国家"的生命，此外，没有更多的反省，没有普遍的决定，这些决定必须离开具体的形态，同它处于一种对峙的地位。法律是存在的，"精神"就在法律中间。但是等到"思想"一诞生，它便去考察各种宪法；提出它认为更好的东西，并且要求拿它所承认的来代替现有的东西。

在希腊的"自由"的原则中，因为它是"自由"，所以它的原则里包含着"思想"的自我解放。前面说起的那般人，有个卓著的名称叫做"七圣"。他们首先开始说出各种普遍的教条；不过那时候的智慧可以说是包含在一种具体的识见方面。"思想"、敌人、破坏者的加强，同"宗教艺术"和政治情况的发展平行地前进。在伯罗奔尼撒斯战争的时候，科学已经发达了。诡辩派哲学家开始了对于现存局面的反省和思辨。我们从希腊人实际生活里和艺术作品的造诣里所看到的那种勤劳和活动，又出现在这些思想观念所采取的曲折的路线中；因为这个原故，如同物质的事物被改变、被加工、并且被使用在并非它们原来的目的上，"精神"的内容——所想的和所知的东西——也被来回地运动，它被当作是一个工作的对象，而这种工作又变成了一种为自己的兴趣。"思想"的运动本来是内在的、没有利害关系的活动，现在自己发生了利害关系。那批有修养的诡辩派哲学家不是学者或者科学家，而是聪明诡谲的思想大师，他们引起了希腊人的惊骇。因为他们对于一切问题都有一个答复；他们对于宗教上的或者政治上的一切利益，他们都有普遍的观点；而在他们的技术的最高发展方面，他们居然宣称能够证明一切，在一切事物中能够发现可以辩护的方面。在一个民主政体里面，最需要的是能够在人民面前演说——能够鼓吹自己对于国家大事的意见。这就要有这种力量，能够把我们希望他们所认为主要的观点在人民面前恰当地提出来。这里精神的修养是必须的，而这种训练希腊人是从诡辩派哲学家得来的。于是这种思想的修养成为一种手段，可以藉此把他们的意见和利益加于一般人民；老练的诡辩派哲学家深知怎样操纵讨论的方向，可以左右逢源、纵横自如，所以各种热情便放纵而不可遏止了；诡辩派哲学家有一个主要原则，便是"人是万物的准绳"；但是在这个原则里以及他们一切的格言里，都包含着一种模棱两可的性质，"人"一字可以指深刻和真实的"精神"，也可以指依照他的好恶和特殊的利益的精神。诡辩派哲学家只指主观的人，在这个命题之下，使个人的好恶当做"公理"的原则，并使有利于个人的当做最后决定的根据。这种诡辩的原则，用不同的方式，在历史上各个时期中一再地出现；所以就在我们今天，也把在主观方面认为正当的东西——感情——算做最后决定的准绳了。

在"美"这一个希腊的原则里，"精神"的具体的统一，是和现实、和国家、和家庭等等相联系的。在这种统一里，"精神"自身内还没有采取一定的观点，超出这种统一的"思想"还被好恶所转移。然而亚拿萨歌拉斯本人曾经教我们，"思想"自身就是世界的绝对"本质"。在苏格拉底手里，伯罗奔尼撒斯战争一开始，内在性——"思想"绝对的在本身中的独立性原则，便得到了自由的表现。他教我们，人类必须在本身内发现和认识什么是"是"和"善"，这种"是"和"善"在本性方面是普遍的。苏格拉底是有名的"道德的教师"，但是我们应当称他为道德的发明者，希腊人有的是道德；但是苏格拉底想教他们知道什么叫做道德的行为、道德的义务等等。有道德的人并不是那种仅思想、行为正直的人——并不是天真的人——而是那种意识到自己所作所为的人。

苏格拉底——他把识见和确信作为人类行事的决定者——他认为个人能够作最后的决定，同"国家"和"风俗"处在相对的地位，遂使他自己成为希腊人所谓的"神谕"。他说他自身内有一种"精神"，忠告人什么应当做，什么才是有益于他的朋友。由于"主观性"的内在世界的升起，同"现实"的分离也就发生。苏格拉底本人虽然继续行使他做公民的职责，但是他的真正的归宿已经不是现存的国家和宗教，而是"思想"的世界了。现在要讨论到神祇是否存在和它们是什么的问题。苏格拉底的弟子柏拉图，把荷马和希西阿特，一般希腊人对于宗教事物的看法的两位创造者，驱逐出他的理想国；因为他要求一个更高的、同思想适合的、应当受人崇拜的神圣观念。许多市民脱离了实际的生活以及政治的事务，为的要在理想的世界中生活，苏格拉底的原则对于雅典国家显出一种革命的姿态；因为这个国家的特色便是，它的生存方式就是道德，换句话说，"思想"和现实生活有一种不可分离的联系。当苏格拉底要想把他的朋友们引上反省的道路时，那种谈话总是带一种否定的语气；那就是说，使他们自觉到他们不知道什么是"是"。但是当苏格拉底那个原则正逐渐得到承认的时候，他便因为发明了那个原则而被处死刑，这个判决一方面显示出了十分的公正——就是说，雅典人民处死了他们绝对的敌人——但是在另一方面又显示出了高度的悲剧性——就是说，雅典人将无可奈何地发现这个事实：就是他们所深恶痛绝于苏格拉底方面的东西，早已根深蒂固地存在于他们自身之内，结果他们必须和苏格拉底一同被宣判为有罪或无罪。在这种感情之下，他们于是将先前控告苏格拉底的那些人定罪，而宣布苏格拉底无罪。那个促成雅典国家灭亡的高等原则，在雅典越来越发展。"精神"已经获得了自己满足自己和反省的嗜好。虽然在衰落之中，雅典的"精神"仍然显得伟大，因为它表现自己为解放、自由的精神——在纯粹特性里、在形态里，显示出它的因素来，虽然在悲剧之中仍旧不改变它的温和与愉快。这正是雅典人把他们的民族道德葬送到坟墓里去时的轻松的心地和不在乎的神情。这种新文化的更高等兴趣就是一般人民拿他们自己的傻事恣为笑乐，并且在亚理斯多芬的喜剧里大开其心，这些喜剧虽然富有使人发笑的成分，同时内容却也含着最尖利的讽刺。

同样的腐败在斯巴达也看得到，个人都企求伸张他自己的个性，和公共的道德生活却相违反；然而在那里只有特殊的主观性的单独方面——这种腐败出现于它的真面目中，只见到赤裸裸的不道德、卑劣的自私自利和贪图贿赂。这一切热情都出现在斯巴达，而且尤其是出现在斯巴达各将领的身上，这些将领大多数住在离开本国很远的地方，所以一有机会，便胡作妄为，侵害了他们本国的利益和他们奉派前来扶助的国家的利益。

马其顿帝国

雅典崩溃以后，斯巴达就称霸起来了，但是如前面所述，因为它的自私自利的方式滥用了这种霸权，于是遭到了各方面的痛恨，底比斯人却又不能长久担任反对斯巴达的角色，终于在和福细温人的战争当中，弄到势穷力蹙。斯巴达人和福细温人——前者因为侵袭了底比斯的城堡，后者因为耕了一片属于特尔斐的亚普罗神的田地——都被判处要缴纳巨额的金钱，但是两国都抗不缴纳；因为宣判的那个安菲特立温议会所有的权力并不超过那个旧日尔曼国会，各日尔曼君主对于国会也是高兴就服从，不高兴就不服从的。于是福细温人就得由底比斯人加以惩罚，可是福细温人因为极端暴行——亵渎并劫掠了特尔斐的神庙——获得了一时的优势。这种暴行等于宣告希腊寿终正寝；神庙既然被亵渎，尊神当然也可说是被杀死了，最后支持统一的东西就此被推翻得干干净净了；这种敬神的心向来是希腊最后的意志——是它君主政体似的原则——如今被推倒、被侮辱、被践踏在脚下了。

第二步的办法是很简单的，就是说，神谕既然被推翻了，它的地位应该由另一个决定的意志来替补——这个意志便是一个现实的有权威的王权。外来的马其顿国王菲力普以声讨亵渎神谕者为己任，于是替补了它的地位，自立为希腊的主宰。菲力普制服了希腊各国，并且使他们知道他们的独立已经完了，从此不能够再保持它们自己的地位了。菲力普常被指摘为渺小、苛酷、残暴和政治奸诈，这一切可憎的性质并不能加在那位自居为希腊人的首领的年青的亚历山大身上。他用不着遭受这类贬责；他也用不着造成一支军力，因为军力已经有现成的了。就像他只须骑上那匹名马标塞法拉斯，把马缰拿在手里，叫它顺从他的意志，同样地，他发觉马其顿的密集军队已经为他的目的准备好了。那是严密的百练的铁军，它的战斗力曾在菲力普的指挥下，得到证明；菲力普是从意巴密嫩达学来的。

亚历山大的教师是古代最精深而且极博学的思想家——亚理斯多德，他所受的教育也是极有价值，并不亚于他本人的伟大，他被亚理斯多德导入最渊深的形而上学；所以他的本性得到充分的修养，不受单纯的意见、粗疏的理论和无聊的幻想的约束。亚理斯多德的教育使这个伟大的本性不受任何羁束，如同他开始受教时候一样；可是更使它深深知道什么是"真"，并且使那得天独厚的精神，形成一种可塑的精神，能够卷舒自如，像碧空的一轮皓月，无挂无碍地穿过天空一样。

受过这番教育以后，亚历山大便居于希腊的领袖地位，准备统率希腊到亚细亚去。一位年纪只有二十岁的少年，他指挥着曾经百战的三军，部将都是久经沙场，非常熟悉作战的技术。亚历山大抱负的宏愿便是要为希腊复仇，报复这许多年来亚细亚加在希腊的一切创伤，并且要使东方和西方间的古来仇恨和敌意一决雌雄。在这次斗争中，他一方面固然把希腊以往所受的苦头回报了东方世界，但是同时也答谢了凤昔传自东方的文化的雏型，就是把那个文化在西方的成熟和造诣普及到了东方；这样一来，可以说是改变了被征服的亚细亚，而把它吸收为大希腊的一片属地。这番事功的光辉和兴趣配得上他的天才——他的青春的特殊个性——像这样美丽的一个形式，领导着这样伟大的一番事功，我们从来就没有看见过。因为他不但是一个天才的将帅，最伟大的勇气和最高的英武聚集在他一身，而且这一切的品质都由于他私人性格的美而越发提高了。他的部将虽然都尽忠于他，但是他们都是他的亡父久经沙场的侍从；这就使得他的地位不易应付；他的伟大和他的年青正使他们有屈辱的感觉，在他们不免以为他们自己和他们过去的事功是已经完成的作品；所以当他们的嫉妒上升为盲目的暴怒的时候，例如克来塔斯事件，也激起了亚历山大重大的暴行。

亚历山大的长征亚细亚，同时也是一番富于发现性的旅行；他是从古以来第一个人为欧洲开放了东方世界，而且走进了东方各国——例如大夏、粟特、北印度——这些地方从前是很少有欧罗巴人到过的。他的行军部署、作战临阵中表现的军事天才和一般用兵的策略，永远是值得我们赞叹的。在战役中他是一个伟大的元帅；在决策调度方面，他是一个多智多谋的军师；在血肉横飞、白刃相接的前线，他又是一个最勇敢的军人。就是亚历山大在三十三岁时死于巴比伦，也是一幅最美的景象，显示出他的伟大，显示出他和他的军队具有怎样的关系；因为当他永别三军的时候，他完全意识到他自己的尊严。

亚历山大运气很好，死在一个适当的时间：这可以说是一种好运，但是更可以说是一种必需。要使他永远以一个青年出现于后世人的眼前，他就不得不在年纪轻轻的时候早死。正如以前所说，阿溪里斯开始了希腊世界，他的后身亚历山大完成了希腊世界；这两位青年不但在他们自身上给了人美艳绝伦的画图，并且给了希腊的存在一个美满的典型。亚历山大完成了他的工作，实现了他的理想；并且把最高尚、最灿烂的影象留传给了后世，这是我们可怜的反省所不能够洞见、反而模糊错认的。近来一般历史界的"伧夫俗子"——俨然以主持道德自命——把现代的标准，应用于亚历山大的伟大的世界历史的人格上，这当然是不合的。而且假如有人贬抑他的成就，说他没有继起的人，说他没有留下任何朝代，那末，我们可以指出，在他死后崛起于亚细亚的各希腊王国，那些都是他的朝代。他曾经有两年功夫从事于大夏的征伐，同马萨泽提人和塞格提人发生了接触；这就造成了那个立国二百年的希腊——大夏王国。从这时起，希腊人和印度、甚至和中国都有了联系。希腊的统治远及于印度北部，据说第一个从这种统治下解放出来的印度人就是日护大王，或者又叫做日护王。这个名字在印度人中间固然屡见不鲜，但是根据以前说起过的理由，我们对于这种传说决不能当作信史。其他许多希腊王国又纷纷在小亚细亚、亚美尼亚、叙利亚和巴比伦建立起来。还有埃及，在亚历山大继起的人们所开拓的若干王国之中，特别是科学和艺术的一个伟大的中心；因为埃及建筑工程中有许多属于托勒密王朝时期，这从现在译出的刻石文字可以知道。亚历山大里亚变成了商业的主要中心——东方的风俗和西方的文明的结合点。除掉上述各王国以外，马其顿王国有一支在色雷斯，远跨多瑙河外，同伊利里亚的一支和伊庇鲁斯的一支，都是在希腊各王子的统治下繁荣着。

亚历山大非常地爱好各种科学，同时被称为伯里克理斯以后最开明的奖掖艺术的君主。麦雅在他的《艺术史》里说，亚历山大对于艺术的明敏的爱好，可以和他的军事胜利同样取得不朽的盛名。

第三篇

希腊精神的衰落

　　希腊世界历史的第三个时期，要讲到希腊不幸的命运详细的发展，这对于我们比较上没有多大的趣味。亚历山大部下的旧将，如今都以"国王"的资格，单独地出现在历史的舞台上，彼此之间兵连祸结，差不多每人都经历了最不寻常的命运的变幻。这一点要算狄麦多流、坡利奥赛底特别显著和突出。

　　在希腊本境，各国都保持着它们的生存：虽然菲力普和亚历山大已经使它们意识到自己的软弱，但是它们装作有一种外强中干的活力，并且拿一种徒有其表的独立来傲然自夸。它们并不能具有独立状态下的自我意识；它们都由一般外交政治家主持着国政——他们都是些演说家，而不是战将，像从前伯里克理斯那样的战将。现在希腊各国和那些君主结着错综的关系，那些君主继续竞争夺取希腊各国的主权——同时又竞向它们讨好，尤其要讨雅典的好；因为雅典在当时仍旧声势赫赫，虽然不是一个强国，却无疑是高等的艺术和科学、尤其是"哲学"和"修辞学"的中心地。还有一层，当时其他各国里都放纵无度、粗鄙激情，使它们成为卑鄙不足道的那些龌龊情形，雅典比较独能免除；叙利亚和埃及两国君主都把大宗的粮食和有用的物产送给雅典，认为这是一件荣誉的事情，那时期各国王，在相当限度内，都设法造成、并且维持希腊各

城市和各国家的独立，认为这是他们最大的光荣。希腊的解放差不多成
了一句普遍的口号；大家公认，如果能够被叫做希腊的救主，便是最高
的尊称。假如我们仔细检讨这个尊称所潜伏的政治意义，我们将发现这
个字实在是指着，务必使希腊原有任何国家，一概不得达到显然的优
势，并且使它们分散而无组织，处于削弱的状态。

希腊国家所以和其他国家不同的特点，正就是它们的美丽的神祇所
表现的特点，这些神祇每一个都具有他特殊的性格和特别的存在，然而
各国的特殊性又不致侵犯了各国共同尊崇的那位神明——亚普罗。因为
这个原故，自从这位神明声势渐形削弱、从各国里销声敛迹以后，留存
下来的就只是干燥无味的特殊性——这是可憎厌的特殊性，它极其顽固
地拥护自己，也就因此据着绝对依赖的地位，而和其他特殊性发生冲
突；可是那种无力和不幸的感觉在有些地方也会促成团结。埃陀利亚人
和跟他们联盟的那些劫掠为生的民族，把不义、暴行、诈欺和侵凌作为
他们结盟的约法，而加在其他国家上。斯巴达被一般不名誉的暴君和最
龌龊的热情所统治，而在这种情形中，它依赖着马其顿各国的国王。波
的亚的主观性，自从底比斯的光彩黯淡以后，便沉入怠惰和肉欲之中。
阿奇安同盟，由于团结的目的（驱逐暴君），由于它的公平和集团的情
感，显得卓然不凡。然而这个同盟也不得不从事于勾心斗角的政策。我
们在这里从整个看见的，是一种外交的状态—— 一种许多方面外交利
害的无限复杂、一种党派的精细的交织和倾轧，它们的经纬丝络永久不
断地在翻新花样。

讲到各国内部的情形，它们都是为自私自利和放荡淫佚弄得孱弱不
堪，四分五裂为许多的派系——每一派又伸手向外去乞求外国国君的恩
惠，从而危害了本国的利益——所以使我们感到兴趣的，不再是这些国
家的命运，而是那些伟大的个人，他们崛起于普遍的腐化之中，光荣地
为他们的国家服务。他们出现为伟大的悲剧的人格，以他们的天才和深
刻的努力，还不能够克服罪恶；结果在奋斗当中身死，没有完成他们报
国的素志，使祖国重新获得太平、秩序和自由，使他们自身清洁地流芳

后世。李维在他的序言中说道:"在我们的时代,既然不能够容忍我们的罪过,又不能接受那些改过的途径。"这话可以是同样地适用于末世的希腊人,他们开始一种光荣高贵的事业,同时本身早已经注定了要失败的。亚奇斯和克利奥米泥、亚拉图和非罗皮门都是这样为国利民福的奋斗而牺牲了。波卢塔克给我们画了一幅充分现出了当世特色的名图,他给了我们当时各个人的意义的观念。

希腊历史的第三个时期使我们连带讲到,继之而起、要在世界历史上表演身手的那个民族;那个民族和希腊发生接触时便是把解放希腊当作主要的藉口,这类藉口先前已经被人使用过了。西历纪元前一六八年,马其顿末朝国王百尔修斯为罗马人所征服,而且被俘掳到了罗马去,阿奇安同盟也被击败而且解散了,最后,在纪元前一四六年科林斯也被毁灭了。从波里比阿斯所描写的希腊看来,可以知道虽然像他那样高贵的禀性,对于希腊当时的局面也只有绝望,而逃避到"哲学"中去;或者,假如要想有所作为,也只有叫它在奋斗中灭亡。同这种热情的特殊性、这里的局面、这种不问善恶同归于尽的局面成为截然相对的,是一种无可挽回的盲目的命运——一种铁的势力,准备着揭穿那种堕落局面的一切症象,把它毁为焦土,打个粉碎;因为治疗、补救、挽回是不可能的。而这种压倒一切的命运就是罗马人。

第三部

罗 马 世 界

有一次，拿破仑和歌德谈话，说到悲剧的性质，拿破仑表示意见，以为现代悲剧和古代悲剧之所以不同，就是因为我们再没有支配人类的"命运"，古代的"命运"已经由"政治"代替了。所以他认为"政治"必须用在现代悲剧里，来代替古代悲剧里"命运"的地位，作为环境不可抵抗、个体不得不顺从的势力。这一种势力便是罗马世界，它应运而起，要把许多道德的个人铸在一定的束缚之中，并且把一切"神明"和一切"精神"固结在世界统治的万神庙里，藉此造成一个抽象的普遍的东西。罗马原则和波斯原则的分别，根本就在这一点——前者窒息一切生机，后者则容许一切生机得到最高度的发展。因为罗马国家的宗旨，要使个人在道德生活上都为国家牺牲，所以世界沉沦到了哀怨之中：世界的心是破碎了，它和"精神"的"自然性"已经完全断绝，这种"精神"的自然性达到了一种不快乐的感情。然而只有从这种感情里才能够产生基督教中超感官的、自由的"精神"。

在希腊的原则里，我们看到了精神性的快乐——欢欣和享受；"精神"还没有退回到抽象化；它仍然包含在"自然的"元素——个人的特性——中间；——因为这个原故，各个人的德行变做了道德的艺术作品。抽象的普遍的"人格"还没有出现，因为"精神"必须首先把自己发展为抽象的"普遍性"的形式，对于人类施以严格的纪律。所以在罗马，我们发现这种自由的普遍性。这种抽象的自由，在一方面成立了抽象的国家、政治和权力，来凌驾在具体的个体上面；在另外一方面，创造了和这种普遍性相对的人格——就是抽象的"自我"本身的自由，这和个体不同，必须分别清楚。因为"人格"构成了权利的基本条件：它主要地在"财产"内出现，但是它对于那个和个体相关的生动"精神"的各种具体特征，漠不关心。这两种因素在一方面构成了罗马——政治的普遍性；另一方面构成了个人抽象的自由，最先出现在"内在性"的形式之内。这种"内在性"——这种向本身之内的退回，我们先前认为是希腊精神的腐败——在这里却变成了世界历史新的一面所由发生的根据。我们观察罗马世界，并不要观察一个本身是丰富的具体地精神的生命；相反地，其中的世界历史的因素乃是"普遍性"的抽象观念，而为了达到这种抽象观念，不惜用无灵魂、无心肝的严酷手段去追求赤裸裸的统治。

在希腊，民主政体是政治生活的基本条件，在东方，则专制政体是政治生活的基本条件；罗马却是严格的贵族政体，处在和人民相反对的状态里。在希腊固然民主政体破裂了，但是仅破裂为各种派别；在罗马却不是这样，各种原则使整个社会处于分裂的局面——它们互相仇视，互相争斗：先是贵族和国王的斗争，接着是平民和贵族的斗争，一直到民主制度占了优势为止；于是开始有派别的发生，从而造成了后期伟大个人的贵族政体，他们征服了世界。这种二元性的确标示了罗马最内在的本质。

渊博的学者先生们曾经从各方面来观察罗马历史，表现出不同的和互相反对的见解，尤其是关于较古的那一部分，这部分历史曾经由三类学者加以研究——历史学家、语言学家和法学家。历史学家着眼于伟大的特征，他们只重视这类的历史；我们最好还是让他们来领路，因为他们对于主要的事实，承认各种记录都有效。语言学家就不同了，他们比较轻视一般所承认的传说，而对于可以用种种方式加以结合的枝枝节节，却比较来得关心。这些结合首先当做历史的假设，但是不久便成为已经成立的事实。就像语言学家一样，法学家研究罗马法，他们做了最细密的考察，同假定混杂在一起。他们研究的结果，便是把罗马历史最古的部分宣告为只是寓言；所以这一门研究完全包括在学者的范围内了，这批学者总是对于收获最少的事情，去做最多的工夫。假如希腊人的诗歌和神话，据说是含有很深的历史真理，可以当做历史，那末，他们现在强迫罗马人要有神话和诗歌的见解；他们坚称一向被认为是散文的和历史的东西，实在是以史诗为根据。

这些绪言既然说完了，让我们现在来谈谈这个地方。

罗马世界是以意大利为中心；这个地方和希腊极相类似，像它一样形成一个半岛，但是海岸的曲折却不像希腊那样深。在这片领域内，罗马本城又是中心的中心。拿破仑在他的《回忆录》里曾经提出这个问题——假如意大利一旦独立，成为一个总体，那个城市最宜于做它的首都。罗马、威尼司和米兰都有要求做首都的资格，但是立刻显出这些城市一概不能作为中心。北意大利构成了一个波河流域，其实和半岛本土显然不同；威尼司只接连上意大利而不接连南部；在另外一方面，罗马或许可以说是意大利中部和南部的天然中心，但是对于上意大利所属各地却是人工的、强制的。罗马国家建筑在强制的因素上面，历史上是这样，地理上也是这样。

意大利地方不像尼罗河流域，并没有天然的统一；意大利的统一实在和马其顿用武力统一希腊的情形相同，但是意大利还赶不上希腊，因为希腊文化均等，有一个精神，灌注着全境，而意大利种族繁多，根本就欠缺这一种精神。尼布尔在他所著《罗马历史》前面，放上一篇精深渊博的文章，专论意大利各民族；但是我们就看不出这些民族和罗马历史究竟有什么关系。一般来说，尼布尔的历史只能看作是罗马历史的一种批判，因为其中包括的许多论文，都没有历史的统一性。

我们认为罗马世界的普遍原则是主观的内在性。所以罗马历史的路线包含着内在的沉默性——本身内在的确信——开展而为现实的外在性。主观的内在性的原则最初只从外界——从主权、政府等等特殊的意志方面，取得实现和内容。这种发展是把内在性纯粹化为抽象的人格，这种人格在现实中便赋形为私产；于是各个相抗拒的个人只能够由专制力量使他们集合在一起。罗马世界的普通路线是从神圣的、内在的东西过渡到了它直接反对方面的东西。罗马的发展和希腊的发展不同，希腊是原则展开它自己的内容；罗马的发展是过渡到它的反对方面，这反对方面后来并不出现为一个腐化的元素，而是原则自身所要求并安排的元素。讲到罗马历史特殊的区别，普通分做王国、共和国和帝国——这种分法好像认为有各种不同的原则在这些形式里出现；实际上是同一个罗马"精神"的原则作为这些形式的基础。我们在区分中，必须着眼世界"历史"的路线。每一个世界历史民族的历史都被分成为三个时期，以前如此，现在也必须证明如此。第一个时期包括罗马的开始，这时在本质上相反对的各种特点，仍旧安息在沉静的统一之中，等到各种矛盾加强，国家的统一又因为国中已经产生和维持那种对峙的情形，而变成更强有力，这个时期才算终止。在这种生气勃勃的情形中，国家开始用全力向外发展，在世界历史舞台上大显其身手，这就是第二个时期；这也就是罗马最美丽的时期，这个时期发生了那几次普尼克战争，并且接触了先前的世界历史民族。一个广大的舞台向东方展开了，关于这段接触的历史，已经由高贵的波里比阿斯加以描绘了。罗马帝国如今把疆土扩展到了世界各地，同时这种拓张也就准备好了它灭亡的道路。内部的纠纷接踵而来，同时那种对峙又自己发展自己成为自相矛盾和全不和洽；结果便是"专制政体"的发生和第三个时期的开展。这时候，罗马的权威显得声容并茂、光彩焕发，但是它同时在自身内有着极深的分裂，和帝国统治一同开始的基督教也取得了极大的传播，第三个时期还包括着罗马和"北方"以及日尔曼各民族的接触，于是便轮到日尔曼各民族到历史舞台上来表演了。

第一篇

从罗马开国到第二次普尼克战争

第一章　罗马精神的元素

　　在我们讲到罗马历史以前，我们必须一般地观察罗马精神的元素，从而研究讨论罗马的渊源。罗马崛起于若干公认的区域之外，这就是说，它崛起于三个不同区域相接的一角上，这三个区域属于拉丁人、萨宾人和伊特剌斯坎人；罗马并不是从什么古老的种族传下来的，没有天然的家长制的维系，它的制度的起源也不能够追溯到太古时代（像波斯人差不多便是那样，但是波斯人那时已经统治着一个大帝国了）；相反地，罗马从开始便不是天然的生长，而是人为的、强暴的生长的结果。相传"推来"人的子孙，由伊尼阿率领到了意大利，创立了罗马；因为欧罗巴同亚细亚的联系，乃是大家爱好的一个传说，在意大利、法兰西和日尔曼本部，都有不少的城市把它们的起源或名字都指为是"推来"亡命者所遗留下来的。李维讲到罗马古老的部落，列举了蓝门伦斯人、替善斯人和卢彻剌人。假如我们现在要把它们看作不同的民族，说它们确是造成罗马的元素——近代有许多人就主张这一种见解——那末，我们便是直接推翻了历史的传说。所有的历史家们都一致以为远古的时候，罗马山岭间到处都有一般牧牛羊的人在游荡，由酋长统率着；又以为第一个罗马社会把自己构成为一个常常从事劫掠的国家；并以为附近各地四散的人民是经过了许多困难方才这样结合起来的。这些情形的详细枝节，也由他们列举出来。那些兼做劫掠营生的牧牛羊人对于情愿加入他们团体生活的人民，一概是来者不拒（李维称它是一个"垃圾堆"）。因此，罗马周围三个区域的游民都集合到了这个新城市中来。各历史家声称，这个新城市的位置选择得非常适当，正在滨河的一个山岭上面，特别适宜于做各地亡命者的收容所。历史家又以同样的权威声称，这个新成立的国家里没有妇女，邻近各国又都不肯和它发生婚媾关系。这两种特殊环境，都显出它是一种劫掠的同盟，其他国家都不愿和它发生关系。各国也都拒不接受他们的宗教佳节的邀请；只有萨宾人——这是一个简单的务农的民族，如像李维所说，在他们中间流行着一种可悲和可怕的迷信，它们半为迷信所驱，半为恐惧所迫，出席这些宗教佳节。萨宾妇女的被强劫也是大家公认的一个历史事实。这种局面也显出一种特征，这就是"宗教"被用来当做一种手段，藉此好推进这个新生"国家"的目的。另一个开拓的方法便是把邻近被征服的各城市的人民移植到罗马城中。稍后，还有外国人自动移居到罗马来；这可以著名的喀劳狄家族为例，它们把所有的奴民都带了来。有一位科林斯人叫做德麦拉脱斯，出身于有名的家族，也从本土迁居到了伊特鲁立亚；但是他在那里因为是一个外国人，所以很为土人所轻视，他的儿子路科麦对于这种屈辱的日子再也过不下去了，他于是再迁到罗马来，正如李维所说，因为罗马可以找到一个新的民族、一种崛起的高贵的德性。据称路科麦在罗马深得一般人的信仰，后来终于做到国王。

罗马国家的建立，必须当做罗马特性的主要基础来看。因为这种情形包含着最严厉的纪律，并且要对于同盟的目的做自我牺牲。一个国家刚刚自己形成，又以武力为基础，必然要靠武力来维持巩固。这不是一种道德的、自由的联系，而是一种强迫服从的状态。罗马所谓德行是指勇敢，然而并不是个人的勇敢，而是根本上和同伴们联系时表现的勇敢，这种联系被看作是最高无上，可以用种种暴力组织而成。罗马人组织了这样一种联盟之后，固然不像拉栖第梦人那样专门和一个被征服的民族从事国内的斗争；然而罗马也发生了贵族阶级和平民阶级间的区别和斗争。这种对峙开始于神话所传纶缪拉斯和利玛两位互相仇视的兄弟。利玛被葬在阿文丁山山峰之上，这个地方就算拨给了恶神，平民阶级的叛离算是恶神所指使。于是，大家就要问，这种区别怎样产生？前面已经说过，罗马由许多强盗似的牧人所组成，是各式各样的游手亡命之徒的汇集。后来，被攻陷的各城市以及被毁灭的各地方所有的男女人口，都被搬到这里来。所以罗马人口中较孱弱的、较贫苦的和较后来的份子自然而然地处于下贱的地位，依赖那些缔造国家的大族以及多财善战的豪民。因此，我们大可以不必假借新近很为时髦的一种说法，声称贵族阶级是自成为一个种族。

平民阶级对于贵族阶级的依赖，常被看作是一种完全合法的关系——甚至还被看作是一种神圣的关系，因为贵族阶级手中把握着"圣礼"，平民阶级等于没有神。平民对于贵族阶级这种虚伪的幌子，简直只当做不看见，对于贵族阶级那些祭祀、占卜，简直毫不关心；他们把政治的权利从这些仪式里分开，要求政治的权利，他们这样做法是并不犯什么亵渎神圣的罪过，好比耶稣新教教徒们解放了国家的政治权力，并且拥护良心的自由一样。总之，贵族阶级和平民阶级的关系，必须依照我们前面所说的看法来看才对。前面说过，那些贫苦的、也就是无助的民众，不得不依靠那些有财有势的人们，不得不寻求他们的庇护。在这种由富者保护的关系下面，被保护者就叫做属民。但是在平民和属民之间，我们马上又看到了一种新的区别。在贵族和平民的斗争中，属民虽然无疑地是平民阶级中人，但是他们都追随保护者，听从保护者的命令。很显然的，这一种庇护关系并没有得到公理和法律的认可，因为自从法律颁行、为各阶级所周知以后，那种庇护属民的关系就逐渐销声匿迹了；因为各个人既然已经在法律下得到保障，庇护关系的暂时必要性自然也就丧失了。

在罗马开国之初那个劫掠时期内，因为国家的基础建筑在战争上面，所以每一个公民必然是一个军人，既然每一个公民都必须在战争中自己维持生活，所以他们经济上的负担极其沉重。这种情形使普通人民都负上许多债务，贵族阶级便变做了一般平民的债主，同时也就是平民的庇护人。自从法律颁布以后，这种不自然的关系也必须取消，但是取消是逐步的、渐渐的，因为贵族们不愿意立刻容许平民阶级从这种庇护关系下解放出来；贵族们的存心，还是要把这种关系持续下去。《十二铜标的法律》中间仍然含有许多没有明白规定的地方；里面仍旧留有许多地方听凭法官的独断决定，而一般法官又个个都是贵族阶级；因为这个原故，贵族阶级和平民阶级的对峙局面仍然持续了很长久的时间。平民们是一步又一步地逐渐达到了崇高的地位，取得了那些原来只属于贵族所独占的特殊权利。

希腊人的生活，虽然也同样地不是从大家长制的关系渊源而来的，但是希腊人最初就有家庭的爱和家庭的联系，他们的共同生存的和平目的，必然是要去扑灭海上和陆上的盗匪。罗马的开国者却不是这样，纶缪拉斯和利玛两人，据传说所称，本人就是盗匪，从小就和家庭脱离，不是在家庭的情爱中长大成人的。同样地，最早的罗马人据说也不是自由求婚和恋爱，而是用武力来夺取妇人。罗马人的生活既然这样从野蛮粗犷的状态开始，完全没有天然道德的感觉，所以就形成了他们特有的一个元素，就是对于家庭关系的严酷无情；这一种自私为己的严酷无情，结果便构成了罗马人风俗和法律的基本条件。因为这个原故，我们所见到的罗马人的家庭关系，并不是一种爱和情的美丽的自由的关系；家庭间的信赖被严酷、附属和顺从的原则代替了。男女婚姻依照严格的和正式的形态来说，不过一种买卖的关系；妻子是丈夫的财产，而结婚所取的形式，和任何其他买卖所取的形式没有分别。丈夫对于妻子的权力，就像他对于女儿的权力一样；他对于妻子的财产也有同样的权力，凡是她所有的、所得的都属于她的丈夫。当共和兴盛时期，婚姻大事总举行一种婚姻宗教仪式来庆祝，但是后来就不举行了。上面所说的一种买卖婚姻叫做"库墨西"，再有一种婚姻方式叫做"乌苏斯"，在这些方式下，丈夫同样可以取得上述的权力。所谓"乌苏斯"，就是指妻子留居她的丈夫家中，一年之内没有"须臾"离开。假如做丈夫的没有遵照这些合法的婚姻方式结婚，妻子就停留在她的父亲权力之下，或者在她的族人保护之下，不受她的丈夫的管辖。这样看来，可以知道罗马妇女只有在离开丈夫而独立的时候，才能够取得光荣和尊严，并不是从她的丈夫和她的婚姻那里取得光荣和尊严的。假使有一位丈夫是在比较自由的方式下娶妻——没有经过宗教仪式的庆祝——他要同妻子脱离的时候，他可以无须经过任何手续将她抛弃。父子间的关系也是如此：儿子必须服从父亲，就像妻子必须服从丈夫一样；儿子不管他是否在政府方面作了大官，一概不得私有财产（只有军营中和国外所得的财产在这儿才有一种分别）。但是在另一方面看来，当他们被解放之后，他们和父亲及家庭都没有联系。罗马人认为子女的地位和奴隶的地位相仿佛，这从已经解放了的子女们必须先经过所谓"奴隶状态的象征"仪式出售就可以证明。讲到遗产承继一事，论起道理来，子女们本应该平分。然而罗马人可不如此，他们极其严酷地遵照遗嘱上的任意吩咐而行。

综上所述，可见罗马人在伦常方面的基本关系是何等地颠倒悖谬和不合道德。他们在私人性格方面这种不道德的主动的严酷性，配合他们的政治的结合上被动的严酷性。罗马人从国家所遭受的苛刻严酷，得到了一种报偿，就是他可以用同样性质的苛刻严酷，任性行使于他的家庭子女的身上——他在一方面是奴隶，在另一方面他是专制君主。这点造成了罗马的伟大，它的特性就是各个人和国家、法律、命令的统一，森严无比，不能伸缩，我们要想对于这种"精神"看得更加亲切一些，决不能仅着眼于罗马许多英雄的行为，看他们怎样以军人或者将领或者大使的地位，去和敌人周旋于战场上，或者折冲于会场上——在这些情形之下，他们的整个心思都是专属于国家和法令，而不容他们有所踌躇——并且，我们更须特别注意那些平民阶级，看他们在暴动的时候，怎样对付那些贵族阶级。我们看到，不知道有过多少次数，那些激动、暴动、抗争的平民们，怎样被一个空洞的形式所欺骗，帖然归服，平静无事，而他们所提出的各种要求，——公正的或者不公正的各种要求，也就没有能够圆满实现！ 例如，不知道有过多少次数，当既无战争又无外患的年头，元老院偏偏选出了一个独裁者出来，迫令一般平民投身军中，拿了军誓、军纪来约束他们，逼迫他们绝对地服从！ 来辛尼阿费了十年的功夫才使各种有利平民的法律得以通过；我们又看到，那般平民怎样驯良地听凭其他裁判官们用纯属形式的否决，想使这类法律不能通过；我们又看到，平民们怎样非常驯良地在这些法律通过以后，悉心静候了许多年，等待执行。有人不免要问，这种好耐心是怎样造成的呢？ 这断不是制造出来的，这在本质上早已经潜伏在罗马国家最初那种强盗结合的渊源里，又潜伏在罗马人民的特性中间，而且更是潜伏于"世界精神"在那个时代的特殊性中间。罗马民族的元素是伊特剌斯坎人、拉丁人和萨宾人；这些民族必然含有可以产生罗马"精神"的内在的、天然的适应性。关于这些古意大利民族的精神、性格和生活，我们知道得很少——这只能怪罗马历史著作没有精神性——而且那很少的一点，多半也是从希腊的罗马史家方面得来。不过要讲到罗马人的普通性格，我们可以说，同东方那种原始的、野性的诗歌和有限的东西的颠倒相对照——同希腊人那种美丽的、和谐的诗歌和"精神"的平衡匀称的自由相对照——这里，在罗马人中间，出现了生命的散文化——有限性的自我意识——"理智"的抽象观念和人格的严密原则，就是在家庭之中也没有发展成为天然的道德，始终保持着非感情、非精神的单一，只有在抽象的普遍性里，这个单一才认识了统一。

"精神"的这种极度散文化，可以从伊特剌斯坎的艺术中看出来，这种艺术在技巧上虽然已经达到完善，而且忠于自然，可是它绝对没有希腊的理想性和美；同时，这种散文化又可以从罗马法的展开以及罗马宗教方面看出来。

成文法律的渊源和发展应该归功于罗马世界抑制的、非精神的和非感情的理智。我们在前面已经看见，在东方国家，各种在本质上伦常和道德的关系，都被规定为法律明令；就是在希腊人中，道德同时也是法定的权利，就是因为这个原故，宪法完全依赖于道德和人情，其中还没有一定的原则，来均衡人们内在生活的易变性和个人的主观性。现在罗马人起来完成了这个重要的划分，发现了一个权利的原则，这个原则是外在的——那就是说，是不依赖意见和心灵的。罗马人既然在形式方面给了我们这一个贵重的礼物，我们就能够使用它、享受它，而不致成为那种窒息的"理智"的牺牲者——不须把"理智"看作是至高无上的"智慧"和"理性"。罗马人已经做了"理智"的牺牲者，在"理智"中生存；但是他们同时为其他的人取得了"精神自由"——就是内在的"自由"，这种自由因而从"有限的东西"和"外在的东西"解放了出来。"精神"、"灵魂"、"人情"、"宗教"这些现在不用再害怕被卷入那种抽象的法学上的"理智"中了。"艺术"也有它外在的方面，当"艺术"的机械方面已达到至善，"自由的艺术"就能降生出来表现它自己了。然而假如人类除了那机械方面以外，更不知道什么，更不希求什么，他们真是可怜虫了；再有那般人，在"艺术"已经降生的时候，还把机械方面看作是最高无上，他们也一样是怪可怜的。

我们看见罗马人是被束缚在那种有限性的抽象"理智"之中。这就是他们在宗教方面最高的特性，也就是最高的意识。事实上，束缚就是罗马人的宗教；相反的，希腊人把自由的幻想的欢欣当做宗教。我们惯常把罗马和希腊的宗教看作是相同东西，惯常把罗马的神祇的名字，什么周比得、密涅发等等同希腊神祇的名字混为一谈。关于这事，单从希腊各神曾经被罗马人相当采用来说，那是说得过去的；可是我们既然不能够仅因为希罗多德斯和若干希腊人自己在"拉顿那"、"帕拉斯"等等名字之下，对于埃及神祇形成了一个观念，就将埃及的宗教和希腊的宗教看作是相同的东西，我们同样地不能把罗马的宗教和希腊的宗教并为一谈。已经说过，在希腊的宗教里，"自然"的惊恐发达成为某种"精神的东西"——成为一个自由的直观，一个精神的幻想形态——我们又说过，希腊"精神"并没有逗留在内心恐惧之中，而是进一步使"自然"对于人类的关系成为一种自由和欢欣的关系。相反，罗马人却始终以一种沉闷的、愚蠢的内在性为满足；结果外在界只是一个"对象"——一个陌生的东西、一个秘密的东西。这样始终包含在内在性里的罗马精神便进入一种束缚和依赖的关系，这种关系可以拿"宗教"一字的来源来证明。罗马人所对付的，老是某种秘密的东西，在他所信仰和追求的任何一切之中，老是隐藏着的东西；在希腊人的宗教里，万事万物都是公开的、明白的，可以感觉到，可以直观到——并不隶属于未来的世界，而是属于此生此世，和蔼可亲——罗马人就不同了，对于他们，万事万物都显得神秘、双关：他们在对象里首先看到自己，然后看到隐藏其中的东西；他们的历史充满了他们对于各种现象这种双关的看法。就好像罗马城除了它这个本名以外，还有一个秘密的名字，这只有少数人才知道似的。有些人以为这个秘密的名字是发伦细亚，就是罗马一字的拉丁译名；别的人以为是"亚马"（Amor，就是把"Roma"一字颠倒读去）。罗马开国者纶缪拉斯也还有另外一个名字，这是神圣的名字，一般人祭祷他时所用的，叫做启赖那斯，同时罗马人民也叫做启赖提人（这个名称和"启赖亚"一字相连，研究字源学的人，或者以为这个字是从萨宾城镇叫做启赖斯的蜕化而来）。

在罗马人中间，宗教的惊恐始终没有发展出来，始终封闭在它对于它自己生存的主观确实性里。所以"意识"没有给自己以精神的客观性——它并没有抬高自己到理论上、对于永恒神圣本性的直观，也没有抬高它自己在那种直观里的自由；它并没有从"精神"那里为它自己取得宗教的内容。凡是罗马人的所作所为之中——他的约章、政治关系、义务、家庭关系等等之中，特征便是空虚的良心的主观性；而这一切关系因此不但得到一种法律上的承认，而且得到一种和宣誓相仿佛的庄严性。议会中当各人就职时所举行的无数仪式，正是这种巩固的联系的表示和宣告。"圣礼"到处都是非常重要。本来最不受约束的事情，很久也就变做了一种"圣礼"，而且立刻僵化为一种"圣礼"。可以归属于

272

这种范畴中间的，例如还有严格婚姻里的宗教仪式以及一般的占卜典礼等等。关于这些圣礼的考究是索然寡味，令人厌烦的，只供给学者们新鲜的材料，去探讨它们是否起源于伊特剌斯坎、萨宾，或者其他的民族。因为罗马人有这种"圣礼"，所以他们在积极的和消极的方面，向来被看作是非常虔敬；不过我们听到最近作家侈谈、盛称这些"圣礼"，总觉得有些可笑。罗马的贵族阶级特别爱重圣礼；所以有些人把贵族阶级估得很高，以为他们是出身于僧侣的家族，他们是神圣的种族——是罗马宗教的专利者和保持者；因此，平民阶级便成了无神的成分。关于这点，要紧的前面已经说过了。古代的君主同时也是神圣的教长。当王权的尊严已经推翻之后，仍然有一种宗教的尊严存留；但是宗教的教长和其他一切僧侣祭师一样，都要受"司仪长"的约束，这个人领导一切的"圣礼"，使它们僵硬、固定化，因此，贵族阶级才能够保持他们的宗教权力这样长久。

　　然而那种虔敬，主要地要看它的内容——不论现代常常有人主张，只要虔敬的感情没有失掉，那末，它的内容是无足轻重的。前面已经说起，罗马人的宗教内在性没有从自己扩大为一种自由的精神的和道德的内容。我们可以说他们的虔敬并没有发达成为一种宗教；因为那种虔敬在本质上始终是形式的，这种形式主义从另外的地方得着了内容。从这个特点来说，那种内容只发生在宗教秘密范围以外，所以只能够成为有限的、非圣洁的一种。因此，罗马宗教的主要特性乃是一种肯定的意志目的的巩固，他们认为这些意志目的是绝对地存在于他们的神明身上，他们要求这些神明有绝对的权力。他们便是为了这目的而崇拜神明，为了这样的目的，他们就在一种有限制的方式下，从属于他们的神明。由此可见罗马宗教乃是一种完全不含诗意的、充满了狭隘、权宜和利用的宗教。他们所特有的神明也是完全不含诗意的；这些神明乃是各种情况、各种感觉，或者各种应用的技艺，他们的枯燥的幻想把他们提高到独立的权力以后，把客观性给了这一切；这些神明有一半是抽象观念，只能够成为冷淡的寓言——又有一半乃是各种生存的情况，能够给人幸福，也能够给人灾祸，并且在完全肤浅的意义之下，成为众人崇拜的对象。我们现在只能略为举出几个例子。罗马人崇拜"和平"、"恬静"、"安闲"、"忧伤"，把它们当做神明；他们又为了"瘟疫"、"饥馑"、"潮霉"、"热病"和"阴沟的女神"，设有祭坛。朱诺女神对于罗马人不仅是生产女神琉息那，又是构成孩童骨骼的神朱诺·奥细巴基那，而且又是成婚时在家宅门户的枢纽上涂油（这也是"圣礼"项下规定的一桩事情）的神朱诺·恩克息亚。这些琐屑不含诗意的观念，比起希腊人那些精灵和神祇的美丽，真是不可同日而语了！　同时主神周比得又是"周比得·卡匹托来那"，代表罗马帝国的普通本质，但是罗马帝国又人化为"罗马"和"福条那·帕布立卡"两位神明。

罗马人在窘迫急需的时候，不但祈求神祇和祭祀神祇，并且向神祇许下各种庄严的诺言和誓愿。在困难中为了求助起见，他们甚至派遣使者出国，把外国的神祇和仪制输入本土。所以罗马那些神祇和多数庙宇的成立，都是由于需要——由于一种誓言和对于恩赐的一种义务所逼迫而来的承认，而不是没有利害关系的感谢。希腊人就不同了，他们所以建立各种美丽的庙宇、神像和仪制，都出于对美的爱，对神的爱。

罗马宗教只有一方面显得动人，那就是各种宗教节日，大概都和乡村生活有关，而且从远古以来一直奉行，没有间断过。这些节日一部分是以黄金时代的观念为基础的——就是对于公民社会和政治组织形成以前以及在它们的范围之外的情况的观念；但是它们的命意一部分是采自一般"自然"的内容——太阳、岁时、四季、月令等等（有关天文）——一部分采自"自然"行程的各种特殊的、同畜牧和农业生活有关的因素。他们有关于播种、收获和四季的节日；主要的节日就是十二月中旬举行的收获庆祝节等等。就这方面来说，这种传说中似乎有许多天真和意义深长的地方。可是这些礼制等等，在大体上实在表现着一种极有限制而且不含诗意的形态；我们不能从它们得到对于自然界各种巨大势力更深的见解，也不能从它们演绎出这些巨大势力的普通过程；因为它们完全只看出外表上鄙俗的用处，同时，它们所包涵的欢乐又流为一种滑稽，没有丰富的精神。在希腊人方面，他们的悲剧艺术也从这些礼制雏型进展而来，可是在罗马人方面，就丝毫没有进展，这些和乡村节日相连带的粗鄙的歌舞，始终淹留在这种天真、粗陋的形式之中，一直到后来还是这样，没有进展成为真正的艺术的形式。

前面已经说过罗马人采取了希腊的神祇（罗马诗人的神话完全从希腊人那里取来）；然而罗马人对于这些想象的美的神祇，似乎只是极其冷淡、极其肤浅地崇拜。他们讲起周比得、朱诺、密涅发时，好像我们听见戏院子里报告演员的姓名一样。希腊人把他们的神的世界充满了深刻和丰富精神的内容，并且点缀了欢乐的狂想，这个神的世界对于他们是一个灵感的泉源，不断引起美妙的发明，并且激起深刻的自觉；真的，在他们的神话里，已经创出了一种广大的、无尽的宝藏，可以产生情感、心灵和思想。罗马人的"精神"不喜欢用自己的灵魂徘徊在这种深刻的幻想游戏之中，希腊神话一到了他们手里就变得生气索然，格格不入。罗马诗人——尤其是味吉尔——把神祇搬入诗中的时候，显得是一种冷淡的"理智"以及模仿的产物。这些诗歌中都把神祇当做机械使用，而且是很浮面地使用：他们这样看待神祇，实在和现代对于美文学教条式的教本中间的看法大致相同，而在史诗中这样将神祇当做机械使用，为的是要产生惊人的效力。

罗马人在公共游艺方面，也和希腊人有着本质上的不同。正当地说来，罗马人在这些游艺方面不过是旁观者罢了。各种揣摩的和剧场的表演、舞蹈、竞走和角力，在罗马人都是让已经释放了的奴隶、角斗士或者已经判处死罪的犯人去做。尼禄皇帝最堕落不体面的事，就是他在公共舞台上扮作歌人、七弦琴师和斗士。罗马人既然只处于旁观者的地位，所以这类消遣对于他们总是格格不入，他们没有精神参加进去。自从风尚趋于奢靡以后，一般人愈来愈爱看用禽兽和人为饵的残忍游艺。常常为了取乐起见，他们收罗了千百头的熊、狮、虎、象、鳄鱼和鸵鸟等等，加以屠杀。一群上百的、甚至上千的角斗士，在某种节目出现于竞武场中，作假想的海战，他们向高坐观斗的皇帝说道："一般注定要死亡的人恭贺陛下。"藉此企图激起他一点怜悯。可是徒然! 这成群的斗士，全得为相互屠杀而死。罗马人并不因为人生的矛盾不如意，在心灵和精神的深处感受痛苦，结果在"命运"中了事；相反地，罗马人却构成了一幅残酷的、肉体痛苦的现实；像江河似的血流，垂死者喉头格格的响声，奄奄一缕的喘息，这些就是他们爱看的景象。这种残杀冷酷的否定性，正显出他们把一切精神的客观的目的都同时在内心里残杀掉了。除此以外，我只要举出他们的占卜、法术、神谕书等等，诸位就可以想起罗马人是怎样为种种迷信所束缚，而关于上述一切礼制、仪式的奉行，他们怎样专门为一己的愿望作打算。兽类的脏腑、电光的闪烁、禽鸟的飞翔、神巫的呓语等等，决定了国家的行政和事业。这种种迷信都操纵在贵族阶级的手中，他们存心要拿这类迷信做一种纯属外在的束缚的工具，藉此好来达到他们自己的目的和压迫一般平民。

综上所述，可以知道罗马宗教最显著的元素，便是内在的宗教性和一种完全合外表的目的性。世俗的目的任凭放纵，不由宗教加以限制——事实上，宗教反而为这些目的辩护。无论罗马人行为的内容是怎样，他们到处都显得虔敬。然而正因为这里的神圣只是一个没有内容的形式，所以神圣成了可以由信徒随意使用的一种工具；它成了个人掌中之物，个人所追求的，又不过是他的私图和私利；相反地，真正的"神圣"却自己有一种具体的力量。但是在罗马所有的，只是在一个无力量的形式之上，站着个人——那个为本身的具体的"意志"，能使那个形式变为它自己的形式，并且能够使它顺从它特别的目的。这种个人在罗马就是贵族阶级。贵族阶级掌握中的国家主权因此就变为巩固、神圣、直接，而且为他们所独有；政府管理和各种政治特权都赋有神圣的私产的性质。因为这个原故，罗马并没有一种实体的民族的统一 ——并没有那种共同生活的需要；相反地，每一个"族"自己都是凛然不可侵犯，都有它自己的"家神"和圣礼，都有它自己的政治性格，由它永远保持下去；如喀劳狄家族以严格的贵族式的严厉著名，发利立家族以仁厚爱民著名，柯奈耶家族以高尚著名。就是在婚姻方面，也有着这种划分和限制，所以贵族和平民的缔姻也算是亵渎神圣的事情。但是在那种宗教内在性里，我们又看到任意的原则：一方面任意要拿神圣的东西来支持私图、私利；另一方面任意又向神圣的东西反抗。这因为同一内容可以一方面在宗教的形式下被看作是特权阶级，又可以在另一方面显得只是人类一种愿意选择的形态、人类任意的内容。一旦时机成熟，神圣的东西必须降为形式时，它就必然被看作是一种形式，而被践踏在脚下，被表象为一种形式主义——神圣的东西既然有不平等的情形，于是宗教便过渡而为政治生活的现实。意志和私产上的不平等的神圣化，就是这种变迁的基本条件。罗马的原则仅承认贵族政体为正当的宪法，但是它直接表现它自己在一种对峙的形式——内部的不平等上。只有在被不幸的环境逼迫以后，这种对峙暂时才得消弭；因为它包含着双重的权力，构成各分子的严酷性和恶意的孤立，只有一种更大的严酷性才能够压制得住，才能够约束在一起，成为武力所支持的统一。

第二章　第二次普尼克战争以前的罗马历史

在第一个时期内，几个因素表演了它们各个特有的差别。罗马国家在君主下获得了第一次的发展；稍后，便采行了一种共和宪法，由"执政官"为元首。于是贵族和平民的斗争起来了，结果以迁就平民的要求了事，内政方面既然风平浪静，安居乐业，便养蓄了充分的力量，可以去战胜那个属于世界历史较前一期的国家。

至于罗马最初各君主的事迹，由于疑古、批判的结果，各种记载都遭到了驳斥；然而就说一切记载都不可信，也未免太过份了。传说所称，共有君主七人，就是"高等批判"也不得不承认这程序中最后几个连锁是完全符合历史的。据称纶缪拉斯是这个掠夺同盟的创始人；他把这个同盟组成了一个军国。关于他的种种传说虽然似乎杳渺难信，传说的内容和上述的罗马"精神"却是吻合无间。据称第二位国君奴马才订立了各种宗教仪式。这个特征很可注意，因为它显示出宗教的发生较迟于国家结合的发生，相反的，在其他各民族中间，宗教的传说每出现在远古时代，远在一切公民制度以前，君主同时是一位祭师（据研究字源学者说来，罗马字 rex〔君主〕是指牺牲致祭）。一般国家民族的情形大多如此；政治界最初都是和僧侣界联合在一块，神权政治支配一切。君主因为"圣礼"的关系，位居全国之首。

在最初各君主时代，拥有权势的公民就已经和一般人民分离，而成为元老和贵族了。据说纶缪拉斯曾经委托了一百位族长，可是高等批判怀疑这种说法。在宗教方面，各种"圣礼"变成了区别贵贱的标准、划分等级的特质。国家的内部组织是逐渐得到实现的。李维说，奴马王制定了一切神权的事务，塞维阿·塔力阿王创立了各种不同的阶级，举行了户口调查，从而决定每一个公民参预政治的资格。贵族阶级对于他这个方针，特别因为他解除了平民阶级所欠的一部分债务，并把公共土地颁给较贫的公民，使他们也拥有了地产，深表不满。他把人民分为六个阶级，第一个阶级和武士结合成为九十八个百人团，较低各阶级的数目比例地减少。举行选举时便用百人团做单位，那个排列最高的阶级在国内占有最大的势力。好像在早先贵族阶级独揽大权，但是经塞维阿这番区分以后，他们只不过占一种优势罢了；他们不满意于塞维阿，便是因为这个原故。从塞维阿起，历史逐渐明白清楚起来；在他和他的前任老塔克文尼阿斯统治之下，很显出一番繁荣的迹象。据李维和带奥尼秀斯所说，最古的宪法是民主的，每个公民在国民议会中有同等的权力。关于这点，尼布尔引为诧异。然而李维只说塞维阿废除了个别选举法而已。在最早的"国民会议"里——在那里边平民大众都是处于被保护的地位——只有贵族们可以投票，当时所谓"民众"这个名词，是专指贵族阶级而言的。所以带奥尼秀斯所说依照纶缪拉斯法令所订的宪法是截然贵族宪法的话，实在没有自相矛盾。

那些"君主"差不多全是外国人——这种情形是罗马开国起源的特征。继承开国始祖的第二位国君"奴马"，据传说是一个萨宾人——据说这个民族在纶缪拉斯统治期内，曾经在退细阿斯的领导下，定居罗马某一个山丘上。但是后来萨宾一地似乎又和罗马国完全分立了。在奴马以后，接着便是杜勒斯·贺斯低留，这位君主的名字已经指明他是一个外国人。第四位国君盎卡斯·马细阿斯是奴马的孙子。塔克文尼阿斯·普立卡斯出身于一个科林斯门第，这一点我们曾经提起过的。塞维阿·塔力阿来自康尼科伦，这是一个被征服的拉丁城市；塔克文尼阿斯·苏必勃斯便是上述那位塔克文尼阿斯的后裔。在这最后一位君主下面，罗马达到了高度的繁荣。就是在这样早的时期，据说罗马人已经和迦太基人订立了一个商务条约；假如认为这话不可靠，那就等于忘却了罗马在那时候已经和伊特鲁立亚人以及其他依赖贸易航海为生的海岸民族们所有的那种联系了。罗马人大概在那时候就很擅长写作的艺术，早已经具有了他们卓然特具的那种清楚洞澈的理解，开始了他们那种明白通畅、古今传诵的历史著述。

国家内在生活发展、生长，贵族阶级的权力大大地削减了；各君主时常向人民请援乞助——这种情形，在欧洲中古时代历史上更是常常见到——藉此好在无形中来压倒贵族阶级。关于塞维阿·塔力阿的政策，我们已经说过了。末一位君主塔克文尼阿斯·苏必勃斯在国事方面，很少和元老院商量，他遇到元老们有死亡出缺时也不补充，在种种方面他的所行所为，似乎都是要使元老院完全解体。从此以后罗马便进入了一种政治骚动状态，只须时机一到，便可以公开暴动起来。这一种时机终于来到——那位君主的太子侮辱了一个妇女，侵入了最内在的圣地。于是各君主在罗马纪元二四四年和西历纪元前五一○年（罗马城市创建于西历纪元前七五三年）都被放逐出去，尊严的王权便从此取消了。

把各君主放逐出去的人是贵族阶级，不是平民阶级；所以假如认为贵族阶级是神明的后裔，拥有"神权"，那末，君主就是他们的祭师，他们放逐了君主，就违犯了这种法理。这里我们可以看见罗马人把婚姻的神圣性看作是一件崇高的事情。他们把内在性和虔敬的原则看作是宗教的重大的元素，各君主所以被逐和后来十大臣所以被逐，便是因为违犯了这个原则。罗马人把一夫一妻制看作是当然的事情。这个制度并没有法律的明文规定，我们只在《法典》中看到偶然的这样一项规定，就是在若干条件下婚姻是不准的，因为一个男子不得有两个妻室。一直要到戴克里先王朝的统治下，我们才看到一条法律明白规定，凡是罗马帝国内无论什么人都不得娶妻二人；"又依照长官所颁布的一个律例，这种行为是不名誉的。"因此，一夫一妻制被看作是当然合法的，而且是以内在性原则为根据的。最后，我们必须注意到，罗马王权的废除，不像希腊那样由于王室的自杀行动，却是在憎恨中被消灭的。君主身居大祭师的地位，却犯了最重大的亵渎罪行；内在性原则对于这种举动认为大谬不然，于是贵族阶级被抬高到一种独立意识，而打破了王权的羁轭。后来，平民阶级起来反对贵族以及拉丁人和各联盟起来反对罗马人，都是根据着相同的一种感情；这类事件一直继续到整个罗马帝国全境内恢复了各个私人间的平等（许多奴隶也得到了解放）、由简单的专制政体来统一的时候。

李维说到布鲁特斯放逐各君主的行动恰好遭遇时会，因为这件事情假如发动得早一些，全国将陷入混乱的局面。他问道：假如这批无家无室的群众在较早的时期被解放了，而这时期还没有因为共同生活而造成一种相互的和解，那末，这种局面又将怎样呢？ 现在宪法在名义上已经是共和的了。我们如果详细考察这事（李维书卷二，第一章），就知道，当时发生的重大变更，只不过是把先前为君主所长期保持的权力，转移到一年一任的两位执政官罢了。这两位执政官拥有同等权力，主持陆军、司法和一切行政事宜，——因为作为最高的司法官吏的"裁判官"是后来才发生的。

最初一切职权都掌握在两位执政官手里；在共和国开始的时候，国内外的情形都很恶劣。在罗马历史上，王朝推翻以后的那一个时期就像希腊推翻王朝以后一样，是一个黯淡的时期。罗马人首先必须对被逐的君主作严重的斗争，因为他向伊特鲁立亚人乞援成功。他们在和坡塞那作战期中，不但丧失了他们先前的一切胜利，甚至还丧失了他们的独立；他们被迫放下他们的武装而提出抵押品为担保；从塔西陀（《历史》卷三，页七二）的说法看来，似乎坡塞那把罗马城也占了去。君主被放逐后没有多久，贵族阶级和平民阶级的斗争便起来了，因为王权的废除完全给贵族阶级占了利益，他们攫得了王权，平民阶级却丧失了君主们给予的保护。这时候，贵族阶级掌握着一切行政和司法的职权，以及全部地产；同时，一般民众继续被拉去作战，没有余力来从事和平的业务：手工业无从发达，平民阶级惟一的进款便是在战争中分得的赃物。贵族阶级把土地交给奴隶们耕种，并且把一部分田地租给在他们荫庇下的平民，这些平民必须完粮纳税——所以也就等于佃农——只取得了田地的使用权。这种相互关系，就平民须向贵族纳税来说，极类似隶属的臣下：他们遇到荫庇他们的那位主人家出嫁女儿时必须有所献赠，遇到他或者他的儿子被俘时必须筹资往赎。此外，又必须帮助他一家人取得行政官职，又必须设法弥补他一家人因涉讼所招致的损失。司法行政也操在贵族阶级的手里，而且并没有一定的成文法律来限制他们的恣意妄为；为了补救这个缺点，后来特别创设了"十大臣"。还有、政府一切职权都属于贵族阶级，他们占据了一切官职——首先是执政官一职，后来还有军事长官和监察官等职（创设于罗马开国纪元三一一年）——因此，实际行政和监察行政的大权都落到了他们的掌握中，末了，组成元老院的也是贵族阶级。这个机关是怎样产生出来的问题，似乎非常重要。然而这事并不遵循任何有系统的计划。据说元老院是纶缪拉斯所创立，共有元老一百人，继承的各位君主将人数陆续增加起来，到了塔克文尼阿斯·普立卡斯王时，规定为三百名。王权废除后，朱纳斯·布鲁特斯使那早已十分失势的元老院又重新恢复过来了。大概从此以后，元老院里的空额，都是由监察官和专政官们派充的。罗马纪元五三八年，正当第二次普尼克战争期间，一位被选的专政官指派了一七七名新元老；他所指派的元老都是曾经居过最高职位的人，如像平民阶级的市政官、护民官、裁判官和曾经立过战功的人。在凯撒的统治下，元老院内元老的人数增加到了八百名，奥古斯都又把它减少到六百名。普

281

通认为罗马史家过于疏忽，没有详述关于元老院组织和改组的事迹。但是这一点对于我们虽然显得无限重要，对于一般罗马人却不见得有多大关系，要知道他们并不怎样重视形式上的安排，他们所注重的，乃是政府的实际行政。事实上，那时候还被看作是神话期间，历史传说还只等于一首史诗，我们怎么能够假定古罗马人的宪法权利已经是明白规定了的呢？

那时候，普通人民处于一种被压迫的状态下，如像数年前不列颠三岛中的爱尔兰人那样，他们完全被排斥在政府之外。他们时常暴动，离开罗马城。他们有时候甚至于还抗拒兵役；然而元老院居然能够在这样长时期中对抗那些数目众多、习于战阵、而为压迫所激怒的民众——主要的斗争持续了一百多年——终究是一桩不寻常的事。民众能够这样长时间被按捺着，这也就可以看出来他们是多么尊重法律秩序和"圣礼"了。可是相持到了最后，平民阶级必然地达到了他们的正当要求，把他们的债务取消。他们的债权人贵族阶级的严酷、苛刻（使平民必须做奴隶工作来偿还他们的借款），逼得平民只有暴动起来。平民最初所要求和获得的只是他们在君主下面早已经享有的权利——地产和政府的保护，使他们不受豪强的侵凌。平民取得了土地摊额，可以做护民官——那就是说，有权否决元老院所发布的任何命令。护民官最先只设两位，后来才添到十名，然而这种添设并不是有利于平民阶级，因为元老院只要收买了护民官中的一位，就可以利用他一个人的异议，来使全部措施受到阻挠。同时，平民又取得了一种民众公决的特权，就是遇到行政官吏肆行压迫的时候，被害的人民可以请求民众公决——这一种特权对于平民阶级非常重要，是使贵族阶级特别恼怒的。经过民众屡次要求的结果，又有"十大臣"的设置——护民官这时已经停止使行职权了——藉此补充没有一定法律的缺憾；大家知道，这般大臣滥用了他们无限制的权力，多行暴虐；后来他们有了和各君主被逐同一情形的无耻事件发生，于是十大臣也被取消了。这时候，在贵族荫庇下的民众，也不再像先前那样地依赖。从十大臣时期以后，被保护的民众渐见消失，和普通平民混合在一起。如今平民阶级订立各种决议案，元老院本身只能够颁布谘议命令，而且不但元老院能够制止开会和选举，就是护民官也有这种权力。平民阶级逐步取得了一切职位和荣誉；不过最初的时候，平民阶级的执政官、市政官、监察官等等并不能够和贵族阶级处在同等地位，因为贵族阶级的官吏掌握着"圣礼"的缘故；平民阶级取得了这种胜利，还得经过很长的时期，方才有平民确实做了执政官。这些政治上的部署，全部都是由护民官来辛尼阿在第四世纪后半叶（罗马纪元三八七年）规定下来的。来辛尼阿又开始领导了争取农民法的运动，关于这个法律当代学者间已经有了许多著作和争论。主张农民法的人，每次都使罗马发生极大的骚动。平民阶级差不多不得享有一切地产，而农法的目的便是要授田给平民——一部分在罗马附近，另一部分却在那些被征服的区域，由平民前往开垦。在共和时代，我们常看到军事领袖授田给平民，但是一遇到这类举动发生，他们就被指责为有觊觎王权的野心，因为先前各君主是很重视平民的。农法规定，任何公民不得占田五百"朱格拉"以上；因为这个原故，贵族阶级不得不放弃一大部分的田产。尼布尔对于农法特别有研究，他自以为有若干重大的发现；他声称：罗马人从没有想到要违犯神圣的财产权，国家不过拿出一部分公田分派给平民使用，国家随时有权处置这些属于国有的田产。这里我只想说明，尼布尔这种发现，早已经由海格维希发现了，尼布尔所根据的特殊史料，是从阿匹安和波卢塔克两人的著作里采取来的，所以他是根据希腊作家的，但是他本人就曾经说过，只有在非常情形下才可以参考他们的著作。李维和西塞禄等等书中屡屡提及农法，然而根本没有什么定论可从他们书中推考出来——这又可以证明罗马历史家的不正确。这整个事件只变成了一个无谓的法理学上的问题。贵族阶级所占有的土地和殖民开辟的土地，原来都是公共的土地，然而它无疑地也属于占有田地的人，至于说是它始终属于公共所有，这也是不恰当的。尼布尔所发现的，只是一种不切实际的区别，这种区别只在他的思想之中，实际上并不存在。来辛尼阿的农法的确曾经一度实行过，但是不久便遭违犯而且被完全不加理睬了。来辛尼阿·斯托洛本人首先主张农法，却因为他所占的地产超过了摊派额而遭到了惩罚，同时，贵族阶级又极度顽强地反对农法的执行。这里，我们必须特别注意到罗马和希腊当时的情况同我们现在的情况的差别。我们的社会有其他各种原则为根据，所以农法等等都是不必要的。斯巴达人和雅典人，他们还没有达到罗马人所坚执的那种抽象的国家观念，所以他们并不顾虑到什么抽象的权利，仅要求一般公民应有谋生的工具；他们所要求于国家的，便是要它办到这一点。

罗马历史第一个时期的主要因素，便是平民阶级取得了可以当选为高级官吏的权利，并且设法取得了土地田产方面的摊额，藉此给了一般公民谋生的工具。自从贵族阶级和平民阶级间有了这种结合以后，罗马才第一次达到真正的内部巩固；只有这种巩固得到实现以后，罗马的权力才能向外发展。接着是一个满意的时期，一般公民共存共荣，厌恶内战。当各民族在内部冲突解决以后、再用全力对外的时候，他们便表现出了极大的力量；因为先前的兴奋还没有消退，在内部既然没有了对象，所以只有向外去求对象。罗马精力有了这个方向，一时之间竟然能掩饰了那种结合的弱点；两个阶级间虽达到了平衡，然而没有一个主要的中枢、支持的重点。原先存在着的矛盾，到了后来必不可免地再度出现，但是在这个时期还没有到来以前，罗马便在战争上、在征服世界上表现了它的伟大。从这些战争得来的权力、财富和光荣，以及这些战争所引起的艰难问题，使罗马人在国内事务上团结一致。他们的勇敢和纪律造成了他们的胜利。和希腊或者马其顿的战术比较起来，罗马的战术自然有它的特征。希腊和马其顿的密阵的力量，在于阵容的严密、庞大。罗马军团也有一种严密的阵容，但是同时有一种节节相连的组织：一方面使大队的极左和极右两翼互相呼应，另一方面又使它们分散成为若干轻便队伍：严整地牢牢结合在一起，但是同时又能够做到随时散开。罗马三军于进攻敌人时，由弓箭手为前驱，随后再用刀剑作最后的决战。

追溯罗马人在意大利作战的经过，是一桩无聊的事；一半因为它本身并不重要——就是李维书中关于各将帅的空虚辞藻，也不能增加我们多大的兴趣——一半又因罗马编年史家的枯燥无味，我们只看见罗马人和"敌人"怎样交战，却不知道这些"敌人"的个性——例如伊特剌斯坎人、萨谟奈人、力究立亚人，他们曾和上述这些民族交战了好几百年。关于这些事情很特别，罗马人既然有世界历史为他们辩护，他们又要像辩护士一样，拿出违犯宣言和条约的小理由来解释，但是在这种政治纠纷上面，任何一方都可以随便对对方的行动加以指斥。罗马人和萨谟奈人、伊特剌斯坎人、高卢人、马鳃人、安布立亚人、布剌替安人经过了长期的恶战，才达到了全意大利主人翁的地位，他们的统治于是转向南方；他们在西西里取得了巩固的立足地（迦太基人很久已经在那里作过战）；他们再伸张权力到西方去；他们从撒地尼亚和科西嘉而到了西班牙。他们不久又和迦太基人常常发生接触，不得不成立海军来对付他们。这种转变在古代比较容易，不像现代海军职务必须长期的实习和优越的知识。海上的作战方式和陆上的作战方式是大致相同的。

　　我们已经讲到罗马历史第一个时期的末了，在这个时期内罗马人用零售商方式的军事动作变成了实力相当雄厚的资本家，并且拿这种实力现身在世界舞台之上。大体说来，罗马的统治这时还没有怎样伸展开来；在波河对岸只开辟了寥寥可数的殖民地，在南方还有一个相当的权力同罗马的权力对峙。因此，实际上是第二次普尼克战争才使罗马和当时最强的各国发生了可怕的冲突；罗马人从这种冲突里才接触到了马其顿、亚细亚、叙利亚，后来还接触到了埃及。他们这个辽远的大帝国虽然仍旧以意大利和罗马为中心，但是如前所述，这个中心还是一个人为的、威迫的和强制的。罗马和其他各国发生接触、并且从而发生多方面的复杂关系的这个伟大时期，已经由那位高贵的阿奇安人波里比阿斯加以叙述，他的命运注定了他要亲眼看到希腊人的放情、纵欲和罗马人的恶劣、刚愎招致了祖国的覆亡。

第二篇

从第二次普尼克战争到
皇帝当政时期

依照我们的划分，第二个时期应该从第二次普尼克战争开始，这一个时期给了罗马统治以决定的性格。在第一次普尼克战争中，罗马人已经表现出了他们的力量足够对抗强大的迦太基，后者雄踞非洲海岸的大部分和西班牙的南部，并且在西西里和撒地尼亚有着巩固的立足点。第二次普尼克战争把迦太基的势力打倒了。迦太基的元素是海洋；然而它并没有根本的领土，并没有形成什么民族，也没有国民军队，它的队伍都是由被征服各民族和同盟的兵丁组织而成的。虽然如此，那位伟大的汉尼拔居然能够从这样五光十色的各民族里组成了大军，几乎毁灭了罗马。他在孤立无援的情形下，居然驻足在意大利十六年，抵抗罗马人的耐心和坚忍；同时在这个期间罗马的西庇阿弟兄俩占胜了西班牙，并且和非洲各君王缔订了盟约。汉尼拔终于被迫赶回去援助他那穷于应付的故国；罗马纪元五五二年，他在撒马战争中被打败了，经过了三十六年之久，他再度回到他的故城，被迫建议和平。所以第二次普尼克战争结果，罗马对于迦太基便树立了无可争议的优势；这场战争又造成了罗马人和马其顿王的冲突，后者于五年后便被罗马人征服了。这时候叙里亚国王安泰奥卡斯也卷入了漩涡。他发动了一支庞大的军队前来侵犯罗马，却被罗马人击败在德摩比利和玛革尼西亚，他只好把从小亚细亚一直远到托鲁斯的一大片土地割让给了罗马人。马其顿自被征服后，这个地方和希腊都被罗马人宣告为自由——这种宣告所蕴含的意义，我们在谈到先前历史民族的时候，已经加以探讨了。直到这个时候，第三次普尼克战争方才开始，因为迦太基已经重新抬起头来，引起了罗马人的猜忌。在长时期抵抗以后，它便被征服，化为焦土。现在阿奇安同盟也无能为力，更难在罗马的野心之前保全自己；罗马人爱好用兵，他们在同一年间毁灭了迦太基，又荡平了科林斯，使希腊沦为一省。迦太基的灭亡和希腊的征服，使罗马人得以从此大大扩张他们的主权。

现在罗马似乎是十分安全，没有一个外国和它敌对；它如今是地中海的主人翁，那就是说，是一切文明中心区域的主人翁。在这一个胜利的时期内，罗马那些道德上伟大和幸运的人物，尤其是西庇阿一家人，最吸引我们的注意。为什么说他们在道德上幸运呢？　虽然最伟大的那位西庇阿就表面上说是遭到了不幸的结局——这因为他们有这种好机会，能够在国势隆盛的时期内为国尽忠。但是当爱国的情感——罗马的强烈本能——已经满足了以后，把国家看作是集体的观念立刻遭到了打击，个人的性格因为环境变易了的缘故，更来得强有力了，在运用手段上也更来得势盛了。罗马的对峙现在开始出现在另一种形式上；而使第二个时期告一结束的那个新纪元也就成为那种对峙的第二次调和；在当初贵族阶级对平民阶级的斗争期中，我们已经看到那种对峙。现在它变成了个人利益的形式，来反对爱国的情感；爱国的情感已经不能使这种对峙保持必要的平衡。相反地，一方面我们看到罗马对外战争的胜利、光荣，同时又看到对内斗争的恐怖景象。罗马人不像那米太战后的希腊人那样，接着就有一个在文化、艺术和科学上的光荣灿烂的时期，这时期中间"精神"在内心和理想上，享受着它先前在实际上的成就。假如在对外战争胜利的时期以后接着便是内在的满足，那末，罗马生活的原则必须更加具体化。假如真有这样一种具体的生活，由于想象和思索的结果，竟然从罗马人心灵深处达到自觉，那末，它的成就又将怎么样呢？他们的主要目的只是战胜攻取、财货玉帛、子女俘虏，要使各民族帖首俯伏在抽象的主权之下。罗马人在他们自身内部所发现的那个具体的东西，只是这种没有精神的统一，任何确定的内容也只能包含在各个人特质之内。如今外患已除，道德上的紧张便放松了。当第一次普尼克战争时期，全国上下不得不齐心戮力来救罗马。随后，同马其顿、叙利亚和上意大利的高卢人的交战，仍然关系全国的生死存亡。但是自从迦太基和马其顿方面的祸患消失以后，所有的战事便愈来愈成了战胜的后果，不过是去收获那些果实。大军用来只为了政策的投机和个人的利益——目的在取得财富、光荣和抽象的主权。罗马对于其他各民族的关系，纯粹是武力的关系。罗马人当时不肯尊重各民族的个性，恰和现代的情形不同。各个民族在当时还没有被认为是合法的；各个国家还没有相互承认为本质的存在。同等的生存权利使各国可以有一种国际同盟，现代欧洲便是如此，或者像希腊那样，各国在特尔斐的神祇的保护下具有同等的生存权利。罗马人就不同了，他们不和其他各国发生这样的关系，他们的上帝只有那位周比得·卡匹托来那，他们并不尊重其他民族的"圣礼"（好比贵族阶级的"圣礼"不受平民阶级尊重一样）；他们是名副其实的战胜者，他们甚至劫掠各民族的神像。罗马在被征服的各省内，驻扎有常备军，并且派了总督到各省去坐镇。"骑士阶级"包收各项税课。这类包收税课的人遍布于整个罗马世界。伽图在元老院每次议事完毕时，老是这样说："迦太基非灭掉不可。"伽图乃是一个十足的罗马人。从这里可以看出，罗马原则是主权和强力的冷酷的抽象观念，是对敌视他意志的自私的纯粹意志的自私，它本身不包含任何道德的实现，全凭个人的利益获得了内容。各行省数目的增加，造成了罗马人民财富的聚敛，腐化情形也就随着发生起来了。奢靡淫佚的风气从亚细亚吹入了罗马。源源流入的财富都是战争胜利的掠得物，而不是作业勤劳的正当收获；同样地，海军的成立也不是出于商务上的必要，而是出于战争的目的。罗马国家从剽劫掠夺括到了富源，却又因为分赃不均发生了内哄。这种内哄第一次发生在阿达拉的遗产问题上，阿达拉是帕加马斯国王，他把所有的财产遗赠给了罗马。于是提庇留·革拉古出来提议，主张把这笔财产归罗马各公民分承；他又把来辛尼亚的农法重新提了出来，这个法典在国内私人得势的时期中曾被完全不加理睬。他的主要的目的乃是为自由公民取得财产，使意大利的居民都能够成为公民，而不是奴隶。可惜这位高尚的罗马人却给贪婪的贵族们压倒了，这时候的罗马宪法实在已经不是宪法本身所能救活的了。歧兹·革拉古，提庇留的弟弟，继续他哥哥高尚的遗志，结果遭到了和他哥哥相同的命运。现在崩溃的局面已经形成，一发就不可收拾，因为再没有一个为祖国的、普遍的、根本重要的目的存在，个性和武力蒸蒸日上。罗马极度的腐化出现在对朱估他的战争中，朱估他收买了元老院，残暴不仁，为所欲为。这时，罗马又同辛布赖人和条顿人发生了激烈的斗争，这些人现在威胁着罗马国。罗马人用了大的努力，终于把他们一部分击溃于靠近亚斯的布罗温斯，又由平定朱估他的名将美立阿斯把其他盘踞在伦巴底的一部分人击溃于阿的治。一波方平，一波又起；意大利各同盟，因要求罗马公民籍而遭到了拒绝，也起来叛变，正当罗马人在意大利全力对付声势浩大的各同盟的时候，消息传来说是小亚细亚有八万罗马人给密司立对底命令屠杀掉了。密司立对底是本都国王，统治着科尔奇斯和黑海地方，远达托立克半岛，并且因为他的女婿体隔拉伲的关系，能够把高加索、亚美尼亚、美索不达米亚的人民，以及叙利亚的一部分，都集合在他的旗帜下面，来和罗马人火拼。在"同盟国战争"中曾经统率过罗马三军的萨拉克服了密司立对底。一直到现在幸免灾祸的雅典，这次也被围攻下来，但是照萨拉本人所说，为了"他们祖宗的缘故"，不曾加以毁灭。萨拉于是凯旋回到罗马，削弱了美立阿斯和辛拿所领导的平民派，成为罗马的主人，开始对于罗马有名望的公民作有计划的屠杀。一共有四十位元老院的元老和一千六百名骑士都在他的野心和权力欲之下牺牲了。

密司立对底固然是被击败了，然而并没有被荡平，他能够重兴战祸，卷土重来。同时，还有一位被逐的罗马人塞托里斯又在西班牙起兵反抗，战乱持续了八年功夫，终于因为部下倒戈，才被消灭。对密司立对底的那场战争，反来由庞培结束；这位本都国王弄到日暮途穷，只得自杀了事。这时期在意大利还有"贱民战争"的发生：许多角斗士和山地人民结成了一个同盟，由斯巴达卡斯做领袖，后来却被克拉苏斯平定。除掉这些骚乱以外，还有到处是海盗，这也被庞培用大军迅速给肃清了。

综观上述，我们看见许多最可怕最危险的势力，纷纷起来反对罗马；然而罗马终于用军力战胜了一切敌人。伟大的人物现在都出现在历史舞台上，好像希腊垂亡的时期一样。关于这方面要算波卢塔克的英雄传最有兴味。因为国家已经解体，更没有什么一贯性或者坚决心，所以这批伟人便顺时崛起，本能地要想把人心中已经死去的政治统一恢复过来。他们的不幸是，他们不能够维持一种纯粹的道德，因为他们的行动蔑视事物的真相，接二连三地逾越规矩。就是那些最高贵的伟人——如革拉古兄弟——也不但受到外界的欺凌虐待，而且身不由己，卷入了一般的腐败恶化之中。但是这些人的意志和事业，既然是"世界精神"所认准，所以必然会得到最后的胜利。这样广大的帝国完全没有一种组织观念，所以元老院也就不能够执行政府的职权。国家主权本来规定以人民为依归——现在那些人民只是一群暴民，他们必须依赖罗马各行省运粮来吃。我们只要引证西塞禄的文章，就能了然当时一切政务怎样地都是在乱七八糟中用武力军器来决定；一方面是有财有势的达官贵人，另一方面是乌合之众的游民，罗马公民只知道依附那些阿谀他们的人，那些人也就俨然是一党一系的领袖人物，努力争取做罗马的主人。所以我们从庞培和凯撒二人，可以看到那发生冲突的罗马两个势力的焦点：一方面是挟元老院为后盾的庞培，他表面上是拥护共和的——另一方面是拥有军团实力的凯撒，他具有卓越的天才。这两个最强有力的人物不能够在罗马广场上决定他们的斗争。凯撒接连地征服了意大利、西班牙和希腊，在法舍拉斯把他的敌人打得落花流水（时当西历纪元前四十八年），亚细亚方面既然高枕无忧，他便凯旋回到罗马。

　　这样一来，罗马威震四海的主权便成了一个人的私产。这种重要的变迁不能看作是偶然机会；这是必然的——为环境所造成的。民主宪法在罗马实际上已经不能够再维持，只是虚有其表罢了。以演说的才华为人民敬重、又以学问的渊博而占到相当势力的西塞禄，每把共和国的腐败情形，归罪于野心家。西塞禄想仿效的柏拉图，曾充分认识他当时的雅典国家已经不能够维持生存，所以他就根据所见，拟具了一个完善的国家计划。西塞禄却不是这样，他以为罗马共和国并不是不能够保持的，仅需要一些暂时的助力来渡过当前的危机。国家的性质、尤其是罗马国家的性质，超越了他的理解以外。还有伽图也是如此，他申斥凯撒道："最使人痛恨的，便是他的德行了，这些德行已经毁灭了我的国家！"要知道罗马共和国所以灭亡，并不是由于凯撒降生这件偶然事故——这种灭亡自有它的必然性。从罗马这个原则所有一切的趋势说来，都是趋向于最高主权和军事力量；这个原则里并没有包含任何精神的中心点，来做它的"精神"的对象、业务和享受。当个人的领袖欲成了最大的热情的时候，爱国主义的目标——国家的保全——便丧失了。一般公民和国家中间有了隔膜，他们在国家内便找不到任何客观的满足；同时他们的个人兴趣又找不到出路，不能像希腊那样从事于绘画、雕刻、诗歌等艺术和特别是高等的哲学研究，来对付现实世界的腐败恶化。罗马的艺术作品都只是从希腊各地搜集所得，而不是他们自己制造出来的；他们的财富不像雅典那样是勤劳的蓄积，而却是劫掠而来。文雅和修养根本是不合罗马人本性的；他们企图从希腊人那里输入文化，因此，就有了很多的希腊奴隶被载运到罗马来。这种奴隶贸易是以提洛为中心，据称这个地方有时候一天之间可以卖出一万个奴隶。希腊的奴隶成了罗马的诗人、著作家、罗马人工作场所的监督、罗马人子女的教师。

　　共和国再也不能在罗马继续生存下去了。特别从西塞禄的著作中，我们可以看到，一切国家大事是怎样地都由比较知名的公民，用他们的权力和他们的财富来决定的；一切政治事务是怎样地杂乱无章。因此，共和国内已经找不到什么安宁，这种安宁只能够求之于独夫的意志里了。凯撒这个人可以说是罗马人中使用手段来适应目的的典型人物——他所有的任何决定，都是正确到不差毫发，他所有的任何行事，都是用着最大的活力和实践的技术来沉着进行，绝没有一些不必要的兴奋、激动——从全部历史范围判断，凯撒做得很好；因为他提供了一种调和方式和人类环境所需要的那种政治维系。凯撒完成了两大目的：他平息了国内的斗争。同时，又在国外创始了一种新斗争。因为当时被征服的地域，始终只达到阿尔卑斯山周围，凯撒却开辟了一个新的场面，也就是说，他开辟了一个后来便变为历史中心的舞台。他于是进行一种战争，并不把罗马本部作为疆场，而是拿征服整个罗马世界作为最后的目的，这样，他便完成了世界的主权。他的立场诚然是敌视共和国的，但是正当地说来，也只是敌视这个已经变成虚有其表的共和国；因为这个共和国所余留的一切，是完全荏弱无力的了。庞培和元老院方面的一切人物，都高高标榜着他们个人的统治，算是共和国的最高权力；凡是需要保障的平庸愚驽的人们，都假借着这个名义来掩护自己。凯撒把这个空虚的形式主义取消了，自立为罗马主人，用武力把整个帝国统一于他的掌握中，和各党各派处于反对的地位。然而罗马那些最高尚的人士竟然也把凯撒的统治看作是一桩偶然的事情，以为整个的局面都系于凯撒的个性。西塞禄是这样想，布鲁特斯和加西阿斯也是这样想。他们相信，只要把这个人除掉了，共和国便能在事实上恢复过来。抱这种奇怪的错误，布鲁特斯这一位高尚的人物，和比较西塞禄更有实践能力的加西阿斯，便把凯撒暗杀掉了，虽然凯撒的德行是他们所敬仰的。可是不久问题便明白了，只有一个单独的意志才能够统率罗马国家，于是一般罗马人也相信这种意见；因为自古到今的一切时期内，假如一种政治革命再度发生的时候，人们就把它认为是理所当然的了。也就是这样，拿破仑遭到了两次失败，波旁王室遭到了两次放逐。经过重演以后，起初看来只是一种偶然的事情，便变做真实和正当的事情了。

第三篇

第一章　皇帝专政时期

在这个时期内，罗马人和继起的世界历史民族发生接触；我们可以从两个重要方面来考虑这一个时期，就是世俗方面和精神方面。关于世俗方面，有两个主要的形态，特别应当加以注意：一个是统治者的因素，一个是单纯个人转变成了法人——法律关系的世界。

讲到帝制，我们首先注意到的，就是罗马政府太不切实际了，所以转入帝制的重大过渡，对于宪法上很少改变。只有那个国民议会，不能适合新的局面，单独被消灭了。皇帝是大元老、监察官、执政官、护民官；他把这一切在名义上继续存在的职位，都集中到自己一个人身上，还有那军事权力——这是最重要的权力——也完全操在他一人手中。宪法取了一种完全不现实的形式，里边已经没有了一切的生机和一切的权力；维持宪法存在的惟一方法便是奉皇帝命令，常川驻在罗马附近的那些军团。当然，公共事务提交元老院办理，皇帝只是元老院的一分子；可是元老院必须服从皇帝，谁敢反抗他的意志，就要判处死刑，财产充公。因此，凡是料定要遭死罪的人们，都以自杀了之，为的是他们的财

293

产至少还可以保全给家属。提庇留皇帝尤其是因为虚伪而最为罗马人所厌恶；他深深知道怎样去利用元老院的卑鄙无耻，藉此来消灭为他所忌惮的元老们。如前所述，皇帝的权力完全依靠军队和警卫军。但是各军团，尤其是警卫军，很快地便感觉到自身的重要，作威作福起来，甚至对于皇统的传授也每每迎此拒彼。起先他们很尊重凯撒·奥古斯都一系，但是后来各军团便拥戴他们自己的统帅；这些统帅也就是那批一半依靠勇敢和理智，一半利用贿赂苞苴、放任军纪，取得了军团的善意和好感的人们。

皇帝们在行使职权时，总是欢喜简单行事，不像东方那样专事浮华和虚饰。他们中间有些简单朴素到简直叫我们吃惊，例如奥古斯都曾经写信给贺拉西，责备那个诗人没有把诗送给他，并且诘问他是不是感觉到这样将使他被后世讥笑。有时候，元老们企图自己选择皇帝，以便恢复他们的地位；但是他们选任的人，或者是无法维持，或者贿赂了警卫军才能上台。元老院元老的人选和元老院的组织，又都听凭皇帝任意安排。各种政治制度都集中在皇帝一个人身上；道德的维系不再存在；只有皇帝的意志是最高无上的，在他的面前一切平等。皇帝周围的那些被解放了的奴隶，时常是全帝国内最有势力的人；因为一切都是独断行事，所以没有差别。特殊的主观性在皇帝个人身上得到了完全无限的实现。"精神"已经走出了它自身，因为存在意志的有限性已经构成一种无限制的存在和意志。这个独夫专制只受一重限制，一切生人都要受到的限制——就是死亡；而且死亡也变做了一场戏剧：例如尼禄皇帝的死，可以作为最高贵的英雄和最安分的受苦者的一个模范。因为这个原故，特殊的主观性毫无管束，毫无内在性，既不前瞻，又不后顾，没有懊悔，没有希望，没有恐惧，没有思想；因为这一切都包括着一定的条件和一定的目的，而这里每一个条件却纯粹是偶然的。这里的行动、举措的发源，只是欲望、好色、热情和幻想——简单地说来，只是绝无拘束的任性任意。它在别人意志中间不受丝毫限制，以致意志对于意志的关系可以称为绝对主权对于绝对奴隶状态的关系。在整个已经知道的世界上，任何意志都被假定为隶属于罗马皇帝的意志下面。不过在这个"统一"的主权下，事事都秩序井然；因为实际上，这个主权是处于有秩序的情形中，政府的职责，便是要使一切和主权的"统一"归于谐和。所以对于皇帝性格里的具体的东西，大家没有兴趣，因为具体的东西没有关系。好几位皇帝都有高尚的性格和高贵的天资，他们以心灵上和道德上的修养而垂名千古。例如泰塔斯、图拉真、安托奈那系各帝，大家知道他们都是有这样的性格，并且严自约束，不稍假借；然而他们也没有丝毫改变国政。他们当时从来就没有计较到，要给罗马帝国一种自由的共同生活的组织：他们只是一种机会凑巧，居于高位，他们过去了也不留影踪，帝国的局面、情形和先前毫无所改变。因为这些皇帝所处的地位，并没有任何对象来和他们敌对，他们不会有所作为；他们只须立定意志——无论好坏——都是这样。那两位颂声载道的皇帝惠思葩西安和泰塔斯，后来由那最粗鄙可厌的暴君杜密善继承帝位；然而罗马历史家告诉我们，在杜密善统治期间，罗马帝国非常太平。因此，那寥寥几点的光明很难带来改革；整个帝国是在横征暴敛的压迫下面；意大利四境人口减少；就是最肥沃的田地也没有人去耕种；这种现象普及于罗马世界像是命中注定了似的。

我们已经提出的第二个因素，就是个人进到法人的地位。各个人完全平等（奴隶制度也没有造成多大的差异），没有任何政治的权利。很早以前，当"同盟国战争"结束的时候，全部意大利居民便和罗马公民站在同等的地位；在卡刺卡拉皇帝的统治下，全部罗马帝国的臣民间都取消了上下贵贱之分。个人权利发达起来，这种平等就更加完全。本来财产权受到各种各样的差别的限制，现在也一概没有分别了。我们还看见，罗马人是从抽象的"内在性"的原则出发，这个内在性现在在"私权"中自己实现自己为"人格"。"私权"就是个人以个人身份在现实中受到重视。就是说，在它自己给予自己的现实——财产——方面受到重视。那个有生命的政治形体——那种使这形体活泼生动而成为这形体的灵魂的罗马感情——现在孤单化了，回复到一个无生命的"私权"。这好像那物质的身体遭了分解，一枝一节都取得了它自己的生命一样，然而这只是悲惨的虫蛆的生命；同样地，这里的政治机体也分解而为许多原子，就是许多私人。现在罗马的生命就是这样的情况：一方面是"命运"和主权的抽象的普遍性；另一方面就是个体的抽象观念。所谓"法人"，就是指承认个人的重要性，这种承认并不以它的生动性为根据，而是把它当做抽象的个人。

个人都把被承认看做是绝对重要而显得骄傲，因为"自我"能够伸张各种无限的权利，然而这种权利的内容和自己的权利只是浮面的，而且这个崇高的原则所引起的私权发展，包含着政治生命的腐化。皇帝只是支配，并不是治理；因为元首和臣民之间缺少那种公平的和道德的中心点——缺少一种国家组织和宪法的联系，在各社团和各行省里，有一种社会生活等次，各享着独立的承认，那些社团和行省又都为共同的利益而尽力，影响共同的政府。罗马各市镇中固然有所谓"议会"，然而它们不是不关重要，就是被用来作压迫个人、有组织地掠夺个人的工具。所以人们心头日常顾念到的，并不是他们的国家，也不是他们国家所造成的道德的统一；整个局面、情形逼着他们去顺从命运，去追求一种对于生命的漠不关心——这种漠不关心，他们不在思想自由里、就在直接感官的享受里去寻求。因此，人们不是和存在决裂，就是完全听命于感官生存。他们或者向皇帝乞怜求恩，藉此取得生活享受，算是认识了他们的使命，或者便侥幸行险，巧取豪夺，来取得这种享受；再不然，便在哲学方面，求得寸心的安宁，也只有哲学才能够给人一些巩固的和独立的东西：那时候的各种哲学系统——斯多噶派、伊壁鸠鲁派、怀疑派——虽然他们各不相容，却具有一个共同的出发点，这就是，要使心灵对于实际世界所提供的一切漠不关心。所以在有教养的人士中间，这些哲学流行很广；它们靠"思想"、靠产生"普遍的东西"的那种活动，使人发生一种自信自赖的不动心。然而利用哲学所求到的内心调和，在本身上，在人格性的纯粹的原则上，只是一种抽象的调和；因为"思想"是完全纯炼的东西，它拿自己做自己的对象，藉此使自己和谐起来，它完全没有实在的对象，所以怀疑派的不动心就是以无目的作为"意志"的目的。这一派哲学只有一切内容的否定性，对于一个凡事凡物都不稳定的世界，刚好是一种绝望的劝慰。至于那个有生命的"精神"、追求着更高级的调和的"精神"，这派哲学家不能够满足。

第二章　基　督　教

有人这样说过，"现代世界"在现实方面的创始人是凯撒，现代世界精神和内在的生存在奥古斯都皇帝时代已经展开了。这个帝国的原则，已经我们认为是有限性，而且夸大到了无限的特殊主观性了；当这个帝国开始的时候，救世的理想在同样的主观性原则中诞生——这就是，一个这样的法人，在抽象的主观性里诞生，然而从相反方面看来，这种有限性只是他出现的形式，它的无限性和绝对独立的生存，却构成了它所包含的本质和内容。罗马世界，我们在上面已经描写过，由于它绝望的处境和被上帝摒弃的痛楚，终于跟现实发生公开的分裂，明白表现出那种普遍的要求一种满足的渴想，这种满足只能在精神中内在地达到，并且给高等的"精神世界"做了准备的工作。这种渴想就是那种"命运"，它把一切神祇和快乐的生活都压制下来为它服务，同时，它又是涤除人类心灵中一切特殊性的那种权力。所以它整个的情况就像一个诞生的地方，它的痛苦就像诞生另一个高等的"精神"的痛苦，这个"精神"和基督教连带地启示出来。这个高等的"精神"，含有"精神"的调和和解放，同时人类在它的普遍性和无限性里获得了它关于"精神"的意识。那个"绝对的对象"，真理，就是"精神"；因为人类自己就是"精神"，他在那个对象里发现了他自己，因此，就在他的"绝对的对象"里发现了"本质"和他自己的存在。[1]但是为了要使"本质"的客观性得以消除，为了要使"精神"不再外于它自己，而可以同它自己调和起见，"精神"的"自然性"——因而人类是一种特殊的、经验的生存——非消除不可；这样才可以使那外界的因素得以毁灭，"精神"的调和得以完成。

所以上帝只有被认为是"三位一体"以后，才被认为是"精神"。这个新原则是一个枢纽，"世界历史"便在这枢纽上旋转。"历史"向这里来，又从这里出发。《圣经》上说，"等到时机成熟，上帝便派遣他的圣子"。这里所谓时机成熟，纯粹是指自我意识已经达到了那些发展因素，这些因素构成了"精神的概念"和用一种绝对的方式来理解这些因素的需要，这一点现在必须加以更充分的说明。

我们讲到希腊人时，我们称他们的"精神"法则是："人类，认识你自己罢！"希腊"精神"是一种"精神"的自觉，不过是在一种有限制的形式里，它统以"自然"这个元素做根本的构成分子。"精神"可以占到优势，但是那统治的东西和被统治的东西的统一在本身上还是"自然的"；"精神"在希腊各民族精神的特质内和它们各神祇的特质内都有专门的表现，由艺术表象出来，在艺术范围内"感官的东西"只提高到了美的形式的形态的中间阶段，而没有提高到纯粹的"思想"。

这个"内在性"的因素是希腊人所没有的，而是罗马人所有的；但是它是纯属于形式上的，本身是不肯定的，它的内容都取自热情和任性方面；在罗马，虽然最无耻的堕落情形也可以和一种神圣的惊恐结在一起（参照李维书第三十九卷第十三页内希斯巴拉关于巴卡神节的宣言）。这个内在性元素后来进一步实现为"个人的人格"——这一种实

---

[1] 这段文字是说，一种暴厉的虐政下苛刻的规定，促成了人类最高度的自我牺牲力量；人类因此知道了他的道德的容受能力；因此对于没有达到尽善尽美的任何一切，都感到不满足——意识到了罪恶；而这种感情发挥到最充分时，便发生了和上帝的给合。——英译者

现是和这个原则适合的，而且同属抽象的和形式的。"我"即然是这样的一个"自我"，我对于我自己是无限的，而我的有限的存在便在于我所有的财产和我的人格的承认。这种内在的生存便到此为止，一切更进一步的内容都在里边消逝了。因为这个原故，各个人都被当做原子看待；但是他们同时又要服从"惟一"的严格统治，这个"惟一"就是统辖私人的独一无上的权力。所以那种"私人权利"事实上却是人格的抹杀漠视，这种"权利"的情况，正是"权利"的绝对消灭。这种矛盾造成了罗马世界的大不幸。个人根据他的人格原则，仅仅得到所有权，同时那个"人上人"却得到了占有一切个人的权利，每个个人所享的权利都被剥夺无余。然而这种矛盾下的不幸却是世界的训练。德文 Zucht（训练）这个字是从"拖曳"一字蜕化而来的。[1] 所谓 Ziehen（拖曳），一定是朝着某物拖去；一定是朝着某种隐伏的固定的统一拖去，而为了要达到这种目的起见，便要接受训练。自我的放弃、习俗的变更，乃是一种手段，藉此造成这一种绝对的基础。罗马世界不幸遭受的那种矛盾正所以造成这一种训练——它是　种文化的训练，靠这　种训练使个人人格完全消灭。

但是把它当做训练来看的乃是我们，至于身受拖曳的那般古人却把它当做一种盲目的命运，只得在创痛中麻木不仁地忍受。他们还缺少心灵自己感觉痛楚和渴想的那种更高的境界，人类不但感觉"被拖曳"着，而且感觉着拖曳自己到自己最内在的本性里去。我们所有的那种反省，必须在接受这种训练的臣民的心头上，发为一种意识，知道他自己是不幸和空虚。如前所说，外在的创痛必须和内在的忧伤混合一起。他必须感觉他自己是自己的否定；他必须看出他的不幸是他本性上的不幸——看出他自己是一个被分散的、不调和的存在。但是这种从我们个人因空虚而发生的状态，这种自责，这种痛楚——我们的个别自我的凄

[1]　同样地，英文 train（训练）一字是自法文 trainer 一字蜕化而来的，意思是指拉拖。——英译者

299

惨和要跳出这种心灵状态的渴想——在真正的罗马世界里还找不到，而必须从别的地方去求得。犹太民族所以取得他们"世界历史"的意义和重要性。因为他们达到了这种更高的境界："精神"达到了绝对的自我意识，同时它从不同的存在——这种存在就是它的分裂和痛苦——在本身中回想。这里所说的感情状态最纯粹地、而且最美丽地表现在《大卫赞美诗》和各预言家的书中；其内容就是灵魂对于上帝的渴慕，对于逾越规矩的深忧，以及对于正义和神圣的想望。这种"精神"，在犹太圣书的开始，在亚当和夏娃堕落的故事的神话表象里，便可以看得出来。据称那个按照上帝形象而创造出来的凡人，因为他吃了"善恶知识树"上的果实，而丧失了他的绝对的知足状态；这里所以构成罪恶，只是因为有了"知识"：知识是罪恶的东西，人类为了它失掉他的自然的幸福。罪恶生于自觉，这是一个深刻的真理：因为禽兽是无所谓善或者恶的；单纯的自然人也是无所谓善或者恶的。[1] 自觉却使那任性任意、具有无限自由的"自我"，离开了"意志"的、离开了"善"的纯粹内容——"知识"就是取消了"自然"的统一、就是"堕落"；这种"堕落"并不是偶然的、而是永恒的"精神"历史。因为那种天真的状态、乐园的生活状态，乃是禽兽的生活状态，"天堂"是禽兽，不是人类能勾留的园囿。因为禽兽仅仅在自己和"上帝"为一。只有人类才是精神，那就是说，只有人类才是为自己。这种为自己的存在、这种自觉，同时又是从那个"普遍的和神圣的精神"的分离。假如我守着我的抽象的"自由"，我便违背了"善"，而选择了"恶"，所以这种"堕落"乃是永恒的"人类神话"——事实上，人类就靠这种过渡而成为人类。然而坚持着下去便是"恶"，我们可以从大卫看出对于这一种情状的痛苦感觉和要求脱离这种情状的渴想，他唱道："主啊，请给我创造一颗纯粹的心，一个不变的'新精神'。"这种情调就是在《创世记》中也可以看得出；虽然其中并没有"调和"的宣告，反而只有不幸的继续。

---

[1] 见《圣经》罗马书第七章第九节"以前我生存在世上，没有法律……"——英译者

可是在这一段记载中，调和的预告已经出现在下面的句子里，"蟒蛇的头颅将被捣碎"；但是表现得更深刻的便是，据说上帝看见亚当吃了智慧树果的时候，上帝说道："看啊，亚当变得和我们一模一样了，他也懂得善和恶了。"上帝证实了蟒蛇所说的话。所以无论隐约地或者明显地我们得到了这个真理，人类是从"精神"——从"普遍的东西"和"特殊的东西"的认识——而得理解上帝本身。但是这种真理的宣布者是上帝，不是人类；人类仍然处于一种分裂的状态。调和的满足还不存在，人类整个本质最后的满足还没有被发现。这种满足起初只有上帝才有。人类对于自己痛苦的感觉暂时还要停留，这是人类最后的感觉。人类起初的满足是一些有限的满足，在"选族"中间和在迦南地方的占领，在上帝中间他没有得着满足。自然，人们在圣庙中用牺牲祀奉上帝，又拿外界的供奉和内界的忏悔请求赎罪。然而这个"选族"的外在的满足和它的迦南占领地，都被罗马帝国的训练从犹太民族手里夺去了。叙利亚各君主虽然曾经压迫犹太民族，但是罗马人才取消它的个性。郇庙被毁为一片瓦砾；服务上帝的民族被驱逐到四方去流离。在这时候，一切满足愉快都被剥夺无余，这个民族被迫退到那原始神话的立场——就是人类的本性在自身中痛苦的立场。恰巧和罗马世界的普遍的命运相对待，犹太民族有的是"恶"的意识和向往上帝的心。现在没有完成的工作，只要把这个基本的观念扩大为一种客观的普遍的意义，并且把它当做人类的具体生存——当做他本性的完成。犹太人过去是把迦南地方和身为上帝的选民的他们自己，当做那种具体的、完全的存在。然而这种内容现在是丧失掉了，因此，便产生了凄惨不幸和对于上帝失望的臆想，从前那种现实根本是和上帝相连的。由此可见这里的苦难、不幸，并不是在一种盲目的命运中的鲁钝，而是渴想的无限力量。斯多噶派哲学的教训，只说"否定"是不存在的——痛苦是没有的；但是犹太的情绪却坚持停留在"现实"之中，要在"现实"之中得到调和；因为他们那种情绪是根据"东方自然的统一"——也就是"现实的统一"、"主观性的统一"和"单一的实体"的统一。自从丧失了单纯的外界现实，"精神"便被迫而退到了自己内部；现实方面因此便和"单一"发生关系而修正为"普遍性"。"光明"和"黑暗"那种东方的对峙转移了"精神"上，"黑暗"便变做了"罪恶"。现实既然遭到否定，惟一的补偿只有"主观性"本身——就是真正普遍的"人类意志"；只有如此，调和才属可能。"罪恶"起于"善"和"恶"的认识；然而这种认识同时医好了古老的创伤，而且是无限调和的渊源。上述的认识连带地毁灭了一切属于意识以外的东西，结果便是"主观性"回到了自身里。所以这种认识被世界的现实的自我意识所采取时便是世界的调和（赎罪）。从无限的忧愁不安里——这里对峙的双方处于互相连带的关系上——发展出了上帝和"现实"的统一（这个"现实"原先居于否定的地位），就是和脱离了上帝的"主观性"的统一。那种无限的丧失被它的无限性所均衡了，于是变而为无限的获得。

当时机成熟，世界上就认识了"个人"和上帝两者的相同性：这种相同性的意识，就是对于上帝真理本质的认识。"真理"的内容便是"精神"自己——固有的生动的运动。上帝的本性就是纯粹的"精神"，这一点在基督教里表现了出来。但是"精神"是什么东西？它便是"一"，它便是同样不变的"无限的东西"，它便是纯粹的"相同性"——它在它的第二阶段上使自己同自己分离，作为它自己的相对的东西，这就是，作为和"普通的东西"相反的，为自己和在自己的存在。然而这种分离却被扬弃了，因为那原子化的"主观性"专心致志于它自己，所以自己便是"普遍的东西"，便是和自己"同一的东西"。假如"精神"由于它绝对的区分——"爱情"作为"情感"，"知识"作为"精神"——被解释为自身以内的绝对反省，那末，它就算是三位一体："圣父"和"圣子"以及它特有的那个在统一中的作为"精神"的区分。更须注意的，就是在这种真理中间，又包含着人类对于这种真理的关系。因为"精神"拿它自己做自己的相对的东西——而且从这种区分回到它自己。和"精神"成为相对的那个东西，从纯粹的观念上去理解时，便是上帝的"圣子"；但是这个相对的东西化为特殊，便是世界、自然和"有限精神"：所以"有限精神"自己被自己认为是上帝的一个因素。因为这个原故，人类自身包含在上帝的概念里，这一种包含的存在可以这样说：——人类和上帝的统一出现在基督教中。但是我们对于这种统一，决不可以肤浅地作皮相的看法，以为上帝就是人类，同时人类就是上帝。相反的人类必须将他的"精神"的"自然性"和"有限性"扬弃，并将他自己提高到上帝的地位。换句话说，凡是领会了真理，知道了他自己是"神圣观念"的一个因素的人，便须放弃他的自然性：因为"自然的东西"就是"不自由的东西"、"非精神的东西"。所以在这种"上帝观念"里可以发现人类痛苦和受苦的调和。因为从此以后，内心的"受苦"便被公认为是产生人类和上帝的统一所必须的一种工具。这种在本身存在的统一最初只存在于有思想的思辨的意识之中；但是它必须同时存在于感官的、想象的意识之中，——它必须现身，而且必须现身在适合"精神"的那种感官的形式里、也就是人类的形式里。基督已经现身了，——人类是上帝——上帝就是人类；于是世界才能够趋于和平、调和。我们的思想不禁要转回到希腊人神同形说，我们曾经说过，他们这种说法还不够深刻。因为希腊人自然的欢乐还没有上升到"自我本身的主观的自由"——还没有上升到基督教里所有的那种内在性——还没有上升到认识"精神"是一个确定的世界现形。基督教上帝的出现，又是独一无二的；它只能够出现一次，因为上帝是"个人"，而出现的"主观性"是一个"个人"所独有的。喇嘛常常被重新选择，这因为东方只把上帝当作"实体"，它的形式的无限性只在许多外界的和特殊的表象之中才得到认识。但是对于自己作为无限关系的主观性，它的形式便在它自己中间，而它出现的时候，必然是排斥其他一切的一个惟一。

再者，"精神"所寄托的那种感官的生存，只是一种过渡的阶段。基督死了；只有死了，他才高升到天堂，安坐在上帝的右边；只有这样，他才是"精神"。他自己说："一旦我离开了你们，'精神'将引

导你们去取得一切真理。"直等到"末次圣餐"之时,各使徒才充满了
"圣灵"。对于这些使徒们,活着的基督和后来表现为"教会精神"的
基督不同,当他为"教会精神"时,他才第一次做他们真正精神意识的
一个对象。根据同一原理,我们假如只把基督认为是历史上过去的人
物,这种看法也是不对的。这样看时,我们就要问,我们怎样来解释他
的诞生、他的生父和生母、他早年的家庭关系、他的奇迹等等
呢? ——换句话说,从非精神方面看起来,他是怎样的人呢? 仅从他
的才能、性格和道德考虑起来,仅把他当做教师等等考虑起来,我们就
拿他和苏格拉底等人一同来看待,虽然他的道德还可以评高一些。但是
性格、道德等等的优越——这一切并不是"精神"的最高无上的必要条
件——并不能使人在他的观念中对于"精神"得到思辨的概念。假如基
督仅被看做是一个超凡入圣、白璧无瑕的个人,这就是漠视了"思辨理
想的观念",漠视了"绝对的真理"的观念。但是这点正是我们必须从
而出发的考虑的一点。任凭你在训诂方面、批判方面、历史方面,怎样
去解释基督,——任凭你高兴去表明教会的各种教义,怎样是由许多议
会所规定、怎样是由某某主教的兴趣或者热情的结果而得流行、或者是
由某某地方所发生;——不管这一切情形是怎样——主要的问题只是:
那个在自己为自己的"理想"或者"真理"究竟是什么东西?

进一步来说,基督的"神性",要由一个人自己的"精神"来证
明——而不是由各种"奇迹"来证明;因为只有"精神"认识"精
神"。那些奇迹也许可以促成这种认识。所谓奇迹就是事物的自然程序
受了阻碍,但是我们叫做"自然程序"的,大多是相对的,例如磁石现
象也可以称为奇迹。所谓基督"神圣使命"的奇迹也没有证明什么;苏
格拉底同样使"精神"起一种新的自我意识,而和人类观念的习惯过程
不同。所以主要的问题,并不是基督的"神圣使命",而是这种使命的
启示和内容。基督亲自责备过那些向他要求奇迹的法利赛人,并且申斥
过那些行使奇迹的假预言家们。

我们其次要考虑到基督观怎样造成了"教会"。如果追溯它从基督

教概念里生长发展的过程，那就要离题太远，我们在这里只不过要表明普通因素。第一个因素便是基督教的成立，在这个因素里基督教原则无拘无束地表现了出来，不过起初只表现在抽象方面。这在《四福音》里可以看到，它们叙述的主题，便是"精神"的无限性——它的高升进入精神的世界（作为惟一真实的生存），摆脱世界一切的束缚。基督以超然的英勇，升起在犹太民族的中间。"祝福那些心地纯洁的人，他们就会见到上帝。"他在山上讲道时这样说——这一番话具有最高度的简单性和伸缩的能力，可以推翻人类灵魂所遭受的一切担负。那颗纯洁的心便是上帝出现在人类的圣地：凡是吸收了这句格言精义的人，便不会陷入一切外界的束缚和迷信了。此外，还有别的许多言辞："祝福那些和事佬：他们应该被称为上帝的儿女"；"祝福那些为了公正的缘故而遭到刑谴的人们：他们的境界乃是天国"；"你必须尽善尽美，要像你的天上的'圣父'一样尽善尽美"。基督在这里规定了一个完全没有错误的必要条件。"精神"的无限提高以至于绝对的纯洁，这是一开头就被规定为一切的基础的。和解的方式还没有订定，但是提出的目标便是个绝对的命令，至于"精神"这种立场对于世俗生存的关系，可以从表现为实体的基础的那个精神的纯洁性看到。"你先寻求上帝的王国和他的公正，那末，其他一切自然就会归你所有"；以及"现在所受的苦是微乎其微的，不能和那番光荣相比"。[1] 这里基督的意思是说，外界的受苦用不着畏惧，也不必逃避，因为这番受苦和那番光荣比较起来，便微乎其微了。这种说法既然出现在一种抽象的形式，它的自然的结果，便是进展到了一种争论的方向上去。"假如你的右眼渎犯你，把它摘出来，丢开去；假如你的右手渎犯你，把它斩下来，丢开去。宁肯使你的一肢一官毁灭，可不要使你的全身沦陷地狱之中。"凡是侵扰了灵魂的纯洁的东西，都应该加以毁灭。关于财产、货利，《圣经》上说：

---

[1] 本章《圣经》文字都是由译者自译，并没有参证中文《圣经》译本；英译本有注，说这里所引用的文字，见于罗马书第八章第十八节，但是《马太福音》第五章第十二节也有同样意义的文字。——中译者

"不要为了你的生命而讲究你的饮食，也不要为了你的身体而讲究你的衣服。生命难道比不过肉食？ 身体难道比不过衣裳？ 试看翱翔天空的鹰隼：它们既然不播种，又不收获，又不储积仓廪；然而你们的天父饲养着它们。你不是远胜过它们吗？"可见为了求生而劳动是被斥责的："你为什么不学得尽善尽美，出售你们的所有，拿来散给贫民，使你在天堂可以有一份财宝，来罢，跟着我走。"假如这种教训当场得了响应，那末就要发生社会革命，穷人便要变为富人了。基督的教训是这样的崇高，一切义务和道德的维系，同这种教训一比，都无足轻重了。所以有一位年青人，他要埋葬了他的亡父，再来行弟子礼，基督便对他说道："让死人去埋葬他们的尸体罢——你跟我来。" "无论什么人对于他的父亲或者母亲，要是比我还来得亲爱的话，那末，他就不值得我的爱。"他说道："谁是我的母亲？ 谁是我的兄弟？"接着他就伸手招他的门徒们说："请看我的母亲和我的兄弟们！ 要知道谁奉行我的天父的意志，谁就是我的兄弟、姊妹和母亲。" "不错"，《圣经》上甚至于说，"不要以为我到世界上是送和平来的。我不是为送和平而是送刀剑来的。要知道我来为的是要使儿子反对他的父亲，女儿反对她的母亲，并使媳妇反对她的翁姑。"所以这里是解脱了现实界一切维系，甚至还解脱了道德伦常的维系。我们可以说，这种革命的言辞只在《四福音》里找得到，别处是找不到的；因为这里把一向被尊重的一切都当作是无足轻重的事体——都当作是不值得关心的。

其次的一点，就是这个原则已经发展了；从此以后的全部历史，便是这个原则发展的历史。最先它的现实，就是基督的朋友所组织的一个"社会"——一个"教会"。如前所说，直到基督死了以后，"精神"方才能够降临到他的朋友们；直到那时候，他们才能够理解到真实的上帝观念，这个观念就是说，人类从基督而得救、而得调和；因为永恒的真理概念是从基督而认识，人类的本质就是"精神"，人类只有在剥夺了他自己的有限性、并且委身于纯洁的自我意识的时候，他才能取得真理。基督——作为人类来说——他一身里表现了上帝和人类的统一，他的死亡和他的全部历史里表现了"精神"的永恒的历史——这一部历史是每个人必须在他自身内完成，然后才能存在为"精神"，才能成为上帝的儿女、上帝王国中的公民。基督的信徒，他们在这个意义下联合起来，并且以这种精神生活为目的，而有"教会"的组织，这个教会便是上帝的王国。"凡是有两三个人集合在我的名义之下"（那就是说，"在我的存在的使命之中"集合），基督说，"那种集合中间也有我在"。所以"教会"是基督"精神"里的一种真实的、现世的生命。

基督教宗教并不限于基督本人的教训：基督教完备的、发达成熟的真理，最先出现在各使徒。这种内容发展在基督教社会之中。这个社会在成立之初经验到双重的关系——第一是对于罗马世界的关系，第二是对于它目的在展开的那个真理的关系。这两种不同的关系将分别加以讨论。

基督教社会发现它自己是处身在罗马世界之中，基督教宗教便是要在这个世界里推广、传播。因为这个原故，这个社会对于国家内一切举措，必须置身局外，不问不闻　　自己形成一个另外的组织，不反抗国家的各种法令、见解和行事。但是它既然和国家相隔离，又不以罗马皇帝为它的绝对元首，所以它便遭到了迫害，遭到了仇视。于是在一般信徒为了最高的真理、而对于种种苦难忧患作伟大的沉着忍受的时候，基督教社会所具有的无限的内在的自由，便表现了出来。给予基督教外界的推广和内在的力量的，与其说是各使徒的奇迹，不如说是多半由于教义自身的内容、由于教义自身的真理。基督自己说过："那时候很多人都要向我说：'主啊，主啊！难道我们没有在你的名义下预言过？难道我们没有在你的名义下放逐了恶魔？难道我们没有在你的名义下做了许多神奇的事迹？'于是我就要向他们说道：'我从来不认识你们，你们这些为非作恶的人都给我走开。'"

讲到它对于真理的另一种关系，特别有说明的必要的就是，基督教教义——理论的方面——在罗马世界内早就成熟了，至于从这个原则而来的国家的发展，那是后来的事情。教会各长老和各议会订定了那个教义；但是这个教义的订定，以前哲学的发展是主要的因素。现在让我们把当时哲学对于宗教的关系，作进一步的检讨。如前所说，仅在抽象方面表现它自己的罗马内在性和主观性，当它在"自我"据有的独占地位里作为无精神的人格时，它被斯多噶派哲学和怀疑派哲学所陶冶，达到了"普遍性"的形式。"思想"的根据既然这样获得了，于是在"思想"之中，上帝便被认为是"惟一的东西"、"无限的东西"。这里"普遍的东西"只是一个不重要的补助语——它在本身不是一个"个人"，它需要一种具体的特殊的内容才能够成为"个人"。但是那为幻想所构成的"惟一的东西和普遍的东西"，作为幻想扩展的东西，一般来说，是东方的；因为各种没有分寸的观念，使一切有限的生存越出了自己的范围，正是东方所特有的。当出现在"思想"自身的领域时，东方的"惟一的东西"便成为以色列民族不可见和不可感的上帝，但是这个上帝同时对于观念又是一个个人。这个原则和基督教一同变为世界历史。

在罗马世界中，东方和西方的结合，先是从征服而发生的：它现在又发生在内在方面，因为东方的"精神"传播到了西方。埃西神和密司刺神的崇拜已经推广普及到了整个罗马世界；消失在外界和有限目的中的"精神"，渴想着一个"无限的东西"。然而西方所要求的，乃是一个更深的、纯属内在的"普遍性"——一个"无限的东西"同时本身具有特殊性。又是在埃及——在亚历山大里亚这个东方和西方的交通中枢——"思想"上发生了这个时代的问题；现在所得的解答就是"精神"。这两个原则在那里发生了科学的接触，而依照科学方式传播了。那里特别值得注意的，就是饱学的犹太人士如淮罗等，把他们采自柏拉图和亚理斯多德的对于具体的东西的各种抽象形式、以及他们对于"无限的东西"的观念相结合，而在 Λόγος（逻辑）这个定义下，依照比较具体的"精神的"概念去认识上帝。因此，亚历山大里亚深湛的思想家们也这样理解柏拉图和亚理斯多德哲学的统一；而他们的思辨的思维又达到了那些同样是基督教根本内容的抽象观念。以挑战的方式把公认为真实的各种观念引用到异教的宗教上去，乃是哲学早已经在异教徒中采取的一个方向。柏拉图完全排斥了流行的神话传说，因此他和他的信徒们都被指为无神论者。亚历山大里亚的学者们恰巧相反，他们企图在希腊的神祇概念中表明一种思辨的真理："背教的"朱理安皇帝再作这种尝试，声称异教的仪式和合理性有严格的联系。那般异教徒仿佛感到，不得不以高出各种内感概念之上的某种面具，给予他们的神明；所以他们企图把这些神道加以精神化。再有可以断言的，就是希腊宗教含有一种"理性"；因为"精神"的实体是理性，它的产物也必然是一种"合理的东西"。然而这就有分别了，究竟"理性"是在宗教里明白地展开的呢，或者只被宗教所掩蔽，作为宗教潜伏的基础的呢？希腊人既然这样精神化了他们的感官的神明，同时基督徒也企求在他们宗教的历史部分寻出一种更为渊深的意义。如像淮罗在《摩西纪录》中发现有一种更深的意义隐约其间，并且把他叙述的外在的东西理想化，所以基督徒也同样地处理他们的典籍——他们的处理方法一方面根据一种争论的顾虑，另外一方面更多地为着事业本身的原故。不过哲学把这些教义加入基督教里，我们不能断言，这些教义是外于基督教而和基督教不相干的。一件事物的来源是无足轻重的；惟一的问题却是："它在自己和为自己是不是真实的？"有许多人以为只要把一个理论称为新柏拉图的学说，事实上就等于把它逐出了基督教之外。一种基督教学说是否切实和《圣经》相符合——这是现代训诂学家惟一注意的地方——并不是惟一的问题。"文字"行诛，"精神"放生；这话他们自己也说，然而他们却将理智当做精神，把这句话翻转过来。承认和规定上述各种理论的，乃是"教会"——就是"教会"的"精神"；而且它自己便是一条教义："我相信一个神圣的教会。"[1]基督亲自也曾经说道："精神将接引你们到一切真理之中去。"在尼西教议会（三二五年）上，终于订

----

　　[1]　在路德仪文中，把信仰于"那个神圣的天主教教会"（the Holy Catholic Church）改为"一个神圣的天主教教会"（a Holy Catholic Church）。——英译者

下了一种规定的信教誓愿，到现在我们还在遵守：这种誓愿虽然没有思辨的形态，然而深湛地思辨的事物是和基督自己的出现极度亲切地交织在一起。就是在约翰的说话行事中，[1] 我们已经看到一种更深湛的理解在开始了。最深湛的思想是和基督的人格——同历史的和外在的事实相连的；而基督教宗教的光荣就是，它虽然具有这一切深湛性，然而我们的意识仍旧容易在外在方面去理解它，同时它又督促我们作更深的钻研。因为这个原故，它适合于任何阶段的文化，并且能够满足一切最高的要求。

以上既然讲了基督教社会在一方面对于罗马世界的关系，和另一方面对于教义中所含真谛的关系，我们现在便要讲到第三点——这同教义和外在世界都有关系——就是"教会"。基督教社会是基督的王国——它发生影响的现存的"精神"，就是基督；因为这个王国具有一种真正的现在，而不是一种纯粹的将来。因为这个原故，这种精神的现在又有一种外在的生存；这种生存不但和异教相对峙，而且和一般世俗的生存相对峙。因为"教会"在代表这种外在和生存时，不但是和别的宗教相反对的一个宗教，而且同时是世俗生存和别的世俗生存并立的。宗教的生存是由于基督；世俗的王国是由个人自由的选择来统治。这个上帝的王国里必须有一种组织。第一是个人知道自己充满了"精神"；整个的社会认识了这种真理，并且把它表示出来；然而在这种团结的旁边发生了一种领导和教训的主持机关的必要——这个机关和那普通的基督教社会是不同的。凡是以才能、德性、虔诚、学问、一般修养和一种圣洁的生活著称的人们，便被选为这个机关的主持人。这般主持人物——他们对于普遍的实体的生活具有知识，而且他们又是那种生活的教师——他们规定了什么是真理，而且他们又把真理的乐趣散给众人——他们和一般信徒社会是不同的，就像赋有知识和统治能力的人和被统治者是不同

---

[1] 这是指《约翰福音》开章所谓 In the beginning was the Word, and the Word was with God, and the Word was God. ——中译者

的一样。"精神"以全然明显的形式启示有知识的主持人员，而只在本身存在的形式启示教徒大众。因为在主持机关方面，"精神"既然是为自己存在和自己认识，所以它是精神的东西和道德的东西的一个权威——就是关于真理以及个人和真理的关系上的一个权威，它决定各个人应该怎样依照真理立身行事。这种区别在上帝的王国中发生了一个教会的王国。这种区别是不可避免的；然而为着"精神的东西"，竟然有一个权威的政府存在，如果细加考察，可见真正形式的人类主观性还没有发达起来。在人心之中，恶的意志固然被克服了，但是那个意志还不是完全受过"神"的教育的人的意志；人的意志只在抽象方面——不在它的具体的现实方面——获得了解放，因为这种具体的"自由"却待后来的全部历史里才获得实现。一直到现在，只不过取消了有限的"自由"，来达到无限的"自由"——无限"自由"的光辉还没有透过世俗的存在。主观的"自由"还没有取得它应有的合法性："识见"还没有建立起来，只是在一种生疏的权威的精神中间存在。所以精神的王国采取了教会的王国的方式，它们的关系乃是"精神"的实体对于人类"自由"的关系。除掉这种内部的组织以外，基督教社会据有一种确定的外在性，并且获得了一种自己所有的世俗的产业。作为精神世界的产业，它站在特殊的保障之下；从而推论到教会不须向国家纳税，还有教会法人也不受世俗法庭的管辖。这样一来，教会政府得以继承教会的产业和教会法人。于是教会之中便发生相反的现象，就是一边在世俗的方面，是仅由私人和皇帝的权力构成的一个机关，另一边是精神社会的纯粹民主政体，自行推选主持人物。然而教士身份的尊重，不久便把这种民主政体改变为贵族政体；——至于教会进一步的发展，这里不是讨论的地方，它属于后来的世界。

因此，上帝的"绝对的观念"，在它的真理中，从基督教达到了意识。同时，人类也从"圣子"这个肯定的观念，发现他自己的真实的本性已经获得了理解。人类当做为自己看待时是有限的，但是当他在自己本身中，却是上帝的形象和无限性的泉源。他是他自己本身的目的——

311

他自己有一种无限的价值、一种永恒的使命。因此，他建筑他的家在一个超感官的世界里——在一种无限的内在性里，这种内在性的取得，乃是由于脱离了单纯的自然生存和意志，并且是用他的劳动打破了他内在的生存和意志。这是宗教的自我意识。但是为了进入那个圈子、进入宗教生活的活动，人类本性必须先有接受它的能力。这种能力便是那个 ἐνέργεια（现实性）的 δύναμις（力量）。所以我们现在再要探讨的，便是那些人类的条件；对于人是绝对的自我意识的讨论，这些条件又是必要的推论——这种绝对的自我意识，是以他的精神的本质为出发点和假定。这些条件自身还不是具体的，只是最初的抽象原则；这些原则是经过基督教宗教而为世俗的王国才获得的。第一，在基督教之下，不容许有奴隶制度；因为人类作为人类，依照他普遍的本质，可以在上帝中看见；每一个人都是上帝神宠和神圣意志的对象；"上帝将使一切人类都获得拯救"。所以，假如把一切特殊性质摒除不论，人类，当在自己和为自己时——从他为人的简单的性质来说——具有无限的价值；这种无限的价值不附属在生世或者国土的一切的特点。再有第二个原则是讲到人类的内在性对于"偶然"的关系。在这方面，人类有了在自己和为自己的精神性的基地，其他一切必须从这个基地发生。这一个"神圣精神"居留的地方、这一个基地，就是"精神的内在性"，而且是一切偶然事故必须受制裁的地方。由此可见，我们在希腊人中间看到的那一种道德的形式，不能维持存在于基督教的世界里了。因为那一种道德是没有反省的"习惯"；而基督教的原则却是为自己存在的内在性，就是"真"的东西在上面生长的基地。一种没有反省的道德，决不能继续保持它的立场，来和"主观的自由"原则相对抗。希腊的"自由"，乃是"幸运"和"天才"的自由；它仍旧为奴隶和神谕所限制；现在却不同了，"绝对的自由"的原则在上帝中间出现了。人类现在意识到他是参预于"神圣的"生存者，他不再处于"依赖"的关系上，而是处于"爱情"的关系上。在各种特殊目的方面，人类现在自己决定，并且知道他自己是一切有限生存的普遍的力。一切特殊的东西都退出了内在性的精神的基地，这个内在性只向着"神圣的精神"提高自己。神谕和预兆迷信因此一笔勾销；凡是有任何事机必须决定时，人类便是绝对的权力。

刚才所述的两个原则，现在来到了精神的在本身的存在。人类内心的地方，一方面有训练人民的宗教生活，使他自己可以和上帝的"精神"发生调和的使命；另一方面，这个地方是出发点，从而决定各种世俗的关系、基督教历史的问题。信奉上帝的热诚，决不容许始终隐藏在心坎的深处，而必须适应一个现实的、当前的世界，符合"绝对的精神"所规定的各种条件。虔敬诚信的心，在本质上并不要主观的意志，在对外的各种关系上面，完全服从那种虔诚。相反地，我们看见现实里种种的热情日趋猖獗，因为可以理解的世界占据着它崇高的地位，对于现实认为没有权利，没有价值。这样说来，这里须待解决的问题，便是要使那有精神性的直接的现实世界赋有"精神"的理想。关于这一点，我们还要作一个普通的观察。从古以来，大家喜欢在理性和宗教之间，就像在宗教和人世之间，常常放上一种对峙；但是仔细考究之下，便知道这种对峙不过是一种差别。一般的理性是"精神"的本质、神圣的"精神"和人类"精神"的本质。"宗教"和"人世"的区别实在只是这样："宗教"之所以为宗教，乃是心灵和心的"理性"——它是上帝的"真理"和"自由"从而出现在概念界的一座庙堂；至于"国家"却同为"理想"所控制，但它是人类的"自由"同现实的知觉和意志相关的一座庙堂，这种现实的内容，甚至于可以说是神圣的。国家内的"自由"是靠"宗教"来保持和规定的，因为国家中间道德的公平是"宗教"的基本原则的实施。"历史"上表演的进程不过是宗教出现为"人类的理性"——就是那个在"世俗的自由"方式下，居留于人类心头上的宗教原则的产生。这样一来，内心生活和有限生存的分裂便抛弃了。然而这种调和的现实，还须等待另一个民族——或者说是其他各民族——就是日尔曼民族。在古罗马里，基督教也找不到一个真正的基地来形成一个帝国。

第三章　拜占庭帝国（东罗马帝国）

在君士坦丁大帝统治下，基督教便升到了帝国的宝座。这位基督徒皇帝死后，继承他的也是许多基督徒皇帝，里边只有朱理安皇帝是个例外，然而他也无法重振那已死的古代信仰了。罗马帝国版图广大，全部文明世界，都被囊括在内，从大西洋一直到底格里斯河——从阿非利加内地达到多瑙河（班诺尼亚、达谢），没有多久，基督教已经遍播在这个庞大国土之内了。罗马城市已经有很久不是各皇帝驻节所在的惟一京城，在君士坦丁大帝以前，有好多位皇帝居住在米兰或者其他各地；至于他本人更在古老的拜占庭成立了第二个朝廷，拜占庭因此得名为君士坦丁堡；这里一开头，人口大部分就是基督教徒，君士坦丁大帝又悉心经营，要使这个新京可以和旧都争光比美。这时，罗马帝国仍然保留着它的完整，直到后来狄奥多西大帝把国土分封给他的两个儿子，于是以往只是偶然的畛域，从此便成为永久的分界。狄奥多西当政期内，罗马世界当年显赫灿烂的那种光辉，做了最后一度的返照。许多异教的神庙都给他封闭了，各种祭祀、祭仪都被废除了，异教根本被禁止了；但是后来异教还是渐渐自归灭亡。当时异教的演说家们对于他们祖宗时代和他们自己时代情况的显著不同，不能充分表达他们的惊诧惶惑。"我们的神庙已经成了坟墓。从前用神明的神像来点缀的场所，现在盖遍了神圣的白骨（殉教者的遗骨）；那些因为罪孽而遭横死的人们，他们的尸身覆以文彩，他们的头颅洗上香料，成为崇拜的对象。"从前被鄙夷的一切都看做是神圣，而从前被重视的一切都委弃尘土，任凭践踏。这种昨今大不相同的情形，使最后的异教徒们非常悲怆。

狄奥多西把罗马帝国分给了他的两个儿子。长子阿揆狄阿斯封得东帝国：就是古希腊的地方，包括色雷斯、小亚细亚、叙利亚、埃及；幼子和挪留承继西帝国：就是意大利、西班牙、高卢、不列颠。狄奥多西一死，马上就大乱起来，罗马各边省都遭到外族的蹂躏。在未伦斯皇帝的统治下，那些西峨特族人为匈奴人所迫，吁请罗马皇帝赐给多瑙河北岸的土地。这种请求当时是应许了，但是有这个条件，就是他们应当防卫帝国各边界省份。但是在苛政虐待之下，他们却叛变起来了。未伦斯皇帝作战失败，死在疆场上。继位的各皇帝便向峨特人的统领纳贡。骁勇的峨特人统领阿拉列举兵来犯意大利。和挪留皇帝下面的大臣斯底利哥将军于四〇三年在坡伦细亚一战中，阻止了这位统领的侵犯，后来他又把阿兰人、稣汇维人和其他各族的统领剌达给萨斯击溃了。接着阿拉列便去攻打高卢和西班牙，等到斯底利哥一去职，他又回到意大利来。四一〇年他攻进了罗马，大肆蹂躏。后来阿提拉又挟了匈奴人掀天动地的势力来侵犯罗马——这是纯粹属于东方的现象之一，它如像一个平常的浪涛，突然涌向天空，倒落下来把一切都扫荡得干干净净，转瞬之间，它的元气便消耗完了，留存的遗迹只剩它所造成的一片焦土。阿提拉直迫高卢，在那里他于四五一年遇到了亚伊细阿斯顽强的抵抗，双方在玛伦河上的沙龙城附近会战。会战结果分不出谁胜谁负。阿提拉于是长驱前往意大利，死于四五三年，可是不久罗马便被真塞立克率领了汪达尔族人大掠一场，弄到后来，西罗马皇帝的尊严成了一个笑柄，他们的空名终于也给赫留来国王鄂多瓦一笔勾销了。

东罗马帝国继续存在了很久的时候，同时在西方那些外来的野蛮部族，渐渐受了基督教的洗礼，形成一个新的基督教人口。基督教起初和国家不发生关系，它所经历的发展都在教义、内部组织、纪律等等方面。现在它成为炙手可热了：它已是一种政治的力量、一种政治的动因了。我们看到这时有两种形式的基督教：一方面是许多野蛮民族，他们的文化还没有开始，他们还须去取得科学、法律和政治的初步；另一方面是许多文明民族，他们有的是希腊的科学和精致的东方文化。他们有完备的市政立法——伟大的罗马法学家的精心结构，使它们达到完善的地步；所以查士丁尼皇帝命令编订的法典，到现在还引起世界人士的赞赏。在这里，基督教置身于一个发达的文明当中，而这种文明并不是从基督教发生的。相反地，在那里，文化的最初阶段还待进行，而且是在

315

基督教范围内进行的。

因此，这两个帝国表现着一种非常奇异的对照，我们眼前现出一幅伟大的景象，就是一个民族不得不在基督教精神里发展它的文化。那个高度文明的东罗马帝国——我们可以相信，基督教精神在它的真理和纯粹性中可以明白看出——它的历史表现着一千年的连续不断的罪恶、怯懦、卑鄙和无理；一幅最使人厌恶、因此也是最索然无味的图画。这里明白显出，基督教因为它的那种纯粹性和在本身的精神性，可能成为抽象化，而正因为抽象化，它是软弱无力的。它也可能和世界完全隔绝，例如那种导源于埃及的僧院主义。这是一种习惯的想象和套语，当一般人讲到宗教在抽象方面加于人心的权力时，每以为基督教的博爱如果是普遍的话，那末，私人生活和政治生活都将尽善尽美，而人类的立身、行事也将十分正直和合于道德。这类的想象和套语可以说是一种虔敬的希望，但是并不蕴含真实；因为宗教是一种内在的东西，专属于良心。一切热情和欲望都是同宗教相反对的，为了要使人心、意志、智力成为真实起见，这些必须受彻底的教化；"公理"必须变为"风俗"——"习惯"；实践的活动必须提高到合理的行为；国家必须具有一种合理的组织，然后个人的意志才能够成为真正正直的意志。黑暗当中照耀着的光明，也许能够显出颜色，但是显不出一幅为"精神"所鼓动的图画。拜占庭帝国就是一个伟大的例子，表示基督教在一个有教化的民族里，假如这个国家和法律的全部组织，不同它的原则调和一致，它怎样得以维持一种抽象的性质。在拜占庭，基督教落到了全人口中最没有价值的人民手里——无法无天的暴民手里。一方面是群众的暴乱，另一方面是宫廷的卑鄙，都假托了宗教的神圣，把宗教堕落得成为一个令人憎厌的东西。讲到宗教，有两种兴趣最为卓著：第一是宗教教义的规定；第二是教会职司的委派。宗教教义的规定属于教议会和教会当局的职责；不过基督教的原则是"自由"——是主观的洞察。所以这类事件便成为大众争论的专门题目；严重的内战随之而起，到处可以看到为基督教信条而作的杀人、放火、劫掠。例如关于 Τρισάγιον 这个信条，发

316

生了一次著名的分裂。原文是:"圣哉,圣哉,圣哉,上帝主宰撒布脱。"有一派人为了尊荣基督,在句末加上——"他为了我们钉死在十字架上。"别的一派反对这种增加,于是流血的争斗便发生了。在这个问题的争战上,关于基督究竟是 $\delta\mu\iota o\acute{\upsilon}\sigma\iota o\varsigma$ 或者是 $\delta\mu oo\acute{\upsilon}\sigma\iota o\varsigma$ ——就是基督和上帝本性究竟是同一的或者是相似的——单是其中"l"一个字母便牺牲了数千生灵。再有关于圣像的问题,争执得尤其不堪设想,常常是皇帝赞成圣像,而主教反对;再不然,就是皇帝反对,主教赞成。结果便是发生流血。格列高里·内济亚曾曾经说过:"这个城市(指君士坦丁堡)里充满了手艺工人和奴隶,他们都是湛深的神道学者,常常在作场里和街巷间举行说教。譬如你要一个人兑换一块银子,他却告诉你圣父和圣子的区别在哪里;假如你问一个面包要多少钱,你得到的答复却是——圣子次于圣父;你再要问他面包可以买么,他的回答说是圣子是从'无'中产生的。"可见这种教义里包含的"精神"理想却被完全非精神地处理了。君士坦丁堡、安都和亚历山大里亚等地主教的委派,以及各主教的嫉妒和野心,又引起了许多内部的斗争。除了这些宗教的争执而外,还有一般对于竞技角力、以及蓝色派和绿色派的兴趣,同样造成了最可怕的流血斗争;这一切都是堕落已极的标记,可以证明一切主要的和崇高的意义都已经消失掉了,而宗教热情的疯狂和酷嗜野蛮粗鄙的景象很相一致。

基督教的要点终于由教议会逐步加以规定,拜占庭帝国的基督徒始终沉溺在迷信的梦中——始终盲目地服从着各主教和僧侣教士。上面所述的圣像崇拜,促成了最暴烈的斗争和风波,特别是那位勇敢的皇帝爱索立亚人利奥以不折不挠的极大毅力禁止圣像,在七五四年,教议会于是明白宣布圣像崇拜是一种恶魔的诡计。可是到了七八七年,爱里尼女皇又借了一个尼西教议会的权力把它恢复了,狄奥多拉女皇更把它确实规定下来——并且用严厉的手段来对付反对的人。那位打破迷信的主教被笞二百,各主教都战栗失措,而众僧士却雀跃欢喜,以后每年到了这一天便举行宗教佳节,藉此来纪念这番正教的大事。西方——指西罗马帝国旧地——就不同了，圣像崇拜在七九四年才被在法兰克福所举行的教议会所贬斥，他们虽然没有禁绝那些圣像，但是严厉申斥希腊人的迷信。直到中古时代后期，圣像崇拜才由于暗中逐渐进展的结果，而为大众所普遍奉行。

所以拜占庭帝国内部为各种各样的热情所分散，外部为若干野蛮部族所侵凌，各个皇帝因为势力薄弱，难以抵抗，全境处于永无宁日的状态之中。就一般的外表看来，这是一幅令人憎恶的柔弱的图画；各种凄惨的、简直是丧失理性的热情，窒息了一切高尚的思想、行动和人物的生长发展。这个地方"历史"所昭示给我们的，乃是一幕幕各将领举兵造反，各皇帝被他们所迫或者中了廷臣的阴谋而致废黜去位，后妃或者和皇子篡杀、或者毒毙他们的君父，妇女放纵于各种的淫乱、邪侈；以至于最后到了十五世纪中叶（一四五三年），东罗马帝国腐朽不堪的建筑就被强有力的土耳其人粉碎掉了。

第四部

日尔曼世界

日尔曼"精神"就是新世界的"精神"。它的目的是要使绝对的"真理"实现为"自由"无限制的自决——那个"自由"以它自己的绝对的形式做自己的内容。[1] 日尔曼各民族的使命不是别的，乃是要做基督教原则的使者。"精神的自由"——"调和"的原则介绍到了那些民族仍然是单纯的、还没有形成的心灵中去；他们被分派应该为"世界精神"去服务，不但要把握真正"自由的理想"作为他们宗教的实体，并且也要在世界里从主观的自我意识里自由生产。

假如我们要把日尔曼世界分为几个时期，有一点必须说明的，就是这里不像在希腊人和罗马人那样我们可以作出双重向外的关系——追溯到一个前期的世界历史民族，和前瞻到一个后期的世界历史民族。历史指明，这些民族发展的过程是和其他民族完全不同的。希腊人和罗马人都是内部成熟以后，才用全力向外发展。日尔曼人刚好相反，他们从自身涌出来，弥漫泛滥于世界上，在前进途中使各文明的民族那些内部已经腐朽和空虚的政治构造屈服。然后他们的发展方才开始，被一种外族的文化、一种外族的宗教、政治和立法煽动起来。他们所经历的文化过程，乃是采取了外族的东西，归并到他们自己的民族生活里面来。所以他们的历史乃是一种自外而内同自身发生关系的演变。在十字军诸役以及美洲的发现和征服，西方世界固然也用全力向外发展，但是它并没有接触到一个前期的世界历史民族；并没有推翻一个先前统治世界的原则。这里向外的关系只是陪伴着历史，没有使特有的情况发生本质上的

---

[1] 这段意思如下："宇宙"的最高无上的法则,被认为就是"良心"的指示——变为一种"自由的法则"。道德——那是可以断然决定人类行为的权威,所以是绝对地自由和无限制的惟一权力——在这世界中不再是一种强制的规定,而是人类自由的选择。善人在没有"法律"订定的地方,自己也会订出"法律"来的。——英译者

变化，而是具有内部在本身演进的形态。[1]——因为这个原故，日尔曼各民族向外的关系，是和希腊人、罗马人所曾经有过的关系截然不同。因为基督教世界乃是完成的世界；原则已经实现，所以日子的结束已经变得圆满了。"观念"在基督教中间不能够看见任何不满意的事情。教会对于各个信徒来说，一方面固然是未来的永恒性的一种准备；因为组成教会的个人仍然是站在特殊性中间；然而教会里确实有上帝的"精神"凭临其间，教会饶恕有罪的人，它是现世的一个天国。所以基督教世界在它自身范围以外，没有任何绝对的生存，只有一个相对的生存，这是已经给它在本身克服了，它惟一关心的地方便是要明白表现，这种克服已经完成。从以上所说的，可见这种向外的关系已经不是现代世界各个时期的决定的东西了。所以我们必须另外找一种区分的原则。

日尔曼世界采取了已经完备的罗马文化和宗教。原先虽然有一种日尔曼和北方的宗教；然而却没有在他们精神里生根，塔西陀因此称日尔曼人为"无神民族"。他们所采取的基督教，是从基督教教会的教议会和各长老传下来的，这般人据有整个文化，特别是希腊和罗马世界的哲学，形成了一种完全的教义体系；此外基督教教会也有一种发达成熟的教职政治。基督教教会又用一种发达完备的语言文字——拉丁文来对付日尔曼人的土语。其他在艺术和哲学方面，也是一种外族的势力占优胜。凡是保存在波伊悉阿斯以及其他著述中的亚历山大里亚哲学和正统的亚理斯多德哲学，成为西方思辨的确定基础，已经经历了许多世纪。讲到世俗的政治主权所取的方式，也有同样的联系。峨特人的统领以及他族的统领都用罗马贵族阶级的名号来称呼他们自己，后来更把罗马帝国恢复了过来。因此在表面上，日尔曼世界只是罗马世界的一种继续。然而其中有着一个崭新的精神，世界由之而必须更生——就是那个自由

---

[1] 十字军和美洲发现的影响只是反应的，并没有人类的其他形态因此渗入基督国里。——英译者

的、以自己为依归的"精神"——主观性的绝对的固执。和这个内在性相对的，乃是作为绝对的外界存在的内容。从这些原则发生的区别和对峙，便是教会同国家的区别和对峙。一方面，教会自己发展自己成为绝对的"真理"的寄托物；因为它是这个真理的意识，同时又是使个人同它和谐一致的效果。另一方面就是世俗的意识，它抱着它的目的站在世界里边——就是国家，它的根据是"心灵"、忠实和主观性。欧洲历史便是昭示着这些原则在教会和国家内的个别的发展；于是双方又发生一种对峙——不但是互相的对峙，而且是每个机构自身内发生的对峙（因为它们每个自己是一个总体）；最后就是这种对峙的调和。

这个世界的三个时期将在下面分别加以讨论。

第一个时期是从罗马帝国内各日尔曼民族的出现开始——这些民族最初的发展，皈依基督教，并且占据西方。它们野蛮而单纯的性格，使他们的出现不能给我们多大的兴趣。基督教世界于是表现为"基督国"——成为一体，在那里边"教会的东西"和"世俗的东西"只是不同的两方面。这个时期一直到查理曼大帝为止。

第二个时期使两方面发达为一种合于逻辑推论的独立和对峙——教会为本身是一种神权政体，国家为本身是一种封建的君主政体。查理曼已经和罗马教皇缔订一种同盟，来对付伦巴底人和罗马各贵族党派。因此，教会权力和世俗权力间已经有了一种结合，满望经过这番调和以后，将有一个地上的天国跟着成立。然而正在这个时候，基督教原则的内在性不但不赋形为一个精神的天国，反而转过来完全向外，并且离开了它自己。基督教的"自由"，在宗教方面和世俗方面，都被歪曲到了恰恰相反的途径；一边到了最严酷的束缚，另一边到了最不道德的放纵过度——每一种热情都是放任到了野蛮的极度。在这个时期内，社会上有两个观点特别可以注意：第一个观点是多个国家的形成——这些国家表现为一种有秩序的从属关系，结果任何关系都变做一种确实规定的私权，而排除了普遍性的意义。这一种有秩序的从属关系出现在封建制度中。第二个观点是教会和国家的对峙。这种对峙之所以存在，还是由于那个主管"神圣的东西"的教会竟然自己沉溺在各种各样的世俗性中——这种世俗性，更因为一切感情都假托了宗教的神圣，所以越发显得可鄙。

查理五世统治期间——就是十六世纪上半期——是第二时期的终结，同时也就是第三个时期的开始。现在世俗性似乎对于它的真实的价值已经获有一种意识——已经明白它在人类的道德、公道、正直和活动方面，具有它自己的一种价值。独立的合法性这个意识，是由于基督教自由的恢复而觉醒起来了的。基督教原则现在已经过了可怕的文化训练，并且开始从"宗教改革"取得了真理和实在。日尔曼世界的第三个时期便是从"宗教改革"起一直到我们现代。"自由精神"的原则在这里成为"世界"的旌旗，从这个原则产生了"理性"的各种普遍的规律。"形式的思想"——"理智"——已经发达起来；但是"思想"最初经过了"自由精神"复活的具体意识，从"宗教改革"取得了它的真材料。从这个纪元以后，"思想"开始获得正当地属于它自己的一种文化；从这种文化发生的各种原则便变成了国家组织的典范。现在政治生活便有意识地为"理性"所规定，道德和传统的惯例丧失了它们的合法性。凡是经过坚持提出的各种权利，必须根据合理的原则来证明它们是否合法。"精神的自由"一直要到这个时候方才得以实现。

我们不妨把这些时期分别为"圣父的王国"、"圣子的王国"和"精神的王国"。[1]"圣父的王国"是结实不分的体积，表现为一个单纯的变迁——如像克罗诺斯自食其子的那种主权。"圣子的王国"是上帝的显形，单纯地显出在对于世俗生存的关系上——照耀着世俗的生

---

[1] 关于一种神秘的"圣父"、"圣子"、"圣灵"的概念，在形而上学的神道学家是非常熟悉的。第一个代表着"神道"还没有显身的时期——仍然在自己包含中。第二个代表着显身在一个个人上的时期，这个个人是和一般人类分离的——"圣子"。第三个代表着这种分界终于被打破的时期，上帝的基督和复活的基督之间发生了一种密切的神秘的结合，这时候上帝便是"一切的一切"。以上的解释或可使读者不致误解本节其余的文字语气。本节提起的希腊神话（克罗诺斯）是很得要领的，特别对于那些认为这对于有史以前时期自己包含性质的大概情形是一种非常合理的解释的人们。——英译者

存，就像照耀着一个外界的对象一样。"精神的王国"就是调和。

这些时代也可以和早先各个帝国相比拟。在日尔曼时代里——"总体"的领域里，我们看到先前各时代很明显的重复。查理曼时代可以和波斯帝国相比拟；这是实体的统一时期，这种统一以"内在的东西"就是"心灵"为基础；而且在"精神的东西"和"世俗的东西"中间，依然保持着它的简单性。

查理五世以前的时代可以同希腊世界和它的纯属观念的统一相对照；那里已经不再有实在的统一了。因为一切特殊都已经规定为种种特殊权利。就像各国内部的各阶级，在它们特殊的权利要求之中是孤立的，所以各国在对外方面也只互相处于一种纯属外在的关系上面。这就有了一种外交政策产生，为了欧洲均势的利益起见，各国便互相团结、互相敌对。这正是世界成为明白清楚的时候（例如美洲的发现）。同样地，在那超感官的世界当中，和对于那超感官的世界，意识也变得明白清楚了。实体的现实的宗教既然使它自己在感官的元素方面（利奥教皇时代的基督教艺术）达到感官的明白性，又使它自己在最内在的真理元素方面，对于它自己也明白起来。我们可以拿这个时代来和伯里克理斯时代相比。"精神"的内向开始了，马丁·路德可以和苏格拉底相比，不过伯里克理斯在这个时代却是没有。查理五世在外部的权术上虽然具有极大的可能性，在他的权力上虽然显得绝对无上，但是他没有伯里克理斯的内在的精神，所以也就没有绝对的手段来成立一个自由的主权政体。这是在现实分离中精神自己变得明白清楚的时代；现在日尔曼世界的各种区别表现出来它们的主要的本质。

第三个时期可以比拟罗马世界。一个"普遍的东西"的统一在这里断然可见，然而还不是抽象的普遍的主权的那种统一，却是自觉的"思想"的那种"霸权"。"合理的目的"已经被承认为有效，各种特权和特性也在国家的共同对象前面消失无踪。各民族在本身和为本身主持着"公理"；不但各国间的特种专约都经过仔细的考虑，同时外交的内容也包含各种原则。宗教同样没有"思想"就不能维持，一部分前进成为概念，一部分由于"思想"的驱使而成为坚强的信仰——或者因为在"思想"中找不到安定，从虔诚的惶恐中逃回来，变为"迷信"。

第一篇

基督教日尔曼世界的元素

第一章　各民族的迁徙

讲到这第一个时期，我们只有很少可说，因为它给我们反省的资料比较少。我们不必追溯到林居时代的日尔曼人，也不必追究到他们迁徙的根源。他们居住的森林一向被看作是自由人民的乐土，塔西陀曾经心神向往地画出了一幅日尔曼图画。——拿它来反衬出他本人所处世界的腐化和虚伪。但是我们断不可因此便把野蛮状态看作是一种高尚的状态，也不可重蹈卢梭的覆辙；以为美洲野人的生活乃是具有真实自由的人类生活。当然，许多悲愁不幸是野人所不知道的；这一点只能说是纯属消极的利益，然而自由在本质上是积极的。积极的自由所赐给的幸福是最高度自觉的幸福。

我们最初发现日尔曼人的时候，他们每一个人都享有一种独立不倚的自由，同时也有若干共同的感情和兴趣，但是还没有成熟为一种政治状态。后来，我们便看见他们像洪水一般，泛滥到了罗马帝国里去。造成这种运动的原因，一部分是由于罗马帝国的富饶，一部分是由于寻觅出路的那种必要。虽然他们正在和罗马人血战火拼，但是他们仍然有个

327

别的人，甚至全族，受了罗马人的招雇而当兵。远在法舍力亚战争中，就已经有了日尔曼骑兵参加到凯撒的罗马人军里作战。他们既然和各文明的民族相接触，并且参加他们的军役，他们便认识了他们文明的产业——这种产业可以给人类以生活上的享受和便利，而且尤其能够培养人类的心灵。在后来多次迁徙中，有许多部族——或者全体，或者一部分——仍然逗留在他们原先的居处。

因为这个原故，我们必须把那些留在他们古代居处的日尔曼民族与那些散播在罗马帝国并和被征服各民族相混合的日尔曼民族，两者分别清楚。日尔曼人在迁徙的远征期中既然出于自己的情愿，服从他们自己选出的领袖，所以我们看到日耳曼的各民族中有一种特别的双重情形（如东峨特族人和西峨特族人；世界各地的峨特族人和原先本土的峨特族人；斯堪德那维亚人和挪威的诺曼人，但是又在世界上出现为骑士）。这许多民族的命运，无论是怎样地各不相同，然而他们具有一个共同的目标——要为自己取得领土，要使自己在政治组织的方向上取得发展。这种生长发展的过程实在是全体所同有的。在西方——在西班牙和葡萄牙——稣汇维人和汪达尔人是最早的殖民者，但是他们都被西峨特族人所征服和驱逐了。一个庞大的西峨特王国建立了，西班牙、葡萄牙和南法兰西的一部分都隶属它的版图。第二个王国是法兰克人的王国——法兰克这一个名字自从第二世纪末叶起，就被用来作为莱因河和威塞尔河间的那些伊斯特维各种族的通称。法兰克人定居在摩塞尔河和斯刻尔特河之间，在他们的领袖克罗维斯的领导下，更进窥高卢，一直到了罗亚尔河边。克罗维斯后来在莱因河下游征服了法兰克人，在莱因河上游征服了阿勒曼尼人；他的儿子们更征服了条麟吉亚人和勃艮第人。第三个王国是意大利的东峨特族人的王国，建国的是狄奥多列克，在他的统治期内，全境极为繁荣。博学的罗马人士，如卡息奥多刺和波伊息阿斯都在他的下面做过大官。但是这个东峨特王国时间并不长久，后来便被贝利撒留和那锡士所率领的拜占庭人灭亡掉了。第六世纪下半期（五六八年），伦巴底人侵入意大利，统治这地有二世纪之久，最后，这个王国终于被查理曼收服在法兰克主权之下。后来，诺曼人也在下意大利定居起来了。接着勃艮第人吸引了我们的注意，他们被法兰克人所征服，他们的王国形成了法兰西和德意志之间的一道界墙。盎格罗人和萨克森人进占不列颠，做了这个地方的主宰。后来诺曼人也在那个地方出现。

　　这些国土原先都是罗马帝国的一部分，都是这样遭了被野蛮民族征服的命运。目前，那些地方已经文明化的人民和这些战胜者之间还有极大的差异；不过这种差异终于形成了各新国家混血的性质。这些国家整个精神的存在表现出一种分散的状态；它们最内在的方面同时也具有一种外在性。这种外在的差别在他们的语言文字上立刻就可以看出，这是一种已经和本地语混合的古罗马语和日尔曼语的混合物。我们可以通称这些民族为罗马的民族——包括意大利、西班牙、葡萄牙和法兰西。同这些民族相对立的，乃是其他三个多少可以说是日尔曼语的民族，他们都保持着故土旧有的一贯的语调——就是日尔曼本部、斯堪德那维亚半岛和英格兰。最后这个地方虽然曾经归并于罗马帝国，但是仅表面上些微受了罗马文化——和日尔曼本部相同——而且后来又被盎格罗人和萨克森人再度加以日尔曼化。日尔曼本部把自己保持得很为纯粹，没有任何杂质混入；全境只有南部和西部边界——在多瑙河和莱因河上——曾经被罗马人所征服过。莱因河和易北河之间的区域始终是纯粹的民族本色。这个日尔曼区域住得有好几个部落。除掉里普里亚的法兰克人、以及克罗维斯分派在缅因河流域的法兰克人以外，我们还需举出四个主要的部落——阿勒曼尼人、波雅里亚人、条麟吉亚人和萨克森人。斯堪德那维亚人在他们故土上保持着同样的纯粹，没有杂质混入；并且以诺曼人这个名称，出征四方而著盛名。他们的武功几乎遍于欧洲全部。他们有一部分人侵入俄罗斯，成为俄罗斯帝国的开国者；一部分定居在北部法兰西和不列颠；还有一部分在下意大利和西西里成立了若干藩邦。由此可见斯堪德那维亚人有一部分到外国去开天辟地，还有一部分却在故土保持着民族性。

再有在欧罗巴东部，我们又发现了那个巨大的斯拉夫民族，他们的殖民地从易北河向西扩展到多瑙河，这中间住居的有匈牙利人（又叫做马札儿人）。在摩尔达维亚、瓦拉启亚和希腊北部，出现着源出于亚细亚的保加利亚人、塞尔维亚人和阿尔巴尼亚人——都是各游牧部落前进途中冲突相杀之下的野蛮民族的残余。这些人民固然也曾经创立过若干王国，并且曾经和当地的各民族有过激烈的斗争而能支持下去。有些时候，他们又在基督教的欧罗巴和非基督教的亚细亚战争当中，担任一种前卫—— 一种居间的民族。波兰人更解救过被土耳其人所包围的维也纳；斯克拉夫人曾经多少沾染了"西方理性"的影响。然而这全部民族在"理性"的世界历程的各阶段中，一向没有出现为独立的因素，所以始终不在我们考虑的范围内。至于它今后是否将成为独立的因素，乃是和我们现在不相干的一个问题，历史所关涉的，只是过去而不是未来。

日尔曼民族在本身中具有"自然的总体"的感觉——我们可以把这一个感觉叫做"心灵"。[1] "心灵"是"精神"没有发达的、没有决定的总体，和"意志"有关，在里边人类在同样地普遍和没有决定的方式之下在内心获得满足。性格是意志和兴趣自己伸张自己的一种特殊形式；但是上述的"心灵"的本质，并没有特殊的目的——如财富、荣华等等；它事实上并不顾虑到任何客观的状态；相反地，它只顾虑着自己普遍享受的全部状态。在这一种特质下，一般的意志是形式的"意志"[2]——

---

[1] 德文 Gemüth 这个字在英文中没有恰巧相当的译名。同时它又和 Herz 一字相提并用，而且意指着对于各种情绪和印象的一律感受，所以也许可以概译为 Heart。然而这总是有点勉强。——英译者

[2] "形式的意志"或者"主观的自由"乃是意向或者随便的爱好，是和"实体的意志"或者"客观的意志"（也称作"客观的自由"）相对待的，后者专指那些形成社会基础、并且为特种民族或者一般人类自然采取的原则。后者和前者同样都可以称为"人类意志"的一种表现。因为那些原则加在各个人的约束，无论是怎样地严厉，并不是出于外来强迫、横加在全社会的，而且虽然被它们把物质享受或者相互情感几乎剥夺得干干净净的那些人们，也承认它们是当然有权力的。对于无理的专制政体无疑问的顺从，以及宗教苦行的森严戒律，不能追本溯源自自然的必需或者外面的刺激。这一切所从发生的各项原则，可以说是承认各种原则的那个社会公众的定夺和无上的决心。因此，"客观的意志"这个名词并不是不宜于描写上述的那些心理现象。"实体的意志"（和"形式的意志"相对的）这个名词是指同样的现象，无须加以辩护或者解释。再有同这两个名词相提并用的第三个名词，就是"客观的自由"，它之所以被采用，是根据以上列举的那些原则所行使的无限制的统治权力。——英译者

主观的自由表现为固执。为了心灵的本质，每一个特殊性都是重要的，因为"心灵"对于每一个特殊性都是倾心相许的；不过在另一边，它既然不关心这种目的的抽象性质，也不完全沉迷于这个目的，以至丧神落魄地去追求它——换句话说，它并不沦入抽象的罪恶里。在我们称为"心灵"这个性质里，并没有那种专心致志的情形出现；大体说来，它可以说是"好意"。性格乃是它的恰巧和它相反的东西。[1]

以上所述便是日尔曼各民族里内在的那个抽象的原则，又是他们表现在基督教同客观方面对峙的那个主观方面。"心灵"并没有特殊的内容；在基督教里，相反地恰好是这个事物、这个内容作为对象，而同我们有关。"心灵"里所包含的，正是在完全普遍的方式之下获得满足的意志，正为了这种获得满足的意志，我们在基督教原则里发现了内容。"未决定的东西"作为"实体"，在客观上便是纯粹的"普遍的东西"——就是上帝；至于个人意志被接受和参加到上帝的恩宠，乃是基督教具体的"统一"中补充的因素。绝对的"普遍的东西"把一切决定都包含在本身之内，因为这个原故，它自己是没有决定的。个人是绝对地决定的东西；所以这两者是同一的。[2]这点从上述的基督教的内容可以看到；现在在主观的方式之下作为"心灵"。所以个人必须也取得一种客观的形式，那就是说，它必须扩大为一个对象。为了"心灵"的那个无定的感受的方式，"绝对的东西"也必须变成一个"对象"，人类才可以意识到他同那个对象的统一。但是要达到这点，个人必须纯粹

---

[1]　有人曾经说过,不列颠三岛上条顿族人民的一个特质是没有阴谋结党的能力,恰巧和他们的同国人克尔特族人民相反。假如这种差别果然是真的,那末,我们对于黑格尔的见解便有了一个重要的解释和证实。——英译者

[2]　"纯粹的自己"——纯粹的主观性或者人格——不但排斥一切明显地客观的事物、一切显然地"非自己"的事物,而且更从暂时依附在它的任何特殊情形中抽象出来,这些特殊情形例如少年或者老年,财富或者贫穷,一种现在的或者未来的状态都是。所以最初看来,虽然像是一定的点或者原子,它实在是绝对无限制的。我们虽然可以从各种身体上的和心灵上的能力的丧失或者退化,而设想到一个人自己堕落到和禽兽不易分别的地位,或者再从这些能力的增加和改良,而设想到一个人自己无限地提高的地位,然而无论怎样,自己——个人的同一性——是保存着。另一方面,基督教的具体的见解下的"绝对的存在",乃是一个"无限的自己"。这样看来,"绝对地有限制的"和"绝对地无限制的"是同一的。——英译者

化——必须变成为一个实在的、具体的个人，作为一个世俗的个人分享着普遍的利益，并且依照普遍的目的行动，知道"法律"，而在法律中找到满足。所以，我们在这里看到两个原则互相配合，同时像前面说过的那样，日尔曼各民族本身具有能力，来作"精神"高等原则的负荷者。

我们于是进而探讨直接生存中的日尔曼原则，那就是说，日尔曼各民族最早的历史状况。他们的"心灵"的本质，在初出现的时候是很抽象的、没有发达的、不具有任何特别的内容的；因为"心灵"自身内并没有包含实体的目的。所以这个"心灵"处于浑然状态时，它便显得没有性格和迟钝。纯粹地抽象的"心灵"就是迟钝；因此，我们从日尔曼人的原始状况中看到本身里一种野蛮的迟钝、混乱和模糊。关于日尔曼人的宗教我们知道得很少。——德鲁易人本来住居在高卢，后来被罗马人灭绝。先前固然有一种奇特的北方神话；但是日尔曼宗教在它们"心灵"中约束力的微薄，已经前面说过了，而且更明白地出现在这个事实上，就是日尔曼人很容易地接受了基督教。当然，萨克森人也曾经抵抗过查理曼；但是这种斗争，与其说是反对他所带来的宗教，不如说是反对他所带来一般的压迫。萨克森人的宗教并没有深刻性，他们的法律观念同样地不深刻。谋杀了人不算做一种犯罪而受处刑，却是缴纳一宗罚款就可了事。这一点可以表明，他们缺少深刻的、在心灵内不可分裂的存在中的感觉，他们的心灵使他们把杀死了同胞仅看做是一种对社会的损害，没有其他的重要。阿拉伯人用鲜血报仇，就是根据家庭荣誉遭受了损害的感觉。在日尔曼民族中，社会公众没有管辖个人的权力，因为他们的社会结合以自由为第一个元素。古老的日尔曼人以爱好自由为人所称道；罗马人自始就正确地知道他们这种爱好。一直到最近的时期，"自由"一向便是日尔曼人民的口号，就是各君主在腓特烈二世下的同盟，也是从爱好自由而起。"自由"这个元素转入社会关系中，只能造成一些民众的社团；因此，这些社团结为一个整体的时候，全社团中每一个分子都是一个自由人。杀人可以罚款了事，自由人的存在是有价值的，而且要继续的，他可以作他所愿意作的事情。这种个人绝对的有价值造成了一个重要的特点，塔西陀已经注意到了。社会公众或者他们的主持人员，靠了全体公众的助力，对于私人权利事件成立判决，藉此好保护个人的生命财产。至于影响到全社会的大事——如战争和其他同样的事件——全体公众都要加入商讨。另外一个因素是，社会的中心是由自动的团结和自动服从军事领袖、君主而成立的。这里的联系就是"忠诚"；"忠诚"是日尔曼人的第二个口号，就像"自由"是他们的第一个口号一样。各个人凭着自由的选择，自动服从某一个人，更无须外在的强迫，自愿地使这种关系成为永久不变的关系。这一点无论在希腊人或者罗马人当中是一概找不到的，亚加绵农和随他作战的各君主间的关系，并不是封建的主从关系：这是一种自由的结合，只为了要达到一个特殊的目的、一种"霸权"。但是日尔曼人的联合，并不是出于一种客观的原因，而是出于精神自己，出于主观的最内在的人格。心、心灵、整个具体的主观性，并不从内容抽象化出来，而是把这种内容作为一种条件——使它自己依赖那个人和那个原因，使这种关系成为忠诚和服从的混合。

以上两重关系——社会中的个人自由和集团的联系——的结合，同国家的形成有着主要的关系。在这里各项义务和权利不再听凭个人的任意，而是确定为合法的关系了；这样，自然使国家成为全体的灵魂，始终作全体的主宰——从国家引出各种肯定的目的，国家给了政治行为和政府职员合法权力——同时一般的决定构成了永久的基础。虽然这样，日尔曼各国还有那种特殊的东西，就是各种社会关系在相反方面并不具有普通规定和法律的性质，而是完全分裂为各种的私人权利和各种的私人义务。它们虽然或者表现一种社会的方式，但是没有普遍的性质；各种法律是绝对特殊的，各种"权利"乃是"特殊权利"。因为这个原故，国家是许多私权的集合，一种合理的政治生活乃是经过无数艰苦的斗争和冲突才能够实现的产物。

我们已经说过日尔曼人注定要做基督教原则的负荷者，注定要实现那个"观念"作为绝对地"合理的"目的。起初只有空洞的意志存在，在它的背后有"真实的东西"和"无限的东西"。"真实的东西"仅出现为一个还没有解答的问题，因为他们的"心灵"还没有纯洁化。这需要一个长的步骤，来完成这番纯洁化，藉此实现为具体的"精神"。宗教出来向热情的暴力挑战，把热情刺激的疯狂。热情的暴力因邪恶的心而过度，达到一种无理性的暴怒；假如那个反对者没有出现，假如没有对峙，那末，这种暴怒也许不会发生。从那时期所有的王室里，我们都看得到那种热情怒放的可怖情景。法兰克君主政体的始祖克罗维斯犯下了最黑暗可怕的罪恶。继起的墨罗温王朝各君主没有一个不是以野蛮的严酷、残忍著名；同样的景象又出现在条麟吉亚的王室和其他王室之中，在他们心灵中无疑地伏有基督教的原则，但是仍然是非常粗鲁的。"意志"——潜在的真实——自己误解了自己，为了各种特定的和有限制的目的，以致把自己同那真实的和正当的目的分离。然而它正是在这番自己同自己的斗争中和跟自己的偏执的矛盾中实现了它的愿望；同它实在想求得的那个对象相斗争，因而成就了它；因为它在本身调和了。上帝的"精神"存在教会之中；这上帝的"精神"便是内在的推动的"精神"。然而"精神"要实现在世界中——就是要实现在一种还没有同它调和的质料中。但它种质料就是"主观的意志"，所以它在自身内有一种矛盾。在宗教方面，我们时常看到如下的一种变化：一个终身奔走衣食的人——他曾经在世俗的职务上历尽沧桑，不知道有过多少次情感激动，得意忘形——骤然之间抛却了一切，皈依到宗教的孤寂里去。然而在"世界"里面，世俗的事务决不能抛却不顾，这种事务要求完成，终于发现到"精神"是在它当做抵抗的对象的那个场合里，找到了它斗争的目标和它的满足，它发现世俗的营求是一种精神的事务。

因此我们发见，各个人和各民族是把他们的不幸看作是他们最大的幸福，相反地，他们把他们的幸福看作是最大的不幸，同它斗争。La vérité, en la repoussant, on l'embrasse.（真理要在被拒绝以后，才能得到。）欧罗巴要在排斥真理以后，才能取得真理，而且拒绝得愈加厉害，得到的也就愈加多。"神意"特别要在这样造成的骚动之中，行使它的权力；在地球上各民族的不幸、忧愁、私图和无意识的意志中，"神意"实现了它绝对的目标——它的荣誉。

所以在西方，世界历史这番长久的过程——这对于具体"精神"从而实现的那番纯粹化是必不可少的过程——正在开始；另一方面是发展抽象精神所必须的那番纯粹化——这在东方正在同时进行——是在西方更迅速地完成了。东方并不需要这一种长久的过程，所以在七世纪的初叶，我们便看见它迅速地、甚至骤然地，产生在穆罕默德教中。

第二章 穆罕默德教

在一方面我们但见欧洲世界正在重新自己形成自己，——各民族在那里作根深蒂固的生长，造成一个具有自由的现实的世界，在各方面都扩张和发达起来。我们但见这些民族对于他们的工作，一开始便将一切社会关系用一种特殊方式来决定——他们用黯淡和狭窄的知觉，将一切在本性上原来是普通的和正常的东西，分裂为无数的偶然的依赖性：使那应该是简单的原则和法律，变为一个错综复杂的联系。简单地说，西方既然开始躲避在机会、纠纷和特殊性的一种政治建筑里，世界上必然地有恰好相反的方向出现，使精神表现的总体可以均衡。这便是东方的革命，毁灭了一切特殊性和依赖性，完全肃清了和纯粹化了心灵；使那个抽象的"惟一"成为绝对的对象，并且在同等程度上，成为纯粹的主观的意识——对于这个"惟一"，这个单独的现实目的的认识；使那无关系的成为生存的关系。

我们已经熟悉了东方原则的本性，并且看出了它的最高的存在只是消极的；——而且和它一同来的积极的，便是放任于单纯的自然，便是把"精神"束缚在现实世界。只有从犹太民族中间，我们才看到纯粹的"惟一"这个原则提高为思想；因为只有他们才对于这个"惟一"，崇拜为思想的一个对象。于是当心智纯粹化为抽象"精神"的概念的时候，这种惟一便这样维持着；但是它已经从那个妨害耶和华崇拜的特殊性里解放出来。耶和华只是那一个民族的上帝——只是亚伯拉罕、以撒、雅各等的上帝：这位上帝只同犹太人订了一个盟约；他只向犹太人启示了他自己。这种专门的关系在穆罕默德教里便取消了。在穆罕默德教的这一种精神的普遍性里、在这一种概念上的无限制而且不确定的纯粹性和简单性里，人类性格除了要实现这种普遍性和简单性以外，更没有其他的目的。穆罕默德教的阿拉并没有犹太上帝的肯定的、有限制的目的。对于"惟一"的崇拜就是穆罕默德教的惟一的、最后的目的，主观性就是以这种崇拜做它的专一职务，连带地企图要克服世俗性，使它隶属于"惟一"之下。这个"惟一"固然具有"精神"的特性；然而因为主观性容许它自己为对象所吸收，这个"惟一"就被剥夺了一切具体的属性；所以主观性自己没有变为自己精神上的自由，同时它所尊崇的那个对象也没有变为具体的对象。不过穆罕默德教并不是印度那种，并不是"僧院派"那种沉溺于"绝对的东西"之中的。这里的主观性是生动的、无限制的——这是一种活动，它走进世俗的东西去否定它，并且用这种方式去影响和调解，为的是好使"惟一"的纯粹崇拜得以促进。穆罕默德教崇拜的对象是纯粹智力的；它不容许有阿拉的任何偶像或者表象。穆罕默德是一位预言家，但是仍然是人类——没有超出人类的种种弱点。穆罕默德教义的要点如次——就是在现实生存中，任何一切都不会变成固定的，相反地，任何一切都注定要在广大无边的世界里、在行动和生活中扩展自己，因此，"惟一"的崇拜是全体得以结合的惟一的维系。在这种扩展中、这种活动的精力中，一切限制、一切国家的畛域、阶层的区别，都要消失；任何特殊的种族、出生的门第、产业的占有，都被漠视无睹——只有人被看作是信徒。要崇奉"惟一"，要信仰"惟一"，要斋戒——要消除肉体上的特殊感觉——并且要施舍——这就是要解脱特有、私有的产业——这一切便是穆罕默德教教条的精义所在；至于最高功德便是要为信仰而死。凡是为穆罕默德教而战死的人，必然可以升入"天堂"。

　　穆罕默德教这个宗教起源于阿拉伯人。在那个民族中，"精神"处于最简单的形式里，他们特别抱有"无形"的意识；因为他们地居沙漠，那里任何一切，都不能有固定的和一贯的形态。六二二年，穆罕默德逃出麦加的一年，便是穆罕默德教的纪元。阿拉伯人当穆罕默德在世的时候，并且在他的领导之下，就获得了许多胜利。他死后，在他的各位继承人的领导之下，他们更因为奉行他的遗教，完成了辉煌的武功。他们最初来到叙利亚，在六三四年克服它的首都大马士革。他们然后渡过幼发拉底斯河和底格里斯河，派兵去攻波斯，不久便征服了它。西方各地被他们征服的，计有埃及、北非洲和西班牙。他们又进迫法兰西南境，直达罗亚尔河边，七三二年，在滨河的都尔地方却被查理·马得尔击败。阿拉伯人的势力因此远播到了西方。东方各地先后被征服的，有前面说过的波斯、撒马尔罕和小亚细亚的西南部。这些军事胜利和他们宗教的传布，都非常迅速地完成了。谁信仰了穆罕默德教，谁就取得了和一切穆斯林完全平等的各项权利。谁不肯信仰伊斯兰教，在起初的时期内，是要遭到屠杀的。但是后来阿拉伯人对于被征服的人便比较宽容得多，假如他们不愿信奉伊斯兰教，他们只须每年纳付一笔人头税，就可以无事。凡是立刻降顺的各城市，必须贡纳它们产业所有的十分之一，至于被攻克服的各城市，就得贡纳产业所有的五分之一。

　　抽象观念支配着穆罕默德教徒的心胸。他们的目标是要建立一种抽象的崇拜，他们以最大的热忱，为完成这个目标而奋斗。这样的热忱可以称为"狂热"，这是对一个抽象的东西的狂热——对一种抽象的思想的狂热：这种抽象的思想对已经成立的现状处于否定的地位。狂热的本质是，和具体的东西仅结合了一种破坏的、毁灭的关系，但是穆罕默德教的宗教狂热同时又有达到最大崇高的能力——这是解脱了一切琐屑利益的一种崇高，并且结合了同宽大和勇武相连的种种德行。宗教和恐怖便是阿拉伯人的原则，就像自由和恐怖乃是罗伯斯庇尔的原则一样。然而实际生活毕竟是具体的，它带来了特殊的目的；征服造成了主权和财富，造成了一个王室的特权，又造成了个人的联系。不过这些都是暂时的，都建筑在散沙之上；今天是这样，明天便不再是这样了。穆罕默德教的阿拉伯人虽然有一切的热情，对于这些事情却不关心，尽在幸运的漩涡里急转直下。在穆罕默德教传播所到的地方，曾经开辟了许多王国和许多朝代。这一片茫茫无际的海上，永远是在继续推进的运动之中；没有一件东西是稳固的。凡是波动成为一种形态的东西，当时是透明清澈的，但是在一瞬之间就消逝得无踪无迹了。那些朝代都缺少有机的坚固性来维系：所以那些王国，除了衰败以外，更做不别的；组成各王国的那些个人只是消失不见了。不过如果有一个高贵的灵魂卓然自显——如像平海中的一片波澜——它便自己表现在一种自由之中，从来没有什么比他更为高贵、更为宽大、更为勇武、更为诚信的了。个人在把握那个特殊的确定的东西时，是以他的整个灵魂去把握的。当欧洲方面各人正被束缚在无数的关系之中——穆罕默德教里的个人却只有一个关系，而且这一个关系被保持在最高度地机警、勇悍或者慷慨之中。在爱情的场合里，也有同样的放纵——极度的爱、最热的爱。君王爱上了奴隶，可以把他的一切荣华、权力和名誉放在他所爱者的脚下；他可以为他所爱的人而忘却自己的地位；但是在另一方面，他同样可以不顾一切把他所爱的人牺牲掉。这种不顾一切的热情又表现在阿拉伯人和萨拉森人[1]诗歌的炽热热情中，这种炽热是幻想的不受一切拘束的完全自由——它全神贯注在它的对象的生活和激发的情调中，所以自私自利的心都被泯灭了。

从古以来，热忱从没有完成过更伟大的事功了。个人可以热心于各种特殊形状里的崇高的东西。一个民族可以热烈追求独立，这也是一个确定的目标。至于抽象的、从而也是无所不包的热忱——不受一切约束、不受任何限制、绝对漠视周围的事物——这是穆罕默德教的东方所特有的。

---

[1] 萨拉森人是和十字军对敌的伊斯兰教徒，也是阿拉伯民族。——中译者

和阿拉伯军事胜利的速率可以相比的，便是他们艺术和科学达到最高度发展的速率。我们看见战胜者最初是把同艺术或科学相关的一切毁灭干净。据说那个名贵的亚历山大里亚藏书馆，是奥玛毁灭的。他说："这些书籍的内容，或者《可兰经》中已经具备，或者和《可兰经》截然不同：在两种情况之下，它们都是多余的。"但是不久，阿拉伯人便很热心地提倡艺术科学，到处传播。他们的帝国在教主阿尔-曼苏和哈伦·阿尔-剌希德之下，隆盛到了最高峰。全国各地都有大城市兴起，城市中工商业极其发达，富丽的宫室都盖造起来了，学校也创设了。帝国中博学的人士都聚集到教主朝廷上来，那里不但在外表上是雕梁画栋、珠宝辉煌，而且有诗歌的霞彩和科学的光芒。教主起初仍然把沙漠中阿拉伯人所特有的那种简单朴质的性质保持下来（教主阿布培克特别以简单朴质著名），这种性质不承认地位和教育上的分别。就是最卑贱的萨拉森人、最卑微的老丑妇人，都可以和教主分庭抗礼。没有反省的天真并不需要什么文化：同时每个人因为他的"精神"是自由的，都和统治者站在平等的地位。

教主们的大帝国存在了没有多久；因为在"普遍性"所提供的基础之上，任何一切都站得不稳固。偌大的阿拉伯帝国的崩溃差不多和法兰克帝国的覆亡在同一个时期：各君主纷纷都被叛变的奴隶和入侵的异族——塞尔柱人和蒙古人——所推翻、废黜，新的王国开拓在旧的疆域上，新的王朝成立在旧的宝座上。最后，鄂斯曼族依赖"土耳其禁卫军"设立了一个巩固的中枢，因此得以造成一个坚实的帝国。狂热已经冷了下来，人们心灵中更没有什么道德原则的存留。在欧洲人和萨拉森人斗争期中，欧洲的勇武理想化为一种美善的、高贵的武士制度。科学和知识，尤其是哲学知识，都从阿拉伯输入到了西方。东方在日尔曼人中激发了一种高贵的诗歌和奔放的想象——歌德因此注意到了东方诸国，在他的《迪凡》诗中，编了一串抒情的明珠，其中幻想的热烈和丰富是今古所没有的。可是东方本身，当热忱渐次消失掉了，也就渐次沉溺在最大的罪恶之中。最丑恶的热情占着优势，再有感官的享受既然为教义所取的最初方式所认准，而且曾经表示为"天堂"中信徒的奖励，于是它代替了宗教的狂热。现在伊斯兰教已经被迫退回到亚细亚和阿非利加的老家，在欧洲方面因为基督教各国猜忌的原故，仍然据有了大陆的一角：真的，伊斯兰教已经有好久不在一般历史舞台上出现了，它已经隐退在东方的安逸和太平之中。

第三章　查理曼帝国

前面已经说过，法兰克帝国是克罗维斯所创立的。自他死后，全国便为他的儿子所分裂。后来经过了不计其数的争斗、篡窃、暗杀和暴乱，全国又统一起来，但是接着又分裂了。各国王因为做了被征服各地的君主，他们在国内的权力大大地增加起来。这些被征服的土地都分给了法兰克自由人，但是国王仍然收到数额很多的税课，以及先前属于各皇帝的进益和各种被充公的产业。所以国王可以将这些土地作为私人的（就是不可继承的）恩惠，赏给他的武士们，他们感激收受之下，对于他就发生了一种私人的义务，变为他的藩属，而形成了封建的附属。那些富裕的主教们和这些武士们合组为国王的枢密院，但是这种机关并不能够限制国王的权力。封建军队的最高长官是"大将军"。"大将军"不久就跋扈起来，国王权力扫地无余。所有的国王都陷于空洞的地位，只给人做了傀儡。从这些大将军中，产生了喀罗文王朝。查理·马得尔的儿子佩彭在七五二年进升到法兰克人国王的尊位。教皇扎卡赖解除了法兰克人对于还在人间的契尔得立克三世的"矢忠誓言"，这位国王是墨罗温王朝的末代君主，他于是剃度为僧，而帝王之尊所特有的长发也就被削夺了。墨罗温王朝的末代各君主都懦弱凡庸，拥了国王头衔就算心满意足，专心在歌舞酒肉中消磨岁月——这种情形在东方各国的王朝中是很平常的，在喀罗文王朝的末代各君主又重新出现一遍。相反地，那些"大将军"却是如日初升，时来运好，又和封建贵族阶级那么亲密地勾结在一起，所以后来不费吹灰之力便篡夺了王统。

一般教皇当时都被伦巴底的各君主侵凌得狼狈不堪，向法兰克人呼吁求助。法兰克王佩彭出于感激的情意，领兵去保护教皇斯蒂芬二世。他两次带了军队跨过阿尔卑斯山，并且两次击败了伦巴底人。他的胜利给他新成立的王统增光，并且给"圣彼得的圣职"许多遗产。八〇〇年，佩彭的儿子查理曼由教皇加冕为"皇帝"，而喀罗文王朝和罗马教皇的巩固结合也就开始。因为在那些野蛮民族里，罗马帝国仍然是声势显赫，他们认为它是中心地，一切文物制度、宗教、法律和各种科学都从它那里灌输到他们那里，而他们自己还在草创文字的时期。查理·马得尔驱走了阿拉伯人、拯救了欧洲之后，罗马民众和元老院就赐给了他和他的后裔"贵族"这个尊号；可是查理曼更进一步，加冕做了"皇帝"，自然是罗马教皇亲手加冕的。

现在有了两个帝国，基督教信仰便逐渐分为两个教会，就是希腊教会和罗马教会。罗马皇帝天生便是罗马教会的保护人，皇帝对于教皇所处的这种地位，似乎说明法兰克帝国只是罗马帝国的一种继续。

查理曼的帝国版图很广，法兰克本境一直从莱因河伸展到了罗亚尔河。位于罗亚尔河南岸的阿启退尼亚，在七六八年佩彭去世时，就被全部征服了。法兰克帝国又包括勃艮第、阿勒曼尼亚（就是勒赫河、缅因河和莱因河之间的南德意志）、条麟吉亚（一直延袤到扎勒河）和巴伐利亚。查理曼又克服了住居在莱因河和威塞尔河之间的萨克森人，消灭了伦巴底人的霸权，结果便做了上部和中部意大利的主人。

查理曼把这个大帝国组成了一个有系统、有组织的"国家"，并且订定了各种制度，使帝国巩固。不过这并不是说，他第一个创立了他帝国的全部政治宪法，而是指那些制度有一部分原来已经存立，在他的领导下才更加发展起来，取得了一种更加决定的、而且不受牵制的效率。国君位在全国官吏之首，世世相袭的君主制度也得到了大家的承认。国君同时是军队的主帅，又是土地最多的地主，还有最高的司法权也操在他手里。陆军法是以"亚利本"这个制度为基础。每一个自由人都有武装保护国土的义务，并且必须在相当的作战时期内自筹费用。这种民军（照我们现代的称呼）由伯爵和侯爵们统率，侯爵们主管着帝国边界上的许多广大区域，就是所谓 Marches——"边疆"。国境的一般划分方法，是将全国分为若干行省，每省由伯爵一人为省长。在喀罗文王朝后来各王的时期内，伯爵上面更有公爵，各公爵都是住在一些大城市里，如科伦、拉的斯本等等皆是。他们这种职位设立以后，全国便有公爵区的划分，计有阿尔萨斯、洛林、弗里西亚、条麟吉亚、里细亚各公爵区。这些公爵们都由皇帝任命，在被征服后仍然得以保持他们世袭君主的各地人民，当他们叛变的时候，便被剥夺这种特权，必须接受公爵的制度，像阿勒曼尼亚、条麟吉亚、巴伐利亚和萨克森都是如此。但是除此以外，还有一种常备军可以随时调度。皇帝的藩属，只要他们随时听命、履行军务，就能够享用那些封土。为了保持这些规定起见，皇帝时常派遣钦差前往各地视察司法行政事宜，并且检查皇室田产的丰歉，回来向皇帝报告。

国家赋税的办理情形也值得注意。全国并没有直接税，江河道路上也只有寥寥几种课税，其中有些是由帝国高级官吏来包办。国库收入，一方面是司法上的罚款，另一方面是不遵从谕旨从军而出的金钱。凡是享有恩赐权利的人们，假如忽略了军役义务，就要丧失这种权利。国家的主要收入，来自王田。这种王田皇帝是有许多的，上面还建筑了行宫。向来的惯例如此：国王时常出巡各省，而在每座行宫中驻扎一些时候；关于御驾到各行宫后的一切供应，都先由司仪、侍从等官筹划准备妥当。

讲到司法行政事宜，一切刑事案件和财产案件，都在地方大会上审讯，由伯爵一人为审判长。凡是情节较轻的案件，都由自由人七人以上——选任的推事——加以判决，由里长来作审判长。最高的司法管辖权操诸皇家法院，由国王在宫殿上亲自主持审讯，一切宗教方面或者世俗方面的职员、官吏，都要受这种裁判。前述的那些钦差大臣视察各地时，特别注意司法管理情形，他们收受诉状，并且平反冤狱。教会和政府每年各派使臣一名，出巡各地，每人每年出巡四次。

在查理曼的时候，教会已经声势不小。各主教主持着许多宏大的教堂建筑物，教堂之下又附设着学校和学院机关。因为查理曼看到当时科学衰微，力图加以整顿，所以很提倡在城镇、乡间设立学校。同时虔诚的人民深信，只要把财产捐赠教会，便是极大善事，可以赎还罪愆；那些最野蛮不仁的君王也都相信这种赎罪的办法。私人们常常把全部私产赠送教会，作为一种遗产，指定本人只在没有死以前或者某一时期中，享有这类私产的使用权。然而时常也有这种事情发生，遇到一位主教或者僧正去世了，一般土豪和他们的随从居然可以侵占教会的产业，在那里大吃大喝，等到一无所有，然后才离开；因为宗教还没有发施于心灵的权威，来制止豪强者的贪婪。教会人员不得不派管家、执事等来管理他们的产业，此外还有守护人员管理他们所有的世俗事务，率领武装军队加入战争，逐渐从国王那里取得了当地的司法权，于是教会人士便获得了只受教会自己法庭裁判的特权，并且可以不受皇帝司法官吏的管辖。这种特权的获得使政治关系为之大变，因为这样一来教会领地从此愈加具有独立的省区模样，所享到的自由绝对不是世俗的人所能梦想得到的。此外，教会人士后来更企图解除一切国家束缚，大开教会和僧院的门，容纳一切犯罪的人民，做他们安稳无扰的藏身的处所。这种制度，在一方面说来是很有好处的，因为可以使遭受虐待和压迫的人得到保护，但是在另一方面说来又很不好，因为它荫庇了罪大恶极的人。在查理曼那时候，国家依照法律，仍然能够要求修道院住持交出犯人。各主教由主教们合组法庭审判；主教们以国王臣属的地位，本来应当由皇家法庭来审理。后来寺院又企图不受主教的管辖，结果它们竟然脱离了教会而独立。各主教虽然是由僧侣和一般信徒所选举的，但是他们同时又是国王的臣属，所以他们封建的尊严必须由国王赐给他们。因为这个原故，一般选举的主教必须是国王认准的人物，竞选的事情也就无从发生了。

帝国法院就在皇帝所居的宫中开庭。君主亲自主审，朝廷大臣陪同君主，合组成为最高司法机关。帝国枢密会议对于国事的商讨，并不按时举行，而是随时随事召集的，例如当春季检阅军队、当教会举行会议以及举行审判的时候。尤其是举行审判的时候，封建贵族全都应召参加，国王在特定地方驻节，延见群臣——通常是在莱茵河上，这是法兰克帝国的中心——这时，便对于国事有所商讨。惯例规定，君主必须每年两次，召集高级的官吏和教会的执事若干人，不过这事的决定权也操在国王手里。因此这些集会实在和后来的"帝国议会"性质不同，在帝国议会中，贵族所占据的地位是比较独立自主的。

法兰克帝国的情形便是这样——罗马帝国已被基督教吞没了，法兰克帝国乃是基督教第一次从自身发出的一个完整的政治方式。前面所说的那种政体，外表上看来似乎很好；它创设了一种巩固的军事组织，又规定了帝国内部的司法行政。然而查理曼一死，那种政体就显得完全无能——对外既然不能够去抵抗诺曼人、匈牙利人和阿拉伯人的侵犯，对内又没有力量来制止种种不法横行和淫暴、贪纵。因此，在一种优良的政体之下，却有非常恶劣而令人可悲的政局和它平行，结果各方面都是混乱不堪，毫无秩序。这一类的政治建筑，正因为它们骤然发生，所以必然需要它们自身所促成的否定，来给它们补充的力量：它们需要各种方式的反动，如像随后那个时期中所显现的那些反动。

第 二 篇

中 古 时 代

　　日尔曼世界的第一个时期随着一个巨大的帝国声势显赫地结束了，第二个时期便在一种反动之下开始了；这种反动是怎样造成的呢？　这就是控制着中古时代的、赋给中古时代以生命和精神的那种无限的虚伪所发生的矛盾，这种矛盾便浩成了这种反动·第一种反动是各种对于法兰克帝国普遍统治权的反动——表现在这个大帝国的分崩离折。第二种反动是各个人对于法律权威和行政权力的反动——也就是对于法律的权力、国家的权力、以及军事和司法上的各项规定的反动。这种情形便造成了各个人的孤立，因此也就没有了保障。国家权力的普遍性已经在这种反动下消失了，各个人于是要求强者的保护，强者就变成了压迫者。这就逐渐造成了一种普遍的依赖状态，这一种保护关系又系统化为"封建制度"。第三种反动是教会的反动——就是精神的东西对于现存的现实的反动。世俗的纵欲虽然被教会抑制住了，但是教会本身却在这种抑制作用中世俗化起来，因而放弃了它的正当的地位。从这时候起，世俗的原则才开始内省。这此关系和这些反动合而构成了中古时代的历史，它的最高峰便是十字军东征，因为十字军固然引起了一种普遍的不安定，但是这一种不安定却使基督教各国从而取得了内部和外部的独立。

第一章　封建制度和教会政治

第一种反动是特殊的民族对于法兰克人普遍的统治的反动。粗看起来，法兰克帝国好像是被它的君主任意划分的；但是另外一个因素却是，这种划分很得民心，因此民众都加以遵守。因此，这不是一种纯粹家族的行为，这种行为好像是愚蠢的，因为它使君主们自己的势力削弱了；相反地，这是各个畛域划然的民族的一种复兴，这些民族原先是给一种不可抵抗的力量和一位伟大人物（中译者按：指查理曼）的天才维系着，才能够约束在一起。查理曼的儿子路易皇帝将帝国分给了他的三个儿子。但是路易皇帝第二次结婚后又生了一个儿子，叫做查理。因为路易皇帝也想给他一份遗产，于是不得不削减其他三个儿子已得的产业。路易皇帝因此便和其他三个儿子发生战争了。可知最初争执的主题还是一种私利，但是帝国所属各民族因为这事利害关己，也就积极参加。西部的法兰克人早已经自认为是高卢人的同族，而和高卢人共同起来反抗日尔曼的法兰克人，后来，意大利方面同样也起来反抗日尔曼人。八四三年，依照《凡尔登条约》，查理曼的后裔将帝国划分了一次；全部法兰克帝国除数省而外，暂时又在查理皇帝的统治下统一起来。但是这位懦弱的君王只能够把这个庞大的帝国维系一个很短的时间；不久，全境便又分裂为许许多多的小邦，各邦都形成了一种独立的地位。这些邦国有意大利王国，它自身也是分歧的；又有两个勃艮第国——上勃艮第国，它主要的中心地是日内瓦和发力斯的圣·摩里士修道院；下勃艮第国在侏罗、地中海和伦河之间；——又有洛林国，在莱因河和缪司河之间；又有诺曼第国和布列坦尼国。法兰西本部便是封锁在这些邦国之中；羽格·卡柏特皇帝登极时的法兰西，便是如此被限制着。东法兰康尼亚、萨克森、条麟吉亚、巴伐利亚、斯瓦比亚等地仍然属于日尔曼帝国。法兰克帝国便是这样碎成片段了。

帝国内部的组织也是逐渐瓦解得不成样子；首先解体的是军事组

织。查理曼大帝逝世后不久，我们就看见诺斯人——就是古代的斯堪德那维亚人——从四处八方侵入英格兰、法兰西和日尔曼。英格兰境内原先成立了七个不同的盎格罗·萨克森王国，但是在八二七年，爱格伯皇帝就把这些王国合而为一了。到了他的继承人手里，丹麦人常来侵略，蹂躏各地。到了亚弗烈大帝时代，丹麦人遇到了顽强的抵抗，但是丹麦王加纽脱终于征服了整个英格兰。诺曼人侵入法兰西也在这个时候。他们用轻舟驶进塞纳河和罗亚尔河，大掠各镇市，饱劫各修道院，然后席卷而去。他们围困了巴黎，喀罗文诸王被迫得只好出钱购买和平。诺曼人又同样猖獗地扫荡了易北河上许多城镇；他们从莱因河进掠亚拉什伯尔和科伦，并使洛林贡纳当地的物产。在八八二年间，窝牧议会虽然曾经发出一个通告，命令全国人民武装起来，但是他们终于被迫以屈辱言和了事。这些狂风暴雨都是从北方和西方打来的。帝国东境又受到马札儿人的侵略。这些野蛮民族驾了长车踏遍各地，把南日耳曼蹂躏成为一片荒地。他们从巴伐利亚、斯瓦比亚和瑞士侵入法兰西内地，一直到达意大利。还有萨拉森人又从南方逼来。西西里久已经操在他们手里·他们把西西里作为巩固的立足地，从那里威胁罗马城，——这个城使用和解方式避免了他们的来攻——并且使皮德蒙和布罗温斯常在恐怖之中。

　　上述三个民族便是这样从四处八方侵入法兰克帝国，他们横行的队伍几乎互相接触。诺曼人践踏法兰西直到侏罗；匈牙利人直达瑞士；萨拉森人长驱一直到了发力斯。我们回想当年"亚力本"的组织，拿来对照这种一蹶不振的局面，我们不能不惊异这些声名远播最有效的制度的无效。我们很可能把通常描绘的查理曼当时的法兰克帝国那种美丽而合理的宪法——无论内部和外部都显得坚强、广博、秩序井然——认为是空幻的梦想。然而那种宪法的确曾经存在过；但是全部政治系统只维系在查理曼一人的权力和伟大以及他个人高贵的心灵，——并不是根据人民的精神——并没有生动地进入人民的精神。这种政治系统只虚有其表——是一种完全脱离经验而独立的宪法，像拿破仑颁行于西班牙的一样，等到支持的武力一去，这种宪法也随着消灭。因此，一种宪法能成为真实，主要还在乎它是一种"客观的自由"——意志的实体的形式——也就是臣民自己所承认的义务和职责。但是日尔曼"精神"这时还没有承认义务，它一直到这个时候只表现为"心灵"和主观的选择；它这时还没有包含统一的内在性，而且只有被一种无思虑的肤浅的为自己存在的内在性。在这种方式之下，那种宪法并没有任何巩固的联系；它在主观性方面并没有任何客观的支持；因为事实上当时还不能够有任何宪法的产生。

我们于是就要讲到第二种反动——就是个人对于法律权力的反动。人民方面完全没有能力去领会合法秩序和共同福利，他们根本不知道有这回事。查理曼的铁腕一去，上面没有大权在握的人控制全局，于是每个自由公民的职责、司法官判决案件的权威、主持省政的伯爵的命令，以及对于法律为法律的关心，也就一概失其效力了。查理曼灿烂赫奕的施政已无遗迹，直接的结果便是一般个人保护的需要。在每一个组织良好的国家中，大家多少会感觉到保护的需要：每一个公民知道他的权利是些什么，同时也知道为了保障他的产业起见，社会国家绝对不可缺少。野蛮民族还没有感觉到这种需要，并不需要他人的保护。假如他们的权利要由他人加以保护，他们就认为这是限制了他们的自由。所以一般人还不想要求一种巩固的组织：人类必须首先被放在一种无依无助的地位，然后才会感到国家组织的必要。"国家"这个政治建筑必须从基础上再建造起来。如像当时所组成的共和政体，无论在本身、或者在人民，都没有生命力，没有坚实性；它的弱点显露在它不能够保护个人这个事实上。如前所说，日尔曼人的"精神"中并没有义务的观念；这种观念非加以恢复不可。首先，只有关于外在的产业，意志不规则的趋向是可以压制的；为了使它感到国家保护的重要起见，必须逼迫它从迟钝中跳出来，使它迫于环境，不得不去追求一种团结和社会组织。各个人因此便不得不同其他个人结合，顺从一些强有力者的权力，这些强有力的人把原先属于共和国的那种政权，一变而为私人的所有和个人的统治。那些伯爵在国家官吏的地位上，得不到属下的服从，而且也不要求这种服从。他们只有为他们自己打算时，才希冀属下的服从。他们僭取了国家的权力，把国家委托给他们的职位当做一种所有权、一种世世承袭的产业。先前国王和其他大官每每以封土颁给臣属作为奖励，现在恰巧相反，而是那般贫弱的人们把他们的产业奉送给了强者，来求得有效的保护。他们把产业所有交给一位贵人、一个修道院、一位僧正、或者一位主教，再把这些产业接收回来，同时对于这些长上就负有封建的义务。他们再不是自由人，而是臣属——封建的依赖者——他们的所有物变成了采邑。这就是封建制度的关系。"封建"和"忠诚"是连在一起的；这种忠诚乃是建筑在不公平的原则上的一种维系，这种关系固然具有一种合法的对象，但是它的宗旨是绝对不公平的；因为臣属的忠诚并不是对于国家的一种义务，而只是一种对私人的义务——所以事实上这种忠诚是为偶然机会、反复无常和暴行所左右的。普遍的不公平、普遍的不法，一变而成为对于个人依赖和对于个人负有义务的制度，所以只有义务的形式构成了公平的方面。——既然人人必须保护自己，所以先前在外来侵略时没有表现的那种尚武精神，现在又重新复活了；一半因为过度的虐待，一半因为个人的贪图和野心，使麻痹性振作起来。现在表现的勇武，不是为国家，只是为了私利。到处都筑了许多城堡，造了不少堞楼，用来保障私产，并且行使劫掠和虐政。凡是个人权威所能到达的地方，政治的总体也就完全被置之不顾了；这类个人权威值得特别举出的，便是主教们和大主教们驻扎的地方。主教一职可以不受法庭的管辖和不受政府措施的拘束。皇帝听从了主教的请求，每每将以前为伯爵所操纵的司法权限给了主教的执事人员。因为这个原故，一国之中分出了许多宗教区域——许多属于圣徒名下的教区（德文所谓 Weichbilder）。和这种类相同的世俗的主权后来又成立了不少。这种教区和世俗的主权区便代替了先前"行省"和"州、郡"的地位。仅在少数的几个城镇之中，自由人的社团足够强大，不需要国王的帮助，能够取得保护和安宁，方才保留着古代自由宪法的遗型。除掉这些城镇以外，所有自由的社团一概消失，变成为主教或者伯爵和公爵们的臣属，这些伯爵和公爵们，现在都拥有了诸侯和君王的尊号。

帝王的权力被大家崇奉为最高大、至尊无上；但是皇帝的观念愈被抬高，它在实际上却是愈被限制。法兰西因为完全不顾那种毫无根据的夸词，所以结果获益不少，至于日尔曼却在政治的发展上受到了这种假设的帝王权威的阻碍。那些国王和皇帝们现在已经不是一国的君主，而是诸侯的君主，诸侯们虽然是他们的臣属，但是各自有着他们的主权和领土统治。因此，整个的社会情形都是建筑在个人的统治权上面，如果要发达成为"国家"，就非得使许多个人统治回复到一种官方的关系不可。但是要造成这一种关系，必然需要一种超等的权力，这时候却没有这种权力；那些封建王侯们自己来决定在怎样的情况下还应当遵守国家的一般法制。这时候一切法律和公理都已经丧失掉了权威；只有机会的力——特殊者的粗鲁的任性，努力反对权利和法律的平等。一种政治权利的不平等在绝对任意中存在了。要把国家元首当做元首而使若干次等的权力帖然服从，在这种社会环境里是不可能的事情。恰巧相反，那些次等权力逐渐转变成了侯国和元首的"侯国"联合一起；于是国王和国家的权威才能够行使。所以，一方面虽然仍旧没有政治统一的联系，另一方面各个特别的地区却取得了独立自主的发展。

在法兰西，查理曼王朝恰像克罗维斯王朝一样，因为继位的各君主的庸懦而渐归灭绝。他们的统治领域终于以拿旺那片小地方为限；喀罗文王朝最后的一个皇帝，就是叫做洛林公爵查理的那位，他自从路易五世死后曾经称帝，终于兵败被擒，身为俘虏。势力雄厚的法兰西公爵羽格·卡柏特被拥戴为国王。不过"国王"这个名义并没有给他任何实权；他的权威完全建筑在他的领土属地之上。后来国王们因为购买、婚嫁以及嗣续断绝的结果，取得了许多封建的采邑；人民时常吁请各国王给他们保护，免得受贵族们的压迫。法兰西的王权，因为封土可以世世承袭的原故，很早就是父子相传；不过国王们起初还小心翼翼，每在生前为他的子嗣行加冕礼。法兰西分成为好几个藩国：计有基恩公爵区、法兰德斯侯爵区、勃艮第公爵区、加期贡公爵区、土鲁斯侯爵区、味蒙答侯爵区；有一个时候，洛林也属于法兰西。法兰西国王们曾经将诺曼第割让给诺曼人，企图暂时不受他们的侵犯。威廉公爵曾经在一〇六六年从诺曼第跨海往征英格兰，居然获得胜利。他在那里推行了十足发达的封建政体——它的规模可以说至今大部分仍然多保留在英格兰。由此也可以看到，诺曼第各公爵的声威非同小可，相形之下，法兰西各国王真是势衰力绌了。

日尔曼是由萨克森、斯瓦比亚、巴伐利亚、克伦地亚、洛林和勃艮第各公爵区，条麟吉亚侯爵区，以及若干主教区和大主教区等等合组而成的。这些公爵区又各个分为好几个封邑，多少享有独立自主的权限。日尔曼皇帝似乎常常把几个公爵区统一于他的直属之下。亨利三世皇帝即位的时侯，直辖着许多大公爵区，但是他把它们分封给了别人，以致自己陷于削弱的地位。日尔曼根本是一个自由民族，不像法兰西那样有一个大门阀来做中心点；它仍然继续是一个选举的帝国。它的一些君侯们拒绝放弃他们自己选择元首的特权；而且每当举行新选举的时候，他们总要提出新的限制条件，以致皇帝的权力终于降为一个空名。

意大利的政治情形也是一样：日尔曼各帝常常向意大利提出要求，但是他们必须有强大武力作后盾，并且必须在意大利各城市各贵族认为降服对于他们自己有利的时候，他们的权力才能够发生效力。意大利像日尔曼一样，也分做许多大大小小的公爵区、侯爵区、主教区和贵族的采地封邑。罗马教皇无论在意大利北部或者南部都没有什么实力；南部久已经划分为伦巴底人和希腊人的领域，一直到后来这双方都被诺曼人征服为止。西班牙却和萨拉森人常在此争彼夺之中，整个中古时代都是相持不下，最后萨拉森人终于在比较成熟的基督教文明下屈服了事。

一切"公理"就这样被个别的"强权"所抹杀了；以政治"总体"的利益、"国家"的利益为念的权利平等和合理立法也就无从存在了。

再有第三种反动，前面已经提到，便是"普通性"这个元素对待着分裂为特殊性的"现实"。这种反动是自下而上的——从单独占有的那种局面开始，然后主要地由教会加以提倡。全世界仿佛普遍地感觉到这一种局面的虚无空洞。在这一种完全单独孤立的情形下，既然只有个人的强权有效力，人们就无从得到太平，所以基督教世界里可以说是被一种罪恶的心煽动着。到了十一世纪，全欧洲一般人都抱着最后的末日裁判将到的恐惧，并且相信世界将迅速没落。灵魂的沉沦逼着人们去做最不合理的事情。有些人把全部家私送给教会，而把一生消磨在长期的苦行中；大多数人把产业在纵欲中挥霍着。只有教会用幻觉来迷惑人，收受各种赠遗，一天一天富裕起来。——大概在这个时候，又有可怕的饥馑发生，死了无数的人，人肉公然在市场上出售。在这种情形下，不法横行、兽欲放纵、野蛮残暴、奸刁诈欺，就是当时道德人心的特征。在那里边，位居基督教世界中枢的意大利，尤其惹人反感。任何"德行"都不是当时的人所能有的；结果 "德行"这个字也丧失了正当的意义：它通常只指暴虐和压迫，有时竟然指着奸淫大恶。这种腐败局面，在世俗人民是这样，在教会人员也是这样。教会中的管事人员将委托代管的教会产业看作是自己所有的，任意吃用挥霍，反而限定教士和僧侣们些微的款项做糊口之用。那些先前不用管事的僧院后来也不得不雇用管事；这因为附近的贵族常常自己做管事，或者将管事一职擅自委派给了他们的儿子。能够保有产业不受侵占的，只有那些主教和僧正，这因为他们他们自己又有势力，又有许多扈从，能够保护他们自己；因为他们本人大多出自于贵胄门第。

主教区既然是世俗的封地，所以主有的人必须履行帝国的和封建的职务。各主教由君主任命，君主们为了自身利益起见，不能不使这些主教臣属听命。因为这个原故，无论何人要想得到主教一职，必须请求国王；于是主教和僧正诸职便成了一宗正常的生意经。曾经贷款给国王的臣民，就得到上述的爵位作报酬；所以最下贱的庸人倒反占据了精神的职务。当然，教会人员应该归宗教社会来推选，具有这种选举权的有名望的人士也从来不会缺少的；然而国王毕竟逼迫了这些人士来服从他的命令，就是最尊严的教皇的职位也不免如此。有许多年，罗马附近的塔斯邱兰地方那些伯爵们常常将教皇一职颁给他们的家属，或者卖给出巨额金钱的人。弄到后来简直不成样子，于是一般正直不阿的世俗人士和教会人员群起反对这种局面的继续。亨利三世皇帝便亲自任命教皇，并且不顾罗马豪族的反对，用他的权力来做教皇的后盾，于是各方的竞争才告平息。教皇尼古拉二世决定教皇之职应由红衣主教选举；但是红衣主教既然有半数出自大族，所以选举的时候仍然有同样的党争发生。教皇格列高里七世（当他做红衣主教喜尔得布蓝时，已经声望卓著），企图用两种办法，使教会能够在这种险恶的局面下保全独立。他的第一种办法是要教会人员实行独身生活。要知道自从最初的时候起，人们就认为教会人员最好不结婚。但是据历史家告诉我们，教会人员很少遵守这一点。虽然教皇尼古拉二世曾经宣告结婚的教会人员是新派；但是教皇格列高里七世更进一步，他以非常的毅力实行这种限制办法，他把所有已经结婚的教会人员以及在他们主持弥撒仪式时候做弥撒的一切普通信徒，一律开除教籍。这样一来，宗教团体便闭关自守，和国家道德不相往来。他的第二种办法是反对"圣职买卖"，这就是说，主教以及教皇职位都不得出卖和任意指派。从此以后教会各职都由胜任的教会人员来主持；这一种办法必然使宗教当局和世俗豪贵发生强烈的冲突。

格列高里打算用上述两大办法，使教会能从依赖状态中跳出来，不受世俗暴力的侵凌。但是格列高里对于世俗的权力还有进一步的要求。他规定凡是僧侣转任新职，必须取得上级教会当局的任命才算合法，同时教皇对于宗教社会的巨额财产，应当有绝对的控制权。教会是一种神圣构成的权力，超越世俗的权威——这种要求是建筑在神圣的东西、高出世俗的东西这个抽象的原则的上面的。皇帝在举行加冕礼的时候——这种仪式只有教皇才能够举行——必须宣誓永远服从教皇和教会。许多国家、许多地方，如那不勒斯、葡萄牙、英格兰、爱尔兰，都是整个对于教皇处在一种正式的臣属关系中。

基督教教会便这样获得了独立的地位：各主教分别在各国内召集宗教会议，这种集会成了教会人员统一和互助的永久中心。同时，教会因此在世俗事务方面取得了势力雄厚的地位。它岸然颁发帝王的冠冕；当各国宣战和议和的时候，更俨然处于仲裁者的地位。教会出而担任这类干预的事情，特别适宜的要算是王子婚姻的事情了。君王时常要和他们的配偶离婚；而要办到离婚就非得到教会的准许不可。教会总是把那些不易达到的要求，乘这良好的时机提了出来，而且坚持这种要求，一定要使它取得普遍的影响。在一般社会纷乱的局面之下，教会当局的出面干预是大家认为必要的。自有所谓"上帝休战"这种说法以来，斗争相杀和私仇报复至少在一周间可以停止几天，甚至或者可以停止好几个礼拜；教会更用开除教籍、禁谕以及其他种种恫吓和刑罚等宗教手段来维持这种休战。然而教会的世俗的产业又使它对于其他世俗的君王贵族发生一种关系，这种关系是不属于它的正当本性的；它变做了和他们对立的一种可惊的世俗权力，而成为和暴力横行自始就不相容的中心。它特别抵抗一般人对于教会基础——各主教的世俗权力的——攻击；每当臣属们起来反抗君主的强暴时，教皇常常扶助臣属。但是教会干预到这些事情的时候，它用来对待敌人的，只是和敌人所用的属于同一种类的武力和专断，而且作为一个神圣的实体权力，把它自己宗教的利益和它的世俗的利益混合在一起。君主和人民当然能够鉴别这两者的不同，并且认识那些常被用为教会干预的藉口的世俗的利益。所以他们只在他们的利益和教会的利益可以相容的限度内，才站在教会的一边；否则他们就不顾什么开除教籍和其他宗教罪罚。教皇权威最被轻视的地方便是意大利，而教皇所遭受到最大最多的侮蔑也就是罗马人所给的。因此教皇虽然得到了土地、财富和直属统治，但是失掉了威信和尊重。

我们现在要从本质上考察教会的精神方面，就是教会权力的形式。基督教原则的精义只是"调解"的原则，这点我们已经解释过了。人类只有克服了他的"自然性"，然后才能实现他的"精神的本质"。这种克服只有在下列的假设上才能做到，这就是说，人的本性和神的本性原来是合一的，只要人类是"精神"，他也具有属于"神"的概念所有的那种本质性和实体性。调解便是拿这种合一的意识为条件，而这种合一的直觉，人类是从基督得来的。现在最重要的事情是，要使人类拥有这

种意识，要使这种意识继续不断地激发在人类的内心。弥撒的宗旨便是
这样：那方圣饼表示基督宛然如在，祭师供奉的那片面包便是现世的上
帝，专资人类的冥想探索，而且时时供奉不已。这种表象有一点正确
的，就是基督的供奉在这里视为一种现实的、永恒的手续，基督本人不
是一种纯粹感官的、单独的个人，而是一种完全普遍的、也就是神圣的
个人；但是在另一方面，把感官的因素分立出来，那是含有错误的；因
为圣饼虽然不为信徒所参预，仍然受到崇奉，而基督的鉴临因此根本上
不是在想象和精神中勉强加进去的事情。无怪乎路德改革宗教特别要攻
击这个教义。路德发表了他那伟大的主义，说是"圣饼"只是一种东
西，人类只有信仰基督才可以被基督接见；此外他并且申说，"圣饼"
完全是一种外在的东西，并不比较任何其他东西更有价值。但是天主教
徒俯伏屈膝在"圣饼"前面，那末，这个完全外在的东西也被赋予了神
圣性。神圣的东西作为一种单纯的东西时是有外在的性质的，所以它能
够被他人参预而我不得过问；它的分配过程既然不是发生于"精神"之
内，而以它为一种外在事物的性质而被制约，所以它可能陷于外人的手
里。人生的最高福利便在他人手中。事实上便引起了一种分别，就是一
方面是操有这种福利的人，另一方面是必须从他人手中取得这种赐福的
人——就是教会的人和世俗的人的分别。世俗的人同神圣是不相干的。
这就是中古时代教会所陷入的绝对的分裂：这种分裂便是由于认"神圣
的东西"是外在的东西而起的。教会的人规定了某些规约，世俗的人如
果要参预"神圣的东西"的时候必须遵守这些规约。教义的全部发展、
精神的识见和神圣的东西的知识完全属于教会所有：教会必须命令，世
俗的人只有直截了当地信仰；服从是他们的天职——这只是信仰的服
从，他没有任何的识见。这种情形使信仰变成了一种外界规定的事情，
而结果便流为强迫和火刑。

　　多数人既然这样和教会分了家，他们又和一切"神圣的东西"都分
了家。因为僧侣阶级是人与人之间和基督与上帝之间的调和因素，世俗
的人不能直接向神祷告，只有通过中间人——就是代表世俗的人向上帝

疏解的那些人、那些"死人"、那些"完人"——那些圣徒。圣徒的崇拜便是由此而起的，同时又造成了混在圣徒们和他们事迹记述中的许多传说和捏造。在东方各国，神像崇拜早就非常风行，经过了一番长期的争执，它就胜利地成为不可动摇——这一种神像、一幅图画，仍然属于想象的；但是西方更粗鲁的本性要求拿更直接的东西做他们直观的对象，因此便有了圣迹的崇拜。结果便是中古时代"死人"的形式复活；每一个虔诚的基督徒都想取得这类神圣的遗物陈迹。各圣徒中，圣母玛利是崇拜的主要对象。她当然是纯洁的爱的美丽的图画—— 一种母性的爱；可是"精神"和"思想"更高出这个图画之上；所以对于崇拜这个图画的时候，对于"精神"内上帝的崇拜就丧失掉了，基督本人也被置之高阁了。上帝和人类间的调和因素便被理解为某种外在的东西。自由的原则既然被颠倒歪曲，绝对的不自由便变为固定的法律。欧洲这时期精神生活的种种其他形相和其他关系，都从这个原则发生。知识、对于宗教教义的了解，被判断为精神所不能够具有的某种东西；这种知识变成了一个阶级的绝对的所有物，"真理"必须由那个阶级来判断。因为人类太低下，不能够和上帝有直接的关系；因此，如前所说，假如他要向上帝祈求，他需要一位中间人—— 一位圣徒。这种见解等于否认了神和人本质上的合一性；因为人类已经被宣告为不能够认识神，不能够接近神。一方面人类是这样脱离了"最高的善"，同时又不限定要把原来的那颗心改变——因为假如这样限定了，便要认为在人类自身内可以发现神和人的合一性了——然而"地狱"的恐怖景象却以最可怕的色彩出现在人前，引诱他逃避这个地狱，但是不靠道德上的改过，而藉某种外在东西，用"神宠方法"来求恕免。这种方法世俗的人却不知道，他需要另一个人——"领忏人"——供给他这种方法。个人必须先行忏悔——必须完全表白他的生活和行为的种种来告诉"领忏人"——于是后者便告诉他应该怎样办才能够求得精神的安全。所以教会便代表了良心的地位：它把个人当做小孩子一般牵来牵去，它告诉他们，凡是人犯了罪恶，决不是靠了纠正他自己的道德状态，便可以脱离他应受的刑罚痛苦，而是要靠各种外表的行为，所谓 opera operata ——并非出于他自己的善良意志的各种行为，而是听从教会牧师的命令而做的各种行为；例如做弥撒、修苦行、读若干遍的祷文、到圣地去膜拜——这些行动都是非精神的，徒然使心灵变为愚蠢，而且它们不仅仅是纯属外在的仪式，更是可以请人代庖执行的虚文。凡是为圣徒而修的分外功课，可以用金钱来购买，而这种功课所包含的精神上的利益，也就为购者所买得。这种局面使基督教会里被认为善良和道德的一切都变成紊乱失序：只有各种外在的规定才应当遵守，遵守的方式是纯属外在的。一种绝对的"不自由"的关系侵入了自由这个原则本身的范围之内。

　　和这种颠倒错乱连在一起的，便是精神原则和世俗原则的一般地绝对分离。这就有了两个神圣的王国——心灵和认识中的智力的王国和道德的王国，道德的王国的资料和基地便是世俗的生存。只有科学才能理解上帝的王国和道德的王国为一个"观念"，只有科学才能够认识，"时间"努力去实现这种统一性。但是"虔诚"之为"虔诚"，同"世俗的东西"毫无关系；它固然可以在世俗的东西里以一种慈悲的方式出现，但是还不是正当地道德的方式，还不是"自由"。虔诚是和历史无关的，而且是没有历史的；因为历史是在它主观的自由里存在的"精神"王国，作为国家的道德的王国。在中古代，这种神圣的王国没有实现，两者的对峙没有调和。道德的东西被看做渺无价值，在它的三个最主要的特点上都是如此。

　　一种道德就是"爱情"的道德——就是指婚姻关系中感情的道德。我们不应当说独身生活违反"自然"，应当说它违反"道德"。教会在圣礼中自然承认了"婚姻"；但是它虽然被赋给了这种地位，它仍然是堕落了，因为独身生活是被看作更加圣洁。另外一种道德出现在活动上——就是人类为了求生而做的工作。人的尊严在于他完全依赖了他的勤劳、行为和理智来满足他的需要。可是恰和这个原则截然相反的贫穷、懒惰、不活动，却被看作是更高尚："不道德的东西"便这样被看作是神圣的东西。道德的第三个因素便是要服从"道德的东西"和"合

357

理的东西”，好像服从我所认为公平的法律一样；这种服从不是盲目的，不是暗中摸索，毫无明白的良心或者认识的。可是被认为最能够讨得上帝欢喜的，恰好正是后述的这一种顺从；这一种教义崇视着教会的独断意志所规定的那种不自由的服从，而轻视了“自由”的真实的服从。

这样一来，“贞洁”、“安贫”和“服从”这三种信誓，结果却都变到和它们本意恰相反对的东西，它们使一切道德流于堕落。“教会”不再是一个精神的权力，而是一个教会的权力；世俗的世界对于教会的关系是没有精神、没有意志、没有识见的关系。结果是，我们到处看到罪恶、无良心、无耻和一种纷乱的局面，这时期的全部历史便是这种局面的明白写照。

照以上所述看来，中古时代的“教会”实在表现为一种多方面的本身的矛盾。因为“主观的精神”虽然是从“绝对的东西”产生，同时又是有限制的和生存着的“精神”，就是“智力”和“意志”。它取得这个明显的地位，它的限制便开始了，并且同时又开始了它的矛盾和自己外于自己；因为那种智力和意志并不含有“真理”，“真理”对于它们的关系只是某种外加的东西。“绝对的内容”所具有的这一种外在性，对于意识的影响是这样的：“绝对的内容”表现它自己为一种感官的、外在的东西——普通的外界的生存——可是它又要求作为“绝对的东西”；这种绝对的要求是向“精神”提出的。这种矛盾的第二形式便是关于教会自身中的关系。存在于人类中间的真“精神”便是他的“精神”；个人在礼拜时，把这种同“绝对的东西”证为同一的确实性给了他自己——教会仅处于指示这种礼拜的导师关系。可是，事实恰巧相反，这里的宗教机关却像印度的婆罗门阶层一样，占有着“真理”——虽然不是根据血统，而是根据知识、教训和修养——但是只靠修养是不够的，要实际占有着“真理”，更须依靠一种非精神的名号。这种外在的方式便是“圣职授与”，这种授与的性质实在使这种尊崇，就像一种感官的性质那样根本附于个人，不管他的内心的性格怎样——无论他是非宗教的、不道德的、或者绝对不知不觉的。第三种矛盾便是教会本身，教会既然鄙夷财富，或者是号称鄙夷财富，那么当它靠着一种外界生存的地位，取得各种所有物和大宗的财产——这种情形就成为一种谎话。

在类似的方式下，中古时代的"国家"，当我们仔细观察，也陷在种种矛盾之中。我们在前面提到一种帝国统治，公认为站在教会旁边，成了教会的世俗的臂膀。不过这样被承认的权力本身有矛盾，这就是说，这种皇帝的尊严只是一个空洞的名号，在皇帝本人，或者那些意图利用他以逞私自野心的人们，都不认为这种名号可以给它的占有者任何坚实的权力；因为热情和武力取得了独立的地位，并不从属于那种纯粹普遍存在的观念。但是在第二方面，中古时代国家所由团结的那种维系，我们称为"忠诚"，是被委之于心灵的独断抉择，不承认什么客观的义务。因为这个原故，这种忠诚却是人间最不忠诚的东西。中古时代日尔曼的荣誉已经成为有口皆碑；但是我们仔细考察一下，便知道历史上表现的这种荣誉却是一种确确实实的"虚伪的信义"。这些君侯大臣，只对于他们的私愿、私利和热情表示忠诚，而有荣誉，但是他们对于帝国和皇帝却是完全不忠诚；这因为他们主观的纵恣在抽象的"忠诚"方面受到了一种认可，国家也没有组成为一种道德的总体。第三种矛盾表现在个人的性格方面，这种性格一方面固然显出虔敬、宗教的诚笃，这在外表上是最美不过的，而且是出于最忠诚的心底的；然而在另一方面又显出野蛮地缺乏智力和意志。虽然它有了普遍"真理"的认识，然而这是关于"世俗的东西"和"精神的东西"最无修养的、最粗鲁的观念：这是一种犷野狂放的热情，同时又是一种基督教的圣洁，它弃绝了一切世俗的东西，专心致志于神圣的东西。这个中古时代是这样自相矛盾、这样欺罔骗诈；我们现代一般人兴高采烈地争辩着中古时代的优美，真是荒谬之至。原始的野蛮情形、粗笨的举止行为和幼稚的幻想妄念，只能够打动我们的怜悯，不能够激起我们的厌恶。但是灵魂的最高的纯粹性竟然被最可怕的野蛮性所玷污；高等知识所获得的"真理",竟然被虚伪和自利堕落得成为一种工具;再有种种最不合理、最为粗鄙的东西,竟然被宗教的情调所奠定和加强——这却是空前没有看见过的、最可厌恶而且悖逆人情的景象,这只有哲学才能够理解它、能够证实它。因为当人类对于"神圣的东西"的意识仍然是原始和直接的意识的时候,这种意识里必然要产生这一种对峙;同时"精神"和它结为一种在本身的关系的那种"真理"愈是深刻——"精神"还不知道它自己是处身在那种深刻的真理当中——那末,在这种不自知的形式里的它,愈是见外于它自己;然而只有经过了这种见外作用,它才能够取得它的真实的调和作用。

我们已经看见,教会乃是"精神的东西"对于当时世俗性的反动;但是这种反动在本身中受有这样的限制,以致它只将它加以反动作用的事物控制在它自己之下,而没有加以改良。一方面"精神的东西"由于自己内容的疯狂的一个原则,努力获得世俗的权力;同时,一种世俗的权力也巩固了它自己而且获得了一种有系统的发展——这就是封建制度。人类因为孤立的结果,不得不依赖他们个人的力量和权力,所以世界上每一点,只要有人类驻足在那里,都变做了富有活力的点。假如个人仍然缺少法律的保障,只有依靠他自己的努力才获得保护,那末,一种普遍的活动和兴奋就会表现出来。因为人类有把握从教会这条门路永远获得拯救,而且在这方面,人们只要服从教会的精神规定就行了,所以他们追求人世间享受的心情也更加热烈了,这是和他们恐怕危害他们精神福利的心成反比例的。他们愈是肆无忌惮,那末,他们愈是热烈;因为教会在必要的时候,是随时可以对于各种压迫、横暴、奸恶的行为允许免罪的。

在十一世纪到十三世纪这一个时期,我们看见一种冲动发生,它在各种形式下表现出来。各地方的居民开始建筑许多巨大的教堂,来容纳当地的全部信徒。建筑术总是第一种艺术,它构成神明的无机状态,神明的寓形之所;然后"艺术"才开始努力把"神明"自己——"客观的东西"——显示给信徒们。意大利、西班牙和佛兰姆各海岸城市,都用全力经营海上商业，这种经营促进了它们内地人民生产的实业。各种科学也在相当程度内复兴起来："经院哲学"盛极一时。研究法律的学校纷纷开设在波伦亚和其他各地，此外，还有医学校的设立。这些城市发达繁荣，一天天变得重要起来，就替一切创造了主要条件；这一层是现代研究历史的人们的好题目。这些城市社会的生长是由于一种很大的需要。因为这种城市像教会一样，乃是对于封建暴力的反动——是最先合法地和正常地缔造的权力。前面已经说起过，那些握有权力的人每每逼迫他人受他们的保护。这种安全中心便是那些城堡、教堂和修道院，凡是需要保护的人通统聚在里边。这般人现在一变而成为"市民"，同那些城堡和修道院的主持人发生一种保护的主属关系。这样一来，许多地方都形成了一种巩固的社会团体。至今意大利、法兰西南部和日耳曼的莱因河岸间仍然有许多城市和城堡存在，它们的渊源一直可以追溯到古罗马时代，它们原先都享有城市政府的种种权利，但是后来在封建统治之下，便把这些权利都丧失掉了。城市人民像他们乡间的邻人一样，都屈居在臣属的地位。

不过，自由置产这个原则也开始从封建保障的保护关系下发达起来：这就是说，自由是从它的不自由那里发生出来。正当地说来，那些封建的领主和大诸侯们，并不比他们的依赖者为优，他们一样没有什么自由的或者是绝对的产业；他们对于那些依赖的臣属虽然有无限权力，但是同时他们上面又有比他们更高一等而且更强有力的君王诸侯，他们对他们具有各种义务——不过，这些义务，他们除非受到强迫，自然是不肯履行的。以前的日尔曼人，除自由产业以外，不知道还有其他产业；但是这个原则已经变到完全不自由的方面去，我们现在才第一次看到自由意识开始复兴的些微征兆。许多个人因为共同开垦一块田地，进入了密切的关系，结合成为一种团结、联合或同盟。他们一致同意，要在他们自己的立场上做人和做事，不再像先前那样只为了他们的封建的领主做人和做事。他们第一次的团结行动便是建筑一座钟楼，里面挂着一具钟；钟声一鸣，就是召集大会的信号，这种团结的目的不外乎要组织一种民军。接着便是一个市政府的组织，计有知事、陪审官、执政官等职；此外还有公共财库的设立，税捐的征收等等事宜。为了共同防卫起见，于是开掘壕沟，建筑城墙，但是一般居民不得单独为一家一己建造什么堡垒。在这一种公众社会里，手工艺便和农业分开，成为人们的正当职业。不久，工匠们就必然地超越了农民们，占到了优越的地位，因为农民们是被强迫作工的，工匠们却表明一种确属于他们自己的活动，对于他们的劳动成果也表现一种相当的勤劳和兴味。起初工匠们要出售他们的作品时，不能不取得他们的领主许可，为自己赚点报酬；他们除掉要向领主的帐房缴纳一部分赢利以外，还得付给领主一笔款子来取得这种营业权利。那些自己有房屋的人必须缴纳一笔数目很大的免役税；公侯们对于一切输出输入的商品都要征收重税，同时往来客商受了他们的保护又要完纳买路钱。到了后来，这些社会势力一天天强大起来了，它们便从领主那里购买了这一切封建权利，或者使用武力强迫领主们让步；于是各城市逐渐地获得了独立的治权，并且从一切税课房捐下解放了出来。各城市所负担的义务中持续最长久的，就是对于皇帝和他全部侍从巡行到境停留时期内一切需索的供给，以及对于一辈身份较次的公侯们过境停留时的供应。商业阶级后来分为许多同业公会，每一个同业公会各有它特殊的权利和义务。遇到选举主教和其他事情发生了党派争执，常常造成了各城市的机会，它们藉此就取得了上述的各种权利。这样的事情时常可以发生；一个教区里面选出了两位主教，彼此竞争很烈，各人为了拉拢民众起见，就许给他们种种特权，解除他们种种负担。后来他们和僧侣阶级、主教和僧正们发生了许多斗争。有些城市里，教士们保持了全市主宰的地位；在其他城市里，市民却占了上风，赢得了他们的自由。例如科伦城便摆脱了主教的约束；马因斯却仍然在羁轭之下。城市逐渐地变为独立的共和国：最初开风气之先的是意大利，接着是尼德兰、日尔曼和法兰西。它们对于先前的贵族不久便达到一种特殊的关系。贵族和城市中的社团联合起来，例如在百伦城的贵族便构成了一个特殊的同业公会。不久，贵族就在各城市的社团中握有特殊的权力，占了卓越的地位；但是市民起来反抗，驱走了这种僭窃的人，把政府操在他们自己的手里。有钱的市民把贵族排斥在政权之外。但是像贵族分成党派一样——特别是皇帝派和教皇派，前者是拥护皇帝，后者是拥戴教皇的——民众方面同样也被内哄弄成四分五裂。胜利的一派惯常把失败的敌派排斥在政权之外。城市的贵族阶级，代替了封建的贵族阶级，并且剥夺了普通人民一切参政的权利，它的压迫侵凌，并不亚于原来的贵族。我们只要看一下各城市的历史，便知道它们常常在改变它们的宪法，全看占得上风的是市民中的这一党或者那一党，甲派或者是乙派。市长等职本来是由特别选任的市民来推举的：但是在这种选举的时候，获胜的一党总是占着极大的势力，所以除掉推选外人来充当司法官和市长等职以外，更没有其他方法可以觅得公正无私的官吏。各城市又时常选举外国王子为最高长官，把全城的政务都交给了他。但是诸如此类的处理办法持续没有多久，这些王子马上就滥用他们的权力，来激起他们自己的野心、私图，好满足他们自己的热情、私欲；过了没有儿年，他们的优越地位就被取消了。由于这个原故，这些城市的历史在一方面，因为许多个别的性格上都显示出最可怕的或者最可钦羡的特征，表现出一幅有趣的图画；在另一方面却因为不可避免地变了单纯的流水帐，惹人烦厌。我们一想起在这些城市的中心骚扰着的许多永无宁息和永远变化着的冲动、以及许多继续不断的党争，同时，在另一方面，我们又惊异地看见实业和陆上、海上的商务发达到了最高程度。这种现象都是那个相同的生动的原则受了上述的内部扰攘的刺激而产生出来的。

我们已经观察过教会和城市了，教会的权力笼罩着当时一切国家，在各城市中一种以"权利"为基础的情况首先复活起来，各城市成为反抗君主、诸侯和封建领主统治的权力。在这两种新兴的权力后面，有着一种君主、诸侯反动的运动；现在"皇帝"开始同教皇和各城市斗争起来。皇帝被承认是基督教权力，也就是世俗的权力的极顶，相反地，教皇却被承认是宗教的权力的极顶，这种宗教的权力现在已经断然成为一种世俗的权力了。在理论上，罗马皇帝是基督教世界的元首，他握有世界统治权——这因为所有的基督教国家既然都隶属于罗马帝国，各国君主在一切合理和公平的条件下自然应该服从罗马皇帝。不过无论皇帝本人怎样以这种要求的合法为满足，他们毕竟很有常识，不致真个想要实现这种权威；但是，罗马皇帝这个空衔已经足够引诱他们竭力设法在意大利争取和保持这种权威。鄂图王朝各君主尤其抱着古罗马帝国一体相承的观念，再接再厉地召集了那些日尔曼诸侯一同进兵罗马，目的是要想在那里举行加冕大典——他们这种事业常常遭到各诸侯的弃置不顾，不得不半途退归，贻讥当世。受到同样的失望的不止鄂图一姓，还有那些意大利人，他们希望皇帝来拯救他们，好脱离各城市中无法无天的暴民政治和在四乡各境横行霸道的封建贵族。那些意大利诸侯，他们起初请求皇帝降临，都答应帮助他达到目的，后来又半途撒手，弄得皇帝进退维谷；至于那些起初盼望着祖国得救的人们，也就大声疾呼，含怨埋恨，说他们的美丽的河山被异族弄得破碎了，他们的优秀的文明被野蛮人践踏在脚下了。同时一切公理和自由既然为皇帝所不理睬，也只有同归于尽了。但丁向皇帝们的哀诉和谴责特别深刻动人。

　　和上述第一种复杂情形同时发生在意大利的第二种复杂情形，便是那番争斗，主持的人大多是斯瓦比亚的巨族，就是霍亨斯陶菜王室，这番斗争的目的是要把已经变为独立的教会的世俗权力，重新回到原先依赖于国家的状态中。罗马教皇的职位也算是一种世俗的权力和统治，罗马皇帝主张他有选任教皇、并授给世俗的统治权力的优越特权，皇帝们所争取的，便是这些属于国家的权利。但是他们一方面对抗着教皇那种世俗权力，同时，又因为这种权力假托教会的权力的尊严，使他们受制于教皇：因为这个原故，这种争斗乃是一种永远的矛盾。斗争的行动是矛盾的——在那里边调和同重新冲突是永远在交迭之中——斗争的工具也是矛盾的。因为皇帝们用来对抗敌人的那种力量——诸侯和臣属、仆从，他们的心思也是分散而不统一的，因为他们对皇帝和皇帝的敌人同时都有坚强的信誓为之约束维系。那些诸侯们最大的利益便是要对国家处于独立地位；所以当皇帝所争的只是帝皇尊严的空洞名号，或者遇到特殊的时机——例如同各城市抗争的时候，他们是愿意站在皇帝一边的，但是当他想要积极施展他的权力来压迫教会的世俗权力或者压迫其他诸侯的时候，他们便遗弃他了。

在一方面，各日尔曼皇帝企图在意大利实现他们的尊号，同时在另一方面，意大利在日尔曼也有它的政治中心。所以这两个地方的利害是这样互相连锁着的，任何一国不能够在自身内部获得政治团结。在霍亨斯陶棻王朝光荣的时期，曾经有过特出的人物，保持帝座的尊严；皇帝如腓特烈·巴巴洛萨，他就把皇权发扬得赫奕无比，并且施展他本人的才能，居然命令所属各诸侯以他的利益为利益。可是，无论霍亨斯陶棻王朝的历史显得怎样灿烂，无论它同"教会"的争斗显得怎样生动，但是这个王朝在大体上也不过表现着它本身的悲剧，教会在"精神"的领域内也没有获得重要的结果。各城市固然被迫承认了皇帝的权威，它们的代表固然立了誓言要遵守伦卡猎议会的议决案；但是只要胁迫一去，它们就破坏信誓。它们的服从感是完全以有一种优越的权力随时准备逼迫它们服从的直接意识为依归的。据说有一次腓特烈一世皇帝询问各城市代表，他们是否曾经宣誓遵守各种和平条件，他们回答道："是的，不过我们并没有打算遵守。"结果腓特烈一世在君士坦士和会上（一一八三年）不得不让步，给各城市一种事实上的独立；固然他附有一项规定，声明在这种让步下，各城市对于日尔曼帝国各种封建的义务必须默认保留。皇帝和教皇之间关于授任的争执终于在一一二二年末由亨利五世和教皇卡力克斯塔二世依照下列条件解决了：皇帝用皇笏授任，教皇用指环和牧杖授任；主教应当由牧师会在皇帝或者钦差大臣前选举；然后皇帝应该把"行政权限"授给主教，把那个主教当做一种世俗的臣属来看待，至于宗教方面的就职典礼，却由教皇主持。这样一来，世俗权力和精神权力之间历久的纷争终于得到了解决。

第二章　十字军东征

在上章所述的斗争之中，教会得到了胜利；它这样在日尔曼获得的优势，实在和它在其他各国用比较沉静的步骤所获得的优势，同样地断然不可动摇。它使自己成为一切人生关系以及科学和艺术的主宰；变成了各种精神宝物的永久贮藏所。可是无论这种宗教生活发展得怎样充分、怎样完备，我们仍然发现有一种不足、和一种连带发生的追求，表现在基督教世界之中。为了明了这种不足起见，我们必须追溯基督教本身的性质，特别要追溯它那赖以在信徒的意识里继续立足到"现在"的方面。

基督教的客观理论已经教会历次的评议会规定得这样不能动摇，不是中古时代哲学或者任何其他哲学能够继续有所开展，除非在思想方面提高这些理论，使它们能够圆满地表达出"思想"的形式，这种教义里面主要的一点，便是承认"神的本性"，就任何意义来说都不是一种世界之外的生存，而是在"鉴临"中的生存，同"人类本性"统一的生存。但是这种"鉴临"同时也是"精神的东西的鉴临"。基督被认为是这样一个人物，他已经远离世界了；他在人间的生存只是一种过去的生存，换句话说，它只是一种想象的生存。神的世间生存既然根本是一种精神的生存，所以它不能在达赖喇嘛那种方式下出现。罗马教皇的地位虽然高为"基督教世界的元首和基督的代表"但是他自称只是"仆役中的仆役"。那末，教会怎样去认识基督为一种世间生存呢？ 如前所说，这种认识的主要方式便是"圣饼"，它的表现形式便是"弥撒"：在这种方式里，现实的基督的生命受苦和死亡，都是真实地出现为一种永恒的和日常重演的牺牲。基督在"圣饼"这一种感官的形式里出现为一种世间生存，这"圣饼"是由教士加以神圣化的；这一切的一切都是满意的：这就是说，在这种教仪中获得直接和充分的保证的，便是教会，就是基督的"精神"。但是在这种圣礼中间最显著的特征便是，神明的出现要被巩固起来，作为一种世间的生存——也就是说，"圣饼"
这样东西是被特别提出，当做神一般地崇敬。教会本来也就可以满足于
这种感官的"神明"的存在；但是自从教会承认上帝存在于外界的鉴临
之中，这时候这种外界的显示立刻变为无限地多变；因为这种鉴临的需
要也是无限的。所以在教会的经历中，有许许多多的例子，基督在各种
地方、在各种人的面前出现了；至于他的神圣的"母亲"出现的时机更
为频繁，她更接近人类，是那位"中间人"和人类之间的第二中间人
（圣母那些制造奇迹的神像也可以说是一种"圣饼"，因为它们把上帝
的仁慈和恩泽的鉴临给了人类）。所以在处处地方都有各种"神圣"的
显示，出现得特别恩深，如像基督受难的烙印等；神明将在各种奇迹中
被认识为分别和孤立的现象。在上述的时期内，教会显出一个奇迹世界
的形态；由虔敬、诚笃的会众看来，自然界的生存已经完全丧失它的稳
定性和确实性；相反地，绝对的确实性已经转而反对它，神明也不在普
遍性的种种条件下被基督教世界拟想为"精神"的法律和本性，而在孤
单和分立的现象里启示它自己，在这些现象里，存在的合理的方式完全
被颠倒歪曲了。

在教会这种完备的发展里，我们可以发现一种缺乏；但是它能够感
到什么缺乏呢？在它这种十足完全的满意和享受的状态中，什么东西
驱使着它要在它自己的原则的限度内要求些别的东西——而不至改变它
自己的信条呢？那些奇迹的神像、奇迹的地方和奇迹的时间，只是孤
立的几点、暂时的现象——而不是属于最高和绝对的种类。圣饼，这种
无上的显示，固然可以在无数的教堂中发现；在那里面，基督是实体变
易为一种现世的和特殊的生存：不过这种生存本身是属于一种空洞和普
通的性质；这里在空间特殊化的，并不是他的现实的和亲自的鉴临。就
时间上说来，那种鉴临已经消逝了，但是就它在空间方面是空间的和具
体的来说，那种鉴临在这一地点、这一村落……都是一种永久的世间的
生存。所以基督教世界所缺少的、而且是它决意要获得的，就是这种世
间的生存。固然有许许多多朝拜圣地的信徒，曾经享到这种幸福；然而

到达圣地的门径现在却操在异教徒的手里，而且特别是基督的圣寝和那些神圣地方却不为教会所有，这对于基督教世界真是一种谴责。这种感情在基督教世界是人同此心的；因此才有了十字军的东征，它的目的并不是参加的各国企图达到任何特殊利益，而是简简单单地为了要光复这个"圣地"。

于是"西方"再度排起敌对的阵容，向着"东方"进发。如同希腊人远征"推来"那样，十字军的队伍也完全由独立的封建领主和武士们组织而成；不过他们并不像在亚加绵农或者亚历山大领导下的希腊人那样团结在一位真实的个性之下。相反地，基督教世界是从事于一种任务，它的目的是取得世间的生存——"个性"真实的极顶。这个目的迫着"西方"要向"东方"采取敌对行动，而十字军的根本目的也就在这一点。

十字军最早和直接的发动是在"西方"本境之内。成千成万的犹太人，他们的生命被屠杀了，他们的财产被劫夺了；这一可怖的序幕既然已经揭开，基督教世界便开始长征。号称亚眠斯隐士彼得的那位僧侣率领了一群乌合之众打着先锋。这个队伍毫无秩序地经过了匈牙利，一路上打家劫舍，无异流寇；但是他们的人数逐渐减少下去，到达君士坦丁堡的寥寥无几。因为合理的考虑简直谈不上；大众深信上帝将为他们的直接的向导和保护人。那种几乎使欧洲各国发疯的狂热，可以用下述的事实作为最显著的证明：后来曾经屡次有大队儿童从家中逃出来，一同到马赛，搭船前往"圣地"。只有很少数到达了目的地，其余的儿童们都被商人出卖给萨拉森人做奴隶去了。

后来经过了极大的骚扰和无数的损失，才有比较整齐的军队，达到了他们的目的：他们占据了一切著名的圣地——伯利恒、客西马尼、哥尔哥塔，甚至还占领了圣寝。在这几次远征之中——在基督教徒一切行动之中——表现着那种巨大的对照（实在是当世的特征）——这就是十字军队从最大的放肆暴行过渡到了最深的虔敬谦卑。耶路撒冷惨遭屠杀的居民还在鲜血淋漓当中，那些基督徒却已经屈身俯伏在"救世主"的坟前，向他做热诚的祈祷了。

基督教世界便是这样掌握到了它的最高的产业。耶路撒冷被建立为一个王国，整个封建制度也在那里推行起来了——在萨拉森人虎视眈眈之下，却采用这种宪法，真是最坏不过的宪法了。一二○四年的那次十字军远征结果，克服了君士坦丁堡，并且在那里成立了一个拉丁帝国。所以基督教世界的宗教欲是满足了；它现在真正可以无阻无碍地踏着"救主"的遗踪前进。一船一船的泥土从"圣地"载运到了欧洲。从基督本人那里没有任何肉体上的遗物可以取得，因为他已经升天了；"圣帕"、"十字架"和"圣寝"便是最受崇敬的纪念物。但是在圣墓中却发现了真正的向后转之点；在坟墓里面感官界的一切虚荣都消灭了。在"圣寝"那边，虚浮的见解就没有存在余地（向来蒙蔽着真理的实体的种种幻想都消失无踪了）；那边一切都是严重性。在那种世间生存——就是感官的东西——的否定中所发现的，正就是上述的转变枢纽，这段话可以适用："你不愿使你的神圣主者归于腐朽。"基督教世界并不从坟墓里去发现它的最终的真理。基督教世界从圣寝那里第二次接到那个回音，就是当信徒们在那里寻求基督时得到的那个回音："你们为什么在死人当中寻求活人呢？他不在这地方，他已经升天了。"你们决不能够在坟墓里的死人中，就是感官方面，去寻求你们的宗教原则，你们应该在你们自己有生命的"精神"之中去寻求。我们已经看见，当人们从一种个别的外界对象里寻求"无限的东西"作为世间生存的时候，"有限的东西"和"无限的东西"结合的巨大观念是颠倒歪曲到了怎样的程度。基督教世界只找到了空空如也的圣寝，而不是"世俗的东西"和"永恒的东西"的结合；所以基督教世界就丧失了"圣地"。它实际上是没有被欺；它带回来的结果是否定的一种：这就是说，它追求着的世间生存只能够从主观的意识中寻求，不能从任何外在的对象中寻求；这里所说的那种确定的形式，表达着"世俗的东西"和"永恒的东西"的结合，就是个人的"精神的东西"自己认识的独立。人类世界便是这样获得了这种确信，知道人类必须在他自身内寻求那种属于神性的世间生存，主观性因此取得了绝对的认可，而在自己本身获得了对于神明的关系的决定。[1] 这一点便是十字军诸役绝对的收获，自我的信赖和自我的活动可以说便是从此开始的。在"圣寝"旁边，"西方"向"东方"告了永恒的长别，而对于它自己的原则——主观的无限的"自由"——获得了一种理解。基督教世界从此不再在历史舞台上出现为一个整个的东西了。

另一种的十字军，它的性质类似征服的战争，但是同时也包含一种宗教使命的因素，这就是西班牙在自己半岛上和萨拉森人的斗争。那里的基督徒们曾经被萨拉森人封锁在大陆的一角；但是他们的势力，逐渐凌驾他们的敌人之上，这因为在西班牙和阿非利加的萨拉森人正在各方面从事战争，同时内部又是党派分歧。西班牙人和法兰克的武士们结合在一起，常常兴兵征伐萨拉森人；那些基督教徒在同"东方"的武士制度——同"东方"的灵魂自由和灵魂独立——发生了冲突以后，他们也就分享了这种自由。西班牙给了我们中古时代武士制度最美丽的图画，它的英雄便是息德。此外又有好几次十字军，目的是要对抗法兰西南部，它们的事迹实在令我们发生显明的憎恶。在法兰西南部已经发展了一种美丽的文化：特罗巴都王朝各君主已在那里推行了一种生活方式上的自由，和日尔曼在霍亨斯陶莱各帝统治下的情形很相仿佛；两者间的区别，就是前者含有某种矫揉造作的东西，而后者却比较真挚。不过法兰西南部如同上意大利一样，已经灌输了许多关于纯粹性的荒诞观念；[2] 所以教皇就鼓吹十字军去讨伐法兰西南部。圣·多明我带了一支大军侵入这块地方，他的军队用最野蛮的方式大肆劫掠，不分善恶，一概虐杀，把这美好的地方蹂躏成为一片荒凉。

基督教教会经过了这几次的十字军，完成了它的权力：它已经颠倒

---

[1] 一切人类动作、设计、制度等等不再由一种外界权力来指定，而开始交由"原则"的裁判——主观性的神圣——来对于它们的价值作绝对的决定。——英译者

[2] 这般别树一帜的教派，有若干最普通的称呼，其一便是"喀若利"，意思是指纯粹派。德文 Ketzer 一字，意思是指异教徒，就是由此蜕化出来的。——英译者

了宗教和神圣的"精神"；已经歪曲了基督教自由的原则，成为人类灵魂的错误的和不道德的奴隶制度；这样，它不但没有消灭不法的纵恣横暴，相反地，却使种种不法横行作为教会权力的支柱。在历次十字军战役中，罗马教皇居于世俗权力之首：皇帝仅居于从属地位，同其他君主并没有什么分别，而且不得不把创议和行政的权力委托给教皇，承认教皇是十字军当然的大元帅。我们在前面已经看到了高尚的霍亨斯陶棻王室出现为教皇权力的勇武的、尊严的和有教化的敌人，这时候"精神"已经放弃这场争斗了；我们也已经看到了那个王室怎样到最后仍然屈服于教会之下。教会是能屈能伸地足以应付任何攻击、扫除一切反对，而不肯退让一步来求调解。教会不是可以使用公然的暴力来推翻的；它的灭亡是从内部发生——从"精神"发生一种自下而上的崩溃威胁着它。一般人对于罗马教皇的尊敬自然不免因为十字军的崇高目的——就是企求从神的感官的"鉴临"方面取得的满足——没有能够如愿以偿而减少了。同时，各教皇也没有达到他们长久保持"圣地"的目的。欧洲各君侯对于这种神圣的任务，已经没有从前那种热忱。各教皇看到了基督教徒众的丧师败溃，也不免中心忧伤，一再督促他们兴兵赴援；可是哀恳和呼吁都是失败，不能发生什么效力。"精神"对于最高形式的感官鉴临的渴想既然已经失望，所以它就返求诸己。一种破裂便发生了，它不但是空前的，而且是深刻的。从这时候起，我们看见许多宗教的和智慧的运动，在那里边"精神"——超越了它周围的可憎的和不合理的生存——不是在它自身内找它活动的范围，从自己的园地内取得满足，便是把它的精力运用在一个现实的世界，抱着普遍的和在道德上正当的目的，因此，也就是同"自由"相符合的目的。这样发生的种种努力，现在把它们一一加以叙述：它们是种种准备工作，"精神"在一种更高的纯粹性和根据之中藉以理解它的"自由"的目的。

　　属于这一类的运动的，第一，便是各种僧侣的和武士团体的树立，目的在实行那些教会明白要求会众实行的事情。教会悬为最高的精神造诣的，如产业、财富、欢娱和自由意志等的放弃，从此成为一种认真的事情。当时立下这种弃绝誓言的僧侣和其他机构，已经完全沉陷在世俗的腐败之中。可是"精神"现在便设法把"教会"所要求的种种，实现在否定性——纯粹在它自身内——原则的范围里。这种运动更直接的动机，便是法兰西南部和意大利有无数邪说的发生，趋向于热忱的方面；还有一种动机，便是日渐得势的不信仰，但是教会认为不信仰并不像邪说那样危险。为了抵制这些现象起见，就有新的僧侣团体的创设，其中最著名的就是芳济各僧派，也叫做"乞丐托钵僧派"，创始人是阿栖栖的圣·芳济——他这人赋有最高度的兴奋和狂欢——他的一生都是继续不断地在追求最崇高的纯粹性。他把同样的一种冲动传给了他的教会；那种最大的信诚、那种在当世教会蔽于世俗的环境中能牺牲一切享受的苦行、那种最严酷的贫穷（芳济各僧派是靠了施舍度日的）——是这个僧派的特色。和它同时崛起的还有多明我僧派，创始人是圣·多明我，它的特殊任务是宣教。乞丐托钵僧在基督教世界中分布之广，使人几乎不敢相信：他们在一方面是罗马教皇常备的使徒军队，同时在另一方面，他们又强烈地抗议着他的世俗性。芳济各僧派曾经为巴伐利亚王路易强有力的同盟者，联合着抵抗教皇的僭拟，据说他们曾经首先主张教会议事大会的权力应高出于教皇之上；但是时光过去，他们也终于陷入一种迟钝和无知的状态。再有所谓教会的武士派，同样企求取得"精神"的纯粹性。我们在前面已经注意到，西班牙因为同萨拉森人斗争，发展出来了特殊的武士精神：因为十字军诸役的结果，同样的精神散播到了欧罗巴全境。野蛮民族在劫掠生活中特著的横暴、凶悍的气质——因为饱暖富有而安定了下来，又因为大家平等而抑制了下来——现在先则为宗教所提高，继则因为看到"东方"的无限勇武而燃烧出了一种高尚的热忱。因为基督教在本身也包含着无限的抽象和自由的因素；所以"东方"的武士精神在"西方"的心坎里得到了一种回响，这回响使他们逐渐获有一种为他们空前所没有的更加崇高的美德。教会的武士阶级，它的构成的基础，和僧侣的会派所由构成的基础恰相类似。它们的分子同样要照例立下弃绝一切的誓言，就是将一切世俗的东西完全放弃。但是他们同时以保卫膜拜圣地的行客自任；因为这个原故，他们的第一个职责便是武士道的勇敢；最后他们又相约哀惜贫穷、照顾病人。武士派分为三种：一为圣·约翰派，二为圣庙派，三为条顿派。这些结社和封建制度自私的原则根本不同，他们的份子都是为了一种共同的目的，而用等于自杀的勇敢牺牲他们自己。所以这些武士派超越了他们的附近环境的限制，形成了普及全欧的一种友爱的网，可是他们的份子最后又沉沦到低级的趣味上，各派到后来竟然成了一般贵族的临时机关，绝少其他作用。圣庙派竟然被控为自己形成了一种宗教，并被指责为在它受了"东方精神"的影响而采取的信条中叛离了基督。

　　第二个方向是科学。"思想"——抽象的"普遍的东西"——开始它的发展。那些友爱的结社本身有一个共同的目的，它们的份子努力指示出，事实上一个普遍的东西已经开始为人承认，而且逐渐意识到它的力量。"思想"最初趋向"神道学"，现在在"经院神学"的名称下，一变而成为"哲学"了。因为"哲学"和"神道学"都以神圣的东西为共同的目的；虽然基督教会的神道学是一种呆板的教条，现在却发生了这种运动，要在"思想"的观点下证实这种内容，著名的经院神学家安瑟伦说得好，"当我们确定了'信仰'以后，假如我们并不用'思想'来证实我们所信的内容，这简直是一种怠惰"。但是在这样的条件限制之下，"思想"是不自由的，因为它的内容已经规定了；哲学就是要想证明这种内容的。但是"思想"提出了多样的问题，教会的教条并没有直接给它们圆满的答复；既然教会对于这些问题还没有定夺，它们便成了合法的争论题目。哲学固然被称谓是一种忠实的工具，因为它是隶属于已经确定了的信仰内容之下的；但是"思想"和"信仰"间的对峙也必然出现。欧洲在一般方面既然已经表示着武士争战的现象——刀枪杂陈和武艺比赛——现在它又成了智慧方面角斗的舞台。各种抽象的"思想"形式发达的程度，以及运用这些形式而取得的巧妙精微的造就，实在令人惊诧而不敢相信。这种为了表演技能和当做消遣（因为辩论的题目并不是那些教义本身，而只是包含那些教义的各种形式）而举行的智慧上的勾心斗角，要算法兰西最为流行，它的成就也为完备。事实上那时候的法兰西已经开始被看作是基督教世界的中心：第一次十字军计划便是在那里发起推动的，并且是由法兰西军队来执行的；罗马各教皇在他们同日尔曼诸帝以及那不勒斯和西西里各诺曼君主相争时，就是在那里避难的，并且有一个时候在那里继续住了好久。我们在十字军出征以后的时期中，并且看到艺术——绘画——的发生；而且就是在十字军还在进行的时期内，我们已经看到了一种特殊的诗歌的出现。"精神"因为没有能够满足它的欲求，就用了想象自行创造出许多形态，比较现实世界所能供给的要美丽得多，而且创造方法也比较更为沉静、更为自由。

第三章　从封建政体过渡到君主政体

上述那些趋向于普通的东西的方向，它们一半属于主观的性质，一半属于思辨的性质。但是我们现在更须特别注意到这时期各种实际的政治运动。这时期的进步，具有否定的方面，这就是说个人的放纵任性和权力的分立是终止了。至于它的肯定的方面，便是一种最高权威的产生，就是一种共同的东西——这是一种名副其实的政治权力，它的全部臣民都享受着平等权利，个人的意志是以全体的共同利益为依归。这种进步就是从封建政体进入君主政体。封建主权的原则是个人——诸侯、领主们的外表的力量；这是一种缺少真正的正义的力量。在这样的政体下，各臣民都是一个高级君主或者侯主的臣属，他们必须对他履行各种规定的义务；但是他们是否履行这些义务，那就得全看诸侯、领主能否以性格的坚强或者奖赐的激劝使他们这样去做；——反过来讲，那些封建权利本身承认原来就是用武力威胁得来的；那些义务也只有永久不断地运用权力才能够保证履行，因为这种权力是上述的权利要求的惟一基础。君主政体的原则也是一种最高的权威，但是这种权威，行使于并无独立的力量来达到个人的任性的人们；在这个原则下，不再有用任性来对待任性的事情；因为君主政体里所包含有那种最高统治，在本质上就是一个国家的权力，而且在本身中具有实体的公平的目的。封建主权是一种多头政体；我们所看见的只是一些纯粹的主人和奴隶；相反地，在君主政体中只有一个主人而没有奴隶，因为奴役已经被取消，"权利"和"法律"已经被承认；这是真自由的源泉。所以在君主政体中，个人的放纵任性已经被抑制住，成立了一种统治的共同本质。在压服那些分立的权力中和在对于那种压服的抵抗中，似乎很难看出它们主要的动机究竟是求得一种合法和公平的局面的欲望呢？还是放纵个人的任性的愿望？对于君王权威的抵抗，叫做"自由"，当独断意志的观念和权威的观念联合在一起的时候，这种抵抗更被称颂为合法的、高尚的。然而正因为有了一个个人的独断意志，企图伸张来制服全体人民，才能够有一个共同本质的形成；如果拿这种局面来和那种每一点都是任性暴行的一个中心的局面相比较，我们就可以看出，这里比较上只有很少几点易为暴行所侵。这种主权统治范围的广大，必然促成许多以组织为宗旨的普通规定，而那些遵照规定来施行政务的人们，又因为他们的职务关系，同时必须服从"国家"；以前的"诸侯"变为国家的"官吏"，他们的职责是行使国家所颁布的各种法律，但是这种君主政体既然从封建政体发展而来，它自始便从胎里带了那个制度的印记。个人脱离了他们单独的地位，变做了阶级和社团的份子；诸侯们只在团结为一个阶级之后方才有力，同时还有各城市基于它们的团体生存而成为许多权力。所以君主的权威不再是一种纯粹专制独断的势力。这种势力的保持根本需要各阶级和各社团的同意；而做君主的假如要取得那种同意，他就非主持公道和正义不可。

我们现在看到一种国家组织的开始，同时封建统治却不知道有任何的国家。封建政体过渡为君主政体经过下列三种方式：

1. 有时候，势力最大的领主把他的独立的臣属的个人权力克服，取得了一种最高权威——这样自己便成为惟一的统治者。

2. 有时候，各诸侯根本脱离封建的关系，成为某国的疆吏。

3. 有时候，那个最高的领主用一种比较和平的方式，把承认他的优越地位的那些特殊的诸侯，团结在他自己的特殊主权下，这样他就成为全境的主人。

固然，这些历史过程并不像我们所想像的那样纯粹；我们时常看到不止一种形态在同一时间出现；但是其中终究有这一种形态或者那一种形态最占优势。最重要的便是，这一种政体构造的基础和根本条件，必须在产生它的那些特殊的民族中去寻求。欧洲有一些特殊的民族，它们在本质上形成了统一，而且有成为国家的绝对的趋势。不过所有一切民族并不是都能够取得这种国家的统一：我们现在必须根据这样造成的变迁来分别考察它们。

第一，讲到罗马帝国，日尔曼和意大利的联系是这个帝国观念的自然结果；世俗的统治和精神的统治结合起来，形成一个整体；不过这种局面，与其说是确实达到了目标，不如说是一种永久努力的目标。在日尔曼和意大利，从封建政体到君主政体的过渡包括着前者的完全取消：各诸侯一变而成为独立的君主。

日尔曼一向包含着种类繁杂的许多民族：——斯瓦比亚人、巴伐利亚人、法兰克人、条麟吉亚人、萨克森人、勃艮第人；此外还须加上波希米亚的斯克拉夫人以及梅格棱堡、勃兰登堡和萨克森与奥地利一部分地方的日尔曼化的斯克拉夫人；所以法兰西那种结合是无从发生的。意大利的局面和日尔曼一般无二。伦巴底人早已殖居在那里了；希腊人仍然据有"东罗马帝国总督的管区"和下意大利；还有诺曼人也在下意大利成立了一个王国，萨拉森人有一个时候又占领了西西里。自从霍亨斯陶棻王室的统治终止以后，日尔曼全境陷于野蛮状态；全境分裂为好几个主权，一种武力的专制政治流行其间。操纵选举的各诸侯惯常只把庸懦的王子选为皇帝；他们甚至还把帝座出售给外人。所以全国的统一简直是取消了。许多的权力中心成立了，每一个是一武力掠夺的国家：封建政体所承认的合法政体被打破了，陷于公然无忌的暴行和掠夺之中；

一般有势力的诸侯自立为国中的主宰。经过这一个皇座空虚的时期，哈布斯堡伯爵被选做了皇帝，于是哈布斯堡王朝继续占领着帝统，很少间断。这些皇帝不得不自行创造一种武力，因为诸侯们不愿拿出充分的力量来附属于帝国之下。但是那种绝对无政府的状态终于被许多具有共同目标的组织所结束了。在各城市内，我们看到较小规模的许多组织；但是现在更有许多城市联盟组织了起来，它们的共同目标便是要消灭劫掠式的暴力。属于这类联盟的，计有汉撒同盟、由莱因河旁各城市组成的莱因同盟以及斯瓦比亚同盟。这几个同盟组织的宗旨，都是要抵抗封建领主；甚至有许多诸侯也和各城市联合一起，目的在改变这种封建情形，并使全境回复到和平局面。在封建统治下面社会情形的不良是彰明较著的，这只要看那种为执行刑事法律而成立的丑声四播的组织就可以知道：这是一个私设的法庭，它在“秘密法庭”这个名称之下，举行了许多秘密的审判；它的主要地址在日尔曼西北部。同时，又有一种特别的农民会的组织。日尔曼的农民都是农奴；他们当中有许多避居城市，或者在城市附近住下来做自由人（Pfahl-bürger）；但是在瑞士却有一种农民兄弟会的成立。乌里、希维兹和温特瓦登的农民都在钦派总督的管理之下；因为瑞士的那些地方政府并不是私人持有者的产业，而是帝国的官有的职位。这些地方都是哈布斯堡王朝各帝企图据为己有的。那些农民手里拿着棍棒和铁锤、矛，同那些钢盔铁甲、握刀执剑、曾经练过武艺的趾高气扬的贵族们交战之下，居然获得胜利。同时，有另外一种工具的发明——就是火药的发明，也渐渐剥夺了贵族们因为披甲所占的优势。人类需要这种发明，所以它就应运而出现了。它是那些主要工具的一种，足以使世界从物质武力的统治下解放出来，并且使社会各阶级归于平等。各阶级所用的武器的分别既然消失，领主和农奴间的畛域也就不再存在了。而且那些堡垒在火药之前都是可以攻破的，所以金城汤池都失掉了重要性。当然，我们所叹息的是，个人的英勇已经丧失或者减削了实际的价值——一个怯懦的小人安然藏身于黑暗的一角，竟然可以将最勇敢、最高尚的人击毙在弹丸之下；可是，火药实在使一种合理的、深思熟虑的勇敢——"精神的"勇气——成为军事胜利的必要条件。只有透过这种工具，才能够发生那种高级的勇气——在那种勇气之中，不再需要个人感情的紧张，枪炮的放射乃是对付一群敌人——一个抽象的仇敌，而不是个别的斗士。军人在战场上遇到死敌，为了共同福利而牺牲他自己的生命，态度沉着，声色不动；而那些教化卓著的民族，他们的勇气有着一种特色，就是他们不纯粹依赖臂膊的强有力，根本信赖指挥将领的智慧、将才和个性；并且同古时一样，依赖诸将所统军队的团结和全体的意识。

如前所述，我们在意大利可以看到和日尔曼相同的那种景象——各个分立的权力中心取得了一种独立的地位。在意大利，一般雇佣军队的统领，把战争看作是一种正常职业。各城市不得不照料它们的商业经营，所以就招募了雇佣兵，它们的统领常常变成封建的领主，佛兰西斯·斯法若甚至自立为米兰公爵。至于佛罗伦萨城中，有着以商业起家的大族，叫做麦第奇家族，权倾一时。在另一方面，意大利各大城市又将若干较小的城市以及许多封建的领袖，收为臣属。罗马教皇同样的也开辟了一片领土。在这片领土上，先前本有无数的封建领主在那里自主独立，现在他们逐渐隶属于教皇的统治权下。这种隶属关系在道德的意义下是怎样公平透顶，只要看一下马基弗利的名著《君王论》就可以明了。这本书时常被人认为是满纸胡说，徒然替虐政张目，所以厌弃不读；而不知道这位作者实在深刻地意识到了当时有成立一个"国家"的必要，因此才提出在当时环境下面非得这样就不能够成立国家的各种原则。那些割据一方的首领和他们僭有的权力，非完全削平不可，而且我们虽然不可以照我们的自由观念，去赞同马基弗利所认为惟一有效和完全正当的手段——因为它们包含悍然不顾一切的暴行、应有尽有的欺诈、暗杀等等——但是我们仍然必须承认，如果要征服那些封建贵族，除此就更没有别的方法，因为他们已经根深蒂固地抱着一种蔑视良心的态度和一种完全卑鄙龌龊的道德。

在法兰西我们所见到的情形，恰巧同日尔曼和意大利所发生的完全相反。自从许多世纪以来，法兰西各国王仅仅领有一片渺小的地方，所以他们的臣属、诸侯当中，却有许多是比他们更为强大的；不过法兰西的王权占着一种极大的便宜，就是世世承袭的君主政体的原则已经根深蒂固地在那里成立了。同时它的威望又因为下述的情形而有增无减，就是各社团和各城市的权利和特权都必须由国王加以认准，而且控诉到最高封建法庭——"贵族法庭"，由贵族十二人组成——的案件，也越来越多。国王能够利用他的威望的关系，给予臣属以他人所不能够给予的保护。但是君权能够得到一般人、甚至那些强大的臣属们的尊敬，根本还是由于君主们个人权力的增加。各国王利用种种方法，如继承、婚姻、武力等等，取得了许多的侯爵区和不少的公爵区。然而诺曼第的公爵却变成了英格兰国王；这样一来，法兰西就遇到了一个强大的势力，它可以取道诺曼第直捣法兰西的内部。除此以外，这时候仍然有许多强大的公爵区存在；不过"国王"不像日尔曼许多皇帝那样只是一种封建的宗主，而是变成了一种领土的主有者：他下面有许多的诸侯和城市，他们都服从他的直接管辖；到了路易几世，更使全国涉讼的人通常都向皇家法庭去起诉。各城市在国内的地位，比较从前更加重要。当国王需要金钱、同一切寻常的财政来源——如租税和种种强迫的勒捐——又都缺乏的时候，他就要各城市帮助，同它们分别举行谈判。一三〇二年，腓力普皇帝首行召集各城市的代表，把他们当做连同教士和贵族而起的"第三阶级"看待。他们最初所关怀的，固然只是尊重那个召集他们的元首的权威，而召集的目的也只是筹措税款；然而各城市在国内却因此而一天一天更加重要起来，自然的结果便是对于国家立法也发生了一种影响。还有一个事实特别值得注意的，就是法兰西各国王曾经发出一个宣言，准许王田上的农奴可以按照平常的价格购取他们的自由。依靠了上述那些办法，法兰西各国王不久便获得了极大的权力；同时特罗巴都王朝文艺的发达状态和经院派神学的盛行（最著名的中心地是巴黎），也给了法兰西超越欧洲其他各国的一种文化，而为外族异邦所敬重。

英格兰这个地方，我们前面已经讲过，被诺曼第公爵威廉所征服。

威廉在那里推行了封建制度，并且将全国分为许多郡邑，把它们差不多都封给了他的诺曼臣属。他自己保留了相当的王田；那些诸侯有从军作战，和助理司法行政的义务；国王是一切没有成年的诸侯的保护人，他们没有经过他的许可，不得结婚。各诸侯和各城市都是一步一步地变得重要起来。尤其是在皇位发生了争执的时候，他们取得了举足轻重的地位。当国王的暴政和财政勒迫到了不能够忍受的时候，冲突、甚至战争，便跟着发生；各诸侯曾经逼过约翰王宣誓遵守《大宪章》，这是英国自由（特别贵族阶级权利）的基础。在这样取得的各种自由之中，关于司法行政方面的要算是最为重要：任何英格兰人假如没有经过法庭的判决，一概不得剥夺个人自由、财产或者生命。再者，任何人都有自由处分他私产的权利。还有一点，国王没有经过各大主教、各主教、各诸侯贵族的同意，不得征派任何税捐。同时，各城市因为国王偏袒他们而压抑贵族的结果，不久也提高了地位，成为"第三阶级"，并且可以推派代表出席于国会的下议院。但是假如国王赋有坚强的个性，他还是有相当的威望：他的王田供给他相当的进款；不过后来这些王田逐渐因为用作赏赐而减少下来，结果，国王只得向国会申请津贴了。

关于诸侯领地之归并为国家以及在归并时所发生的争执、冲突，我们用不着详细叙述其经过。我们只须补充说明，当各国王削弱了封建的制度，增加了他们的权力，接着便公然为了他们自己统治地的利益，互相火并起来。因此，法兰西和英格兰交战了有一世纪之久。那般国王永远企图立功国外；那些城市受着这类战争的负担和费用最重，常常反对战争，国王为了要消弭它们的反对，便给了它们许多重要的特权。

各教皇每每企图利用这些事变所造成的混乱的社会局面，出来伸张他们的权威；但是各国的发展已经成为根深蒂固的了，不容许教皇对它们行使绝对的权力。那些君主和人民对于教皇催促他们重新举行十字军的召唤，都是不加理睬。路易皇帝竭力设法从亚理斯多德、《圣经》和罗马法中找出各种证据，来驳斥教皇的僭称；各选举人在一三三八年莱恩斯地方举行的会议上和后来更坚决地在法兰克福举行的帝国议会上声称，他们将拥护罗马帝国的自由和传统权利，并且说，在选举一位罗马皇帝或者一位国王的时候，无须取得教皇的认可。同样地在一三〇二年，当教皇博尼反司和腓力普皇帝发生冲突的时候，腓力普皇帝所召集的各国大会曾经反对过罗马教皇，因为那些国家和团体都已经意识到是一种独立的存在了。种种的原因集合起来，削弱了教皇的权威；那次"教会大分裂"，它使人们怀疑教皇的没有错误，引起了君士坦士和巴斯尔的两个教议会的议决案，那些教议会取得了超出教皇的权威，并且实行了教皇的任免。那些反对教会制度的举动不断发生，证明一种改革的必要。布里西亚的安诺德、威克里夫和胡司反对罗马教皇为基督代表的信条以及有玷教会组织的种种荒谬设施，极得一般人的同情。可是这些反对的企图，范围只限于一部分。一方面，时机还没有成熟；另一方面，那些起来反对的人还没有直捣问题的中心（尤其是威克里夫和胡司），仅把渊博的学问作为武器，专门来攻击教会的教训，所以结果不能够引起一般人民的兴趣。

事实上，教会的原则所遇到的劲敌，并不是上述那般反对的人，而是那些新成立的政治组织。一种共同的目的、一种真正具有十全的道德的合法性的东西，[1]以国家的形成而出现来支持世俗性；于是个人的意志、欲望和纵恣便服从了这种公众的目的。"心灵"的自求性质所特具的顽硬，向来维持着它的孤立地位——日尔曼民族气质里盘据着的橡树般的坚实的心——终于被中古时代的可怕的训练打碎了、腐蚀了。这种训练所运用的两根铁棍便是教会和农奴制度。教会使"心灵"趋向于日暮途穷——使"精神"饱经了最严厉的束缚，以致灵魂已经不是自己的灵魂；但是它并没有堕落成为印度的麻木不仁，这因为基督教是一种真正精神的原则，具有一种无限的伸缩性。同时农奴制度，它使一个人的身体不再是自己的身体，只是另一个人的财产，也用同一的方式驱使

---

[１]　这就是说,这不是一种个人的目的(它的自求的性质就是定罪的理由),而是一种普遍而自由的目的,所以也就是一种道德的目的。——英译者

人类经过奴隶制度和任情纵欲的野蛮状态，这种状态终于被它自己的暴行毁灭了。人类与其说是从奴隶制度下解放出来，不如说是经过了奴隶制度才得到解放。因为野蛮、情欲、不义造成了罪恶；人类既然在深深的枷锁中，自然不适宜于道德和宗教；上述那种使人类解放的经历，使他从这种不可约束的意志里解放出来。教会和那种粗鲁的横暴的感官性作战的时候，它的气质是像它的敌人一样地粗犷、一样地可怖；它所以能够屈服它的敌人，是用了地狱的恐怖作为威吓，并使他永久的屈服藉此好打破野蛮的精神，把它驯服得归于平静。神道学宣称，每一个人必须经过这番争斗，因为人类的本性是恶的，人类只有经过了一种内心破裂状态，才能够达到"调和"的把握。假如我们在一方面承认这种说法，那末，在另一方面就必须承认：假如这番争斗的基础不同，而且那种调和确实达到了的时候，那末，这番斗争的形式也必然大大地改变。痛苦的经历在这种情形下就不必要了（这番痛苦后来固然出现，但在形态上大不相同），因为意识觉醒的时候，人类就在一种道德的状态的元素之中。否定的因素在人类发展上诚然是一个必要的因素，但是它现在取了教育的方式，而趋于平静，所以那种内在的斗争的一切可怕特征都消失了。

人类已经感觉到真实的"精神"的和谐和关于现实即关于世俗的生存的一种良心。"人类精神"已经站在它自己的基础上。在人类这样进展到的自我意识之中，并没有对于"神圣的东西"的反抗，而只是显示着那种更优越的主观性；这种主观性在本身感觉了"神圣的东西"；它被"真的东西"渗透了，它的活动是走向各种带有合理性和美的普遍的目的。

使中古时代告一段落的艺术和科学

精神的天界已经为人类开朗了。我们已经看见，世界肃静下来到了政治的秩序，同时"精神"也提高到一种更广泛、更具体、更高尚的人生阶段。"圣寝"——"精神"的死东西——和"超世界"已经不再吸引人类的注意。世间生存的原则曾经引起了十字军的东征——这个原则现在在世俗性中发展；“精神”向外发展，徘徊在外在性之中。可是教会仍然维持着它原先的地位，并且保留着上述的原则的原来方式。不过教会本身也发生了变化，这个原则不停留在它的直接性中间作为外在性附属于教会；它是被艺术提高了。“艺术”精神化——生动化了这种外在性，对于纯粹感官的东西给予一种表现灵魂、感觉、“精神”的形式；因此宗教虔诚不仅有一种感官的世间生存在它的面前，不浪费热忱于一件平常的东西，而是专注于那件物质的东西所包含的较高的东西——“精神”渗透了的、充满了灵魂的形式。当“精神”悬想一件平常的东西——如“圣饼”本身、一石、一木、或者一张坏的画——或者当它悬想一幅富于精神的画、或者一件美丽的雕刻品，那末，触目之下，灵魂和灵魂相通，“精神”和“精神”相合，这是截然不同的。在前面的情形里，“精神”已经走出了它自己，而束缚于另外一种对它完全陌生的东西——就是“感官的东西”、“非精神的东西”。在后面的情形里，恰巧相反，感官的东西是一个美的东西，“精神的形式”是使它兴奋鼓舞的东西，一种自身包含真理的东西。但是在一方面，这样显示的这种真理的东西，仅仅出现于一种感官的东西的方式中，而没有出现于它的适当的方式中；在另一方面，“宗教”平常并不依赖那种在本质上只是一个外在存在的东西——一件平常的东西——那种宗教，同“美”相连系后却不觉得满足；也许倒是那些最粗陋的、最丑陋的、最贫乏的表象能够同样地——甚至更加适合它的目的。如像大家这样说，真正的艺术作品——例如拉菲尔的《圣母像》——并不受到怎样的尊崇，也不激起盛大的献祭；相反地，劣等的画像似乎倒是特别受人宝贵，而且成了最热烈的虔诚和最慷慨的赐予的对象。宗教虔诚所以忽略了那些艺术作品，完全因为当它在那里逗留的时候，它将觉得一种内在的刺激和吸引；这一种兴奋必然被它感觉到是陌生的，这里惟一缺少的东西就是一种丧失自己的心灵束缚的意识——沮丧地依赖的麻木状态。所以“艺术”在它的根本的性质上超越了基督教会的原则。但是“艺术"既然仅仅出现在感官的限制下（而不呈现抽象的思想那种可疑的形态），所以它起初被认为是一种无害而且不关重要的东西。因为这个原故，教会仍然继续追随着它；但是自从由"艺术"所发生的那种自由的"精神"进展成为"思想"和"科学"以后，教会便开始同这种自由精神分离了。

由于考古的结果，艺术得到了进一步的援助，并且受到了一种激励的影响（"人文"这个字是富于意义的，因为在那些古学研究中，人类的东西和人类的文化受到了尊重）；经过了这一种研究，"西方"开始认识了人类活动中的真实和永恒的东西。拜占庭帝国的崩溃，便是这种科学复兴的外在的时机。有许多希腊人那时避难在"西方"，把希腊文学带到了西方各国；而且他们不但带来了希腊的语言的知识，更带来了希腊的作品。先前各寺院、堂保存的希腊的作品很少，至于希腊文字的知识几乎完全没有。对于罗马文学就不同了；关于这种文学，仍然流传着许多传说：味吉尔被认为是一位魔术家（但丁诗中把味吉尔当作"地狱"和"净土"的引导人）。后来经过希腊人的影响，大家重新注意到古代的希腊文学；"西方"从此能够享受和领略它了；许多截然不同的形态和不同的德行，一直到那时还没有人知道，都在这里表现了出来；关于什么应当受到尊荣、赞赏和模仿，现在也成立了一种完全新颖的判断标准。希腊人在他们作品里所表现的许多道德的命令，是和"西方"以前认识的那些是划然不同的；经院派的形式主义被另外一种完全不同的内容代替了；柏拉图开始为"西方"所熟悉，一个新的人类世界也从他出现了。这些新颖的观念自从印刷术有了新发现，就取得了一个主要的传播工具，新发明的印刷术和火药相同，都是适合了现代的性格，供给了当时的需要，使人类相互间发生一种理想的联系。当这种古学研究所表现的爱好仅仅在人类行为和德行方面的时候，"教会"仍然继续容忍着不加干涉，而不知道正有一种完全陌生的精神，从那些陌生的作品里一步步地进逼着它呢。

我们要说到第三点重要现象，这就是"精神"的向外冲动——就是人类想认识他的地球的欲望。葡萄牙和西班牙海上英雄们的勇敢精神开辟了一条到东印度去的新道路，并且发现了亚美利加洲。这一步进展也还没有逾越教会的范围。哥伦布的目的也特别是一种宗教的目的；在哥伦布的本意，那些富饶的印度地方正有无限宝贝等着他去发现，好作一次新的十字军军费，那些地方的异教人民，也应当皈依基督教。地球为圆形的知识，使人类感觉到，他有了一个完成的东西，同时，航海术又因为指南针的新发现，得以大大有所作为，不再像从前那样仅沿着海岸行舟；所以各种技术的工具，当人们需要它们的时候，就一一地出现了。

上述三件事实——所谓"文艺复兴"、美洲的发现和到达东印度的新路，可以和黎明的曙光相比，好像在长时期暴风雨之后，第一次又预示一个美丽日子的来临。这一个日子就是"普遍性"的日子，它经过了中古时代的阴森可怕、漫漫悠长的黑夜，终于破晓了！ 一个因富于科学、艺术和发明欲而著名的日子，那就是说，它充满了最尊贵的和最高尚的东西，曾经由基督教给予了自由的、由教会解放出来的人类精神，显示出永恒的、真正的内容。

第三篇

现　代

　　我们现在要讲到日尔曼帝国的第三个时期了，这个时期"精神"开始知道它是自由的，这就是说，它以真的永恒的东西为意志——以在自己和为自己的普遍的东西为意志。

　　在这第三个时期内，也有三个阶段的区分。我们首先要考虑宗教改革自身——这是中古时代期终跟着那种黎明的曙光升起来的光照万物的太阳；第二要考虑"宗教改革"以后那种局面的展开；最后要考虑自十八世纪末叶起的"现代"。

第一章　宗　教　改　革

　　宗教改革是教会腐败的结果。那种腐败并不是偶然的现象；它并不是单纯地滥用力量和威权。一种腐败的局面常常被指称为一种"滥用"；它的意思仿佛是说，事物本身是没有缺点的，但是那种热情、那种主观的兴趣，简单地说来，就是人类那种偶然的意志已经利用了那种在本身是好的东西，来推广它自己的自私目的，因此，对症发药，只要把这些贪求私图的因素消除干净，就什么问题也没有了。在这样看法之下，那个事物本身就避免了责备，那种玷污它的罪恶也显得只是外在的。但是假如一件好事情当真是偶然被滥用了，这种滥用也只限于个别方面。至于一种广大普遍的腐败风气，影响到一个规模宏大的事物如像基督教会，那就又当别论了——教会的腐败是土生的；那种腐败的本原应当在这个事实中去寻求，就是教会所承认的世间生存乃是感官的东西——就是外在的东西以一种外在的形式，在教会本身中存在了（艺术所给予的那种改良修饰是很不够的）。那种高等“精神”——世界“精神”——已经从教会驱除了“精神的东西”；教会对于“精神的东西”和从事于“精神的东西”已经毫无兴味；所以它保留着那种世间生存；那就是感官的主观性，它是直接的，还没有被“精神的”主观性加以精炼。从此以后，它退回在世界精神的后面；“世界精神”已经超过了它，因为它已经能够认识感官的东西是感官的东西，外在的东西是外在的东西；并且以一种有限的方式在“有限的东西”中间活动，刚好就在这一种活动里成为一种合法的和正直的主观性。[1]

这种从教会本身发生出来的决定，当它没有遇到抵抗、当它根深蒂固的时候，必然地发展成为腐败。于是它的各元素便能够自由地表现它们的趋势，来完成它的决定了。所以这是教会本身内的那种外在性，变成了罪恶和腐败，而且在它本身中发展成为一个否定的东西。这些腐败的形式是和“教会”本身所连结的许多关系同样地广远，而这个腐败的因素因此也进入了这许多关系之中。

这个时期的宗教的虔诚显示着一般的迷信——意志深锁在一个感官的东西、一个单纯的东西中——表现出最不同的形态：第一是对于权威的奴性的顺从，因为精神已经离开了它自己，已经丧失了它的自由，所以牢不可破地被束缚于某种外于它自己的东西上；第二是对于奇迹的最

---

[1]　教会热心于只属形式上的仪文，以为它已经致力于精神方面了，但是它实在是从事于感官的方面。中古时代将终的世界，同样地致力于感官的方面，但是它对于它的活动的性质，已不再有那种幻觉了，换句话说，它不再以为它是致力于精神的方面；同时它对于它的愿望和行动的纯属世俗的性质也不再感到懊悔，不像十一世纪所感到的那样。——英译者

荒谬和幼稚不过的相信，因为人类为了纯属有限的和特殊的目的，假定神明显示在一种完全不相联系和有限制的方式里；接着就是权力欲、放纵淫佚、种种野蛮的和卑鄙的腐败情形、伪善和欺骗——这一切都表现在教会之中，因为在事实上，教会里的"感官的东西"并没有被"理智"驯服、训练；它已经变成自由的，但是仅在一种粗鄙和野蛮的状态下是自由的——在另一方面，教会所表现的德行，仅对于感官性是否定的，只是在抽象方面是否定的；它对于感官的放纵，并不知道怎样加以一种道德的约束；在现实生活里，它除掉逃避、放弃和不活动以外，更没有什么可以作的了。

教会在本身中所表现的这些对照—— 一方面是野蛮的罪恶和情欲，另一方面是准备牺牲一切灵魂上的崇高——由于这种精力变得更加鲜明起来，在这种精力之中，人类主观的力量在反对那些外在的东西在自然中的时候所感觉到的，在那种地位上，他知道他自己是自由的，因此为它自己取得了一种绝对的权利。教会的职责本来在挽救灵魂不致堕落，它却把这种拯救工作变为一种纯属外在的设施，现在堕落到以一种纯属外在的方式来行使这种职务了。赎罪——那是灵魂企求着的最高的满足，它藉此可以有把握同上帝合而为一，这是人类最深刻和最内在的东西，现在却用一种最外在、最轻浮的方式来举行——就是，只要金钱就能够买到；而且所以要出售"赎罪"的目的，不过是藉此得到挥霍的资财。其中有一部分金钱，固然是用在建筑圣彼得大礼拜堂，那是基督教建筑物中首屈一指的杰作，矗立在宗教首都的中心点。但是就像雅典一切艺术作品的典型艺术作品，"雅典娜"和她的庙堂是用同盟各邦的金钱来建筑的，结果却丧失了同盟各邦和政治霸权；同样地，这座圣彼得大礼拜堂和息斯廷礼拜堂中米开朗基罗的《末次裁判》一画的完成，也就是这个骄傲建筑的末次裁判和崩溃。

那种古老的、彻底保存的日尔曼民族的内在性，终于要从它的正直和简单的内心里完成这种革命。当全世界正纷纷前往东印度和美洲的时候——当人人费尽心机追求财富和世俗的统治权，要使足迹遍于全球，永不见太阳西沉的时候，——我们只看见一位简单的僧侣，正在寻求着上帝的世间生存，这是基督教世界先前曾经从一个人间的石墓里去寻求而没有得着的东西，他认为世间生存是在一切感官的和外在东西的"绝对的观念性"的深处——是在"精神"和"心"之中——那颗心，它先前因为教会提出了最无聊和肤浅的手段，来满足最内在和深刻的欲求，受到了无从说起的创伤，它现在把绝对的真理关系被歪曲的地方，发觉得纤毫毕露，并且设法把这种歪曲彻底摧毁。路德简单的理论就是说，上帝的世间生存就是无限的主观性，也就是真实的精神性，就是基督并不显现在一种外在的形式里，而是根本属于精神的，只有同上帝和解后才能够得到——是在信仰和享受里。信仰和享受这两个字把一切意义都表达出来了。这个理论所要求的，并不是承认一个感官的东西为上帝，也不是承认某种纯系假想而不实际出现的东西，却是对于一个非感官的"现实"的认识。这样取消了外在性，也就是重新建设了全部教会理论，把教会时常沉溺其中而沦丧了它的精神生活的一切迷信全都加以改革。这种改革特别影响各项工作的理论；因为这类工作里有些是在任何方式之下都可以做得到的——不一定要在信仰里、要在一个人自己的精神里的，而只是权威所规定的纯属外在事情。信仰并不是关于纯粹有限事物的一种保证——一种仅属于有限个人的保证，例如相信从前有过某某人，说过某某话；或者相信"以色列的儿童"曾经踏过红海而足踵没有潮湿；或者相信鼓角在耶利哥城墙前面产生的一种印象，如同现代的大炮一样地使人震惊；因为就算我们从来不知道，从来没有听说过这类事情，我们对于上帝的知识，决不会因此而比较欠完整。事实上，信仰上帝并不是相信某种不存在的、发生的和过去的东西，而是对于"永恒的东西"、"在自己为自己的真理"、"上帝的真理"的主观的保证。讲到这种保证，路德教会说这是"神圣的精神"单独产生的——那就是说，这不是个人由于他的特性，而是由于他的根本的存在而获得的。所以路德的理论实在包括天主教的全部实体，只排除了从外在性的关系而产生的一切——天主教教会却坚持那种外在性。因为这个原故，路德对于这整个问题中心所在"圣饼"的理论，丝毫不肯让步。同样地，他也不能对"维新教会"——"喀尔文教会"让步。维新教会说，基督只是一种纪念、只是一种回忆，他宁肯同意天主教会，就是说基督是一个鉴临的存在，不过只在信仰和"精神"上面。他认为基督的"精神"确实充塞于人心——所以基督不能被看成仅仅一个历史上的人物，而应注意到人类在精神里和他有一种直接的关系。

因为个人知道他自己是充满了"神圣的精神"，我们在前面看到一切外在性的关系都瓦解了：现在不再有教士和凡人的分别；没有一个阶级占有着"真理"的内容，如像教会占有一切精神的和世间的宝藏；相反地，那颗心——人类感觉的精神性——是被承认为能够占有、而且应当占有"真理"的东西；这种主观性便是一切人类的共同产业。每个人必须在他自己本身里面去完成同上帝调和的工作。"主观的精神"应当把"真理的精神"接入它自身里，使得在那里有一个栖息之所。这样一来，附属于宗教自身的那种灵魂的绝对的内在性和教会中的自由，这两者都得到保障。所以"主观性"就以客观的内容——就是教会的理论——作为它自己的东西。在路德教会中，主观性和个人的确信这两者同被认为是"真理"的客观方面所不可缺少的。在路德教徒们看来，"真理"不是一件已经完成的东西；个人必须变成一个真实的东西，放弃他的特殊的内容来换取实体的"真理"，并且使那种"真理"成为他自己的真理，因此，主观的精神在"真理"中取得了解放，否定了它的特殊性，而在认识它的存在的真理方面回复到了它自己。"基督教的自由"便是这样现实化了。假如我们仅把"主观性"放在情感方面，没有这种内容，那末，我们就支持了纯粹的"自然的意志"。

以上这些原则的宣告就是展开了那最近的新旗帜，一般人民围绕着它集合起来——它是自由精神的旗帜，精神独立不倚，它只在"真理"中过生活，只在"真理"中享有这种独立。这面旗帜就是我们现在所拥护的、我们现在所擎举的。自从那时到我们现在，时间所进行的惟一的工作，便是要使世界正式吸收这个原则，要使那在本身的"调和"和真理依照形式变为客观的。一般的"文化"就是"形式"；"文化"的工作便是要实现"普遍性的形式"，这就是"思想"。[1] 因为这个原故，"法律"、"财产"、"社会道德"、"政府"、"宪法"等等必须遵守各种普遍的原则，才可以符合"自由意志"的概念而成为"合理的"。"真理的精神"只有这样才能够出现在"主观的意志"之中——在"意志"特殊活动之中。基于"主观的自由精神"所取得的那种深刻的程度，提高到"普遍性"的形式，"客观的精神"便能够出现。我们所谓"国家"建筑在"宗教"之上便是这个意义。"国家"和"法律"不过是"宗教"在现实世界的各种关系之中出现的东西。

这便是"宗教改革"的根本内容；人类靠自己是注定要变成自由的。

"宗教改革"开始仅关心天主教教会腐败的个别方面；路德希望能够和整个天主教世界一致地行动，他要求召开教会议事大会。他的宣言在各国都得到了响应、拥戴的人。我们要答复有些人对于路德和新教徒的攻击，说他们过甚其词，危言耸听——甚至还说他们描摹的教会腐败情形是恶意毁谤、捏造事实，那末，我们可以举出天主教徒们自己关于这事的记载文字，尤其是教会议事会那些公报中的记载文字。可是路德的口诛笔伐，起初虽然只限于特殊的几点，不久就扩充到了教会的各种教条；他放下私人不说，径自攻击相关的制度——寺院的生活、各主教世俗的领主权等等。现在他的文章所争辩的，不仅是教皇和教议会的某一段理论，而是争执各点所依据的那个原则本身——最后，关于教会的权威问题。路德否认了教会的权威，而提出《圣经》和人类精神的证实来代替它。《圣经》成为基督教会的基础，这是一件非常重要的事实：

---

[1]　那个共同的原则,它真实地把同一阶级的各个人连锁在一起,而且靠了它,于是各个人得和其他存在有同样的关连,它现在在人类意识里取得了一个形式;那个形式便是概括着各个普通性质的构成分子的思想或者观念。εἰδέα（观念）这个字同相关的诸字 εἰδος 和 species,其原始的意义便是"形式"。"思想"中的每一个"普遍的"东西在"实在"中都有一个相对的普遍原则,"思想"就是给予这个原则以智慧的表现或者形式。——英译者

每一个人都享有从《圣经》取得教训的权利，能够使他的良心遵照《圣经》行事。这是原则上剧烈的改变："传说"的整个体系、教会的整个组织都发生问题，教会权威的原则被推倒了，路德所译的《圣经》对于日尔曼民族具有无限的价值。他给了他们一本"民众的书"，这样的书是天主教世界任何国家所没有的；天主教世界虽然有汗牛充栋的祈祷文一类的小出版物，但是他们并没有普遍公认的典籍，来供给一般民众的研读。然而现代仍旧议论着这个问题，就是把《圣经》交在民众手里是否合宜。但是我们知道，这样一来，虽然有几点不妥当的地方，但是更有数不胜数的许多利益；那些叙述文字，在外形上虽然对于心、对于理智是不适当，但是可以由宗教的意识加以鉴别，同须牢牢把握它的实体的东西，就很容易把任何疑难克服了。而且那些号称"民众的书"就算不那样肤浅，它们也不能够使个人心悦诚服，发生这一种名目的书籍所应当引起来的尊重的心。要免除肤浅的缺点，实在并不容易，因为就算有一本处处都适当的书印出来了，每一个乡村牧师仍然会吹毛求疵，想加以改正。在法兰西曾经深深感觉到需要这样一本书；曾经悬了极大的奖励金征求这样的书，但是基于上述的那个理由，始终没有出现。一本"民众的书"的出现，要以民众方面的阅读能力为先决条件，可是天主教各国的民众普通都很少有这一种能力。

教会的权威既然被否认了，必然要引起分裂。特棱特教议会把天主教的原则刻板化了，统一成为不可能。莱布尼兹后来曾经和波绪亚主教讨论过新旧教会的结合，但是特棱特教议会始终是一个无法超越的障碍物。两个教会成了敌对的两派，因为就是在世俗的部署方面它们也显示出来一种明白的不同。在非天主教各国，各种修道院机关和主教统治地都被废弃了，当时主持人财产的权利也被漠视了。教育的规定被更改了；斋戒和圣节被撤除了。同时还有一种世俗的改革——一种影响于教会关系范围以外的局面的改革；因为有许多地方都发生了暴动，反抗世俗的权威。在闵斯德地方，再度浸礼会徒赶走了主教而成立了他们自己的政府；农民也群起暴动，要从农奴制度的羁轭下解放他们自己。但是时机还没有成熟，世界不能够马上就从宗教改革里来变更它的政治状况；天主教教会也根本受了"宗教改革"的影响，纪律的约束是严厉得多了，最可耻的事情和最不堪的败政也废除了，在天主教教会范围以外的当代许多智慧生活，它先前曾经和它们保持着亲善的关系，它现在也和它们绝断了。天主教教会到了一个最后的终点——"终止于此，不再前行！"它离开了进步的科学，离开了哲学和人文主义的文学；不久就来了一个时机，使它对于当时的科学研究表示敌意。著名的哥白尼已经发现了地球和各行星是围绕着太阳旋转，但是教会宣布反对这种新知识。伽利略曾经刊行了对话式的一篇说明书，举出各种关于哥白尼的发现的佐证和反证（实际上声明了他对于这个真理的确信），却不得不屈膝俯伏来求赦免罪过。希腊文学也没有被采取为文化的基础；教育事业都是交给耶稣会教士来办理的。所以天主教世界的"精神"，在一般上都沉落到"时代精神"后面去了。

这里，我们有一个重要的问题要答复的就是：为什么"宗教改革"只限于若丁国家？为什么它不普及到整个天主教世界？"宗教改革"开始于日尔曼，也只有在纯粹的日尔曼各民族间生长得根深蒂固；因为除掉日尔曼本部以外，它只在斯堪德那维亚和英格兰成立。至于罗马和斯克拉夫各民族却不受它的影响。就是日尔曼南部也只有一部分采取了"宗教改革"，就像一般的情况一样，是一种混合的情况。在斯瓦比亚、法兰康尼亚和莱因河上各国有着许多修道院和主教区，还有许多自由的帝国城市；"宗教改革"的被接受或者遭拒绝，是同这些宗教的公民的机关的存在有着极大的关系；因为我们前面已经指出，"宗教改革"的变迁同时也影响它的政治生活，并且权威的重要性实在比较一般所想象的要大得多。世界上有一些基本原则，人类惯常根据权威的力量而加以接受、相信；许多国家所以决定接受或者拒绝"宗教改革"，也都是纯粹的权威问题。在奥地利、巴伐利亚和波希米亚，"宗教改革"早已经有了很大的进展；但是由于武力、诈术和威迫利诱的关系，这些国家里的改革运动终于被窒息得毫无余地，虽然人们常常说，真理一进

393

入了人类心灵的深处，就不能够连根拔出。至于斯克拉夫各民族，却是农业的民族。这种情况，带来了地主和农奴的关系。农业以自然的推动为主；人类的劳动和主观的活动，在农业中实在比较其他各业不大活跃。因为这个原故，斯克拉夫人并不像其他各民族那样迅速地、随便地取得了纯粹个性的基本意识——"普遍性"的意识——就是我们在前面所称的"政治的权力"，也就不能分享到自由曙光的利益。但是那些罗马民族——意大利、西班牙、葡萄牙和法兰西的一部分——也没有吸收到改革的理论。外界的武力或许对于它们曾经施过压迫；不过仅仅这层还不足以解释这一桩事实，因为一个"民族精神"当真要求任何事物的时候，武力决不能够制止它取得所需要的目的物；同时也不能够说，这些民族在文化方面有所不足；恰巧相反，它们在这方面实在超过了日尔曼民族。它们不采行"宗教改革"，还是由于它们民族的基本性格的关系。那末，阻止他们获得"精神自由"的这种特殊的性格究竟是什么东西呢？我们回答道：日尔曼民族纯粹的内在性，乃是"精神"解放适当的场合；罗马民族刚好相反，在他们灵魂的深处——在他们"精神的意识"里——一向保持着不和谐的原则；[1] 他们是罗马血统和日尔曼血统混合的产物，依然保持着从这种混合而产生的不同性。日尔曼人无可否认地比法兰西人、意大利人、西班牙人都具有更坚决的性格——而且他们用完全清楚的意识和最大的注意力，来追求一个决定的目标（虽然这个目标有一个注定的观念为对象）——而且他们非常审慎地实行一个计划，同时对于特殊的对象，也显着最大的决心。法兰西人称日尔曼人为 entiers（彻底的）——就是说，固执的；日尔曼人对于英格兰人那种怪诞的创作力也是不相识的。英格兰人在特殊的事物中有他自由的感觉，他并不关心"理智"，恰巧相反，当他的行动或者意向愈是违背了"理智"——就是说，违背了普遍的决定的时候，他愈觉得他自己自

---

[1] 在这些民族方面，它们对于一个外在的力量有权命令人的整个灵魂的承认，并没有代之以它们对于"良心"和主观的原则（就是"客观的"自由和"主观的"自由的结合）当做最高的权威而顺从。——英译者

由。另一方面，在那些罗马民族之中，我们马上就遇到了那种内部的分裂、那种对于抽象的原则的牢牢把握、以及同它相均衡的一种"精神总体"和情绪——我们称为"心灵"的缺少：他们没有那种灵魂对于自己的沉思内省；——在他们最内部的存在里，他们可以说是外于他们自己了。对于他们内在的生活这一个场合的内层，是他们所不领略的；因为它已经"全身"倾注在特殊的利益上，而那种属于"精神"的无限性是在那里找不到的。他们最内的存在，不是他们自己的。他们把它当作是一种陌生的和无足轻重的东西而抛弃了，并且很高兴由别人代他们来解决。他们把它交付给它的那个别人，就是"教会"。他们自己固然和最内的存在也有点关系；但是他们要做的事情既然不是自己发动和自己规定的，不是他们亲自动手的，所以他们愿意让这件事情用一种肤浅的方式来解决。拿破仑说道："好，我们做弥撒去吧，于是我的部下就要说：'这是命令啊！'"这正是这些民族性格中的特征——宗教的兴趣和世俗的兴趣相分离，也就是和特殊的自觉相分离，而这种分离的根基就在于它们的最内在的灵魂里，这灵魂已经丧失了它存在的集合性和最深刻的统一性了。天主教并不干涉"世俗的东西"；宗教始终在一方面是一件漠不相关的事情，至于在另一方面却和它割绝，占据着完全属于它自己的一个园地。因为这个原故，凡是有教养的法兰西人，都觉得和耶稣新教格格不入，在他们看来，它似乎是某种冬烘的、悲哀的、非常吹毛求疵的东西；这因为耶稣新教规定"精神"和"思想"应当直接从事于宗教方面，相反地，当参预天主教的弥撒和其他仪式的时候，并不需要用什么思想，出现在眼前的只有一片夺目的感官的现象，人们无须怎样全神贯注，就是稍作私语也没有什么不可以，应该做的功课也并不因此而耽误。

我们以上说到那个新的宗教对于世俗生活的关系，我们现在要详细阐明那种关系：自从宗教改革以来，"精神"的发展和进步不外乎下述的一点，就是"精神"从人类和上帝间发生的调解过程——现在充分认识了那个客观的过程是神的本质的存在获得了它的自由的意识，现在就运用和展开这种意识来建造各种世俗的关系。这种辛苦得来的谐和，包括着认识"世俗的东西"能够在本身具有"真理的东西"；"世俗的东西"从前被认为只是恶，不能为"善"——"善"被认为根本是超世间的。人类现在知道，"国家"内的道德和法律的东西也是神圣的东西，是"上帝"的命令，就内容上说来，没有什么东西是更崇高或者更神圣。从这样推断出来的一个结论，就是结婚不再被认为比较独身有欠神圣。路德娶了一位妇人藉此表示他尊重婚姻，不怕因为这一种举动而引起的侮蔑。这是他的职责应该作的事情，好像他每星期五吃肉一样；他要证明这样的事情是合法而且正当的，同时还要证明那些以禁欲为高尚的想法都是不对的。"家庭"介绍人类进入团体生活——进入社会上相互依赖的关系，这样的联系是一种道德的联系；相反地，在另一方面，那些僧侣脱离了社会道德的范围，仿佛构成了教皇的常备军，就像那构成土耳其权力的基础的警卫军一样。教士结婚的结果，便是消灭了普通人民和僧侣阶级在外表上的区别。再者，现在不劳动，也再享不到圣洁的雅名了；大家认为人类用活动、智慧和勤勉来跳出依赖状态，而自己独立，是更可称赞的。一个有钱的人，就算把钱挥霍在奢侈方面，也比较把钱掷给懒汉和乞丐更合公道；因为当他挥霍的时候，也有许多人拿到这笔钱，至少有这个条件，就是他们曾经辛苦工作才赚到这一笔钱。实业和工艺，现在变成道德的了，教会加在它们繁荣上的各种障碍也都消灭了。教会曾经宣告放债取利是一桩罪恶：但是借债的终必直接违背教会的训诫。伦巴底人（因为他们善于放债，法文里面 lombard 一字直指放债的地方），尤其是麦第奇家族，放款给欧洲各地的君王。再有天主教会中的第三种神圣的因素——盲目的服从也同样地取消了。现在变成了对于国家的法律当做意志和行动的"理性"的服从。在这种服从之中，人类是自由的，因为"特殊的东西"服从"普遍的东西"。人类自己有一个良心；因此，他可以自由地服从。这样一来，"理性"和"自由"便有发展和加入人生关系的可能；现在"理性"也就是"神圣"的命令。"合理的东西"在宗教的良心方面不再遇到矛盾；它被准许在它自己的基地上安静地发展它自己，不会被迫用武力来保护自己，去对付一个敌对的东西。但是在天主教会里，那个敌对的东西是被绝对地认可的。在那"改革"的理论盛行的地方，那些君主就算还是不良的统治者，他们可再也不被他们的宗教良心所认可和勉励了。在天主教会内，恰巧相反，良心和国家法律处于反对的地位是常见的事情。君主的暗杀、反叛国家的阴谋等等，时常由教士们来赞助和实行。

国家和教会间的这种和谐，现在得到了直接的实现。[1] 固然，这时还没有国家和司法制度等等的改造，因为思想必须首先发现"权利"的根本原则。"自由的法律"必须首先扩充为一种系统，就是从"权利"之绝对原则蜕化而来的一种系统。"精神"在"宗教改革"以后并没有立即采取这个完全的形式；因为最初自限于直接的变革，例如修道院和主教统治等等的取消。"上帝"和"世界"的和解最初还是在一种抽象的形式之中；它还没有扩充为能够调整道德世界的一种系统。

第一，这种和解必须发生在个人本身里，在他的明白的感觉里；个人必须得到这种保证，就是"精神"归宿在他本身中间——依照教会的语言，个人已经经验到一阵心碎，上帝的神宠已经进入了这个碎了的心。人类天生并不是他应该是的那样；只有经过了一番转变的过程他才达到了真理。普遍的和思辨的形态恰是如此——就是人的心并不是它应该是的那样。现在教会要求个人知道他在自己是什么；换句话说，教会的教条需要人类知道，他是恶的。但是个人只有在这种时候才是恶的：就是在"自然的东西"显示它自己在纯系感官的欲望的时候——在一个不正直的意志表现它自己在它不驯服的、未训练的、粗暴的形式的时候；可是这样的一个人仍然必须知道他是恶的，而善良的"精神"归宿在他本身之中；事实上，他对于以一种思辨的方式在本身存在的东西，必须有一种直接的意识和"经验"。因为那番"和解"已经采取了这种

---

[1] 这就是说,这种和谐只是存在着罢了,它的发展和结果还没有表现出来。——英译者

抽象的方式，人们就使他们自己感到苦恼，藉此好强迫他们的灵魂意识到他们的罪恶，并且知道他们自己是恶的。那些最单纯的心灵、最天真的本性，惯常在痛苦的内省之中，追随他们的心最秘密的动作，目的是要对这些动作做一番严密的观察。同这种责任连在一起的，还有完全相反的一种责任，就是人类必须知道，善良的"精神"是归宿在他本身之中——上帝的神宠是已经进入了他的灵魂。事实上，在本身中的东西的知识以及在生存中的东西的知识，这两者间的重要区别是没有被顾到。人们受苦于一种不确定，不知道善良的"精神"是否寄住和走进他们本身之中，而精神转变的全部过程却应当被个人自己觉察到。这种苦恼的一种反响，我们现在还可以在当世的宗教诗歌里发现；表现着这种性质的大卫的赞美诗，在那个时候被采用为圣诗。耶稣新教采取这一步周密的和痛苦的内省，确信着这种内心运动的重要，而且有一个很长的时期就以一种自己痛苦的心情和精神凄楚的形态来显示它的特别性；这使现代有许多人走进天主教会去，藉此好脱除这种内心的无定，而取得以天主教会赫奕的总体为根据的那一种形式的广大的确定性。还有一种对于人类行为的性质所作的更细致的反省，也被采入了天主教会之中。"耶稣会"教士分析过意志的原始状态，他们的细心谨慎实在和耶稣新教各种虔诚的功课中所表现的并没有什么不同；但是"耶稣会"教士有一种"是非鉴别学"，使他们能够对于每一件事情找出很好的理由来摆脱掉恶的东西。

和这有关的，还有一种非常的现象，是天主教世界和耶稣教世界所同有的。人类被驱至"内在的东西"、"抽象的东西"之中，教会的东西被认为对于世俗的东西是完全陌生的。人类的主观性，他的意志的内在性升起来的意识，带来了对于恶的信仰，被认为是一种世俗生活中巨大的权力。这种信仰和"赦免"是相平行的：因为永恒的得救既然可以用金钱取得，所以只要和"恶魔"订立一个合同，缴纳了得救的价格，那末，世上的财富、以及欲望和热情的无限满足都能够买得了。浮士德那个著名的传说便是这样发生的：他厌恶了思辨的学术于是沉溺于红尘之中，出卖了他的灵魂，来换取世间一切荣华。依照诗人的描写，浮士德曾经出卖他的灵魂，换到了人世所能给与的一切享受；但是那些号称女巫的可怜的妇人所换到的却据说不过是使邻人的母牛断乳，或者使一个小孩子出麻疹，来做一次小小的报复。但是在判处刑罚的时候，当然不在于牛乳丧失或者小儿疾病的损害程度，而是抽象地诛罚他们心中那个"恶魔"的权力。在天主教和新教各国，人们对于那种世俗性中抽象的、特殊的权力的信仰——对于恶魔和他的邪术的信仰——引起了无数次的巫狱。要证明被告者的罪是不可能的；他们仅是犯了嫌疑；这种对于恶的原则的义愤，只是根据一种直接的知识。提出证据原是必不可少的，但是这些司法手续的根据只是确信某某几个人赋有"恶魔"的权力。这简直像一场瘟疫一般，传播到了十六世纪的各国。它主要的冲动便是怀疑。怀疑这个原则，在罗马各帝掌权和罗伯斯庇尔实行恐怖政治的时期内，曾经具有同样可怕的形态；就是说，仅是一种意向，不需要任何公开的行为或者明白的表示，就可以判罪。在天主教会下，巫狱的审讯和一般的"异教徒裁判"都交给了多明我僧派来办理。一位高尚的耶稣会教士叫做神父斯比，他写了一本册子反对巫狱（他又著了一集的绝妙好诗，集名《挑战的夜莺》），把这种审判方面黑暗可怕的情形揭发无遗。肉体苦刑本来只应该施行一次，却被不断地滥用，一直要到逼得人招服才罢。假如被告忍受不住重刑而昏厥过去，他们就说这是"恶魔"在给他安眠；假如有神经错乱、手足痉挛、身体抽搐等事情发生，又说是"恶魔"正在他里面嘲笑玩弄；假如受刑的人屹然不动，又说是"恶魔"给了他们力量。这类迫害像瘟疫一样遍布到意大利、法兰西、西班牙和日尔曼。开明的人士如斯比等等的热烈反对已经得到了相当的功效。但是第一个抗议这种流行的迷信而获得最大的胜利的，要推哈勒地方一位大学教授汤马秀斯。这整个现象本身是非常可以注意的，我们只要想想，我们自己跳出这个可怖的野蛮火坑，还没有多久的时间（迟到一七八〇年，还有一位女巫在瑞士的格拉罗斯被当众活活地烧死呢）。在天主教会下，遭受迫害的，除巫人外，还有异教徒；这两种人都被看作是属于一个范畴，异教徒不信上帝算是等于妖巫具有恶魔一样。

我们现在放过这种抽象形式的主观性不提，而来考虑那世俗的方面——"国家"的构造和"普遍性"的进展——就是对于"自由"的各种普遍法则的认识。这就是根本重要的第二个因素。

第二章　宗教改革对于国家组织的影响

我们追溯这个时期的国家组织，第一看到君主政体的渐形巩固，国家给了君主一种权威。我们在前一个时期看见王权的开始出现和各国统一的发轫。同时，那从中古时代相承下来的全部私有的权利和义务，依然保留着有效。这种私有权利的形式是无限重要的，它们已经成为国家行政权力的因素。这些权利的最高顶点是一个积极的原则——一个家庭据有帝座的独占权利，而且君主的世代相继更有长子承袭法加以限制。这就使国家有了一个不可撼动的中枢。因为日尔曼是一个选举制的帝国，所以它没有变成一个国家；波兰也因为同一的理由，丧失了独立。"国家"必须有一个最终的决定的意志：但是假如由一个人为最终的决定的权威，那末，他就必须是用一种很直接而且很自然的方式而不是依照选择和理论等等推定出来。就是在自由的希腊人中，当着千钧一发的危机，神谕也是定夺他们政策的外在权力；这里在君主政体下诞生就是神谕——它不受任何独断意志的支配。但是君主政体把最高地位给了一家，似乎表明国家主权是那一家的私产。主权既然是私产，它似乎是可以划分的；但是权力划分的观念，同国家的原则相反，君主和他家庭的权力必须更严格地加以规定。皇位并不是统治者个人的私产，而是交付给皇帝家族的一种信托；帝国各阶级既然必须保卫统一，所以它们得有保证，知道那种信托将被忠实履行的。这样一来，帝座不再见得是一种私有财产，不再是各阶级、阀阅或者地方等等的私有物，而成为一种国有产业——一种属于国家并且同国家相结合的机构。

　　和刚才所述的变化具有同等的重要性而且联系在一起的，便是各行政权力、各机关、各种义务和权利，它们自然属于国家，但是已经变为私产、私人的契约、或者义务——现在变为国家的所有物。那些封建领主的权利一概被取消了，他们现在不得不在国家内以谋取官职为满足。诸侯的权利变而成为官职，这转变藉各种不同的方式出现在各王国内。例如在法国那些大男爵，他们是各省的总督，本来有权来取得这些官爵，而且又利用各省的税课收入，像土耳其的总督们那样，设置了大批的军队——这些军队随时可以由他们下令对国王作战，现在他们也被降为平常的地主或朝臣，那些总督职务也变成政府直属的官职了；有些贵族被任用为军官——就是国家直属军队的将帅。在这方面，常备军的创设真是一件重要不过的大事了；因为常备军给了君主一个独立的军力，这在中枢当局削平臣属的反侧和抗御敌国的侵犯方面，都是不可以缺少的。讲到财政制度，固然还没有取得一种有系统的性质——财政收入，除由国内各阶级输助以外，是用种种方式从海关、税卡等项卜征收来的；各阶级既然有了这些输助，中枢当局特准它们有陈述困苦的权利，像匈牙利现在便有这种情形。至于西班牙，武士制度的精神在那里取得了一种非常美丽、非常高尚的形式。这种尚武精神、这种武士尊严，降为一种平常不活动的荣誉，而成了以劣迹著名的"西班牙贵人"。这些"贵人"不再准许设置他们自己的军队，并且被撤去了军队中的官阶；他们现在毫无实力，只得凭着私人资格，拥着空洞的名义来满足自己。但是西班牙的王权所以能够这样巩固，实在还是依赖异教裁判所。这个机关的成立，本来是要迫害那些秘密信仰犹太教的人们以及穆尔人和异教徒的，现在采取了一种政治的性质，专门压迫国家的敌人。"异教裁判所"便是这样稳固了国王的专制权力：就是那些主教和大主教们也要受它管辖，可以由它召来质讯。财产的常常充公——这是最普通的一种刑罚——使国家的库藏因此一天天富裕起来。再者，"异教裁判所"是一个捕风捉影、审问嫌疑犯的机关；它固然因此对于教士们行使了一种可怕的权威，同时在民族的荣誉心方面却得到了一种特别的赞助。因为每一个西班牙人都希望被认为是基督徒出身，而这种虚荣心恰恰适合了"异教裁判所"的见解和趋势。西班牙君主政体下有许多省分如亚拉冈等，至今仍然保留着种种特殊的权利；但是西班牙各王自腓力普二世以来就完全压制了这些特权。

这里为时间所限，不可能详细叙述欧洲各国贵族政体衰微的情形。如前所述，这种衰微过程主要便是这种封建贵族私有权利的削除以及封建领主的权威转变为对国家的职责。这番变化对于国王和人民都有益处。那些强有力的贵族仿佛构成了一个中间机关，职务是维护自由；但是正当地说来，贵族们所维持的只是他们自己的特权，一方面反对王权，另外一方面又反对民众。英格兰的贵族逼迫国王签了《大宪章》；但是人民却一无所得，它们仍然处在原来的地位。波兰的"自由"同样地不过是贵族们的自由，同国王站在反对地位，全国被束缚在一种绝对的奴隶制度之下。当人们说到"自由"这个字的时候，我们必须注意，它所表示的是否真正是私人利益。因为贵族阶级虽然被剥夺了他们的统治权力，人民由于绝对的依赖、农奴制度以及对于贵族管辖的服从，依然受着压迫；人民一部分被宣告为完全没有置产的资格，一部分处在一种束缚的状态，不准他们自由出卖他们的东西。从这种情形解放出来，不但关系国家的权力而且关系人民的利益——那种解放现在给了那些做百姓的人以自由个人的性质，并且决定，凡是为国家所做的一切事情应当是公平的摊派，而不是单纯的机会。具有所有权的贵族，在所有权中既反对国家的权力，又反对一般个人。但是贵族政体也有它的地位，他们是皇室的支柱，为国家和公共福利而从事活动，同时又支持人民的自由。事实上，那个做君主和人民间的链锁的阶级，它特有的任务便是要发现那真正"合理的"和"普遍的"东西，并且给它第一个冲动；而且这种对于"普遍的东西"的认识和任务，必须出现为积极的个人的权利。现在，那个据有积极的权威的中间权力，已经完全服从国家元首了，但是这种服从并没有包含那个臣属阶级的解放。这种解放直到后来，公理观念在自己为自己发生的时候方才出现。于是那些君主由他们各自的人民为后盾，克服了那个不义的阶层，但是在君主和贵族相勾结的地方，或者是贵族保持着自由不受国王约束的地方，那些积极的权利，或者可以说是不法行为，仍然继续保持着。

现在一种国家的体系和国家相互间的一种关系出现了。它们卷入各种战争之中，各国王既然已经扩大了他们的政治权威，现在转向国外，出来主持各种各样的权利要求。这时期的战争的目的和真正的兴趣，常常都是征服。意大利特别变成了这种征服的对象，常常受法兰西人、西班牙人，后来还受奥地利人的侵凌迫害。事实上，意大利居民的基本性格，无论在古代或近代，都是绝对的四分五裂。他们的顽强个性，在罗马帝国统治之下，曾因为武力压制的结果，有了一时的团结；但是当这种束缚一解除，原始的性格又全部重复出现了。到了后来，仿佛找着一种统一——就是当他们已经从一种最奸险、而且表现这种种罪恶的自私自利下脱身的时候——意大利人才养成了爱好美术的风气。因此，他们的文明，减除了他们的自私自利，它的程度仅达到"美"的阶段，而不是"合理性"——"思想"的高等统一——的阶段。这样一来，意大利的本性就在诗歌方面也和我们的本性不同。意大利人在本性上有临时创作本事，他们把整个的心灵倾注在"艺术"以及如醉如狂的享受上面。意大利人既然具有这种"艺术"的天性，"国家"对于他们必然是一件纯属偶然的事情。但是我们也必须注意，日尔曼所从事的种种战争对于日尔曼并不怎样光荣；它让人家夺去了它的勃艮第、洛林、阿尔萨斯和其他各地。从各个国家权力间的战争中，却产生了共同的利益，目的在于各个的维持，即保全各国的独立——事实上也就是所谓均势。"均势"的动机断然是一种"实际的"动机，就是保护个别的国家不受征服。欧洲各国团结一致来保障个别国家，以免受强国的蹂躏——均势的维持，现在代替了从前的普遍的目的，就是防卫以教皇政治为中心的基督教世界。伴同这个新的政治动机而来的，必然是一种外交的关系——在这种关系中，国家体系所属各分子，无论相去怎样遥远，对于另一分子所遭遇的事情，总觉得有一种关切心。外交政策在意大利已经发达到了极其精微的境界，更由这国转输到了整个欧洲。有好几个君主一个接一个地似乎想要动摇欧洲的均势。当这种国家体系正在开始的时候，查理五世正在企图建立世界的君主政体；因为他是日尔曼皇帝兼西班牙国王；尼德兰和意大利承认他的霸权，亚美利加全部财富流入到了他的库藏。他这种庞大的势力，好像私人财产所经历的祸福变迁一样，是由于一种非常巧妙的政治机运的关系而积累起来的——这类机运之一便是婚姻——可是缺少一种内部真正的联系；他虽然具有这样的势力，他仍然不能够对法兰西甚至或者对日尔曼各诸侯占到任何便宜；他甚至还被迫同萨克森的摩里士签订了一份和约。他的一生都消磨在削平他帝国内各部以及对外战争之中。路易十四世优越的势力同样威胁着欧洲。自从他国内一般武人被黎塞留以及后来被马萨林削弱以后，他就变做了绝对的元首。再加上法兰西具有欧洲任何其他国家所不及的优美文化，因此它有了精神上的优越感。路易的矜骄与其说是根据他的领域的广大（像查理五世便是如此），不如说是根据他的民族所特有的卓越文化，那种文化在当时和它的语言文字一同遍传各地，为全世界所赞赏；所以他们能够比日尔曼皇帝提出更高一等的根据。但是腓力普二世巨大的军事力量曾经触礁的那块险石——就是荷兰人的抵抗——同样路易野心的计划也在这个英雄的民族那里受了致命的创伤。查理十二世也是一个非常危险的人物；但他的野心有一种冒险的性质，比较缺少真实的力量做他的后盾。在这些野心者的兴风作浪中，欧洲各国始终维持着它们的个性和独立。

　　欧洲各国利害相共的一种对外关系，便是反对土耳其人，反对这个从东方来威胁欧洲的可怕的势力。他们在当时仍然保有一种坚实和活跃的民族性，他们的势力是以征服为基础，所以常在战争之中，就是间或停止构兵，也只有很短的时候。像法兰克人一样，他们把征服各地当做个人财产的来源，而不是遗传的财产那样分封给他们的战士；等到后来他们采用了世袭承继的原则，民族的元气也就消耗完了。鄂斯曼人武力的鲜花，就是警卫军，常使欧洲人心惊胆战。它们的将佐、士兵，都是些优美、活泼、体格健全的基督教青年，他们大多是从受过严格的穆罕默德教教育，而且自幼就受过军事训练的土耳其统治下的希腊臣民中征募而得的。他们没有父母，没有兄弟姊妹，也没有妻子，好像僧侣一样，确是一个完全孤独和可怖的军队。东欧各国不得不共同来对付土耳其人——这些国家便是奥地利、匈牙利、威尼斯和波兰。勒颁多战争把意大利，而且可以说是把整个欧洲从野蛮主义的洪水之中拯救了出来。

宗教改革后接踵而来的一件特殊重要的大事，便是耶稣新教教会为了政治生存而作的奋斗。耶稣新教教会虽然在它原始的形态下，就同世俗的东西结合得过于密切，不免造成了各种世俗的错综关系，并且引起了政治领域方面的政治争夺。天主教各君主的臣民变做了耶稣新教教徒，占有了教会财产，改变了产业的性质，并且拒不履行那些利益所根据的教会职责。再者，一个天主教政府必须是教会的世俗机关；例如"异教徒裁判所"并不置人于死罪，而只是宣告他为一个异教徒，仿佛是一种陪审制度；然后那人便遵照民事法律受刑。此外，还有许许多多罪恶过失，都是由于宗教游行、祭享宴饮、"圣饼"游行以及退出修道院等等而发生的。当科伦大主教要想使他的大主教区成为他自己和家族的世俗领土的时候，引起的骚扰也更厉害。天主教各君主的领忏人认为，从异教徒手中夺回原来属于教会的各种财产，乃是一件良心上的事情，但是在德意志，局面对于新教很有利，因为原先是皇帝疆土的各地，现在都变成了诸侯的采邑。然而在奥地利等国家内，一般君主都很漠视新教徒，甚至还敌视他们；至于法兰西境内，新教徒非在有城堡保护的地方，不能够安然行他们的宗教。新教徒要得到安宁，必须以战争为前提；因为问题并不是简单的良心问题，而是牵涉到了各种公产和私产，凡是被人违犯了教会的权利而占取的，现在都要求收回。全欧洲都处在一种绝对不信任的状态中；因为这种不信任是以宗教的良心为根据的。新教各君主和各城市在那时组成了一个势力薄弱的同盟，而它们所主持的防御工事，势力更为薄弱。在它们已经被击破以后，萨克森选侯摩里士用一种完全出人意料而且冒险的举动，取得了一个和约，它的措词极其含糊，敌意的真正原因完全没有消除掉。这场战争必须从头开始。这就是三十年战争：起初丹麦，后来瑞典，都为了自由而战。丹麦不得不退出战场；瑞典在考斯道夫·阿多发——那位值得称赞的北国英雄下面扮演了非常光辉的一个角色，它居然只用一国的力量，没有新教各国的帮助，就发动战争，来对付天主教国家的巨大实力。欧洲各国，除了少数的例外，都冲到日尔曼，从那里又冲回来，那宗教内在性的权利和内在个别性的权利，现在必须在日尔曼打出一个结果来。这番争斗的结果，并没有一个"理想"——并没有获得一个原则、一个思想，并没有获得它的意识，相反地，却使各方面势穷力竭，满目疮痍；结果，各派只有自寻出路，根据外在权力来维持它们的生存。这种结果，在事实上只属于一种政治的性质。

在英国，新教教会的成立也要靠战争：这地方发生的斗争是反对君主的，因为君主们觉得天主教的教义是准许绝对统治的原则，所以他们都信奉天主教。宗教狂热的民众群起反对绝对统治权的主张——就是认为国王只对上帝负责，也就是领忏的教父负责——并且高高地举起"清教主义"绝对主观性的旗帜，来反对天主教的外在性。清教主义这一个原则在客观世界中生长、发展，它所表现的形态，一半是狂热的提高，一半是可笑的不相称。英国的宗教狂热的人们，就像闵斯德的宗教狂热的人们一样，都主张国家要由畏敬上帝的心来直接统治；抱有相同的狂热见解的兵士，当他们为了他们的信仰而作战的时候，都举行热诚的祈祷。但是他们现在有了一个军事领袖，他掌握着全国的物质力量，终于政府也落到了他的手里；因为在国家之中必须有政府，克伦威尔深知怎样来治理国家。因此，他就自立为统治者，使那个只知道祈祷的国会去从事祈祷。可是他逝世后，他的权威也就随着消失，旧的朝代重新复辟。我们可以说，天主教是维护各君主，帮助他们保持政府的安宁——这一种立场，当"异教裁判所"同政府勾结在一起的时候，来得特别明

显；前者构成了后者的柱石。但是这种安宁实在建筑在一种奴性的宗教
服从之上，而且只有在政治宪法和全部法律制度还建筑在占有的基础上
的时候才可以实现；但是宪法和法律假如要建筑在一种真实的、永恒的
"正义"上面，那末，只有在新教方面才能够找到安宁，因为在新教的
原则里，"合理的主观的自由"也取得了发展。荷兰人也坚决反对天主
教原则，认为天主教和西班牙统治者勾结在一起。比利时仍然信奉天主
教，所以始终臣服于西班牙；相反地，尼德兰的北部——荷兰——却英
勇地反抗压迫者。荷兰的工商业阶级和枪手团体，组成了大队的民军，
靠他们的英勇，战胜了当时赫赫有名的西班牙步军。就像瑞士的农民当
年奋勇击退了奥地利的骑士一样，荷兰的工商业城市也竭力对抗那些久
经沙场的队伍。当这场斗争在欧洲大陆本部进行的时期，荷兰滨海城市
派出许多战舰，夺去了西班牙人一部分的海外殖民地，这些殖民地向来
就是他们全部财富的来源。在这边，荷兰因为坚持着新教原则，完成了
独立，同时在另一方面，波兰却因为力图压制那个原则和迫害新教教
徒，就丧失了独立。

　　威斯特发利亚和议的结果，新教教会被承认为独立的教会，使天主
教大为狼狈和受辱。这番和议确定了日尔曼的宪法，所以常常被看作是
它的保障。但是这个宪法事实上批准了日尔曼分裂而成的那些国家的特
殊权利，它对于一个国家的正当目的，并没有任何思想以及任何观念。
假如我们要熟悉那种备受称道的日尔曼自由的性质，我们应该阅读希波
勒特斯·阿·拉庇德所著的那一本书（这本书是在和议成立之前著作
的，对于帝国局面有极大的影响）。（中译者按：这本书可能就是一六
四〇年出版的《论罗马-日尔曼帝国的合理地位问题》，而拉庇德是曾
做瑞典王室史官的戚姆尼兹的笔名。参阅英国《剑桥近代史》第四卷，第
十三章，第三八四页。）在这番和议中，大家所明白考虑的目的，便是要
成立一种完全的特殊性，要在私权的原则上决定一切的关系——就是世
界上空前未有的一种宪法制定的无政府状态——这一种立场，就是说，
一个帝国正当地是一种统一、一个总体、一个国家，可是一切关系却又

407

这样完全由私权的原则来决定，甚至那个帝国所有各个构成部分也可以违反全体利益而采取自私的行动，可以漠视全体利益所要求、而且为法律所规定的事件的特殊权利，居然还由最神圣不可侵犯的规约来保证。这番和议成立不久，马上便显出日尔曼帝国对于其他国家究竟是一个怎样的国家：它对土耳其人举行了许多次的不名誉的战争，因为维也纳能够从土耳其人手里被拯救出是靠了波兰的力量。至于它对法兰西的关系更来得不名誉，法兰西在和平的时候，取去了作为日尔曼屏障的几个自由城市以及三处富饶的省区，毫不费力地占据了它们，没有麻烦地保持着它们。

日尔曼这一种政治宪法，使它作为一个帝国的前途完全终止了，这都是黎塞留一手造成的；黎塞留虽然兼着罗马红衣主教的身分，他却出力保全了日尔曼的宗教自由。他为了他秉政的那个国家的利益起见，对于敌国所取的政策，恰和他在本国所行使的政策完全相反；因为他在本国内消灭了新教一派的独立，在日尔曼却核准了帝国各部的独立，使它的势力分散，在政治上不能有所作为。黎塞留的命运，后来终于和许多大政治家如出一辙，因为他的国人都抨击他，相反地，他的仇敌们却把他危害他们的那番制度，看成是他们的愿望，看成是他们的权利和他们的自由最神圣的目标。

因此，这场斗争的结果，是用武力强迫造成、现在用政治方式建立的各宗教党派共同生存，依照了公民权利或者私有权利的关系，形成了若干政治的国家。

有一个曾经采行"宗教改革"各种原则的国家，居然提高自己的地位成为一个独立的欧洲强国，这个事实足以证明新教教会增加了，而且完成了它政治生存的稳固性。这个强国注定要和耶稣新教一同开始它的新生命；这就是普鲁士。它出现在十七世纪末叶，就算不能说是腓特烈大帝所手创的，但是它的实力变得巩固，自然应当归功于他，巩固的原因是七年战争那一番奋斗。腓特烈二世用独自的力量对抗了整个欧洲——对抗欧洲几个领袖大国的团结，表现了他权力的独立性。他出现为新教的英雄，这不但由于他个人的关系，像考斯道夫·阿多发那样，而且是作为一个国家力量的具体表现。七年战争就本身来说不是一个宗教战争；但是就最后的结局、就作战士兵的心情以及主持在上的当局的信仰来看，的确可以算是一场宗教的战争。罗马教皇赐了陆军大元帅道因的宝剑，协约各国的主要对象，就是要扑灭普鲁士这个新教教会的柱石。但是腓特烈大帝不但使普鲁士以一个新教国家成为欧洲列强之一，而且他又是一个哲学的国王——这在现代完全是一种绝无仅有的现象。以前曾经有好几位英国国王都是居心叵测的神学家，为了专制政体的原则而抗争过；腓特烈就不同了，他主持着新教原则的世俗方面；虽然他并不赞成宗教的争论，也不偏袒任何的党派，他却具有"普遍性"的意识，这种"普遍性"是"精神"所能达到的最深刻的一层，而且意识到了它自己的内在的"思想"的力量。

第三章　启蒙运动[1]和革命运动

耶稣新教带来了"内在性"的原则，着重宗教的解放和内在的和谐，但是它也带来了对"内在性"是"罪恶"以及对世俗东西的权力的信仰。在天主教会里，耶稣会教士的"是非鉴别学"使各种无穷的探讨风行一时，实在同经院神学所探讨的关于"意志"的内在的东西以及影响"意志"的动机，一样地冗长而且吹毛求疵。一切特殊的东西都是易变的，这种辩证法使"善"可以变为"恶"，"恶"可以变为"善"，终于什么也不余留，只剩下内在性自己的单纯活动，"精神的抽象的东西"——就是思想。"思想"观察在"普遍性"形式下的一切，结果是

---

[1]　"启蒙"一字在德文原著为 Aufklärung。英译者认为这在英文中没有恰当的译名，而法文中 Eclaireissement 一字比较能够给人以专门的概念，所以就用了这个法国字。按这种运动就是指十八世纪前期开始的智慧方面的大运动，这虽然不是法国大革命的主因，当然也是导师。英美作家时常称这种运动为 Intellectual enlightenment，就像我国的"五四"运动也有这种名称，所以现在译为"启蒙运动"。——中译者

普遍的东西的活动和生产。在那种较早的经院神学里，研究的真正内容是教会的教义，一个超世间；在新教的神学里，"精神"仍然同"超世间"结有一种关系；因为在一方面有的是个人的意志——"人类的精神"——"我自己"，而在另一方面却有"上帝的神宠"、"圣灵"；所以在"恶"的方面有"恶魔"。但是在"思想"之中，"自我"是在场的；它的内容——它的对象是绝对地在它面前呈现出来；因为由于我思想，我必须把那对象提高到"普遍性"。[1] 这是完全绝对的"自由"，因为那个纯粹的"自我"，如同纯粹的"光明"，只是自己同自己；所以和它自己不同的东西，无论是感官的或者精神的，再也不可怕，因为这时候它在内部是自由的，并且能够自由地对待这种不同的东西，一种实践的趣味运用着、消耗着那些对象；一种理论的趣味却镇静地思索那些对象，保证它们在它们本身并不是什么不同的东西。——结果，"内在性"的顶峰就是"思想"。人类不思想的时候是不自由的；因为除非在思想的时候，他就和周围的世界保持关系，即和存在的另一个外部形式保持关系。这种理解——这种以最深刻的自己的确实性向存在的其他形式透进，直接包含着"存在"的调和；"思想"和另外东西的统一已经在本身中出现，因为"理性"现在既然是"外在的东西"和"自然的东西"的实体基础，同时又是"意识"的实体基础。因此，对峙的东西再也不是超世间的东西，不是属于一种另外的实体性质的东西。

"思想"便是"精神"现在发展所到的阶段。它包含着"调和"的最纯粹的本质，同时它向外在的东西要求，要求它在本身中具有"理性"作为主体。"精神"认识到"自然"——"世界"——必须在本身具有"理性"，因为上帝曾经根据"理性"的原则创造了它。

---

[1] 各种抽象观念(纯粹的思想)，充其量是同发生它们的各种物质的对象划然分开的，而且很显明的，它们不但是外在世界的产物，同样也是心灵思想的产物。所以一般粗知薄识的人每每讥笑它们为无聊的空想。因为这种抽象观念包含着深刻思想的活动，所以可以说是有心灵在致力探索它们。——英译者

观察和认识现存世界的一种普遍的兴趣发生了。在"自然"中，"普遍的东西"就是"种"、"类"、"力量"、"引力"等等降低在它们的现象中间。因此，经验变成了世界的科学；因为经验在一方面是观察，在另一方面又是"法则"、"内在"、"力量"的发现，同时，它又把存在的东西带回到它的简单性。思想的意识首先是经过笛卡儿一番努力，才摆脱了那种使一切动摇的思想的诡辩。就像"精神"的原则首先表现在纯粹日尔曼的各民族中，罗马各民族首先理解抽象的观念（前面所述罗马各民族内在分裂的性格，同抽象观念是有联系的）。所以以经验为基础的科学不久就在这些民族中盛行起来（新教的英格兰民族也在其列），尤其盛行于意大利人中间。人类仿佛以为上帝方才创造了月球和星辰、草木和动物，仿佛宇宙的各种法则现在破天荒第一次被规定下来；因为当他们从那种"理性"中间认识了他们自己的"理性"，现在他们才对于宇宙感到一种真实的趣味。人类的眼睛变得明亮了，知觉变得敏锐了，思想变得灵敏并有解释的能力了。"自然"法则的发现，使人类能够对抗当时那种极端荒谬的迷信，并且对抗那只有魔术才能够克服的对于巨大陌生的权力的一切观念。人类到处都同样地说，天主教徒和新教徒也都同样地说："教会"把更高级的东西同它相联系的那个"外在的东西"，仅仅是外在的——"圣饼"不过是面粉所做，"圣骸"只是死人的骨头。他们拥护着"个人"独立的自主，来反对那根据着权威的信仰，各种"自然法则"又被承认为现象和现象间惟一联系的东西。所以一切奇迹都被否认了：因为"自然"乃是若干已经知道和认识了的"法则"的一个体系；人类在"自然"中感到自得，而且只有他感觉自得的东西他才承认是有价值的东西，他因为认识了"自然"，所以他自由了。思想对于事物的精神方面，有着同样强烈的倾向："正义"和"道德"开始被认为在人类现实的"意志"中有它的基础，在从前的时候，这种"正义"和"道德"仅出现在新旧约书中外在的规定下来的上帝的命令，或者以特殊权利的形式出现在旧文书中，或者从宗教

411

的条约中看到。各国公认为国际的公理，要依据经验来观察（如像格老秀斯）；于是学者仿照西塞禄的方式，从"自然"种植在人们心头上的那些本能（例如合群的本能）方面，探索当时民法和政法的起源；更进一步探索全国人民生命和财产安全的原则和"普遍的最好的"原则，就是"国家的理由"。按照这些原则，一方面各种私有权利是被专制地违犯了，但是在另一方面，这种违犯正所以执行"国家"各种普遍的目的，而同肯定的东西相反。腓特烈二世可以算是在实践生活的范围内创始了一个新纪元的君主——在这个新纪元之中，实践的政治利益取得了"普遍性"（被承认为一个抽象的原则），并且得到了最高级的认可。腓特烈二世之所以特别值得提起，是因为他理解了"国家"的普遍的目的，而且在君主中还是第一个，始终考虑着"国家"的一般利益，每遇各种特殊利益妨碍共同利益的时候，常把这些特殊利益放在一边，不加过问。他的不朽的创制便是一部国内法典——就是普鲁士民法。作为一个家长励精图治，来为全家和一般依赖他的人的福利着想，腓特烈二世要算是一个惟一的模范。

这些普遍的概念都是建筑在现实的意识上——就是建筑在"自然的各种法则"和正与善的内容上——我们把它叫做理性。认识这些法则的合法性，我们叫做启蒙。启蒙运动从法兰西输入到日尔曼，创造了一个新思想、新观念的世界。"精神"自己的内容在自由的现实中被理解，便是绝对的标准——代替了宗教信仰和"权利"（特别是政治"权利"）的积极法则的一切权威。路德曾经获得了精神的自由和具体的"调和"：他胜利地决定了什么是人类永恒的命运，这种命运必须在他自身内发生。但是凡是必须在他自身内发生的东西的内容、凡是必须在他自身内成为活跃的真理——却被路德认为是一种已经定出的东西，一种已经宗教启示了的东西。现在这个原则已经定好，就是这种内容是一种现实的内容，必须是我能够获得一种内在的确信的内容，而且一切的东西必须可以带回到这个内在的基础。

这个思想的原则，首先在它的普遍性中抽象地出现，而且是根据着

"矛盾和统一"律的。[1] 内容因此被制定为有限的，人类的和神圣的事件中一切的猜测都由启蒙运动完全逐灭尽绝了。复杂的内容应当收缩到最简单的状态，使它达到"普遍性"的形式，这固然是无限地重要，但是这一个仍然属于抽象的原则，并不能满足那个生动的"精神"、那个具体的心灵。

这个形式上绝对的原则把我们带到了历史的最后阶段，就是我们的世界、我们的时代。

世俗的生活是有限存在中"精神的王国"（就是意志在生存中表现它自己的东西）。感觉、感官性、冲动也是内在的生活用来实现它自己的方式；但是这些方式是昙花一现而且不相连续；因为它们是意志的不稳定的内容。至于公平和道德的东西是属于本质的、在本身存在的、在本身中是普遍的"意志"，而且我们假如要知道"公理"真是什么东西，我们必须看意向、冲动和欲望属于特殊的东西而加以抽象化；因此，我们必须认识那种在本身的"意志"。因为各种仁爱的、慈善的、乐群的冲动，是和另一类冲动相反对的。只有走出了这些特殊和矛盾时候，才能够认识那个在本身的"意志"。然后"意志"才在它的抽象的本质里出现为"意志"。只有在这种时候，就是当意志并不欲望任何另外的、外在的、陌生的东西（因为当它这样欲望的时候，它是依赖的），而只欲望它自己的时候——欲望那意志的时候，"意志"才是自由的。绝对的"意志"就是欲望成为自由的意志。自己欲望自己的"意志"，乃是一切"权利和义务"的基础——因此，也就是一切制定的"权利"、命令和连带的义务的基础。"意志"本身的"自由"，它是一切"权利"的原则和实体的基础——它自身是绝对的、在自己为自己的、永恒的"权利"，在和其他各种专门的权利相比较的时候是"最高的权利"；靠了这种最高的权

---

[1]　十八世纪"唯物"派哲学得到的那些震惊耳目的结论，便是依据了"矛盾和统一律"得到的，这个规律可以用这个简单的两难论法说明：在认识方面，人类或者是自动的或者是被动的；他既然不是自动的（除非他昏聩糊涂，欺骗自己），所以他是被动的；因此，一切知识都从外界得来。"但是这种知识所认识的这个外在的客观的存在，究竟是什么东西，那又是一个永恒的神秘——正如黑格尔所称:思想的结果是被确定为有限的了。"——英译者

利，"人类"成为"人类"，所以它是"精神"的基本的原则。但是这个问题跟着发生："意志"怎样取得一个确定的形式呢？因为它自己欲望自己的时候，只是同自己有关系；但是它也欲望特殊的东西；我们知道有各种不同的"义务和权利"。我们要求一种内容、一种"意志"的肯定；因为纯粹的"意志"是它自己的对象，是它自己的内容，这种对象、内容并不是对象，并不是内容。它只是形式的"意志"。至于怎样继续推论，从这个简单的"意志"进展到"自由"的肯定，从而进展到"权利和义务"，我们不在这里讨论。[1] 我们在这里只能够说，这个原则在日尔曼从康德哲学中获得了理论方面的认识。因为依照这派哲学的说法，自我意识的简单的统一、"我"，构成了不可破坏的绝对地独立的"自由"，并且是一切普遍的概念——就是说，一切"思想"的概念、"理论的理性"——的源泉，同时也是一切实践的概念中间最高的规定——作为自由和纯粹的"意志"的"实践的理性"；而"意志的理性"不过是将个人自己维持在纯粹的"自由"里面（在一切特殊的东西中间它只欲望这个自由），"权利"纯粹为了"权利"的缘故，"义务"纯粹为了"义务"的缘故。在日尔曼人之中，这种见解始终只是平静的理论；至于法兰西人就企图使它发生实际的效力。因为这个原故，就有两个问题发生了：为什么这个"自由"原则始终是纯属于形式的呢？[2] 为什么只有法兰西人、没有日尔曼人，出来实现它呢？

---

[1] "意志的自由"这一辞语，照黑格尔使用法，具有一种内延的意义，必须同通常所谓"意志的放任"区别清楚。后者不过指示一种易受外在的动机所影响的性质，而前者却是"意志"的绝对的力量，使它能够对抗一切摇动着的持续性的引诱。它的惟一的目标便是伸张自己。事实上，这个"意志"就是自己保持着自己，对抗一切分散的或者分化的力量的个性。而保持自己个性就是保全一贯性——"依照原则行事"，——这些文句因为"语言文字"忠实保守着形而上学的渊源，所以含有许多美善的意义。当遵守各种"义务"和承认各种"权利"的时候，这个"意志"就认识了自己的自由——在这种内延的意义上的"自由"，因为它在这样遵守的时候，昭示了它自己的能力能够不受到一切感官的或者感情的引诱，不折不挠地从事于一定的行动的途径，读者读了这些说明，或者能够更加明了书中所指的那种过程。——英译者

[2] "形式的自由"只是一个随意做他喜欢做的事情。所以被称为"形式的"，就因为如前所述，意志力的内容——意志着的东西——是完全没有决定下来。在下一节文字中，黑格尔表明那种本来是没有意义而且兽性横溢的情调、高呼着"自由万岁"的人，也附有一种确定的目标的。——英译者

同这个形式的原则相连的，固然有若干更有内容的范畴；这些范畴中主要的一个，便是"社会"、以及有益于"社会"的东西；但是"社会"的目的本身是政治的——"国家"的目的（参阅一七九一年出版的《人类和公民的权利》）就是各种自然的"权利"保持的目的；但是"自然的权利"便是"自由"，更进一步便是在"法律"前面各种"权利"的平等。在那里面有一种直接的联系可以看出，就是"平等"是多数比较后的结果；这里的"多数"便是人类，他们的根本的特性是相同的，就是"自由"。那个原则始终是形式的，因为它发自抽象的"思想"——"理智"，这个思想根本是"纯粹理性"的自我意识，因为它是直接的抽象。在这个时候，还没有更进一步的东西从它发展出来，因为它对于"宗教"，也就是对于"宇宙"的具体的、绝对的内容，依然维持着一种相反对的关系。

讲到第二个问题——为什么法兰西人从理论方面立刻进入实际方面，日尔曼人却满足于理论的抽象观念呢？有人说：这是因为法兰西人躁急（ils ont la tête près du bonnet）的缘故，但这话只是一种肤浅的说法。哲学的形式的原则，在日尔曼到一个具体的实在的世界，"精神"在其中得到内在的满足，良心在其中得到了安息。因为在一方面，新教世界自己在"思想"里有了很大的进展，能够认识"自我意识"绝对的顶峰；而在另一方面，新教对于实在世界，在各种道德的和法律的关系上，享有一种安静的信心，——这一种信心构成了同"宗教"为一体的东西，而且造成了关于私有权利和"国家"制度的一切公平的内容。[1] 在日尔曼，启蒙运动是为神学的利益而进行的；在法兰西，启蒙运动一开始就站在反对"教会"的立场上。在日尔曼，世俗生活方面的一切已经由于宗教改革经过一番改良；那些不良的教会制度如像独身生活、贫穷和懒惰，已经被扫除一空，教会库藏中不再积有巨额的财

---

[1]　新教这一种道德的形态,在本书"绪论""历史的地理基础"一章讲到美洲时,已经有了更加详尽的议论。

富，"道德的东西"也不再受到约束——这一种约束是罪恶的根源；那里不再有由于精神的权力干涉了世俗的权利所引起而为害不堪言状的邪恶，那里也没有另一种的不公平——"君权神圣"，就是君主的专断因他们是"上帝所立"而神圣无上；相反地，只有在君主的意志和理性相结合的时候，只有当它贤慧地考虑到"公理"、"正义"和国家福利的时候，它才被认为值得敬重。所以"思想"的原则早已经大大地调和了，而且"新教的世界"更抱有这种意识，以为公理再进一步发展原则，在那先前成立的"和谐"之中已经出现了。

那种抽象地培养的"理智的""意识"，可以忽视"宗教"，但是"宗教"是一种普遍的形式，真理是存在在这种形式之中，为了抽象的意识。耶稣新教不容许有两种良心，而在天主教世界中，一方面是神圣的东西，他方面是反对"宗教"（就是说，反对它的迷信和它的真理）的抽象观念。那种形式上的个别的"意志"现在被作为基础；在"社会"中的"公理"就是"法律"欲望的东西，而这里所说的"意志"是个别的意志；因此，"国家"当做许多个人的集合看待，并不是一个在自己为自己的、实体的"统一"，并不是一个在自己为自己的"权利"的真理——各个分子的意志要成为真实的、自由的"意志"时必须遵照的东西；相反地，各个单位意志都被作为出发点，每个意志都被认为是绝对的意志。

这样一来，一个思想的原则就被发现，作为"国家"的一种基础——这一个原则并不像先前那些原则，它是不属于意见，如像好群的冲动、财产安全的需要等等的范围以内，也不起源于宗教的虔诚，如像神授统治权一说那样，——相反地，它乃是"确实性"的原则，这是和我的自己意识相同的，但是还没有达到"真理"的自己意识，它必须和"真理"分别清楚。在最深刻的东西和"自由"方面，这是一个巨大的发现。现在"精神的东西"的意识是根本基础，因此"哲学"便成为至高无上。有人说过，法国大革命是"哲学"的产物，而"哲学"又被称为"世界智慧"，不是没有理由的，因为它不但是在自己和为自己的

416

"真理"，作为纯粹的本质，而且也是惟一的真理，只要它在世俗性中变成生动。所以我们不能够否定那种说法，说法国大革命从"哲学"得到第一次的推动。但是这种哲学起初只是抽象的"思想"，不是绝对"真理"的具体的理解——两者之间有着一种不可测度的区别。

所以"意志自由"的原则反抗着现行的"权利"。我们必须承认，贵族的权力在法国大革命前已经被黎塞留削弱，他们的特殊权利也被剥夺了；不过他们同僧侣阶级仍然保持着一切权利，比起下层阶级仍然占着便宜。当时法兰西的局面是乱七八糟的一大堆特殊权利，完全违犯了"思想"和"理性"——这是一种完全不合理的局面，道德的腐败、"精神"的堕落已经达于极点——这一个"没有公理"的帝国，当它的实在情形被人认识了，它更变为无耻的"没有公理"。压在人民肩头上可怕地沉重的负担，以及政府罗掘俱空、无法筹款来供应朝廷挥霍的情形，实在是造成这种不满的第一个动机。新"精神"开始活动；政治压迫逼着人去从事研究探索。大家看见那些从人民血汗所征收来的款项，并不用作促进"国家"的目的，而是极不合理地浪费掉了。整个国家系统只显出一种不公平。改革必然是剧烈的，因为政府没有出来担任除旧布新的工作。至于政府为什么不肯出来改革，理由就是，朝廷、教会、贵族以及国会自身都不愿意放弃他们掌握中的那些特权，不管是为了应急的权宜，或者是为了在本身为本身存在的"公理"；又因为"国家"权力的具体的中枢，不能够把抽象的个别意志采用来作为它的原则，在这个基础上面改造"国家"；最后，因为政府是旧教，神圣者和宗教良心同他们划然分离，所以"自由的概念"——"法律"的"理性"——并不被看作是最后的绝对的义务。"公理"这个概念、这个思想突然伸张它的权威，旧的不公平的制度无力抗拒它的进攻。所以就有一个同"公理"概念相调和的宪法成立了，一切未来的法律都要根据着这个基础。自从太阳站在天空，星辰围绕着它，大家从来没有看见，人类把自己放在他的头脑、放在他的"思想"上面，而且依照思想，建筑现实。亚拿萨哥拉斯第一个说，νοῦς（理性）统治世界；但是直到现在，人类才进而认识到这个原则，知道"思想"应该统治精神的现实。所以这是一个光辉灿烂的黎明，一切有思想的存在，都分享到了这个新纪元的欢欣。一种性质崇高的情绪激动着当时的人心；一种精神的热诚震撼着整个的世界，仿佛"神圣的东西"和"世界"的调和现在首次完成了。

现在我们必须注意下面所讲的两个因素：第一，法国大革命的途径；第二，这个革命怎样变做"世界历史"。

第一，"自由"显出一种双重的形态：一方面是关于自由的内容——它的客观性——事物的自身；另一方面是关于"自由的形式"，包括个人行动地认识他自己；因为"自由"的要求是个人在这类行动中认识他自己，作他自己的事情，为了他的利益，他要使行动达到它的结局。我们要依照这种分析来观察生动的"国家"的三个元素和权力，至于它们的详细检讨，我们要留在法律哲学讲义中间。

（1）"合理性"——"公理"本身——"客观的"或者"真实的"自由——的各种"法律"：属于这类的计有"财产自由"和"生命自由"。封建关系带来的奴隶制度状态的遗物现在是一扫而空了，还有封建法律——它的什一税等——传下来的一切财政条例现在也都废除掉了。"真实的自由"更需要工商业方面的自由——准许每个人无拘无束地运用他的能力，以及任何人都可以自由充任"国家"的大小官职。这就是真实的"自由"的因素，这些因素并不依据着情感——因为情感也让农奴制度和奴隶制度继续存在——而是依据着人类从他的精神本质得来的思想和自我意识。

（2）但是"法律"实现行动的机构却是政府。政府根本就是正式执行各种法律、维持法律权威的机构：它在外交关系上主持着"国家"的利益；这就是说，它使本国对于其他各国成为独立的一个个体；而在国内，最后在内政方面，它必须为国家和它的一切阶级谋福利——这就是行政；因为仅准许人民从事一种贸易或者业务是不够的，这种贸易或业务更须有利益给他；仅准许人民运用他们的权力也是不够的，他们更须得到一个机会来应用他们的权力。所以"国家"包含一个普遍的原则以及它的一种应用。这种应用必须是一个主观的意志、一个决议和决定的意志的工作。立法自身——这些办法的创订和积极的规定——便是一种应用。其次一步便是决断和执行。现在这个问题就发生了：那个决断的意志是怎样一个意志呢？　最后的决断本来是皇帝的特权；但是假如"国家"建筑在"自由"之上，各个人众多的意志也要求参预各种政治的决议。然众人就是全体，既然每一个人希望运用他的意志来参加决定那适用于他的法律，那末，仅准许少数人参加这种决议，似乎只是一种拙劣的权宜办法，甚至可以说是一种非常不相称、非常矛盾的事情。少数人俨然为议员，但是他们时常变为众人的掠夺者。还有"多数"的凌驾"少数"，同样也是一种显著的矛盾。

（3）各个主观意志的这种冲突引我们考虑到第三个因素，就是意见的因素——对于法律的心悦诚服；这不是单纯的习惯的服从法律，而是在意见上承认法律和"宪法"是在原则上固定不变的，并且承认各个人的特殊意志应该以服从法律为最高的义务。关于法律、宪法和政府尽可以有各种的意见和看法，但是人民方面必须有一种意见，把这一切意见当做次于"国家"实体的利益，并且只在"国家"利益许可的范围内主持这一切意见；再者，对于"国家"的意见必须被认为是最高而最神圣的；假如"宗教"被看作是比较这种意见更高和更神圣的时候，这个宗教就不能够包含外于"宪法"或者反对"宪法"的任何事物。固然，"国家"法制和"宗教"的完全分离，是一种基本的智慧，因为如果有了一个"国家宗教"，结果常常会造成执迷和伪善等等事情。不过"宗教"和"国家"依照内容虽然不同，它们根本上只是一个；各种法律都在"宗教"内取得最高的证实。

这里必须开诚布公地说明的，就是在天主教之下是不能有合理的宪法的；因为"政府"和"人民"必须互相报答"意见"方面的最后的保证，这种心悦诚服的保证只有在一个不反对合理的政治宪法的"宗教"之中才能够得到。

柏拉图在他所著《理想国》一书中，使事事依赖"政府"，并且以

"意见"为"国家"的原则，因为这个原故，他特别注重"教育"。现代的理论恰巧和它完全相反，事事都以个人意志为依归。但是我们不能够保证这种个人意志一定有那种国家赖以存在的正当意见。

经过了以上这些主要的考虑，我们现在必须追溯法国大革命的过程以及"国家"依照"公理概念"的重新缔造。最初，纯粹地抽象的哲学的各种原则成立起来；"意见"和"宗教"却没有被顾到。法兰西第一届宪法的政府乃是一个"王权"宪法化的政府；皇帝定为"国家"的元首，他会同各大臣来实施行政的权力；在另一方面，立法机关担任创制法律的事宜。但是这种宪法自始就包含了一种内部的矛盾；因为立法机关吸收了行政当局的全部权力：国家的预算、和战的决定、军队的征募，这一切都操在立法机关的手里，事事都被归到了"法律"项下。然而国家的预算依照概念，不是法律，它是年年要重订的，而它的主管权力机关应该是"政府"。同预决算相连带的，还有内阁和国家官吏等等间接的任命。这样一来，政府是转移到了那个"立法议会"，就像在英国转移到了"议会"一样。这个宪法更因为有了绝对的不信任之心，更觉纠缠不清；王室因为已经失掉旧有的权力，招受疑忌，而教士拒绝宣誓。政府和宪法都不能够维持，结果两者都崩溃了。可是始终要有一种政府存在。这个问题于是发生了：这个政府从哪里来呢？理论上，它是从人民那里来的；实在说，却是从"国民会议"和它的各委员会那里来的。现在占优胜的势力便是那些自由的抽象的原则和在"主观的意志"范围以内存在的"德行"的抽象原则。这种"德行"，现在不得不违反"多数"来主持政府，这多数人众由于腐化、由于旧的利害、由于一种堕落为放纵淫佚的自由和暴戾恣肆的热情，便成为不忠于德行了。德行在这里乃是一个简单的抽象的原则，而将一切人民仅仅区分为两个阶级——赞成的和不赞成的。但是赞成与否的意见，只能够由意见加以认识、加以裁判。于是莫须有的嫌疑就多起来；德行只要一蒙嫌疑，就遭到诛责了。猜疑的心成为一个可怕的力量，把皇帝送到断头台上，这位皇帝的主观的意志实在是一个天主教徒的宗教的良心。罗伯斯庇尔树

立"德行"的原则为至高无上，对于他这个人，"德行"可以说是一件
正经的事情。德行和恐怖盛极了一时；因为"主观的德行"的势力既然
只建筑在意见之上，它就带来了最可怖的暴虐，它不经过任何法律的形
式，随便行使权力，加在人身上的刑罚也是同样的简单——死刑。这种
暴虐是不能持久的；因为一切意见、一切利益和理性本身，都起来反对
这种可怕地一贯的"自由"，它在集中的程度上表现着这样疯狂的一种
形态。一个有组织的政府于是成立，同上届被推翻的政府极其类似；只
是现在这个政府的元首兼皇帝，乃是一个可以更动的"五人执政"，他
们虽然可以形成一种道德的统一，但是并没有一种个体的统一；在他们
当政期间，猜疑的心也很猖獗，政权操在立法议会的手里，所以这个政
府遭受的命运和前任所遭受的一般无二，它已经证明了政府权力的绝对
必要。拿破仑用军事权力恢复了这种政府权力，接着便作为一种个人意
志自立为国家元首：他知道治国的方法，不久就解决了法国内政的纠
纷。一般敢于露脸作声的舞文弄墨的人和只知道抽象原则的人，都被他
一一打发清楚，从前非常得势的不信任的心，现在变做了尊敬和畏惧。
拿破仑于是利用他性格上无限伟大的力量，转而注意到国际关系，他征
服了整个欧洲，使他的开明的政制散播到了四处八方。古往今来，没有
人赢过更大的胜利，没有人在征战中表现过更大的天才；可是"军事胜
利"的无能为力，也没有显得比这时更为清楚的了。法兰西人民的意
见，就是说，他们的宗教的意见和民族的意见，终于使这一位巨人崩溃
了；立宪君主政体是恢复了，以《宪章》作基础。但是在这里"意见"
和"猜忌"的对峙又重新出现了。法兰西人互相说谎，发表了许多的言
论。其中充满了对于君主政体的忠君爱国心，可以说是竭尽歌颂的能
事，这种滑稽戏演了十五年。要知道那个《宪章》虽然是全国景仰的标
帜，虽然双方都曾经宣誓忠贞，但是一方面的意见始终是天主教的意
见，认为在良心上不能不推翻现行的制度。因为这个原故，又有一番分
裂发生，"政府"随着覆灭。最后，经过了四十年不能用言语形容的战
乱以后，人们疲倦的心能满意地庆幸一切战乱结束，重过太平生活。但

是主要的一点虽然已经解决，还有留待解决的事情，一方面是天主教原则必然引起的分裂，另一方面是主观的意志的分裂。讲到后者，主要的偏见仍然存在，就是普遍意志应该同时是经验方面的普遍意志——那就是说，"国家"的个别单位在它们个别的资格上应该统治，无论如何也应该参加。现在因为不满意于各种合理的权利的成立，生命和财产的自由，以及一种政治组织的存在，在这种政治组织里，人民生活的各部门将各有其应尽的职务，同时又不满意于国内知识分子加在人民的潜力和人民对于这般知识分子的信心，所以，"自由主义"便揭示了原子论的原则，就是个别意志的原则，来对抗上述的种种；这个自由主义所揭示的原则主张以个人的意志为依归，认为一切政府都应该从个人明白的权力出发，并且应该取得各个人明白的承认。这一派人既然主张着这种"自由"形式的东西——这种抽象性——所以不容许任何政治的组织可以巩固成立。政府的各种特殊的部署，就被拥护"自由"的人热烈反对，看作是一个特殊的意志的专断，指责为独裁的权力的表现。"多数"的意志推翻了执政的"内阁"，而由一直到现在的反对党继任，但是这个反对党只要成为"政府"当局，又遭"多数"人的敌视。这样一来，骚动和不安便成为家常。这种冲突、这种症结、这种问题，便是"历史"现在正在从事、而须在将来设法解决的。

第二，现在我们要考虑"法国大革命"和世界历史的联系；因为这件大事依照它的内容，是"世界历史"性的，"形式主义"的斗争必须和它分别清楚。讲到它的外界的分布，它的原则差不多灌输到了一切现代国家，或者以军事战胜的方式，或者明白地推行到了各该国的政治生活中。特别是一切罗马民族、罗马天主教世界——法兰西、意大利、西班牙——都属于"自由主义"的势力范围。但是它在各处都宣告破产；首先是法兰西那家总店，接着是西班牙和意大利两家支店；事实上它两度被推行在这些国家中。在西班牙，第一次是在《拿破仑宪法》颁行的时候，第二次是在该国国会采行的宪法之下；再如皮德蒙，第一次是当它和法兰西帝国合并的时期，第二次是内部叛乱的结果；同样在罗马和那不勒斯都是推行了两次。"自由主义"的抽象方式就这样从法兰西出发，历经了罗马世界；但是宗教上的奴隶制度把罗马世界束缚在政治上的不自由。因为这是一个虚伪的原则，以为"公理"和"自由"所受的束缚桎梏能够不经良心解放而打破，以为不经过一番"宗教改革"就能够有一番"革命"。因为这个原故，这些国家仍然回到了原来的状态——在意大利稍稍修正了外表上的政治状态。威尼斯和热那亚这些古代的贵族政体，总算能够以合法正统来自夸，都成为腐败的专制政体而消灭了。外界的优越权力决不能够获得耐久的结果：拿破仑不能强迫西班牙走上自由大道，正像腓力普二世不能威逼荷兰困处于奴隶状态中一样。

同这些罗马民族相对照的，有欧洲其他各国，特别是新教各国。奥地利和英格兰都没有卷入内部骚动的漩涡，充分证明了它们内部的巩固坚实。奥地利不是一个"王国"，而是一个"帝国"，那就是许多政治组织的集合体。它主要省份的居民在血统上和性格上都不属于日尔曼的本质，并且始终没有受到"各种观念"的影响。有些地方的下层阶级既然没有受到教育的启发，也没有受到宗教的熏陶，始终处在农奴制度下，同时贵族又已经失势，像波希米亚便是这样；至于别的地方，各下层阶级仍然继续保持旧状，一般贵族保持着专制政体，像匈牙利便是这样。奥地利已经放弃了它根据帝国权威和日尔曼所结的那种密切关系，并且摆脱了它在日尔曼和尼德兰的许多属地和权益。它现在在欧洲据有的地位是一个闭关自守的强国。英格兰以极大的努力，维持着旧有的基础；英国宪法在惊涛骇浪之中，仍然保持了它的地位，虽然似乎极容易为那大革命所波及，因为它有一个公共的议会，公共开会集议的习惯已经普及到了全国各级人民，同时又有一个自由的出版界，非常便利于法兰西的"自由"和"平等"原则的灌输，难道是英格兰民族在文化方面变得迟钝而不能领略这些普遍的原则吗？ 可是时常把"自由"问题当做反省和公开讨论的题目，任何国家都赶不上它。或者是英格兰宪法完全是一个"自由宪法"——那些原则已经全部实现在那里边，所以不再能引起什么反对或什么趣味吗？ 英格兰民族可以说是已经欢迎了法兰西的解放；但是它傲然信赖着它自己的宪法和自由，所以不但不去模仿外国异族的例子，反而对它表示敌视的态度，不久就举国一至同法兰西卷入了战争之中。

英国的宪法乃是若干纯粹特殊权利的复合物：政府在本质上属于行政管理性质，——那就是说，保护所有一切特殊阶层和阶级的利益；每一个特殊的"教会"、教区、乡、县、社会，都是自己照料自己，所以严格地说来，英国政府在世界各国政府内，可以做的事情是最少的了。这就是英国人所谓"自由"的主要特色，和法兰西集中化的政体恰相反。在法国就是最为僻小的村落，村长也是由内阁或其附属机关来任命的。法国人民不能忍耐他人的自由行动，实在是全世界所少见；法国内阁把行政权力集中于自己，同时众议院又要预闻这种权力。英国的情形恰好相反，每一教区、每一附属的部分，都有自己的职务要履行。这样共同的利益是具体的，各种特殊的利益都依据了那种共同的利益而被承认和决定。这一切特殊利益的部署使一种普遍的体系绝对没有成立的可能。结果，各种抽象的和普遍的原则因此对于英国人毫无兴趣，向他们说起来等于马耳东风。——这些特殊的利益都附有若干积极的权利，这种历史可以追溯到"封建法"的古代，英国人保持得比其他国家都悠久。但是我们又发现一种最惊人的矛盾，就是说，他们有时简直可以悍然违反公道；至于代表真实的自由的机关，在英国真是寥若晨星。讲到私有权利和产业自由，它们是令人不相信地落后；我们只消想到长男承继权的规定，这使贵族阶级次子以下不得不设法取得军事或者教会职务来维持生活。

议会统治着英国，虽然英国人不愿意承认这是事实。这里值得提到的，就是，向来被看作是共和国人民趋于腐化的那个时期，在英国也可以看得到，这就是议员席次的选举可以由贿买而得到。但是一个人能够出卖选举票和购买议员席，也正是英国人的所谓自由。但是上述这种完全矛盾和腐败的局面，也有一种利益，它使一个政府有产生的可能性，那就是，它送到议会里去的人们多数为政治家，他们从小就投身于政治，在政治中工作，并且在政治中生活。全民族正确地认识、并且明白必须有一个政府，所以愿意把它的信心交托给一般有行政经验的人；因为一种特殊性的意识也认识到了那种智识、经验、熟练的、一般的特殊性，那就是贵族阶级专心从事所具有的。这种情形同原则的和抽象的意义完全反对，因为每个人都能够立刻了解具有这些原则，而且它们都载在一切宪法和宪章中，现在正在热烈议论中的英国"议会改革"，假如彻底实行以后，"政府"会不会受到影响，真是一个问题。

英国的物质生存建筑在工商业之上，英国人担任了伟大的使命，在全世界中作文明的传播者；因为他们的商业精神驱使他们遍历四海五洲，同各野蛮民族相接触，创造新的欲望，提倡新的实业，而且是首先使各民族放弃不法横行的生涯，知道私产应当尊重，接待外人应当友善，成立了这些为商业所必要的条件。

法兰西的大军曾经踏遍了日尔曼，但是日尔曼的民族性摆脱了这种历史。日尔曼政局的一个主要因素就是权利的法律，那当然是法兰西的压迫所造成的，特别是因为这种压迫暴露了旧制度的许多缺点。向来名不副实的一个"帝国"这时完全消灭了，它已经分裂为若干主权国家。各种封建的义务都被废除，财产和生命自由的原则被认为是基本的原则，国家各种公职开放给了一切人民，但是自然要以才能适合与否为必要的条件。全部官吏就代表着政府，而以君主的亲自决定为最高无上，因为如前所说，一种最后的决定是绝对必要的。然而既然有了确实规定的法律和有条不紊的国家组织，那末，留待君主亲自独裁的事件在实质上也就无足轻重的了。一个国家民族能够遭遇性格高尚的君主，固然是一件非常幸运的事情，但是对于一个伟大的国家，因为它的实力在于赋有的"理性"，所以国君的贤不肖也就成为平淡无奇了。弱小国家的生存和安全多少要依赖邻国：因为这个原故，正当地说来，它们并不是独立的，也无须受到如火如荼的战争试验。像前面所说的，无论什么人只要有了充分的知识、熟练和一种合于道德的意志，他就可以参预政权。

这些人都是知道治国的方法的，并不是无知无识，或者自以为优秀的
人。最后讲到"意见"，我们已经说过，"宗教"和"合法权利"的调
和已经在新教教会内实现。在新教的世界里，没有什么神圣的，宗教的
良心处在同"世俗的权利"相分离、甚至相敌对的地位。

　　一直到现在，意识已经出现了。这些就是形式的主要因素，在这种
形式之中，"自由"这个原则实现了它自己；因为"世界历史"不过是
"自由的概念"的发展。但是"客观的自由"——真正的"自由"的各
种法则——要求征服那偶然的"意志"，因为这种"意志"在本质上是
形式的。假如"客观的东西"在本身是合理的话，人类的识见必然会和
这种"理性"相称，于是那另一个根本的因素——"主观的自由"的因
素——也就实现了。[1] 我们一向专事于探讨这个"概念"的进展，而
不得不自甘寂寞，对于各民族在事业上、使命上表现的繁荣状态、光辉
时期以及个人秉性的美善和伟大，他们的盛衰祸福所唤起的兴趣，都没
有一一详细描写。"哲学"所关心的只是"观念"在"世界历史"的明
镜中照射出来的光辉。"哲学"离开了社会表层上兴风作浪、永无宁息
的种种热情的争斗，从事深刻观察；它所感觉兴趣的，就是要认识"观
念"在实现它自己时所经历的发展过程——这个"自由的观念"就只是
"自由"的意识。

　　"景象万千，事态纷纭的世界历史"，是"精神"的发展和实现的
过程——这是真正的辩神论，真正在历史上证实了上帝。只有这一种认
识才能够使"精神"和"世界历史"同现实相调和——以往发生的种种
和现在每天发生的种种，不但不是"没有上帝"，却根本是"上帝自己
的作品"。

---

[1]　这就是说,个人的意志是符合各种合理的法律要求的。——英译者

附录一

重要词语对照表

说　　明

（一）为求本书翻译词语统一不乱起见，作英．德．中三种文字的重要词语对照表。

（二）一切词语意义的最后决定，以德文为标准，读者可根据德文来校正中、英文。

（三）英文译本有很多不准确的地方。凡是英文不准确或者错误的翻译，都用"＊"为标志。读者凡遇书中中文与英文词语在意义上有不同时，就可以检查本表，研究德文的含义。

（四）黑格尔是逻辑大师，他不但自己有一套哲学名词，就是普通的词语，他也有精确一贯的用法。翻译的人假如随意增加、减少、不一贯、或者通俗化，就会造成极大的紊乱。英译本中许多的紊乱，就是由于译者"要把原著变成真正的英国文式，来与大众相见，以致损失原著优点，亦非所计"。然而校阅下表，就可以知道他所损失的不但是原著的优点，而且造成极大的紊乱。现在根据德文原著，都一一加以纠正。

427

（五）黑格尔原著中用的 Idee 这一个字，英译为 Idea,中译为"观念"，都是不够准确的。 这个字在普通意义上是"观念"，但是在黑格尔历史哲学意义上却包含"理想"的意义。 不过我们假如要把它译为"理想"，又有其他的困难。 依照黑格尔的解释，"观念"是上帝、精神、人类在世界历史行程中实现自己的"自由的意识"。 他在本书结尾的时候说："哲学所关心的，只是观念在世界历史的明镜中照射出来的光辉。 哲学离开了社会表层上兴风作浪、永无宁息的种种热情的争斗，从事深刻观察；它所感觉兴趣的，就是要认识观念在实现它自己时所经历的发展过程——这个自由的观念就只是自由的意识。"依照黑格尔的看法，上帝就在人类的心中，精神是上帝、人类所共有，所以这种观念可以说是上帝的观念、精神的观念，也可以说是人类的观念。 这种观念的最后目的就是"自由"，所以也叫做"自由的观念"，或者"自由的意识"。 用简单的话来说，世界历史的行程就是观念实现自己的行程，也就是人类追求自由的行程。 世界历史上一切的牺牲、一切的斗争、一切的矛盾、一切的统一，都由于"观念"要实现它自己，也就是说，人类要追求自由。 假如我们用这种意义来体会本书中"观念"这个名词，那末，它就不那么神秘了。

（六）德文中常常由形容词转变为名词，前面加冠词 das,后面加语尾 e，如像"真"das Wahre,"美"das Schöne,"善"das Gute。 它们确切的意义是"真的东西"、"美的东西"、"善的东西"，而不是抽象的本质。 抽象的本质，德文有另外的字来表达，如像"普遍的东西"是 das Allgcmeine,抽象的"普遍"或者"普遍性"却是 Allgemeinheit。在这里我们的翻译遭遇了极大的困难，就是英译者也遭遇了极大的困难，因为英文虽然可以照德文的办法，把冠词加在形容词的前面，但是有许多地方也很难讲得通，所以英译者往往在形容词之后，随意加字，如像"原则"、"元素"、"阶段"、"因素"、"成分"等等，因而造成最大的紊乱，因为在黑格尔的哲学中这些名词都有一定的涵义，不能随便乱用。 我们在中译里，除极少数的例外，一律加以"东西"二字。 这种作法，有时也有困难，但是极大多数没有困难。 虽然"东西"二字在中文里念起来不大雅驯，但是一时也想不出更好的办法。我们也试过用"事物"或者"界"，但是困难更多，有时无法克服，结果又随意加字。 我们又想依照德文不加字，但是又会误解为形容词，与下文的字联系起来，造成更错误的意义。 这不但是翻译本书的问题，而且也是将来介绍整个德国古典哲学的问题。

（七）黑格尔是最有名的"系统哲学家"。 由于他的哲学有最严密的系统，所以他有一套自己创造的哲学名词。 假如我们要把黑格尔像英译者那样介绍"与大众见面"，只能另外写书，而不可以将他的著作随意改窜或者通俗化。 如像他用的名词"在本身"an sich，"为本身"für sich"在本身中"in sich"同本身"mit sich,在他的逻辑学中都有最精密的界说。 如像英译者把"在本身和为本身"译为"独立地"，固然是大众化了，但是严重地损失了原文的意义。

（八）"宪法"Verfassung 这个名词，在本书中，应当作为广义的解释，就是国家的大经大法、宪章、或者政体，但是有时候又指近代狭义的宪法。 因为黑格尔一律称为宪法，所以我们仍然采用这个名词。

（九）英译者常常在原著中加上自己的注解，但是黑格尔也常常自己加注解，也同样用括弧，这样一来，使读者常常把英译者的注解误认为是黑格尔的注解，或者把黑格尔的注解认为是英译者的注解，因而又造成许多的紊乱。 我们现在一律根据德文本将英译者夹在原著中的注解都特别标明出来，以资识别。

（十）关于黑格尔的哲学词语，甚至本书的词语，这一个表并不完备，因为编者的目的仅仅是要尽量求译文的统一。 然而在这种尽量求统一的努力当中，可能又犯了生硬的缺点，希望大家指教。

笔画	中文译名	英文译名	德文原词语
一	一	The One	Das Eine
	一元	Unity	Einheit
	一个	One	Einer
	一个不完全的现在	An Imperfect Present	Eine unvollständige Gegenwart
	一个现实的真理	The Truth and Essence of a Reality	Die Wahrhoit einer Wirklichkeit
	一般的外在性	*Complex of External Things	Ausserlichkeit überhaupt
	一般的主观性	Subjectivity Generally	Subjektivität überhaupt
	一般的理智	Understanding Generally	Verstand überhaupt
	一般特殊的东西	*Peculiarities	Etwas partikülares
	一种简单的对自己的关系	A Simply Self‐involved Existence	Die einfachen Bezielung auf Sich
二	二元	Duality	Zweiheit
	二元主义	Dualism	Dualismus
	人格	Personality	Fersönlichkeit
	人类的尊严和自由	Human Dignity and Freedom	Die Würdigkeit des Menschen und die Freiheit daran
	人类是万物的准绳	Man is the measure of All things	Der Mensch ist das Mass aller Dinge
	人类意志	Human Will	Der Wille der Menchen
三	上帝	*Absolute Being	Gott
	上帝	God	Gott
	上帝的形态	The Form of God	Die Gestalt des Gottes
	上帝的精神	Spirit of God	Geist des Gottes
	个人	*Personality	Subjekt
	个性	Individuality	Individualität
	个体的统一	Individual Unity	Individuelle Einheit
	习俗	Custom	Gewohnheit
	女神	Goddess	Die Göttin
	才能	Talent	Talent

笔画	中文译名	英文译名	德文原词语
	工商业	*Industrial Persuits	Das Gewerbe
	工商业	*Industrial Production	Das Gewerbe
	万物的原则	Principle of all Things	Das prinzip aller Dinge
	万物的，实体的统一	Substantial Unity of all	Substanticlle Einheit von All-en
	义务	Duty	Pflicht
四	从绝对的东西产生	*Testifying of the Abs-olute	Vom Absoluten zeugend
	天	Heaven	Himmel
	天才	Genius	Genie
	天主	Lord of Heaven	Herr des Himmels
	天地的创造者	Greator of Heaven and Earth	Der Schopfer der Himmelund der Erden
	天性上是自由的	Free by Nature	Von Natur frei
	天和地的主宰	Lord of Heaven and Earth	Herr des Himmels und der Erden
	天然状态	Natural Condition	Naturzustand
	天然状态	State of Nature	Naturzustand
	计划	Plan	Plan
	历史人物	Historical Men	Geschichtliche Menschen
	历史的少年时代	The Boyhood of History	Das Knabensalter
	历史的幼年时代	The Childhood of History	Kindesalter der Geschichte
	历史的壮年时代	Manhood of History	Mannesalter
	历史的现实	Historical Embodiment	Geschichtliche Wirklichkeit
	文化	Culture	Bildung
	分出体系	Emanation System	Emanationssystem
	内在性	Subjectivity	Innerlichkeit
	内在的沉默性	*Undeveloped Subject-ivity	Innere Verschlossenheit
	内在的东西	Inner Being	Das Innere
	内在的东西	*Inner Spring of Action	Das Innere

431

笔画	中文译名	英文译名	德文原词语
	内在的宗教	Inward Religion	Innere Religion
	内容	*Objectivity	Inhalt
	内容	Subject Matter	Inhalt
	不同的存在	Alein Form of Being	Das Anderssein
	不完全的现在	Imperfect Present	Die unvollständige Gegenwart
	不完美的东西	The Imperfect	Das Unvollkomme
	不含诗意的	Prosaic	Prosaisch
	不定的东西	Negative Element	Das Negative
	不纯洁的东西	The Impurity	Das Unreine
	元始	Beginning	Anfang
	元素	Element	Element
	区分	Difference	Unterschied
	区别	Distinction	Unterschied
	反省的历史	Reflective History	Die reflektierte Geschichte
	公理	Plan of Existence	Grundsatz
	公理	Right	Recht
	无	Nothingness	Nichts
	无限性	Infinity	Unendlichkeit
	无限的内容	*Infinite Complx of Things	Der unendliche Inhalt
	无限的形式	Infinite Form	Die unendliche Form
	无限的领域	Sphere of the Immeasurable	Das Unmessliche
	无限的质料	Infinite Material	Der unendliche Staff
	无限的权力	Infinite Power	Die unendliche Macht
	无限的同一	Unlincited Identity	Schrankenlose Identität
	无限制的全体	The Unlimited All	Das unbegrenzte All
	无理智	Unreason	Unverstand
	比较完美的东西	The More Perfect	Das Vollkommenere
	父道性	*Paternal Government	Väterlichkeit
	父道的政府	Paternal Government	Väterliche Regierung

笔画	中文译名	英文译名	德文原词语
	父道政治	Paternal Government	Väterliche Regierung
	仆从眼中无英雄	No man is a hero to his valet‐de‐chamber	Für einen Kammerdienergibt es keinen Welden
	风俗	*Customary Morality	Sitte
	风俗	Manners of Nations	Sitte
	心灵	Heart	Gemüth
	心灵	soul	Seele
	为自己而存在	Formal Existence‐for‐self	Fürsichsein
	为善良而善良	Good for its own sake	Das Gute um des Guten willen
五	生	Originatiom	Entstehen
	生存	Existence	Existenz
	生命的死亡	Death of Life	Tod des Lebens
	未创造的全体	Uncreated All	Das unerschaffene All
	礼拜	Worship	Kultus
	永久现在的东西	Eternally Present	Ewig Gegenwärtiges
	永恒	Eternity	Ewigkeit
	永恒的人类神话	Eternal Mythus of Man	Der ewige Mythus des Menschen
	仙丹	Exlir of Life	Universallebenstinktur
	他自己内在的东西	His own inner Being	Das eigne Innere
	目的	Aim	Zweck
	世俗性	Affairs of the World	Weltlichkeit
	世俗的生存	Secular Existence	Dsa weltliche Sein
	世俗的事物	All that is secular	Die Weltlichkeit
	世俗的帝国	Worldly Empire	Das weltliche Reich
	世界的训练	Discipline of the World	Zucht der Welt
	世界现形	Definite Positive Being	Dieses
	世界精神	World Spirit	Weltgeist
	世界精神的代理人	Agent of the World‐Spirit	Geschäftsführer des Weltgeistes

433

笔画	中文译名	英文译名	德文原词语
	世界智慧	World Wisdom	Weltweisheit
	世界历史个人	World – historical Individuals	Welthistorische Individuen
	世界历史的行程	The Course of the World's History	Der Gang der Weltgeschichte
	世界历史的门槛	Threshold of World's History	Schwelle der Weltgeschichte
	世间生存	Definite and Present Existence	Dieses
	世间的生存	Mundane Existence	Diesseits
	矛盾	Contradiction	Widerspruch
	矛盾和同一律	Axiom of Contradiction and Identity	Grundsatz des Widerspruchsund der Identität
	可能性	Possibility	Möglichkeit
	主观方面	*Subjective Element	Subjektive Seite
	主观的自由	Subjective Freedom	Subjektjve Freiheit
	主观性	Subjectivity	Innerlichkoit
	主观性的自己决定	The Self – determination of Subjectivity	Der Selbstbestimmung der Subjektivität
	主观的意志	*Subjective Volition	Der subjektive Wille
	主观的历史叙述	*Subjective History	Subjektive Geschichtserzählung
	主观意志	Subjective Will	Subjektive Wille
	主张	Pretention	Prätention
	民族的个体	National Individuality	Völkerindividuen
	民族精神	*National Genius	Volkgeist
	民族精神	National Spirit	Volkgeist
	民族精神	The Spirit of the People	Der Geist des Volkes
	立场	*Sphere	Standpunkt
	必需	Necessity	Notwendigkeit
	本质	Essence	Das Wesen
	本质的	Essential	Wesentlich
	本质的东西	The Essential	Das Wesentliche

笔画	中文译名	英文译名	德文原词语
六	对于善的自由判断	Free Conviction of the Good	Freier Überzeugung vom Guten
	对峙	Antithesis	Gegensatz
	灭	Destruction	Vergehen
	再生	Paligenesis	Wiedergeboren
	再生	Regeneration	Wiedergeburt
	向往的地方	Land of Desire	Gesuchtes Land
	关系	*Conscious Relation	Verhältnis
	冲动	Impulse	Impuls
	冲动	Instinctive Movement	Trieb
	阶级	Class	Stand
	阶程	Gradation	Steefengang
	过渡	Passage	Übergang
	过渡	Transition	Übergang
	自由	Freedom	Freiheit
	自由的人	The Free Man	Der freie Mensch
	自由的现实	Reality of Freedom	Realität de Freiheit
	自由的意识	Consciousness of Freedom	Bewusstsein der Freiheit
	自由的关系	Free Relation	Freids Verhältnis
	自由的观念	Idea of Freedom	Idee der Freiheit
	自我本身的主观自由	Subjective Free-dom of the Ego Itself	Subjektive Freiheit des Ich Selbst
	自身颠倒的东西	*Self-contradiction	Das Verkehrte seiner Sebbst
	自知的观念	Self-cognizant Idea	Die sich wissende Idee
	自然	Nature	Die Natur
	自然宇宙	Natural Universe	Das natürliche Universum
	自然性	*Nature	Natürlichkeit
	自然的事物	Natural Object	Naturdinge
	自然的总体	Natural Totality	Natürliche Totalität
	自然实体的统一	Substantial Unity of Nature	Substantialle Einheit der Natur

笔画	中文译名	英文译名	德文原词语
	自然历史	Natural History	Naturgeschichte
	自然观	View of Nature	Naturanschanung
	自觉	Consciousness	Bewusstsein
	自觉	Consciousness of Itself	Selbstbewusstsein
	自觉的目的	Conscious Aim	Der bewusste Zweck
	观念	Idea	Idee
	优越	*Blessed Ignorance	Vortrefflichkeit
	众殊相的显现	Manifestation of Diversity	Hervortreten der Unterschiede
	有史以前的时期	Ante‐historical Period	Vorgeschichte
	有些	Some	Einige
	有利害关系	Interested	Interessiest
	有限存在	Definite Existence	Dasein
	有限存在的理想主义	Idealism of Existence	Idealismus des Daseins
	有限性	Limitation	Endlichkeit
	有限的存在	*Phenomenal Existence	Dasein
	有价值的	Valid	Geltend
	在本身	*An Implicit Form	An Sich
	在本身内存在的宗教	The Religion of Self‐involvement	Die Religion des Insichseins
	在本身中的矛盾	Self‐contradiction	Widerspruch
	在本身为本身	*Independent	An und fur Sich
	在本身为本身的普遍的实体的东西	*Independently Universal and Substantial Existence	Dieses an und für sich Allgemeine und Substantielle
	同本身的存在	Self‐contained Existence	Bei‐sich‐selbst‐sein
	存在	Being	Wesen
	存在	Existence	Sein
	老年时代	Old Age	Greisenalter
	伦常	Ethics	Sittlichkeit
	伦理的	Ethical	Moralisch

笔画	中文译名	英文译名	德文原词语
	光明	Light	Licht
	当时机成熟	The fullness of time was come	Als die Zeit erfüllt was
	因素	*Element	Moment
	因素	*Phase	Moment
	多神主义	Polytheism	Götterdienst
	合理性	Rationality	Vernünftigkeit
	合理的意志	Rational Will	Der vernünftige Wille
	全部的历史	*General History	Ganze Geschichte
	全部的历史	Grand Whole	Die Geschichte des Ganzen
	全体	All	Alle
	全体	The All	Das All
	全体	Totality	Das Ganze
	任意	Caprice	Willkür
	好意	Well‐meaning	Wohlmeinen
	刑罚	Retributive Punishment	Strafe
	动力	Dynamics	Dynamik
	权力	*Influence	Macht
	权利	Right	Recht
	决定	*Principle	Bestimmung
	价值	*Dignity	Wert
	纪年春秋	Annals	Geschictserzählung
	创造的观念	Creating Idea	Produzierende Idee
	企图	*View	Absicht
	兴趣	Interest	Interesse
	尽善尽美性	Perfectibility	Perfektibilität
七	我	Ego	Ich
	作用	Agency	Wirksamkeit
	扬弃	Transcend	Aufheben
	扬弃	Transcending	Hinausgegangensein

笔画	中文译名	英文译名	德文原词语
	形式	Form	Die Form
	形式主义	Formalism	Formalismus
	形式的	Formal	Formell
	形态	Embodiment	Die Gestalt
	形态	*Form	Gestalt
	形态	*Phase	Gestalt
	没有兴趣的	*Without intellect	Interesselos
	完美的东西	The Perfect	Das Vollkommene
	利益	Interest	Interesse
	灵魂	Soul	Seele
	免罪	Indulgenee	Ablass
	进步	Progress	Fortgang
	这个实体	The Dominant Existence	Diese Substanz
	纯洁的东西	The Purity	Das Reine
	良善的精神	Good Spirit	Das gute Geist
	那种正合时宜的东西	*What was ripe for development	Was an der zeit ist
	轮回	Metempsychosis	Seelenwanderung
	狂热	Fanatism	Fanatismus
八	青年时代	Period of Adolescence	Jünglingsalter
	现在	The Present	Die Gegenwart
	现实	*Embodiment	Wirklichkeit
	现实	Reality	Wirklichkeit
	现实	Realized	Wirklich
	现实性	Reality	Wirklichkeit
	现实性	*Real World	Wirklichkeit
	现实的否定	Negation of Reality	Negation der Wirklichkeit
	现实的东西	The Real	Das Wirkliche
	现象	*Phenomenal Being	Erscheinung
	国家的组织	*Political Constitution	Staatsbildung
	国家的精神	The Spirit of the State	Der Geist des Staates

笔画	中文译名	英文译名	德文原词语
	肯定	*Conception	Bestimmung
	使命	Destiny	Bestimmung
	使命	Mission	Beruf
	制度	*Usage	Ordmung
	法律哲学	Philosophy of Jurisprudence	Rechtsphilosophie
	性格	Character	Charakter
	表现	Result	Äusserung
	固执	Self－determination	Eigensinn
	直接地在统一之中	Immediately in Unity	Unmittelbar im Einheit
	直接的意识	*Unreflected Consciousness	Das unmittelbare Bewusstsein
	奇异的地方	Land of Marvels	Das Land der Wunder
	宗教虔敬	*Religion	Religiosität
	空间	The Space	Der Raum
	实体	Being	Substanz
	实体	The Grand Sub－stantial Being	Die Substanz
	实体	Substance	Substanz
	实体世界	The Substantial World	Die substantielle Welt
	实体性	Substantiality	Substantialität
	实体的生活	Substantial Life	Substantielle Leben
	实体的自由	Substantial Freedom	Substantielle Freiheit
	实体的东西	The Substantial Object	Das Substantielle
	实体的统一	Substantial Unity	Substantielle Einheit
	实体的精神性	*Substantial, Objective, Spiritual Existence	Substantielle Geistigkeit
	实验的历史	Pragmatical History	Die Pragmatische Geschichte
	抽象地同本身的统一	Abstract Unity with Itself	Das Abstrakt mit sich Eine
	抽象观念	Abstractum	Abstraktum
	忠诚	Devotion	Ergebenheit

笔画	中文译名	英文译名	德文原词语
	忠诚	Fidelity	Treue
	和解	Pacification	Versöhnung
	和谐	Harmony	Harmonie
	命运	Fatality	Schicksal
	命题	Proposition	Satz
	范畴	Category	Kategorie
	物质	Matter	Materie
	变化的能力	Capacity for Change	Verän derungsfähigkeit
	非历史的历史	Unhistorical History	Ungeschichtliche Geschichte
	诡计	Ruse	Kunstbegriff
	参加	Enter into it	Dabei sein
九	活力	Active Energy	Tätigkeit
	活力	Active Powers	Wirkende kräfte
	活动	Activity	Tätigkeit
	相反的东西	The Opposite	Das Gegenteil
	信仰	Belief	Der Glaube
	信托	Trust	Das Zutrauen
	独夫专制	One Despot	Ein Herr
	促成实现的	Practical Realization	Verwirklichend
	品性	*Character	Sinnesart
	种	Kind	Art
	种类	Genus	Gattung
	种类	Species	Gattung
	美的个性	Individuality Conditioned by Beauty	Schöne Individualität
	美丽自由的王国	The kingdom of Beautiful Freedom	Das Reich der schönen Freiheit
	美丽的道德	*Aesthetic Morality	Schöne Sittlichkeit
	思索的东西	The Sensible	Das Sinnige
	思想	Thought	Gedanke
	思想的形态	*Intellectual Shape	Denkende Gestalt

笔画	中文译名	英文译名	德文原词语
	思想的思想	The Thinking of Thinking	Das Denken des Denkens
	思想的理性	Thinking Reason	Denkende Vernunft
	思想的精神	*The Thinking Facaulty	Der denkende Geist
	要点	*Salient Principles	Hauptpunkt
	神人	Godman	Gottmenschen
	神意	Divine Providence	Die Göttliche Versehung
	神意	Providence	Versehuug
	神圣下凡	Incarnation	Menschenwerdung
	神圣的	Divine	Göttlich
	神圣的存在	Diving Being	Göttliche Wesen
	神圣的东西	The Divine	Das Göttliche
	神圣的事物	*Divine	Das Göttliche
	神圣的观念	Divine Idea	Göttliche Idee
	神权政治的形式	Theocratical Constitution	Die Form der Theokratie
	政体	Constitution	Verfassung
	绝灭	Annihilation	Vernichtung
	绝对的有限性	Absolute Limitation	Absolute Endlichkeit
	绝对的原始的东西	Primal Existence	Das schlechthin Erste
	绝对的精神	Absolute Spirit	Absolute Geist
	宪法	Constitution	Verfassung
	统一	Unity	Einheit
	统治的主观权力	*Individual Despotism	Subjektive Gewalt der
	总体	Totality	Totalität
	类	Order	Gattung
	客观性	Objectivity	Gegenstandlichkeit
	客观性	Objectivity	Objektivität
	客观的统一	Objective Unity	Objektive Einheit
	客观的历史	Objective History	Objektive Geschichte
	客观意志	Objective Will	Objektive Wille

笔画	中文译名	英文译名	德文原词语
十	真	*Truth	Das Wahre
	真的东西	The True	Das Wahre
	真理	Truth	Wahrheit
	秩序	Order	Ordnung
	效果	*Activity	Wirksamkeit
	原始的历史	Original History	Die ursprüngliche Geschichte
	原则	Principle	Prinzip
	家庭孝敬	Family Piety	Familienpietät
	家庭精神	Spirit of fhe Family	Familiengeist
	家庭关系的外表性	* Legal Externality of the Family Relations	Die Äusserlichkeit des Familienverhältnisses
	特殊的东西	*Particularity	Das Besondere
	特殊的和消极的东西	The Speeial and Negative	Das Besondere Negative
	特质	*Conception	Beschaffenheit
	造形艺术	Plastic Art	Die bildende Künst
	高等存在	The Higher Being	Das höhere Wesen
	高等权力	A Higher Power	Eine höhere Macht
	虔敬	Piety	Frömmigkeit
	病态的欲望	Morbid Craving	Sucht
	预觉	Presentiment	Ahnen
	热情	Passion	Leidenschaft
	哲学	Philosophy	Philosophie
	哲学的历史	Philosophical History	Die Philosophische Geschichte
	根据	Validity	Berechtigung
十一	惟一	The One	Der Eine
	惟一的个人	The One Individual	Das eine Subjekt
	惟一的权力	The One Power	Die eine Macht
	第一天性	First Nature	Die erste Natur

笔画	中文译名	英文译名	德文原词语
	第二天性	Second Nature	Die zweite Natur
	基本的性格	The elementary Character	Der elementarische Charakter
	排他的惟一	Exclusive Unity	Das ausschliessende Eine
	梦的世界	Dream‐World	Welt des Traumes
	梦寐	Dreaming	Das Träumen
	偏见	Prejudice	Vorurteil
	理性	Reason	Vernunft
	理性的	Rational	Vernünftig
	理性的东西	*Ideal of Reason	Das Vernunftige
	理性的使命	*Ideal of Reason	Vernunftbestimmung
	理性的狡计	Cunning of Reason	List der Vernunrft
	理性的最后目的	*Ideal of Reason	Der vernünftige Endzweck
	理智	*Understanding	Verstand
	理智的、没有自由的理性和想象	*A product of the unde‐rstanding without free reason and imagination	Verständigohne freie Verunuft und Phantasie
	理想	Ideal	Ideal
	理想的	Ideal	Ideell
	理想性	Ideality	Idealität
	教训	Corrective Punishment	Zucht
	教会的帝国	*Ecclesiastical State	Das geistliche Reich
	惊奇	Wonder	Verwnuderung
	堕落	The Fall	Der Sündenfall
	情操	Sentiment	Empfindung
十二	善	*The Abstract Good	Das Gute
	善	The Good	Das Gute
	虚无	Pure Nothing	Das Nichts Herrschaft
	智力	Intelligence	Intelligenz
	智力和自觉意志的世界	The World of Intelligence and Conscious Volition	Die Welt der Intelligenz und des selbstbewussten Wollens

笔画	中文译名	英文译名	德文原词语
	智慧	Wisdom	Weisheit
	超世界	Ultramundam	Jenseits
	最完善的存在	Absolutely Perfect Being	Das Follkommenste
	最后的目的	Final Aim	Endzweck
	最高的存在	The Highest Being	Das höchste Wesen
	最高的存在	The Supreme Being	Das höchste Wesen
	最高的神圣	The Supreme Being	Der höchste Gott
	最高的产业	The Highest Good	Das höchste Gut
	最高神圣	Supreme Divinity	Der höchste Gott
	发展	Development	Entwicklung
	惶恐	Panic Terror	Panischer Schreck
	黑暗	Darkness	Finsternis
	赎罪	Remission of Sins	Ablass des Sünden
	普遍性	Universality	Allgemeinheit
	普遍的、在本身为本身存在的东西	*Universal Abstract Existence	Das Allgemeine, an und für sich Seinde
	普遍的泛神论	Universal Pantheism	Allgemeiner Pantheismus
	普遍的东西	*Universal Essence	Das Allgemeine
	普遍的东西	*Universal Will	Das Allgemeine
	普遍的和积极的东西	The Universal and Positive	Das allgemeine Positive
	普遍的思想	Universal Thought	Der allgemeine Gedanke
	普遍的、神圣的理性	The Universal Divine Reason	Die allgemeine, Göttliche Vernunft
	普遍的特质	*General Conception	Allgemeine Beschaffenheit
	普遍的意志	Common Will	Der allgemcine Wille
	普遍的历史	Universal History	Allgemeine Geschichte
十三	新生命	New Life	Neues Leben
	意向	*Disposition	Neigung
	意见	*Inclination	Gesinnung
	意见的偏向	Leaning of Opinion	Dafürhalten der Meinung

444

笔画	中文译名	英文译名	德文原词语
	意志	Will	Der Wille
	意识	Consciousness	Bewusstsein
	意义的光明	Light of Consciousness	Das Licht des Bewusstsein
	嫉妒心	Envy	Neid
	概念	*Idea	Begriff
	蓄意的活动	Malice Prepence	Vorsatz
	感官世界	The Sensuous World	Das Sinnliche
	感官性	Sensuousness	Sinnlichkeit
	感官的	Sensual	Sinnlich
	感官的东西	The Sensuous	Das Sinnliche
	感觉	Feel	Fühlen
	感觉的	Feeling	Empfunden
	滥用	Abuse	Missbrauch
	想象	Imagine	Vorstellen
	道德	Morality	Moralität
	道德自由	Moral Liberty	Sittliche Freiheit
	道德的立足点	The Moral Standpoint	Der Moralische Standpunkt
	道德的因素	Moral Element	Moralisches Moment
	道德的全体	The Moral Whole	Das sittliche Ganze
	道德的东西和主观意志的结合	The Union of the Moral with the Objective Will	Die vereinigung des Sittlichen und subjektive Willens
十四	精神	*Mind	Geist
	精神	Spirit	Geist
	精神宇宙	Spiritual Universe	Das geistige Universum
	精神的光明	The Light of Spirit	Das Licht des Geistes
	精神的东西	The Spiritual	Das Geistige
	精神的特性	Idiosycracy of Spirit	Bestimmheit des Geistes
	精神的个性	Spiritual Individuality	Geistige Individualität
	精神的概念	*Idea of Spirit	Begriff des Geistes
	精神的观念	Idea of Spirit	Idee des Geistes

笔画	中文译名	英文译名	德文原词语
	精神高等原则的负荷者	Bearer of the Higher Principle of Spirit	Träger des höheren Prinzips des Geistes
	精神哲学	Philosophy of Spirit	Philosophie des Geistes
	精神现实的帝国	*The Empire of Spirit	Das Reich des Wirklichen Geistes
	精灵	Spirits	Geister
	漫无限制	*Indefiniteness	Masslosigkeit
十五	潜在力	Potentia	Potentia

附录二

人名对照表

　　本表一般是按姓氏的译名第一个字笔画的多少而顺次排列的。 但原著中所提到的人物，也有一些是连名带姓全都写了出来，还有一些是在姓氏的前后加上了称号。 遇着这样的情形时，在表内大多按名字译名的第　个字的笔画多少来排列，例如马丁·路德，爱德华德·干斯。至于称号的译名，则斟酌情形，有的加在姓氏的译名前面，而按称号的译名第一个字的笔画来排列，例如教皇尼古拉二世，枢密院顾问叔尔子博士；有的附于姓氏的译名后面，例如利奥教皇，麦玛特大帝。

笔画	中文译名	英文原名或译名
三	山索王	Setho
	山达尔	T.C.Sandars
	马丁·路德	Martin Luther
	马卡特尼	Lord Macartney
	马其顿的亚历山	Alexander of Macedon
	马海列克	Marheineke
	马哥·孛罗	Marco Polo
	马基弗利	Machiavelli

笔画	中文译名	英文原名或译名
	马都尼斯	Mardonius
	马萨林	Mazarin
	马萨泽提	Massagetae
	见利撒留	Belisarius
	大卫王	David
四	孔子	Confucius
	韦科	Vico
	丹内伊	Danae
	丹内阿斯	Danaus
	巴伐利亚王路易	Louis of Bavaria
	巴朗支	Balanche
	厄狄帕斯	Œdipus
	厄克斯坦男爵	Baron von Eckstein
	尤利塞斯	Ulysses
	以撒	Isaac
	日护大王	Chandraguptas
	日护大王	Sandrokottus
	日护王	Santaracottus(or Chandragupta)
五	尼布尔	Niebuhr
	尼科王	Necho
	尼禄皇帝	Nero
	圣·多明我	St.Dominie
	圣·马丁	Saint Martin
	加西阿斯	Cassius
	加纽脱王	Canute
	布里西亚的安诺德	Arnold of Brescia
	幼里庇底斯	Euripedes
	弗里几亚的皮罗普斯	Pelops of Phrygia

笔画	中文译名	英文原名或译名
	卡剌卡拉皇帝	Caracalla
	卡息奥多剌	Cassiodorus
	卡尔卡斯	Calchas
	卡德马斯	Cadmus
	民耶斯王	Minyas
	奴马王	Numa
	未伦斯皇帝	Valens
	汉尼拔	Hannibal
	布勒其	Blakey
	卢梭	J.J.Rousseau
	皮涅罗皮	Penelope
六	老子	Lao‑tse
	毕达哥拉斯	Pythagoras
	伊士奇勒斯	Æschylus
	伊尼阿	Æneas
	伊塞林	Iselin
	伊壁鸠鲁	Epicurus
	伊萨哥拉斯	Isagoras
	米太雅第斯	Miltiades
	米尼斯王	Menes
	米细勒	Michelet
	米开·安基罗	Michael Angelo
	米兰公爵	Duke of Milan
	安尼锡斯王	Anysis
	安托奈那系各帝	Antonines
	安泰奥卡斯王	Antiochus
	安菲替温尼	Amphictyon
	安达西德	Antalcidas

笔画	中文译名	英文原名或译名
	安瑟伦	Anselm
	西米拉米斯	Semiramis
	西庇阿	Scipio
	西拿基立王	Sennecherib
	西班牙王腓力普二世	Philip the Second
	西塞禄	Cicero
	成吉思汗	Zengis Khan
	朱估他	Jugurtha
	朱味那尔	Juvenal
	朱纳斯·布鲁特斯王	Junius Brutus
	朱理安皇帝	Julian the Apostate
	羽格·卡柏特皇帝	Hugh Capet
	托勒密王朝各帝	Ptolemies
	托勒密·菲列得尔福斯	Ptolemy Philadelphus
	考斯道夫·阿多发	Gustavus Adolphus
	那娜	Nala
	那锡士	Narses
	百尔修斯	Perseus
	百乐丕达	Pelopidas
	亚立司泰提斯	Aristides
	亚弗烈大帝	Alfred the Great
	亚伊细阿斯	Æitius
	亚伯拉罕	Abraham
	亚奇斯	Agis
	亚加绵农	Agamemnon
	亚拉图	Aratus
	亚眠斯隐士彼得	Peter the Hermit of Amiens
	亚特鲁斯王	Atreus

笔画	中文译名	英文原名或译名
	亚拿萨哥拉斯	Anaxagoras
	亚培·累睦扎	Abel Remusat
	亚理斯多芬	Aristophanes
	亚理斯多德	Aristotle
	亚普立伊斯王	Apries
	亚尔西巴德	Alcibiades
	亚尔克蒙尼特	Alcmaeonidae
	亚历山大大帝	Alexander the Great
	约瑟	Joseph
	约瑟福斯	Josephus
	约翰	John
	约翰·西布利	John Sibree
	约翰·米勒	Johannes von Müller
	约翰孙	Johnson
	达尼尔	Daniel
	达理阿·喜斯塔斯皮斯皇帝	Darius Hystaspes
	达理阿·诺塞斯王	Darius Nothus
	达赖喇嘛	Dalai－Lama
	迈瑟林奴斯王	Mycerinus
	迈诺斯	Minos
	红衣主教累斯	Cardinal Retz
	红衣主教喜尔得布蓝	Cardinal Hildebrand
	发利立家族	Valerii
	伏羲氏	Fohi
	色诺芬	Xenophon
七	但丁	Dante
	体隔拉倪	Tigranes
	伯里克理斯	pericles

451

笔画	中文译名	英文原名或译名
	伯罗米修斯	Prometheus
	伽利略	Galileo
	伽图	Cato
	君士坦丁大帝	Constantine the Great
	庇士特拉妥斯	Pisistrotus
	希西阿特	Hesiod
	希波勒特斯·阿·拉庇德	Hippolytus a Lapide (or Hi－ppolithus a Lapide)
	希派格斯	Hipparchus
	希勒格	Frederick von Schlegel
	希斯巴拉	Hispala
	希避阿斯	Hippias
	希罗多德斯	Herodotus
	亨利三世皇帝	Emperor Henry the Third
	亨利五世	Henry the Fifth
	克利奥米泥	Cleomenes
	克利奥佩特剌	Cleopatra
	克里萨斯王	Croesus
	克来斯脱泥	Cleisthenes
	克拉苏斯	Crassus
	克伦威尔	Cromwell
	克赖栖兹	Chryses
	克垒则	Creuzer
	克罗维斯	Clovis
	来辛尼阿·斯托洛	Licinius Stolo
	来喀古士	Lycurgus
	宋波弄	Champollion the Younger
	芬乃龙	Fenelon

笔画	中文译名	英文原名或译名
	苏格拉底	Socrates
	阿匹安	Appian
	阿巴栖	Arbaces
	阿立安	Arrian
	阿米西斯王	Amasis
	阿克立息阿斯	Acrisius
	阿拉列	Alaric
	阿特佛理德·米勒	Otfride Müller
	阿栖栖的圣·芳济	St.Francis of Assisi
	阿揆狄阿斯帝	Arcadius
	阿提拉	Attila
	阿溪里斯	Achilles
	阿达拉王	Attalus
	阿垦米泥斯	Achaemenes
	坎拜西斯王	Cambyses
	辛拿	Cinna
	狄麦多流·坡利奥赛底	Demetrius Polioreetes
	狄奥多西大帝	Theodosius the Great
	狄奥多列克王	Theodoric
	狄奥多拉女皇	Empress Theodora
	忒密斯托克利斯	Themistocles
	忒赛提	Thersites
	杜密善帝	Domitian
	杜勒斯·贺斯低留王	Tullus Hostilius
	利奥教皇	Pope Leo
	利玛	Remus
	麦泥尼阿·阿古利巴	Menenius Agrippa
	麦第奇家族	Medici

笔画	中文译名	英文原名或译名
	麦雅	Meier
	麦玛特大帝	Mahmoud the Great
	麦谟嫩	Menmon
	纶缪拉斯	Romulus
	诃利陀沙	Calidasa
	汤马西尼	Thomasius
	汤麦斯·杨格	Thomas Young
	玛奴	Manu
	玛丽	Mary
	李维	Livy
	罕默	Von Hammer
八	法兰西公爵羽格·卡柏特	Hugh Capet, Duke of France
	法兰西斯·司法若	Franis Sforza
	味吉尔	Virgil
	庞培	Pompey
	杨格	Young
	刻卜勒	Kappler
	刻夫棱王	Chephren
	刻·波特尔	Ker Porter
	帖木儿	Tamerlane
	波伊悉阿斯	Poēthius
	波里比阿斯	Polybius
	波旁王室	Bourbons
	波普	F.Bopp
	波几斯拉夫·冯·戚姆尼兹	Bogislav von Chemnitz
	波绪亚主教	Bishop Bossuet
	波卢塔克	Plutarch
	奈那斯皇帝	Ninus

笔画	中文译名	英文原名或译名
	坡舍尼阿斯	Pausanias
	坡赛那	Porsena
	拉美斯大帝	Ramses the Great
	拉梅内法师	Abbé Lamennais
	拉普拉斯	Laplace
	拉菲尔	Raphael
	歧兹·革拉古帝	Caius Gracchus
	歧奥普斯王	Cheops
	和挪留帝	Honorius
	和累细奥	Horatio
	耶孙	Jason
	朋特莱	Bentley
	佩彭王	Pepin le Bref
	坦塔拉斯	Tantalus
	居鲁斯王	Cyrus
	孟德斯鸠	Montesquieu
	枢密院顾问叔尔子博士	Der Schulze,Geh.Ober Regierungs Rath
	图拉真帝	Trajan
	非罗皮门	Philopoemon
	凯撒	Julius Caesar
	凯撒·奥古斯都	Caesar Augustus
	所罗门	Soloman
	罗生克兰兹	Rosencranz
	罗伯斯庇尔	Robespierre
九	查士丁尼皇帝	Emperor Justinian
	查米斯王	Psammis
	查理（王子）	Charles the Bald
	查理十二世	Charles the Twelfth

笔画	中文译名	英文原名或译名
	查理五世	Charles the Fifth
	查理·马得尔	Charles Martel
	查理皇帝	Charles the Gross
	查理曼大帝	Charlemagne the Great
	查理·黑格尔	Charles Hegel
	胡司	Huss
	胡琴孙	Hutchinson
	美立阿斯	Marius
	哈布斯堡王朝	House of Hapsburg
	哈布斯堡伯爵	Count of Hapsburg
	威克里夫	Wickliffe
	威廉·琼斯爵士	Sir William Jones
	威尔福特大佐	Captain Wilford
	洛林公爵查理	Duke Charles of Lorraine
	洛囎教授	Professor Rosen
	柯奈耶家族	Cornelii
	拜阿斯	Bias
	柏拉图	Plato
	柏勒奈栖	Berenice
	柏尔蹉泥	Bolzoni
	皇帝爱索立亚人利奥	Emperor Leo the Isaurian
	洪保德	W.von Humboldt
	带奥尼秀斯	Dionysius
	带奥多剌斯·西科勒斯	Diodorus Siclus
	科伦大主教	Archbishop of Cologne
	科尔布鲁克	Colobrooks
	英国约翰王	John, king of England
	革勒斯	Görres

笔画	中文译名	英文原名或译名
	退利斯	Thales
	退细阿斯	Tatius
	神父斯比	Father Spee
	贺拉西	Horace
	贺陀教授	Professor Hotho
	刺达给萨斯	Radagaisus
	契尔得立克三世	Childeric III
十	哥白尼	Copernicus
	哥伦布	Columbus
	特立托勒马	Triptolemus
	特罗巴都王朝各君主	Troubadours
	盎卡斯·马细阿斯王	Ancus Martius
	格老秀斯	Grotius
	格列高里·内济亚会	Gregory Nazianzen
	格雷斯海姆上尉	Captain von Griesheim
	栖克洛普斯	Cecrops
	栖里兹	Ceres
	翁克提尔·都·贝朗	Anquetil du Perron
	修昔的底斯	Thucydides
	荷马	Homer
	秦始皇	Shi－hoang－ti
	拿破仑	Napoleon
	海格维希	Hegewisch
	海曼博士	Dr.Heimann
	夏理泼	Chalybaeu
	席勒尔	Schiller
	莱布尼兹	Leibnitz
	莱辛	Lessing

笔画	中文译名	英文原名或译名
	唐尧	Yao
	泰塔斯帝	Titus
	诺曼第公爵威廉	Duke William of Normandy
	真塞立克	Genseric
	索福克丽斯	Sophocles
	息德	Cid
	涅斯忒	Nester
	班禅喇嘛	Bantshen－Rinbot－shee
	爱里尼女皇	Empress Irene
	爱格伯皇帝	Egbert
	爱德华德·干斯	Edward Gans
十一	密司立对底王	Mithridates
	乾隆皇帝	Kien－long
	笛卡尔	Descartes
	教主阿布培克	Caliph Abubeker
	教主阿布—曼苏	Caliph Al－Mansor
	教主哈伦·阿尔—刺希德	Caliph Haroun Al－Raschid
	教主奥玛	Caliph Omar
	教皇卡力斯塔二世	Pope Calixtus Ⅱ
	教皇尼古拉二世	Pope Nicholas Ⅱ
	教皇格列高里七世	Pope Gregory Ⅶ
	教皇扎卡赖	Pope Zachary
	教皇博尼反司	Pope Boniface
	教皇斯蒂芬二世	Pope Stephen Ⅱ
	鄂多瓦王	Odoacer
	鄂图王朝各君主	Ottos
	曼南罗些	Maneros
	曼涅托	Maneths

笔画	中文译名	英文原名或译名
	萨巴科王	Sabaco
	萨米提吉斯王	Psammitichus
	萨克森选侯摩里士	Maurice,the Elector of Saxony
	萨拉	Sulla
	萨拉塞斯都剌	Zarathushtra(or Zerduspt)
	萨达那佩拉帝	Sardanapalus
	梭伦	Solon
	基察第泥	Guicciardini
	维那	M.Vera
	维尔德	Werder
	菲力普王	Philip
	菲力普皇帝	Philip the Fair
	琐罗斯德	Zoroaster
	康德	Kant
	淮罗	Philo
十二	腓特烈一世	Frederick the First
	腓特烈二世	Frederick the Second
	腓特烈大帝	Frederick the Great
	腓特烈·巴巴洛萨皇帝	Emperor Frederick Barbarosa
	超日王	Vicramâditya
	斯巴塔克斯	Spartacus
	斯底利哥	Stilicho
	斯库里尔	Schoreel
	斯特累波	Strabo
	斯麦狄斯	Smerdis
	斯蒂芬斯	Steffens
	斯宾挪莎	Spinoza
	雅各	Jacob

笔画	中文译名	英文原名或译名
	塔西陀	Tacitus
	塔克文尼阿斯·普立卡斯王	Tarquinius Priscus
	塔克文尼阿斯·苏必勃斯王	Tarquinius Superbus
	提庇留·革拉古皇帝	Tiberius Gracchus
	提秀斯	Theseus
	提细阿斯	Ctesias
	提替斯	Thetis
	提萨美牛斯	Tisamenus
	鲁姆的斯庚大	Skaner of Roum
	鲁斯忒谟	Rustam
	鲁维斯	G.H.Lewes
	谢林	Schelling
	斐希特	Fichte
	斐尔都西	Ferdousi
	赛梦	Cimon
	喀里蒙	Chaeremond
	喀劳狄家族	Claudii
	喀罗文王朝各君主	Carlovinginians
	韩宁教授	Professor von Henning
	道因	Daun
	惠思葩西安皇帝	Vespasian
	奥缶斯	Orpbeus
	普洛条斯王	Proctus
	黑格尔	G.W.F.Hegel
	舒勒格	A. W. von Schlegel
十三	意巴密嫩达	Epaminondas
	意希庚大（皇帝）	Ishkander
	意拉托西尼斯	Eratosthenes

笔画	中文译名	英文原名或译名
	塞托里斯	Sertorius
	塞索斯特立王	Sesostris
	塞维阿·塔力阿王	Servius Tullius
	楚弟	Tschudy
	路易十四世	Louis the Fourteenth
	路易九世	Louis the Ninth
	路易五世	Louis the Fifth
	路易皇帝	Emperor Louis
	路易皇帝	Louis the Pious
	路科麦	Lucumo
	蒲罗克鲁斯	Proclus
	詹姆勃立吉斯	Jamblitchus
十四	赫剌克来第王	Heraclidae
	赫得尔	Herder
	赫斐斯塔斯	Hephaestus
	谭尼门	Tennemann
	歌德	Goethe
十五	摩西	Moses
	摩利尔	J. R. Morrell
	摩诃波罗达	Mahabharata
	德约西	Dejoces
	德麦拉脱斯	Demaratus
	黎塞留	Richelieu
	墨罗温王朝各君主	Merovingians
十六	霍享斯陶菜王室	House of Hohenstaufen
	薛西斯皇帝	Xerxes
	穆罕默德	Mahomet
十七	戴克里先王朝	Diocletian

461

笔画	中文译名	英文原名或译名
魏古林		Weguelin

附录三

地名对照表

笔画	中文译名	英文原名或译名
二	几内亚海湾	Gulf of Guinea
三	上方农庄	Upper Grange
	上亚细亚	Upper Asia
	上勃艮第	Upper Burgundy
	上埃及	Upper Egypt
	上意大利	Higher Italy
	广州	Canton
	土耳其	Turkey
	土鲁斯	Toulouse
	大西洋	Atlantic Ocean
	大夏	Bactria; Bactriana
	大马士革	Damascus
	小亚细亚	Asia Minor
	下勃艮第	Lower Burgundy
	下埃及	Lower Egypt
	下意大利	Lower Italy

笔画	中文译名	英文原名或译名
	马因斯	Mayence
	马拉敦	Marathon
	马其顿	Macedon
	马革尼西亚	Magnesia
	马革达雷那河	Magdalena
	马塞	Marseilles
四	日内瓦	Geneva
	日耳曼	Germany
	日耳曼本部	Germany Proper
	乌里	Uri
	乌浒河	Oxus (or Amu‐Daria)
	扎勒河	Saale
	巴巴利沙漠	Barbary Desert
	巴比伦	Babylonia
	巴比伦帝国	Babylonian Empire
	巴西	Brazil
	巴伐利亚	Bavaria
	巴拉圭	Paraguay
	巴拿马地峡	Isthmus of Panama
	巴格达	Bagdad
	巴勒士丁	Palestine
	巴塔哥尼亚	Patagonia
	巴斯尔	Basle
	巴黎	Paris
	冈比亚	Gambia
	比布力斯	Byblus
	比利时	Belgium
	太平洋	Pacific Ocean

笔画	中文译名	英文原名或译名
	不列颠	Britain
	不列颠三岛	British Isles
	瓦拉启亚	Wallachia
	厄克巴塔那	Ecbatana
	中亚细亚（中亚）	Central Asia；Middle Asia
	中国	China
	中国本部	China Proper
	中华帝国	Chinese Empire
	贝勒尔·塔格山脉	Belur Tag
	贝鲁特	Beirut (or Berytus)
	开罗	Cairo
	牛津	Oxford
	长江	Yang－tse－kiang
	木查特山脉	Mussart
	夫泰奥替斯	Phthiotis
	夫萨	Phtha
	以弗所	Ephesus
	丹麦	Denmark
五	尼尼微	Nineveh
	尼罗河	Nile
	尼德兰	Netherlands
	汉堡	Hamburg
	圣·赫伦娜岛	St. Helena
	圣·摩里士修道院	Convent of St. Maurice
	圣·罗伦士河	St. Lawrence River
	印度	India
	印度河	Indus
	印度海	Indian Sea

笔画	中文译名	英文原名或译名
	印度斯坦	Hindostan
	发力斯	Valaise
	发伦细亚	Valentia
	辽东王国	Lyau－tong , Kingdom
	布列坦尼	Brittany
	布里西亚	Brescia
	布拉的	Plataea
	布罗温斯	Provence
	弗里西亚	Frisia
	弗里儿亚	Phrygia
	加利福尼亚	California
	加底斯	Gades
	加拿大	Canada
	加勒比海	Carribean Sea
	加斯拉	Ghasna
	加斯贡	Gascony
	加尔各答	Calcutta
	加尔达甫	Gardafu
	北京	Pekin
	北非洲	North Africa
	北美共和国	North American Republic
	北美合众国	United States of North America
	北美洲	North America
	北普鲁斯	North Prussia
	北意大利	Northern Italy
	北极地带	Northern Zone
	北欧洲	North Europe
	伦巴底	Lombardy

笔画	中文译名	英文原名或译名
	伦河	Rhone
	本都	Pontus
	幼发拉底斯河	Euphrates
	卡鲁日	Carouge
	皮德蒙	Piedmont
	闪族西亚细亚	Semitic Western Asia
	东印度群岛	East Indies
	东亚细亚（东亚）	Eastern Asia
	东部印度	Eastern India; Farther India
	东法兰康尼亚	Eastern Franconia
	东罗马帝国	Eastern Empire
六	米太	Media
	米太帝国	Median Empire
	米利都斯	Miletus
	米兰	Milan
	亚加狄亚	Arcadia
	亚各里斯	Argolis
	亚各斯	Argos
	亚克罗波里斯	Acropolis
	亚拉什伯尔	Aix‐la‐Chapelle
	亚拉冈	Aragon
	亚的加	Attica
	亚述	Assyria
	亚述帝国	Assyrian Empire
	亚美尼亚	Armenia
	亚美利加洲（美洲）	America
	亚马（罗马）	Amor
	亚索	Assur

笔画	中文译名	英文原名或译名
	亚马孙河	Amazons River
	亚细亚洲（亚洲）	Asia
	亚斯	Aix
	亚都	Atur
	亚尔多纳	Altona
	亚历山大里亚	Alexandria
	匈牙利	Hungary
	西比利亚	Siberia
	西西里	Sicily
	西利西亚	Silesia
	西罗马帝国	Western Empire
	西波斯本部	West Persia Proper
	西班牙	Spain
	西峨特王国	Visigothic Kingdom
	西浑河	Sihon
	西顿	Sidon
	西藏	Thibet
	地中海	Mediterranean Sea
	托立克半岛	Tauric
	托鲁斯	Taurus
	各西班牙共和国	Spanish Republics
	各斯拉夫王国	Slavonic Kingdoms
	伊利里亚	Illyria
	伊利斯	Elis
	伊庇鲁斯	Epirus
	伊思巴罕	Ispahan
	伊特鲁立亚	Etruria
	伊兰	Iran

笔画	中文译名	英文原名或译名
	优卑亚	Euboca
	曲儿忒斯坦	Kourdistan
	百泄波里	Persepolis
	百伦	Berne
	吕希亚	Lycia
	吕底亚	Lydia
	吕底亚帝国	Lydian Empire
	安南	Anam
	安第斯山脉	Andes
	安都	Antioch
	多度那	Dodona
	多瑙河	Danube
	红海	Red Sea
	那不勒斯	Nuples
	好望角	Cape of Good Hope
	设刺子	Shiraz
	迈锡尼	Mycenae
	达荷美	Dahomey
	达谢	Dacia
	色雷斯	Thrace
	兴都·库什山脉	Hindoo Kush
七	君士坦丁堡	Constantinople
	君士坦士	Constance
	苏利曼山脉	Soliman
	苏撒	Susa
	里海	Caspian Sea
	努比亚	Nubia
	努连堡	Nüremburg

笔画	中文译名	英文原名或译名
	孚耳特	Fürth
	庇利尼斯山脉	Pyrenees
	伯利恒	Bethlehem
	伯罗奔尼撒斯	Peloponnesus
	克利特	Crete
	克伦地亚	Carinthia
	阿文丁山	Aventine
	阿利给尼山脉	Alleghanies
	阿菲利加洲（非洲）	Africa
	阿菲利加洲本部	Africa Proper
	阿拉克栖河	Araxes
	阿拉斯河	Aras
	阿的治	Adige
	阿帕拉契安山脉	Apalachians
	阿拉伯	Arabia
	阿拉伯沙漠	Arabian Desert
	阿拉伯帝国	Arabian Empire
	阿拉伯湾	Arabian Gulf
	阿索帕斯河	Asopus
	阿栖栖	Assisi
	阿启退尼亚	Aquitania
	阿勒曼尼亚	Alemania
	阿善提	Ashantee
	阿尔卑斯山脉	Alps
	阿尔泰山脉	Altai
	阿尔基尔	Algiers
	阿尔萨斯	Alsace (or Alsatia)
	阿溪卢河	Achelous

笔画	中文译名	英文原名或译名
	利芳尼亚	Livonia
	判查布	Punjab (or Punjaub)
	里细亚	Rhaetia
	里普里亚	Ripuria
	希尔拉	Hilla
	希维兹	Schwyz
	希腊	Greece; Hellas
	希腊本部	Greece Proper; Hellas Proper
	近亚细亚	Hither Asia
	远亚细亚	Farther Asia
	麦加	Mecca
	麦地那	Medina
	麦洛伊岛	Meroë
	沙龙城	Chalon
	佛罗棱萨	Florence
	佛兰姆	Flemish
	启赖亚	Curia
	启赖斯	Cures
	玛伦河	Marne
	犹太	Judæa
	犹地喀	Utica
	库尔河	Kur
	闵斯德	Münster
	条麟吉亚	Thuringia
八	拉丁帝国	Latin Empire
	拉巴拉他河	Rio de la Plata
	拉的斯本	Ratisbon
	拉栖第梦	Lacedaemon

笔画	中文译名	英文原名或译名
	拉萨	Lassa
	欧芬巴克	Offenbach
	欧罗巴洲（欧洲）	Europe
	欧属阿非利加	European Africa
	底比斯	Thebes
	底格里斯河	Tigris
	该浑河	Gihon
	孟加拉	Bengal
	孟加拉湾	Bay of Bengal
	孟买	Bombay
	孟斐斯	Memphis
	易北河	Elbe
	易美阿斯山脉	Imaus
	帕加马斯	Pergamus
	帕尔迈剌	Palmyra
	庚地斯河	Gyndes
	波希米亚	Bohemia
	波河	Po
	波的亚	Boeotia
	波美拉尼亚	Pomerania
	波伦亚	Bologna
	波斯	Persia
	波斯帝国	Persian Empire
	波斯高原	Persian Upland
	波斯湾	Persian Gulf
	波罗的海	Baltic Sea
	波兰	Poland
	青河	Blue Stream

笔画	中文译名	英文原名或译名
	舍易斯	Sais
	松花江山脉	Songarian Mountains
	法舍拉斯	Pharsalus
	法尔西斯坦	Farsistan
	法兰西（法国）	France
	法兰西帝国	French Empire
	法兰克帝国	Empire of Franks
	法兰克福	Frankfort
	法兰康尼亚	Franconia
	法兰德斯	Flanders
	坡伦细亚	Pollentia
	味蒙答	Vermandois
	居鲁士河	Cyrus
	帖撒利	Thassaly
	的黎波里	Tripoli
	侏罗	Jura
	迦太基	Carthage
	迦南	Canaan
	耶利哥	Jericho
	耶路撒冷	Jerusalem
	英格兰	England
	英国	Britain
	罗亚尔河	Loire
	罗马	Rome (or Roma)
	罗马帝国	Roman Empire
九	拜占庭	Byzantium
	拜占庭帝国	Byzantine Empire
	突尼斯	Tunis

笔画	中文译名	英文原名或译名
	突厥帝国	Turkish Empire
	威尼斯	Venice
	威塞尔河	Weser
	俄亥俄河	Ohio
	俄罗斯	Russia
	俄罗斯帝国	Russian Empire
	客西马尼	Gethsemane
	勃艮第	Burgundy
	勃兰登堡	Brandenburg
	挪威	Norway
	科西嘉	Corsica
	科的勒拉山脉	Cordillera
	科林斯	Corinth
	科伦	Cologne
	科尔奇斯	Colchis
	柏林	Berlin
	柏朗朴脱	Burrampooter
	退索斯	Thasos
	恒河	Ganges
	洛林	Lorraine
	药杀河	Jaxartes
	咸海	Aral Sea
	南京	Nankin
	南亚美利加洲（南美洲）	South America
	前亚细亚	Anterior Asia
	美索不达米亚	Mesopotamia
	叙利亚	Syria
	哈勒	Halle

笔画	中文译名	英文原名或译名
十	施勒尼	Cyrene
	埃及	Egypt
	埃塞俄比亚	Ethiopia
	热那亚	Genoa
	都尔	Tours
	都兰	Turan
	涅巴达	Nerbuddah
	涅斯德河	Nestus
	莫塞尼亚	Messenia
	高加索	Caucasus
	高卢	Gaul
	拿旺	Laon
	格拉罗斯	Glarus
	特洛福尼阿斯	Trophonius
	特尔斐	Delphi
	哥伦比亚	Columbia
	哥尔哥塔	Colgotha
	班勒纥	Balk
	班诺尼亚	Pannonia
	莱因河	Rhine
	莱恩斯	Rense
	秘鲁	Peru
	诺曼第	Normandy
	荷兰	Holland
	泰鳞滋	Tiryns
	爱琴海	Aegean
	爱奥尼亚	Ionia
	爱尔兰	Ireland

笔画	中文译名	英文原名或译名
十一	黄河	Hoang－Ho (or Yellow Stream)
	密士失必河	Mississippi
	密苏里	Missouri
	萨克森	Saxony
	萨拉密斯	Salamis
	萨拉森	Saracen
	萨宾	Sabine
	维也纳	Vienna
	康尼科伦	Corniculum
	得坎	Deccan
	勒赫河	Lech
	婆佉罗	Bactra
	推来	Troy
	推罗	Tyre
	基息	Guienne
	梅格棱堡	Mecklenburg
十二	喀什米尔	Kashmere
	喀什噶尔	Cashgar
	喀布尔	Cabul; Kabul
	塔什—伦布	Teshoo－Lomboo
	塔斯邱兰	Tusculum
	斯巴达	Sparta
	斯瓦比亚	Swabia
	斯刻尔特河	Scheldt
	斯特劳德	Stroud
	斯堪德那维亚	Scandinavia
	雅尼那	Janina
	雅里尼	Ariene

笔画	中文译名	英文原名或译名
	雅典	Athen
	腓尼基	Phenicia; Phoenicia
	智利	Chili
	葡萄牙	Portugal
	奥地利	Austria
	奥利诺哥河	Orinco River
	奥昆麦那斯	Orchomenus
	奥得河	Oder
	奥理萨	Orissa
	提贝易德	Thebaid
	提洛	Delos
	普洛逢替斯	Propontis
	普鲁士	Prussia
	普顿伊泥	Priene
	黑海	Black Sea
	黑黎斯	Halys
	黑龙江	Amur
	鲁米利亚	Roumelia
	鲁姆	Roum
	鲁国	Kingdom of Lu
	缅因河	Maine
	绚甸帝国	Birman Empire
	黑西哥	Mexico
	粟特	Sogdiana
	温特瓦登	Unterwalden
	温带	Temperate Zone
	堪达哈尔	Kandahar
	喜马拉雅山	Himmalaya

笔画	中文译名	英文原名或译名
十三	瑞士	Switzerland
	瑞典	Sweden
	蒙古	Mongolia
	锡兰	Ceylon
	意大利	Italy
	塞内加尔	Senegal
	塞纳河	Seine
	塞格提	Seythia
	塞浦路斯	Cyprus
	新荷兰	New Holland
十四	赫留来国	Heruli
	赫斐斯塔斯	Hephaestus
	赫鸠娄尼恩	Herculaneum
	缪司河	Meuse
十五	黎巴嫩	Lebanon
	撒地尼亚	Sardinia
	撒哈拉沙漠	Sahara Desert
	撒马	Zama
	撒马尔罕	Samarkand
	潘沛依	Pompeii
	澳大利亚洲（澳洲）	Australia
	暹罗	Siam
	摩洛哥	Morocco
	摩塞尔河	Moselle
	摩尔达维亚	Moldavia
	德意志	Germany
	德摩比利	Thermophlae
	德摩比利峡道	Pass of Themophlae

笔画	中文译名	英文原名或译名
十六	穆斯-塔格山脉	Mus – Tag

附录四

引用书名对照表

笔画	译 名	外 文 名	作 者
一	一八五五年牛津论文	Oxford Essays, 1855	
二	十二铜标的法律	Law of the Twelve Tables	
	人类和公民的权利	Droit de l' homme et du citoyen	
三	大卫赞美诗	Psalms of David	Xenophon
	万人退却	Retreat of the Ten Thou－sand	
四	天方夜谭	Tales of Thousand and one Nights	
	天主教	Le Catholique	Baron von Eckstein
	历史哲学	Philosophy of History	Frederick von Schlegel
	今世通史	Histoire de Mon Temps	Frederick the Great
	艺术史	History of Art	Meier
	以赛亚书	Isaiah	
	太里马格	Telemaque	Fenelon
	从康德到黑格尔推理哲学的历史发展	Historical Development of Speculative Philosophy from Kant to Hegel	Chälybaeus
	书经	Shu－King	
	心的哲学史	History of the Philosophy of Mind	Blakey

笔画	译　　名	外　文　名	作　　者
五	四吠陀经	Vê das	
	旧约全书	Old Testament	
	印度史诗	Indian Epopees	
	玉娇梨（或称两表姐妹）	Ju－kiao－li (or The Two Sisters)	Abel Remusat
	可兰经	Koran	
	圣经	Bible; Holy Scripture; Scriptures	
	乐经	Yo－king	
	礼记	Li－ki	
	礼教法典	Code of Morals	Manu
	礼经	Li－king	
六	列王纪	Book of Kings	
	多利亚人的历史	History of the Dorians	Otfried Müller
	红衣主教累斯的回忆录	Memoires of Cardinal Retz	Cardinal Retz
	论罗马-日尔曼帝国的合理地位问题	Dissertatio de Ratione Status in Imperio Romano Germanico	Hippolithus a Lapide
	创世纪	Cosmogony	
	伊里亚特	Iliad	Homer
	安提峨尼	Antigone	Sophocles
	回忆录	Memoires	
七	君王论	The Prince	Machiavelli
	玛奴法典	Code of Manu (or Laws of Manu)	Manu
	沙那美	Shah－Nameh	Ferdousi
	麦泥尼阿·阿克利巴的寓言	Fable of Menenius Agrippa	Menenius Agrippa
	芬底达德	Vendidad	
	希腊译本旧约圣经	Septuagint	
八	法律哲学纲要	Outline of the Philosophy of Law	G.W.F.Hegel

笔画	译 名	外 文 名	作 者
	法律哲学讲义	Vorlesungen über die Rechtsphilosophie	G.W.F. Hegel
	法意	Esprit des Loix	Montesquieu
	贺拉西诗章	Horace Odes	Horace
	宗教哲学讲义	Vorlesungen über die Philosophie der Religion	G.W.F. Hegel
	诗经	Shi－King	
	罗马叙事诗	Roman Epos	
	罗马历史	Roman History	Niebuhr
	罗摩衍那	Ramayana	
	迪凡	Divan	Goethe
	易经	Y－King	
九	帝王世纪表	List of Kings	
	春秋	Tshun－tsin	Confucius
	哀歌启应祷文	Litany of Lamentations	
	挑战的夜莺	Trutznachtigall	Father Spee
	剑桥近代史	The Cambridge Modern History	
	战记	Commentaries	Julius Caesar
十	浮士德	Faust	
	荷马诗篇	Homerics	Homer
	娑困达娜	Sacontala	Calidasa
	拿破仑的回忆录	Napoleon's Memoires	Napoleon
	哲学的传记史	Biographical History of Philosophy	G.H. Lewes
	哲学历史略述	Manual of the Hisory of Philosophy	Tennemann
	哲学史讲义	Vorlesungen über die Geschichte der Philosophy	G.W.F.Hegel
十一	逻辑学	Wissenschaft der Logik	G.W.F. Hegel
	理想国	Republic	Plato
十二	黑格尔公理哲学概述	Summary of Hegel's Philosophy of Right	T.C. Sandars

笔画	译　名	外　文　名	作　者
	黑格尔哲学入门	Introductionàla Philosophie de Hegel	Veta
	普通史	Universal History	Johannes von Müller
	普鲁士民法	Prussian Municipal Law	Frederick II
	象征	Symbolik	Creuzer
	道德经	Tao－te－king	Lao－tse
	奥德赛	Odysey	Homer
	智慧书	Book of Wisdom	
	富兰那	Puranas	
十三	瑞士历史	History of Switzerland	Johannesvon Müller
	新科学	Scienza Nuova	Vico
十五	撒母耳记	Book of Samuel	
	摩西法律	Mosaic Law	Moses
	摩西记录	Mosaic Record	Moses
	摩诃婆罗达	Mahabharata	
	摩诃婆罗达事迹	Episodes of the Mahabharata	F.Bopp
	黎俱吠陀范型	Rig－Vedae Specimen	Professor Rosen
十七	熷达凡斯他	Zendavesta	
	熷达典籍	Zend Books	

附录五

其他固有名词对照表

笔画	中文译名	英文或其他外文名
一	一夫一妻制度	Monogamy
二	十大臣	Decemvirs
	十字架	Cross
	十字军	Crusade
	人文	Humaniora
	人事变迁的靡恒	Mutability of Human Things
	人神同形说	Anthropomorphism
	七年战争	Seven Years's War
	七级浮屠	Pagodas
	七圣	Seven Sages
	力究立亚人	Ligurians
三	万里长城	Great Wall
	万神庙	Pantheon
	三十年战争	Thirty Years' War
	三位一体	Trinity; Triune.
	三段论式	Syllogism

笔画	中文译名	英文或其他外文名
	大元老	Princep Senatus
	大主教	Arehbishop
	大主教区	Archbishoprics
	大臣	Magnates
	大江平原	River－plain
	大男爵	Great Barons
	大师	Great Teacher
	大夏人	Bactrians
	大家长	Patriarch
	大家长制原则	Patriarchal Principle
	大将军	Major Domus
	大喇嘛	Grand Lamas
	大宪章	Magna Charta
	个人的统治	Dignitas Autoritas
	个别选举法	Suffragium Viritim
	个体	Individuum
	乞丐托钵僧派	Mendicant Friars
	工匠	Artizans
	土耳其人	Turks
	土耳其的总督	Pasha, Turkish Pasha
	土耳其禁卫军	Janizaries
	土星节	Saturnalia
	上帝主宰撒布脱	Lord God of Zebaoth
	上帝休战	Truce of God
	上帝所立	The Lord's Anointed
	上帝的神宠	Grace of God
	女煞神	Furies
	女庙祝	Priestesses

笔画	中文译名	英文或其他外文名
	凡尔登条约	Treaty of Verdun
	下议院	House of Commons
	马拉塔人	Mahrattas
	马萨泽提人	Massagetae
	马鳃人	Marsi
	马札儿人	Magyars
四	五人执政	Directory of Five
	巴比伦人	Babylonians
	巴卡神节（酒神节）	Bacchaualia
	巴卡斯（神）	Bacchus
	巴伐利亚人	Bavarians
	巴利亚（卑贱阶层）	Pariah
	巴别高楼	Tower of Babel
	巴拉利安人	Paralians
	中古时代	Medival Period; Middle Ages
	中性婆罗摩	Brahm
	中国人	Chinese
	专政官	Dictators
	专制主义	Despotism
	专制政体	Despotism
	历史的黎明区域	Dawn－Land of History
	历史著作家	Historiographers
	历史学家	Historians
	以太	Ether
	以弗所的岱雅那（女神）	Diana of Ephesus
	以色列人	Israelites
	以色列民族	Israelitish People
	从臣	Fides

笔画	中文译名	英文或其他外文名
	天主教	Catholicism
	天主教主义	Catholicism
	天主教徒	Catholics
	天主教教会	Catholic Church
	天堂圣饼	Host of Heaven
	元老	Senators
	元老院	Senate
	元老院谘议命令	Senatus Consulta
	火刑	Stake
	不死之鸟	Phoenix
	不和谐	Disharmony
	内米阿竞技会	Nemean Games
	内雅特（神）	Naiad
	内阁	Ministry
	长子承袭法	Primogeniture
	长老	Ephors
	日尔曼	German
	日尔曼人	Germans
	日尔曼世界	German World
	日尔曼各民族	German Nations
	日尔曼帝国都市	Germans Imperial Cities
	日尔曼帝国宪法	German Imperial Constitution
	水妖	Nymphs
	水星之神	Mercury
	厄狄帕斯（神）	Œdipus
	无神民族	Securi Adversus Deos
	分界	Seperation
	分裂	Seperation

笔画	中文译名	英文或其他外文名
	王权	Regal Power
	王权政体	Royalty
	王笏	Sceptre
	乌苏斯（罗马的一种婚姻方式）	Usus
	乌兰那斯（神）	Uranus
	丹麦人	Danes
	公理哲学	Philosophy of Right
	公众公决的特权	Provocatiohad Popuhum
	公爵	Duke
	公爵区	Duchy
	太阳车	Chariot of the Sun
	匹替阿竞技会	Prthian Games
	夫萨神	Phtha
五	占卜典礼	Auguries and Auspices
	汉撒同盟	Hanseatic League
	平民	Plebians
	平民会议	Demos
	平原	Plain
	尼夫神	Knef
	尼西教议会	Nicene Council
	尼姑	Convent
	礼部尚书	Master of Ceremony
	术士	Magi
	市民	Bürger; Burgher
	市长	Podésta
	市政官	Ædiles
	市场	Forum
	民主政治	Democracy

笔画	中文译名	英文或其他外文名
	民主政体	Democracy
	民众	Populus
	民歌	Ballad－stories
	印度人	Indians
	印度神话	Hindoo Mythology
	印度诸侯	Porus
	印第安人	Indians
	正式出售	Manicipium
	正义	Justice; righteousness
	《末次裁判》画	"Last Judgment"
	末次圣餐	Feast of Pentecost
	包收税课的人	Publicani
	加里亚人	Carians
	四吠陀经	Vĕdas
	四福音	Gospels
	由言论产生的偏见	Idolum fori
	由理论产生的偏见	Idolum theotri
	史官	Historiographer
	史诗	Epopees
	布拉的人	Plataeans
	布拉的战争	Eattle of Plataea
	布剌替安人	Bruttii
	皮剌斯斋人	Pelasgi
	永忠誓言	Oath of Allegiancc
	世俗的人	The Laity
	世界统治权	Dominium Mundi
	卢彻剌人	Luceres
	札格尔那特庙	Juggernaut

笔画	中文译名	英文或其他外文名
	主教	Bishop; Patriarch
	主教区	Bishoprics
	圣子	Regnum Filii
	圣父	Regnum Patris
	圣公会徒	Episcopalians
	圣母（天主教）	Mater Dei; Virgin
	圣母像	Madonnas
	圣母玛利	Virgin Mary
	圣地	Holy Land
	圣礼	Sacra
	圣灵	Holy Ghost; Regnum Spiritûs Sanet
	圣帕	Sacred Handkerchief
	圣庙派（武士）	Order of Temple
	圣彼得大礼拜堂	St. Peter's Cathedral
	圣彼得的圣职	Chair of St. Peter
	圣·约翰派（武士）	Order of St. John
	圣徒	Saint
	圣经官定本	Authorized Version of the Scriptures
	圣饼	Eucharist; Host
	圣寝	Holy Sepulchre; Sepulchre of Christ
	圣餐	Holy Supper
	圣职授与	Ordination
	圣职买卖	Simony
	圣像	Images
	圣像崇拜	Image－Worship
	古罗特曼（福人居地）	Gorodman
	古迹的地方	Land of Ruins
	石棺	Sarcophagi

笔画	中文译名	英文或其他外文名
	讫哩湿那（神）	Krishna
	生殖能力（神）	Procreative Power
	卡尔息狄栖人	Chalcidians
	司仪官	Marshals
	司仪长	Pontifex Maximus
	立宪君主政体	Constitutional Royalty
	奴隶制度	Slavery
	奴隶状态的象征仪式	Imaginaria Servitus
	代议政治的宪法	Representative Constitution
	边疆	Marches
	饥馑（神）	Hunger
	闪族	Semitio
	议会	Council; Curiae; Parliament
	议员	Deputies
	议院	Parliament
	发生的事情	Res Gestae
	发生事情的历史	Historia rerum gestarum
	发展因素	Momente
	训练	Zucht
	东方	The East
	东方世界	Oriental World
	东印度公司	East India Company
	东峨特族人	Eastern Goths
	东罗马帝国总督的管区	Exarchate
六	州	Grafschaften
	农民兄弟会	Peasant Fraternity
	农民法	Lex Agraria
	农奴制度	Serfdom

笔画	中文译名	英文或其他外文名
	农法	Agrarian Laws
	众议院	Chamber of Deputies
	决议案	Plebiscita
	伊力阿人	Elians
	伊特鲁立亚人	Etrurians
	伊特鲁斯坎人	Etruscans
	伊斯米亚竞技会	Isthmian Games
	伊斯特维各种族	Istaevonian Races
	伊斯兰教	Islam
	伊壁鸠鲁派	School of Epicurus
	机阿（神）	Gaea
	百人团	Centuries
	百科全书	Encyclopädie
	毕希达地人	Pishdadians
	毕达哥拉斯原则	Pythagorean Principle
	伧夫俗子	Philistines
	地下坟墓	Catacombs
	地米斯人	Demes
	西方	The West
	西班牙人	Spaniards
	西班牙贵人	Grandezza
	西峨特族人	Visigoths, Western Goths
	西藏人	Thibetians
	西藏文	Thibetian
	西鞑靼人	Western Tartars
	异教徒	Ketzers
	异教裁判	Inquisition
	异教裁判所	Inquisition

笔画	中文译名	英文或其他外文名
	米太人	Medes
	米太战争	Median Wars
	米特拉（星神）	Mitra
	米特拉罪孽	Mitrasins
	匈牙利人	Hungarians
	匈奴人	Huns
	协约各国	Alljed Powers
	成文法	Positive Law; Written Law
	成因学	Teleology
	迈利陀庙	Temple of Mylitta
	先天论	A Priori
	亚匹斯神	Apis
	亚当	Adam
	亚利本（民军制度）	Arrier‑ban
	亚述人	Assyrians
	亚略巴古斯（议会）	Areopagus
	亚细亚人（亚洲人）	Asiatics
	亚普罗（太阳神）	Apollo
	亚蒙	Ammon
	安布立亚人	Umbrians
	安息人	Parthians
	安闲（神）	Vacuna
	安菲特立温尼同盟	Amphictyonic League
	安菲特立温尼议会	Amphictyonic Council
	自由主义	Liberalism
	自弃	Self‑denial
	多利亚人	Dorians
	多明我僧派	Dominiean Order

笔画	中文译名	英文或其他外文名
	多妻主义	Pologamy
	多头政体	Polyarchy
	死东西	Caput Mortuum
	军官	Officers
	军事长官	Military Tribune
	军团	Corps; Legions
	纪事的历史	Historia
	光明的王国	Kingdom of Light
	共和政体	Republic
	行省	Gaue
	行政权限	Temporalia
	行宫	Pfalzen
	执政官	Consuls
	再度浸礼会徒	Anabaptists
	朱格拉（罗马田亩面积单位）	Jugera
	朱诺女神	Juno
	朱诺·恩克息亚（女神）	Juno Unxia
	朱诺·奥细巴基那（女神）	Juno Ossipagina
	各族的联盟	Leagu of Nations
	伦巴底人	Lombards
	伦卡猎议会	Roncalian Diet
	吕底亚人	Lydians
	考斯道西普民族	Gustasp
	廷报	Court Journal
	阶级	Estate
	阶层	Caste
	同业公会	Trade‑guilds
	同盟国战争	Social War

笔画	中文译名	英文或其他外文名
	字源学	Etymology
	有钱的市民	Populus Crassus
	红衣主教	Cardinal
	红鹭（神鸟）	Ibis
	年簿	Annual Directory
	动量	Momentum
	阴阳家	Soothsayers
	阴沟的女神	Dea Cloacina
	臣属	Vassals
七	佛	Foe
	佛陀	Buddha
	佛教	Buddhism; Religion of Fo
	佛喇族人	Fullahs
	时代	Acon
	社会公约	Gontract Social
	社团	Corporation
	启蒙	Eclaircissement
	启蒙运动	Eclaircissement
	启赖那斯（神）	Quirinus
	启赖提人	Quirites
	希力奥斯（神）	Helios
	希伯来人	Hebrews
	希伯来文	Hebrew
	希刺（女神）	Hera
	希洛人	Helots
	希尔坎尼亚人	Hyrcanians
	希腊人	Greeks
	希腊文	Greek

笔画	中文译名	英文或其他外文名
	希腊世界	Greek World
	希腊民族	Hellenes
	希腊里	Stadium
	君士坦士和会	Peace of Coustance
	君主	Rex
	君主政体	Monarchy
	君主权术	Kingcraft
	利未族人	Levites
	辛布赖人	Cimbri
	戒行	Penance
	形而上学	Metaphysics
	灵魂救主	Saviour of Souls
	护民官	Tribunes of the People
	里长	Centgraves
	攸门尼第斯（神）	Eumenides
	克来俄尔人	Creole
	克来塔斯事件	Clitus Case
	克尔特族	Celtic
	克罗诺斯（神）	Chronos
	忒胡忒（神）	Thoth
	忒斯比斯人	Thespians
	巫术	Sorcery
	巫狱	Trial of Witchcraft
	助唱队	Chorus
	批评的历史	Critical History
	均势	Balance of Power
	采地	Seigneurios
	采邑	Beneficium

笔画	中文译名	英文或其他外文名
	犹太人	Jews
	犹太民族	Jewish
	犹太圣书	Jewish Cononjcal Books
	犹太教	Judaism
	汪达尔族人	Vandals
	怀疑派哲学	Scepticisin
	伯罗奔尼撒斯战争	Peloponnesian War
	伯爵	Count
	忧伤（神）	Angeronia
	庇护	Patrocinium
	阿尔巴尼亚人	Albanians
	阿尔比派	Albigenses
	阿多尼斯（神）	Adonis
	阿利曼	Ahriman
	阿利尔学院	Oriel College
	阿拉（伊斯兰教的上帝）	Allah
	阿拉伯人	Arabians
	阿拉伯世界	Arabian World
	阿刻内尼亚人	Acarnanians
	阿奇安人	Achaeans
	阿奇安同盟	Achaean League
	阿非利加人（非洲人）	Africans
	阿姆沙斯本特（星神）	Amshaspend
	阿纽比斯神	Anubis
	阿勒曼尼人	Alemani
	阿富汗人	Afghans
	阿提密斯（女神）	Artemis
	阿善提人	Ashantees

笔画	中文译名	英文或其他外文名
	阿斯塔提（神）	Astarte
	阿德米塔斯（神）	Admetus
	阿垦米泥斯人	Achaemenians
	阿谀者	Sycophants
	阿兰人	Alans
	库墨西（买卖婚姻）	Coemtio
	花的生命	Flower－Life
	来奈斯歌	Linus－Song
	芳济各僧派	Franciscans
	角斗士	Gladiators
	条顿人	Tentones
	条顿派（武士）	Teutonic Order
	条顿族	Teutonic
	条麟吉亚人	Thuringians
八	审美学	Æsthetics
	拉丁人	Latins
	拉丁文	Latin
	拉栖第梦人	Lacedaemonians
	拉菲尔的圣母像	Raphael's Madonnas
	拉顿那（神）	Latona
	垃圾堆	Colluvies
	弥撒	Mass
	郇庙	Temple of Zion
	耶和华（犹太人崇奉的上帝）	Jehovah
	耶利多里人	Eretrians
	耶教圣庙	Holy Sepulchre
	耶稣会教士	Jesuits
	耶稣新教	Protestant; Protestantism

笔画	中文译名	英文或其他外文名
	耶稣新教教徒	Protestants
	耶稣新教教会	Protestant Church
	武士	Warriors; Knights
	武士派	Orders of Knighthood
	武士阶层	Warrior‑caste
	学校	Seminaries
	经院神学	Schoiastic Divinity; Scholastic Theology
	经院哲学	Scholastic Philosophy
	经验的事物	The Empirical
	周必得（主神）	Jupiter
	周必得·卡匹托来那（神）	Jupiter Capitolinus
	底比斯人	Thebans
	枢密院	Council
	林仙	Dryads
	国民院	Tribuni Pledis
	国民会议	Comitia Curiata; National Conventon
	国民议会	National Convention; Popular Assembly
	国君	Rajah
	国家	State
	国家的独裁者	Autocrat of the State
	国教	State Religion
	国务院	Council; State Council
	国会	Cortes; Diet
	欧罗巴人（欧洲人）	Europeans
	和平	Pax
	和尚	Bonzes
	和解	Reconciliation
	法伏（精灵世界）	Fervers

笔画	中文译名	英文或其他外文名
	法利赛人	Pharisees
	法舍力亚战争	Battle of Pharsalia
	法庭	Council
	法国大革命	French Revolution
	法国国民议会	French convention
	法理学	Jurisprudence
	法学家	Jurists
	法兰西人（法国人）	French
	法兰克人	Franks
	金字塔	Pyramids
	具有丰富的头脑	Von Geistreichen Köpfen
	牧杖	Grosier
	牧师会	Chapter
	拖曳	Ziehen
	知事	Magistrate
	咒物拜物教	Fetish－Worship
	帕拉斯（神）	Pallas
	帕拉斯·雅典娜（女神）	Pallas－Athena
	帕特洛克拉斯（神）	Patroclus
	狗星（神）	Dog－Star
	刹帝利（统治阶层）	Cshtriyas
	波美拉尼亚人	Pomeranian
	波剌斯人	Parsees
	波斯人	Persians
	波斯世界	Persian World
	波斯的统一	Persian Unity
	波雅里亚人	Boioarians
	波罗梵天（最高神圣）	Parabrahma

笔画	中文译名	英文或其他外文名
	波兰人	Poles
	英文	English
	英格兰人（英国人）	English
	英国人	Englishman
	命书	Book of Fate
	河神	River‑Gods
	泛神主义	Pantheism
	使徒军队	Apostolic Army
	迦太基人	Carthaginians
	迦勒底人	Chaldeans
	迦达摩（佛）	Gautama
	宗教	Lig‑are; Religio
	宗教改革	Reformation
	宗教派别	Religious Sects
	宗教会议	Synod
	实践哲学	Fractical Philosophy
	侍从官	Chamberlains
	岱雅那（女神）	Diana
	苦行师	Yogis
	忠诚	Fides
	忠实的工具	Ancilla fidei
	奈丝女神	Goddess Neith
	事实	Res Gestae
	服尔细人	Volsci
	罗马（神）	Roma
	罗马人	Romans
	罗马世界	Roman World
	罗马法	Roman Law

笔画	中文译名	英文或其他外文名
	罗马红衣主教	Romish Cardinal
	罗马军团	Roman Legions
	罗马教皇	Holy See
	罗马国家	Roman State
	诗词	Poesy
	诡辩派哲学家	Sophists
	图形文字	Hieroglyphs
	净土	Purgatory
	泥摩息尼—记忆女神	Mnemosyne
	泥摩息尼神庙	Temple of Mnemosyne
	的摩提加字体	Demotic Character
	坡赛顿（神）	Poseidon
	所罗门的智慧	Solomonian Wisdom
	现代	Modern Time
	现象的事物	The Phenomenal
九	洪水	Deluge
	总督	Governor
	独裁者	Dictator
	拜火教	Fire‐Worshippers
	拜占庭人	Byzantines
	宫廷长官	Mayors of the Palace
	保加利亚人	Bulgarians
	祠堂	Hall of Ancestors
	威尼斯人	Venetians
	城市联盟	Confederation of Cities
	勃艮第人	Burgundians
	派吞（神）	Python
	封邑	Seigneuries

笔画	中文译名	英文或其他外文名
	封建	Feudum
	封建法	Feudal Law
	封建的宗主	Lehusherr
	封建制度	Feudal System
	封建政体	Feudalism
	标塞法拉斯（名马）	Buecphalus
	省长	Satraps
	首陀（奴役阶层）	Sudras
	毗舍（生产阶层）	Vaisyas
	毗湿奴（神）	Vishnu
	科林斯人	Corinthian
	科尔奇斯人	Colchians
	科学	Science
	神人同形	Theanthropy
	神父	Father
	神明	Deity; Divinity
	神权政体	Theocracy
	神权贵族政体	Theocratic Aristocracy
	神灵	Genii
	神祇	Deity; Divinity
	神授统治权	Divine Appointment of the Governing Power
	神盟军	Sacred Legion
	神意说	Theosophies
	神道学	Theology
	神谕	Oracle
	神谕书	Sibylline Books
	神宠方法	Means of Grace

笔画	中文译名	英文或其他外文名
	是非鉴别学	Casuistry
	皇帝派	Ghibellines
	星相家	Astrologers
	迷宫	Labyrinth
	迷信物	Fetish
	侯国	Fürstenthümer; Fricipalities
	侯爵	Margraves
	侯爵区	Earldom
	施勒尼人	Cyrenians
	贵族	Patricians
	贵族法庭	Court of Peers
	贵族政体	Aristocracy
	帝国法院	Imperial Tribunals
	帝国枢密会议	Imperial Couneil
	帝国议会	Imperial Diet
	选族	Chosen Family
	南无	ôm
	威斯特发利亚和议	Peace of Westphalia
	郡	Grafschaften
	带奥奈萨斯神	Dionysus
	叙利亚人	Syrians
	钦差	Missi
	美塞尼亚人	Messenians
	美斋部落	Magi
	狮身女首怪	Sphinx
	语言家	Philologists
	恬静（神）	Tranquilitas
	显身	Avatars

笔画	中文译名	英文或其他外文名
十	指环	Ring
	俄罗斯人	Russians
	贱民战争	Servile War
	浮士德（魔鬼）	Faust
	铁锤矛	Morgenstern
	埃及人	Egyptians
	埃及的黑梅斯神	Egyptian Hermes
	埃及精神	Egyptian Spirit
	埃西神	Isis
	埃陀利亚人	Ætolians
	埃理亚派哲学	Eleatic Philosophy
	埃塞俄比亚人	Ethiopians
	莫苏尔人	Mussulmen
	荷兰人	Dutch
	通事	Interpreters
	高加索种	Caucasian Race
	高原	Upland
	高卢人	Gauls
	旃陀罗（最低阶层）	Chandalas
	栖里兹（神）	Ceres
	泰坦神族	Titans
	泰丰（神）	Typhon
	夏娃	Eve
	宰相	Vizier
	息柏利（神）	Cybelle
	息斯廷礼拜堂	Sistine Chapel
	家神	Penates
	峨特人的统领	Gothic Chief

505

笔画	中文译名	英文或其他外文名
	峨特式	Gothic
	峨特族人	Goths
	拿破仑宪法	Napoleonic Constitution
	盎格罗人	Angles
	盎格罗—萨克森族	Anglo‑Saxon
	特殊权利	Privilegia
	特棱特教议会	Council of Trent
	特尔斐（神）	Delphi
	热病（神）	Fever
	监察官	Censor
	监察部	Board of Control
	诺亚洪水	Noachian Deluge
	诺曼人	Normans
	诺斯人	Norseman
	诸侯	Vassals
	冥国	Hades
	秘密法庭	Vehmgericht
	恩惠	Beneficia
	修道院	Convent
	修辞学	Rhetorics
	莱因同盟	Rhenish League
	哲学的历史	Fhilosophical History
	恶魔	Devil
	都兰民族	Turanians
	爱的花园	Garden of Love
	爱奥尼亚人	Ionians
	爱尔兰人	Irish
十一	教士	Priesthood

笔画	中文译名	英文或其他外文名
	教士权术	Priestcraft
	教长	Sacrorum
	教皇	Pope
	教皇派	Guelfs
	教堂	Cathedral; Church
	教区	Parish; See
	教会	Ecclesia; Church
	教会大分裂	Great Schism
	教会的人	The Clergy
	教会的长老	Fathers of the Church
	教会的评议会	Councils of the Church
	教会职司	Ecclesiastical Offices
	教会职责	Jura Stoloe
	教会议事大会	General Council of the Church
	教职政治	Hierarchy
	教议会	Council
	第三阶级	Third Estate
	黄金时代	Golden Age; Saturnian Time
	黄道	Zodiac
	梵天（神）	Brahma
	梵天（中性）（神）	Brahmǎ
	梵天（阳性）（神）	Brahmä
	梵文	Sanscrit
	梵语	Sanscrit
	祭司	Priest
	教主	Saviour
	教世主	Redeemer
	笛卡儿派	Cartesian

笔画	中文译名	英文或其他外文名
	密司剌神	Mithra
	密陣（密集军队）	Phalanx
	密涅发（智慧发神）	Minerva
	基在种族	Gizian Race
	基督	Christ
	基督的代表	Vicar of Christ
	基督国	Christendom
	基督教	Christianity
	基督教世界	Christendom; Christian Worl
	基督教使徒	Apostles
	假定	Hypothesis
	虚无主义	Nihilism
	虚伪的信义	Graeca Fides; Punica Fides
	鄂斯曼族	Osman
	领土的主有者	Landesherr
	领主	Feudum; Liege Lord; Seigneur
	领忏人	Confessor
	推事	Magistrates
	推来人	Trojans
	推来战争	Trojan War
	推论	Raisonnement
	推罗人	Tyrians
	得阿克利安人	Diacrians
	婚姻宗教仪式	Confarreatio
	婚媾关系	Connubia
	曼南罗些（哀歌）	Maneros
	琉息那（生产女神）	Lucina
	族	Gens

笔画	中文译名	英文或其他外文名
	族长	Patres
	清教主义	Puritanism
	清教徒	Puritans
	清朝	Mantchos
	痕都人（英国人对于印度人的称呼）	Hindoos
	勒颁多战争	Battle of Lepanto
	偶像崇拜	Idol－Worship
	培尔庙	Temple of Bel
	陪审官	Jurors
	陪审制	Trial by Jury
	婆罗门（僧侣阶层）	Brahmins
	婆罗门教	Brahminism
	逻辑	Logic
	维新教会	Reformed Church
	骑士阶级	Equites
	萨克森人	Saxons
	萨拉森人	Saracen
	萨宾人	Sabines
	萨瞒	Shamans
	萨瞒教	Shamanism
	萨瞒教的巫师	Shamans
	萨谟奈人	Samnites
	盘剥重利	Usury
	谘议院	Council of State
	野蛮人民	Barbarians
十二	蛮丁哥族人	Mandingo
	释迦牟尼佛	Buddha

笔画	中文译名	英文或其他外文名
	湿婆（神）	Siva
	属民	Clientes
	属于圣徒名下的教区	Weichbilder
	葡萄牙人	Portuguese
	雇佣军队的统领	Condottieri
	窝牧议会	Diet of Worms
	游方僧	Fakirs
	道士	Tao–tse
	道的崇拜者	Honourers of Reason
	道理	Logos
	奥地利人	Austrians
	奥林匹克竞技会	Olympic Games
	奥林匹亚世界	Olympian World
	奥林匹亚的薛乌斯（神）	Olympian Zeus
	奥林帕斯（神）	Olympus
	奥查利安·罗克利亚人	Ozolian Locrians
	奥栖阿那斯（神）	Oceanus
	奥马兹德（神）	Ormuzd
	奥赛烈司（神）	Osiris
	斯巴达人	Spartans
	斯瓦比亚人	Swabians
	斯瓦比亚同盟	Swabian League
	斯多噶派哲学	Stoicism
	斯多噶派哲学的信奉者	Stoics
	斯克拉夫人	Sclaves
	斯拉夫人	Slavs
	斯拉夫民族	Slavonic Nation
	斯堪德那维亚人	Scandinavians

笔画	中文译名	英文或其他外文名
	斯宾挪莎体系	Spinozistic System
	普尼克战争	Punic Wars
	普洛塞匹那（神）	Proserpine
	腓尼基人	Phoenicians
	斐西安人	Phaeacians
	联邦	Federal Union
	雅里人	Arii
	雅典人	Athenians
	雅典那（女神）	Athene
	雅典城市国家	Athenian Polis
	裁判官	Praetors; Quaestors
	喀若利（纯粹派）	Cathari
	喀尔文教会	Calvinist Church
	尊神	Genuis
	善神	Good Genuis
	善海	Sea of Virtue
	喇嘛教	Lamaism
	黑梅斯神	Hermes
	替善斯人	Titienses
	智慧的教师	Teachers of Wisdom
	策鲁恩—阿克伦（无限制的全本）	Zeruane‐Akerene
	提摩提斯（对神的抽象观念）	Timurtis
	编年史家	Chroniclers
	割礼	Circumcision
十三	御史	Censors
	御史台	Censorship
	瑞士人	Swiss

笔画	中文译名	英文或其他外文名
	意大利人	Italians
	蓝门伦斯人	Ramnanses
	稗史	Legends
	瑜加派信徒	Yogis
	塞利泥（神）	Selene
	塞格提人	Scythians
	塞格提—铁	Scythian
	塞累匹斯（神）	Serapis
	塞尔柱人	Seljuks
	塞尔维亚人	Servians
	满大人	Mandarians
	满洲人	Mantchoos
	蒙兀儿人	Monguls
	蒙古人	Mongols
	蒙古文	Mongolian
	蒙古利亚人（蒙古人）	Mongolians
	蒙古利亚种	Mongolian Race
	裸体哲人	Gymnosophists
	错解	Maya
	稣汇维人	Suevi
	新柏拉图派学者	New Platonists
	督察长	Superindent
	福条那·帕布立卡（神）	Fortuna－Publica
	福细温人	Phocians
	路德教徒	Lutherans
	路德教会	Lutheran Church
十四	僧正	Abbot
	僧侣	Clergy; Monks; Priesthood

笔画	中文译名	英文或其他外文名
	僧院主义	Monasticism
	缪斯（文艺女神）	Muses
	赛立阿斯（狗星之神）	Sirius
	赛克教派	Sikhs
	赛克洛普斯人	Cyclopes
	赛克洛普斯式	Cyclopian
	裴狄亚安人	Pediaeans
	管事人员	Advowees
	寡头政体	Oligarchy
	赫邱利（神）	Hercules
	赫剌克来第族人	Heracleidae
	瘟疫（神）	Plague
十五	摩西人	Moses
	摩诃提婆（神）	Mahâdeva
	鞑靼人	Tartars
	暴君	Tyrants
	德·希姆西特（神）	Dshemshid
	德意志人（德国人）	Germans
	德鲁易人	Druids
	黎明的曙光	Blush of Dawn
	黎俱吠陀（神）	Rig‑Vedae
	潮霉（神）	Robigo
十六	雕刻立温种族	Deucalion
	薛乌斯（希腊主神）	Zeus
	辩神论	Theodicaea
	穆尔人	Moors
	穆罕默德教（伊斯兰教）	Mahometanism; Mohommedanism
	穆罕默德教徒（伊斯兰教徒）	Mohommedans

笔划	中文译名	英文或其他外文名
	穆斯林（伊斯兰教徒）	Moslem （Mussulman）
十七	赠达民族	Zend People
	赠达种族	Zend Race
十八	藩国	Sovereignties
	藩属	Vassals
十九	攀（神）	Pan
	警卫军	Praetorian Body－guards
二十	魔鬼	Daemon
二十一	霸权	Hegemony

图书在版编目(CIP)数据

历史哲学/(德)黑格尔(Hegel, G. W. F.)著;王造时译.
—上海:上海书店出版社,2006.3(2023.9重印)
(世纪文库)
ISBN 978 – 7 – 80678 – 475 – 4

Ⅰ.历… Ⅱ.①黑…②王… Ⅲ.历史哲学
Ⅳ.K01

中国版本图书馆 CIP 数据核字(2005)第 158298 号

G. W. F. Hegel THE PHILOSOPHY OF HISTORY
本书根据 J. Sibree 的英译本转译,并经译者请友人
依德文原本校阅。原作者是 Georg Wilhelm Friedrich
Hegel. 原著名称是 Philosophie der Weltgeschichte.

责任编辑 顾 佳
技术编辑 张伟群 丁 多
装帧设计 陆智昌

历史哲学

[德] 黑格尔 著
王造时 译

出 版 上海书店出版社
      (201101 上海市闵行区号景路 159 弄 C 座)
发 行 上海人民出版社发行中心
印 刷 上海商务联西印刷有限公司
开 本 635×965mm 1/16
印 张 35.5
字 数 420,000
版 次 2006 年 3 月第 1 版
印 次 2023 年 9 月第 12 次印刷
ISBN 978 – 7 – 80678 – 475 – 4/K·90
定 价 78.00 元

世纪人文系列丛书 (2005年出版)

一、世纪文库

《印度佛学源流略讲》 吕澂著
《〈马氏文通〉读本》 吕叔湘　王海棻编
《中国制度史》 吕思勉著
《汉语诗律学》 王力著
《清代学术概论》 梁启超著
《秦汉的方士与儒生》 顾颉刚撰
《中国文字学》 唐兰撰
《中国哲学十九讲》 牟宗三撰
《魏晋玄学论稿》 汤用彤撰
《中国文学批评史大纲》 朱东润撰
《诗论》 朱光潜撰
《文献学讲义》 王欣夫撰
《中国目录学史》 姚名达撰
《中国古代服饰研究》 沈从文编著
《中国佛教史籍概论》 陈垣撰
《中国文化要义》 梁漱溟著
《人心与人生》 梁漱溟著
《印度哲学概论》 梁漱溟著
《中国封建社会》 瞿同祖著
《定县社会概况调查》 李景汉著
《藏族宗教史之实地研究》 李安宅著
《〈仪礼〉与〈礼记〉之社会学研究》 李安宅著
《资本主义文明的衰亡》 [英]锡德尼·维伯　比阿特里斯·维伯著　秋水译
《哲学研究》 [英]路德维希·维特根斯坦著　陈嘉映译
《哲学通信》 [法]伏尔泰著　高达观等译
《恶的象征》 [法]保罗·里克尔著　公车译
《国民经济学原理》 [奥]卡尔·门格尔著　刘絜敖译
《协同学——大自然构成的奥秘》 [德]赫尔曼·哈肯著　凌复华译
《我的艺术生活》 [俄]康斯坦丁·斯坦尼斯拉夫斯基著　瞿白音译
《时代的精神状况》 [德]卡尔·雅斯贝斯著　王德峰译
《心灵、自我与社会》 [美]乔治·H·米德著　赵月瑟译
《蒂迈欧篇》 [古希腊]柏拉图著　谢文郁译注
《伦理学原理》 [英]乔治·摩尔著　长河译
《古代人的自由与现代人的自由》 [法]邦雅曼·贡斯当著　阎克文等译
《道德哲学原理》 [英]亚当·弗格森著　孙飞宇　田耕译
《论暴力》 [法]乔治·索雷尔著　乐启良译
《论教育学》 [德]伊曼努尔·康德著　赵鹏译
《教育片论》 [英]约翰·洛克著　熊春文译
《形而上学》 [古希腊]亚里士多德著　李真译
《论三位一体》 [古罗马]奥古斯丁著　周伟驰译
《论李维》 [意]尼克洛·马基雅维里著　冯克利译
《知识分子的背叛》 [法]朱利安·班达著　佘碧平译
《论法国》 [法]约瑟夫·德·迈斯特著　鲁仁译
《确定性的寻求——关于知行关系的研究》 [美]约翰·杜威著　傅统先译

《性经验史》(增订版) [法]米歇尔·福柯著　佘碧平译
《政治科学要义》 [美]加埃塔诺·莫斯卡著　任军锋　宋国友　包军译
《回忆录: 1848年法国革命》 [法]阿列克西·德·托克维尔著　周炽湛　曾晓阳译

二、世纪前沿

《想象的共同体——民族主义的起源与散布》 [美]本尼迪克特·安德森著　吴叡人译
《权力与繁荣》 [美]曼瑟·奥尔森著　苏长和　嵇飞译
《知识资产——在信息经济中赢得竞争优势》 [英]马克斯·H·博伊索特著　张群群
陈北译　张群群校
《政治的正义性——法和国家的批判哲学之基础》 [德]奥特弗利德·赫费著　庞学铨
李张林译
《少数的权利——民族主义、多元文化主义和公民》 [加拿大]威尔·金里卡著　邓红风译
《自由主义、社群与文化》 [加拿大]威尔·金里卡著　应奇　葛水林译
《陌生的多样性——歧异时代的宪政主义》 [加拿大]詹姆斯·塔利著　黄俊龙译
《反资本主义宣言》 [英]阿列克斯·卡利尼科斯著　罗汉　孙宁　黄悦译
《驯服全球化》 [英]戴维·赫尔德等著　童新耕译
《为承认而斗争》 [德]阿克塞尔·霍耐特著　胡继华译
《奢侈的概念》 [英]克里斯托弗·贝里著　江红译
《国体与经体》 [英]约瑟夫·克罗普西著　邓文正译
《公民的加冕礼——法国普选史》 [法]皮埃尔·罗桑瓦龙著　吕一民译
《民主的经济理论》 [美]安东尼·唐斯著　姚洋　邢予青　赖平耀译
《作为现代化之代价的道德——应用伦理学前沿问题研究》 [德]奥特弗利德·赫费著
邓安庆　朱更生译
《宪政之谜——国际法、民主和意识形态批判》 [英]苏珊·马克斯著　方志燕译
《自由主义的民族主义》 [以色列]耶尔·塔米尔著　陶东风译
《历史思考的新途径》 [德]约恩·吕森著　綦甲福　来炯译
《走向统一的社会科学》 [美]赫伯特·金迪斯　萨缪·鲍尔斯等著　浙江大学跨学科社会科学研
究中心译　汪丁丁等主编

三、袖珍经典

《原始分类》 [法]爱弥尔·涂尔干　马塞尔·莫斯著　汲喆译　渠东校
《实用主义与社会学》 [法]爱弥尔·涂尔干著　渠东译　梅非校
《社会学的基本概念》 [德]马克斯·韦伯著　胡景北译
《历史的用途与滥用》 [德]弗里德里希·尼采著　陈涛　周辉荣译　刘北成校
《奢侈与资本主义》 [德]维尔纳·桑巴特著　王燕平　侯小河译　刘北成校
《道德形而上学原理》 [德]伊曼努尔·康德著　苗力田译
《实用人类学》 [德]伊曼努尔·康德著　邓晓芒译
《图腾制度》 [法]列维·斯特劳斯著　渠东译　梅非校
《为什么美国没有社会主义》 [德]维尔纳·桑巴特著　王明璐译
《图腾与禁忌》 [德]西格蒙德·弗洛伊德著　赵立玮译
《社会形态学》 [法]莫里斯·哈布瓦赫著　王迪译
《信任》 [德]尼克拉斯·卢曼著　瞿铁鹏　李强译
《权力》 [德]尼克拉斯·卢曼著　瞿铁鹏译
《对欧洲民族的讲话》 [法]朱利安·班达著　佘碧平译
《永久和平论》 [德]伊曼努尔·康德著　何兆武译
《相对论的意义》 [美]阿尔伯特·爱因斯坦著　郝建纲　刘道军译　李新洲审校

《对称》 [德]赫尔曼·外尔著 冯承天 陆继宗译

《礼物——古式社会中交换的形式与理由》 [法]马塞尔·莫斯著 汲喆译 陈瑞桦校

四、大学经典

五、开放人文

（一）插图本人文作品

《插图本中国文学史》 郑振铎著

《历史研究》(插图本) [英]阿诺德·汤因比著 刘北成 郭小凌译

《希腊罗马神话》 [德]奥托·泽曼著 周惠译

《英美文学和艺术中的古典神话》 [美]查尔斯·盖雷著 北塔译

《法国史图说》 [法]E·巴亚尔等著 黄艳红等译

（二）人物

《我的大脑敞开了——数学怪才爱多士》 [美]布鲁斯·谢克特著 王元 李文林译

《古多尔的精神之旅》 [英]简·古多尔 菲利普·伯曼著 祁阿红译

《美丽心灵——纳什传》 [美]西尔维娅·娜萨著 王尔山译 王则柯校

《恋爱中的爱因斯坦——科学罗曼史》 [美]丹尼斯·奥弗比著 冯承天 涂泓译

《迷人的科学风采——费恩曼传》 [英]约翰·格里宾 [英]玛丽·格里宾著 江向东译

《福柯的生死爱欲》 [美]詹姆斯·米勒著 高毅译

《伽利略的女儿——科学、信仰和爱的历史回忆》 [美]达娃·索贝尔著 谢延光译

《原子在我家中——我与恩里科·费米的生活》 [美]劳拉·费米著 何兆武 何芬奇译

（三）插图本外国文学名著

（四）科学人文

《植物的欲望——植物眼中的世界》 [美]迈克尔·波伦著 王毅译

《生命的未来》 [美]爱德华·威尔逊著 陈家宽 李博 杨凤辉等译校

《不论——科学的极限与极限的科学》 [英]约翰·巴罗著 李新洲等译

《真实地带——十大科学争论》 [美]哈尔·赫尔曼著 赵乐静译

《第五元素——宇宙失踪质量之谜》 [美]劳伦斯·克劳斯著 杨建军等译

《从混沌到有序——人与自然的新对话》 [比]伊·普里戈金 [法]伊·斯唐热著 曾庆宏 沈小峰译

《费马大定理——一个困惑了世间智者358年的谜》 [英]西蒙·辛格著 薛密译

《机遇与混沌》 [法]大卫·吕埃勒著 刘式达等译

《天遇——混沌与稳定性的起源》 [罗]弗洛林·迪亚库 [美]菲利普·霍尔姆斯著 王兰宇译 陈启元 井竹君校

《伊托邦——数字时代的城市生活》 [美]威廉·J·米切尔著 吴启迪 乔非 俞晓译

《上帝的方程式——爱因斯坦、相对论和膨胀的宇宙》 [美]阿米尔·D·阿克塞尔著 薛密译

《不确定的科学与不确定的世界》 [美]亨利·N·波拉克著 李萍萍译

《未来是定数吗？》 [比]伊利亚·普里戈金著 曾国屏译

《林肯的DNA——以及遗传学上的其他冒险》 [美]菲利普·R·赖利著 钟扬 李作峰 赵佳媛 赵晓敏译

世纪人文系列丛书 (2006年出版)

一、世纪文库

《文心雕龙札记》 黄侃撰
《词学通论》 吴梅著
《中国小说史略》 鲁迅撰
《中国中古文学史讲义》 刘师培撰
《唐诗杂论》 闻一多撰
《经典常谈》 朱自清撰
《中国历史研究法》 梁启超撰
《中国史纲》 张荫麟撰
《中国近代史》 蒋廷黻撰
《当代中国史学》 顾颉刚撰
《书于竹帛：中国古代的文字记录》 钱存训著
《中国文学精神》 徐复观著
《东西文化及其哲学》 梁漱溟著
《神话与诗》 闻一多著
《中国史学史》 蒙文通著
《中国哲学对欧洲的影响》 朱谦之著
《启蒙辩证法——哲学断片》 [德]马克斯·霍克海默　西奥多·阿道尔诺著　渠敬东　曹卫东译
《马克思的历史、社会和国家学说——马克思的社会学的基本要点》　[德]亨利希·库诺著　袁志英译
《马可波罗行纪》 冯承钧译
《多桑蒙古史》 [瑞典]多桑著　冯承钧译
《历史哲学》 [德]黑格尔著　王造时译
《政治家》 [古希腊]柏拉图著　洪涛译
《诗学》 [古希腊]亚理斯多德著　罗念生译
《修辞学》 [古希腊]亚理斯多德著　罗念生译
《论怀疑者》 [丹]克利马科斯(克尔凯郭尔)著　陆兴华　翁绍军译
《论灵魂与复活》 [希腊]尼萨的格列高利著　张新樟译　王晓朝校
《文化社会学视域中的文化史》 [德]阿尔弗雷德·韦伯著　姚燕译
《世界历史与救赎历史——历史哲学的神学前提》 [德]卡尔·洛维特著　李秋零　田薇译

二、世纪前沿

《寻找政治》 [英]齐格蒙·鲍曼著　洪涛　周顺　郭台辉译
《公众舆论》 [美]沃尔特·李普曼著　阎克文　江红译
《民族与民族主义》 [英]埃里克·霍布斯鲍姆著　李金梅译
《民族主义——理论、意识形态、历史》 [英]安东尼·史密斯著　叶江译
《重构美学》 [德]沃尔夫冈·韦尔施著　陆扬　张岩冰译
《审美经验与文学解释学》 [德]汉斯·罗伯特·耀斯著　顾建光　顾静宇　张乐天译
《美国公民权——寻求接纳》 [美]茱迪·史珂拉著　刘满贵译
《人类的趋社会性及其研究——一个超越经济学的经济分析》 [美]赫伯特·金迪斯　萨缪·鲍尔斯等著　浙江大学跨学科社会科学研究中心译　汪丁丁等主编

三、袖珍经典

《拉辛与莎士比亚》 [法]斯汤达著　王道乾译

四、大学经典

五、开放人文

(一)插图本人文作品

《世界史纲》 [英]H·G·韦尔斯著　梁思成等译

《中国俗文学史》 郑振铎著

《欧洲漫画史》 [德]爱德华·富克斯著　王泰智　沈惠珠译

(二)人物

《原子舞者——费米传》 [美]埃米里奥·赛格雷著　杨建邺　杨渭译

《酶的情人——一位生物化学家的奥德赛》 [美]阿瑟·科恩伯格著　崔学军　倪红梅　王伟等译　李照国审校

《玻尔兹曼——笃信原子的人》 [意]卡罗·切尔奇纳尼著　胡新和译

《心灵裸舞——凯利·穆利斯自传》 [美]凯利·穆利斯著　徐加勇　汤清秀译

《爱因斯坦·毕加索——空间、时间和动人心魄之美》 [英]阿瑟·I·米勒著　方在庆　伍梅红译　关洪校

(三)插图本外国文学名著

(四)科学人文

《倒计时——航天器的历史》 [美]T·A·赫彭海默著　朱卫国　向小丽译

《收获之神——生物技术、财富和食物的未来》 [美]丹尼尔·查尔斯著　袁丽琴译

《枪炮、病菌与钢铁——人类社会的命运》 [美]贾雷德·戴蒙德著　谢延光译

《灵魂机器的时代——当计算机超过人类智能时》 [美]雷·库兹韦尔著　沈志彦　祁阿红　王晓冬译

《大自然的常数——从开端到终点》 [英]约翰·巴罗著　陆栋译

《科学哲学——当代进阶教程》 [美]亚历克斯·罗森堡著　刘华杰译

《斑杂的世界——科学边界的研究》 [英]南希·卡特赖特著　王巍　王娜译

《复杂性与后现代主义——理解复杂系统》 [南非]保罗·西利亚斯著　曾国屏译

《天地有大美——现代科学之伟大方程》 [英]格雷厄姆·法米罗主编　涂泓　吴俊译　冯承天译校